Ingenieurbauführer Hamburg

SCHRIFTENREIHE

DES HAMBURGISCHEN ARCHITEKTURARCHIVS

VERANTWORTLICH HARTMUT FRANK

UND ULLRICH SCHWARZ

SVEN BARDUA

INGENIEUR BAUFÜHRER HAMBURG

→ GEWERBE
→ BAUTEN FÜR DIE ÖFFENTLICHKEIT
→ WOHNEN

HAMBURGISCHE INGENIEURKAMMER-BAU (HG.)
DÖLLING UND GALITZ VERLAG

Mit freundlicher Unterstützung

Hamburgische Architektenkammer
Stiftung Denkmalpflege Hamburg
Rudolf Lodders Stiftung
Dipl.-Ing. Stefan Grawitter
Dr.-Ing. Jörg Kobarg
Ingenieurbüro Grassl
BBI Geo- und Umwelttechnik Ingenieur-Gesellschaft

Bibliografische Information der Deutschen Nationalbibliothek
Die Deutsche Nationalbibliothek verzeichnet diese Publikation
in der Deutschen Nationalbibliografie; detaillierte bibliografische
Daten sind im Internet über http://dnb.d-nb.de abrufbar.

Impressum

© 2022 Dölling und Galitz Verlag GmbH München · Hamburg
E-Mail: dugverlag@icloud.com
www.dugverlag.de
Schwanthalerstraße 79, 80336 München, Tel. 089 / 23 23 09 66
Friedensallee 26, 22765 Hamburg, Tel. 040 / 389 35 15
Umschlagabbildungen: vorne: Hofdach des Museums für
Hamburgische Geschichte → 28 (© Schlaich, Bergermann und Partner);
hinten v.o.: Alsterschwimmhalle → 47, Elbphilharmonie → 34,
Grindelhochhäuser → 55, Lufthansa-Werft, Lärmschutzhalle → 18,
Silo Westlicher Bahnhofskanal → 11
Gestaltung: Gesine Krüger, Hamburg
Schrift: Meta OT
Papier: 135 g Magno Volume
Druck: Beltz Grafische Betriebe GmbH, Bad Langensalza
ISBN 978-3-86218-094-3
1. Auflage 2022

Inhalt

Editorial 7

Einleitung –
Zum Selbstverständnis
der Ingenieure 8

Ingenieurbaukunst
in Hamburg – Aspekte
der Baugeschichte 18

Gewerbe

Büro, Handel, Hotel
1 **Rathaus-Apotheke** 46
2 **Hotel Atlantic** 49
3 **Erweiterung des Stadthauses** 52
4 **Meßberghof** 54
5 **Mönckeberghaus** 58
6 **Brahms Kontor** 62
7 **Emporio-Hochhaus** 68
8 **Finnlandhaus** 72
9 **Hamburg-Mannheimer Versicherung** 76
10 **Neuer Dovenhof** 80
11 **Silo Westlicher Bahnhofskanal** 83
12 **Dockland Bürohaus** 86
13 **Handelskammer Innovations-Campus** 88
14 **Unilever-Haus** 90

Produktion
15 **Windmühle Bergedorf** 93
16 **Großbäckerei der »Produktion«** 96
17 **Gießerei Michaelsen** 100
18 **Lufthansa-Werft** 103
19 **Airbus-Werk** 110

Lager
20 **Kaispeicher B** 118
21 **Speicherstadt** 122
22 **Kaischuppen – Lagerhallen** 132
23 **Rethespeicher** 140

Bauten für die Öffentlichkeit

Bildung, Forschung und Kultur
24 **Botanische Staatsinstitute** 148
25 **Hauptgebäude der Universität** 150
26 **Universität – Auditorium Maximum** 154
27 **Helmut-Schmidt-Universität** 157
28 **Hofdach des Museums für Hamburgische Geschichte** 160
29 **Hamburgische Schiffbau-Versuchsanstalt** 162
30 **Großforschungszentren Desy und XFEL** 165
31 **Schilleroper** 168
32 **Hamburgische Staatsoper** 170
33 **Bieberhaus und Ohnsorg-Theater** 173
34 **Elbphilharmonie** 175

Kirchen
35 **Kirche St. Nikolai** 180
36 **Kirche St. Petri** 184
37 **Kirche St. Michaelis** 188
38 **Kirche St. Jacobi** 192
39 **Auferstehungskirche Barmbek-Nord** 196

Luftschutz
40 **Zombeck-Bunker Moorweide** 198
41 **Energiebunker Wilhelmsburg** 201

Märkte
42 **Fischauktionshalle Altona** 204
43 **Deichtorhallen** 207
44 **Rindermarkthalle St. Pauli** 211
45 **Großmarkthalle Hamburg** 214

Sport
46 **Haupttribüne Horner Rennbahn** 218
47 **Alsterschwimmhalle** 220
48 **Dach über der Wolfgang-Meyer-Sportanlage** 223
49 **Dach über der Tennisarena Rothenbaum** 225
50 **Volksparkstadion** 227

Wohnen

Holzhäuser
51 **Villa aus Holz** 232

Stahlhäuser
52 **Stahlhäuser Fuhlsbüttel** 235

Bauten aus Stahlbeton
53 **Wohnbauten aus Schüttbeton** 238
54 **Hochhaus Habichtsplatz** 240
55 **Grindelhochhäuser** 243
56 **Wohnhäuser des Montagebaus** 246
57 **Punkthochhäuser Lohbrügge-Nord** 252

Anhang

Kurzbiografien der Ingenieure 256
Literatur 280
Register
Personen 297
Büros, Firmen, Institutionen 300
Orte in Hamburg 306
Orte außerhalb Hamburgs 309
Stichworte 311
Abbildungsnachweis 317

Editorial

Mit dem »Ingenieurbauführer Hamburg« schließen wir eine große Lücke in der fachlichen Bearbeitung der Bau- und Stadtgeschichte der Freien und Hansestadt. Noch nie zuvor wurde die Geschichte des Ingenieurbaus in Hamburg in systematischer Weise untersucht und dargestellt. Die Hamburgische Ingenieurkammer-Bau legt hiermit erstmalig eine Übersicht über die Vielfalt von Ingenieurbauwerken in Hamburg vor, eine Übersicht, die natürlich nicht vollständig sein kann. Es werden ingenieurtechnische Spitzenleistungen im Kontext ihrer jeweiligen Zeit dargestellt.

So vermittelt das Buch über die Einzelbeispiele hinaus einen guten Einblick in die bautechnischen Entwicklungen seit etwa 1880. Denn ein reger Austausch in Sachen Wissen, Kompetenz und Ideen fand nicht nur in Deutschland, sondern auch in Europa statt.

Schon zu Zeiten des englischen Ingenieurs William Lindley wurden in Hamburg herausragende Ingenieurbauprojekte des Eisenbahnbaus, der Wasserversorgung und insbesondere der Abwasserentsorgung – dem Hamburger Sielbau – entwickelt, die Hamburg in eine moderne Hafen- und Industriestadt im 19. Jahrhundert verwandelten. Auch der Konstrukteur des Eiffelturms in Paris, Gustave Eiffel, war in Hamburg tätig, wie man in diesem Buch nachlesen kann. Auf dem Gebiet des Ingenieurbaus spielte Hamburg schon im 19. Jahrhundert in der ersten Liga, das galt nicht nur für die privaten Ingenieurbüros, sondern auch für die Bauverwaltung.

Die Klassiker des Ingenieurbaus – Brücken, Tunnel, Straßen, Türme, Bahnviadukte, in Hamburg: Hafenbau und Hochwasserschutz – prägen den öffentlichen Raum und fallen besonders ins Auge. Auch im Hochbau spielen die Ingenieurinnen und Ingenieure mit ihren verschiedenen Fachdisziplinen eine unentbehrliche Rolle, wie der vorliegende Band eindrucksvoll beweist, wenngleich diese in der öffentlichen Wahrnehmung manchmal nicht gleich erkannt wird, da die ingenieurtechnischen Leistungen im Hochbau häufig hinter den Fassaden oder im Boden verschwinden und dadurch auf den ersten Blick unsichtbar sind. Dabei liegt es auf der Hand, dass zum Beispiel ein so hochkomplexes Gebäude wie die Elbphilharmonie in ihrer Konstruktion und Technik ohne den hohen Sachverstand der beteiligten Ingenieurinnen und Ingenieure völlig undenkbar wäre.

Der Hamburger Ingenieurbauführer zeigt anhand vieler für Hamburg bedeutender Bauwerke die großartigen Leistungen von Ingenieurinnen und Ingenieuren in ihren unterschiedlichen Fachdisziplinen. Die aufwendige Recherche in Archiven, Bibliotheken, bei Bauverwaltungen und Ingenieurbüros hat viel Zeit in Anspruch genommen und hat sich gelohnt. Das Ergebnis ist ein wohl für lange Zeit Maßstäbe setzender Beitrag zur Hamburger Baugeschichte.

Der Anstoß zu dem Hamburger Ingenieurbauführer kam vom Gründungspräsidenten der Hamburgischen Ingenieurkammer-Bau und früheren Präsidenten der Bundesingenieurkammer Dr. Karl Heinrich Schwinn. Als Nachfolger im Amt des Präsidenten der Hamburgischen Ingenieurkammer-Bau freue ich mich, dass der Ingenieurbauführer erfolgreich erstellt wurde und der Öffentlichkeit präsentiert werden kann und bedanke mich bei allen Kolleginnen und Kollegen, die mit Sachverstand und Geduld zum Erfolg dieses Projektes beigetragen haben.

Ein ganz besonderer Dank gilt dem Autor Sven Bardua für die äußerst kenntnisreiche, kompetente Erstellung des Ingenieurbauführers.

Unser Dank gilt ebenfalls dem Dölling und Galitz Verlag für die kreative Gestaltung dieses Buches.

Möge der »Ingenieurbauführer Hamburg« einer großen interessierten Leserschaft viel Freude bereiten.

Peter Bahnsen
Präsident der
Hamburgischen Ingenieurkammer-Bau

Einleitung

Zum Selbstverständnis der Bauingenieure

Das moderne Bauen ist anspruchsvoll, meistens sogar sehr komplex. An größeren Hochbauten wirken nicht nur Baufirmen und Architekten mit, ganz entscheidend sind die Bauingenieure mit ihren verschiedenen Disziplinen. Sie entwickeln die Tragwerke im Hoch- und im Tiefbau, untersuchen den Baugrund und planen die Technische Gebäudeausrüstung (TGA, quasi die Haustechnik) – um nur drei Fachgebiete zu nennen. Auch Verkehrsplaner, Eisenbahn- und Straßenbauingenieure gehören dazu. Dennoch werden sie von der Öffentlichkeit kaum wahrgenommen. Offensichtlich fehlt das Verständnis für ihre Arbeit. Dabei prägen sie die Bauwerke maßgeblich oder sogar allein.

»Wir reden normalerweise nur über unsere Brücken, Türme, Staudämme usw., so daß man darüber vergißt, daß wir mit Phantasie und Liebe zum Detail viel zu Gestalt und Qualität auch der Hochbauten beitragen können«, schrieb der später bekannte deutsche Bauingenieur Jörg Schlaich vor mehr als 40 Jahren.[1] Denn im Tiefbau – also bei der Planung von Straßen, Brücken, Hafenanlagen und Ähnlichem – arbeiten Bauingenieure ohnehin überwiegend ohne Architekten. Doch auch beim Hochbau sind sie meistens dabei.

Dabei sind Bauingenieure keineswegs die »Rechenknechte« oder »Erfüllungsgehilfen« der Architekten, wie es vielfach flapsig dargestellt wird, sondern kreative Köpfe, welche dafür sorgen, dass die Architektur funktioniert. »Es mag sein, daß die künstlerische Leistung des Architekten dominiert, aber ohne die Kunstfertigkeit des Ingenieurs könnte Baukunst nicht entstehen«, erklärte der Bauingenieur Stefan Polónyi.[2] Karl-Eugen Kurrer, Bauingenieur und Bauhistoriker, außerdem lange Zeit Chefredakteur der Zeitschrift Stahlbau, geht noch einen Schritt weiter: »Im Grunde genommen ist der Ingenieur, der wirklich geniale Ingenieur – wie beispielsweise Jörg Schlaich – poetischer Denker.«[3]

Der Bauingenieur entwirft, plant, berechnet, baut, verwaltet und unterhält alle Arten von Bauwerken. Hierzu gehören vor allem Wohn-, Geschäfts-, Verwaltungs- und Industriebauten, Verkehrswege, Wasserbauwerke, jede Art von Kraftwerken, Anlagen für den Umweltschutz und die Entsorgung sowie Hochwasserschutzanlagen. So beschreibt zum Beispiel das Karlsruher Institut für Technologie das Berufsbild.[4] Im Gegensatz zum Architekten, der sich überwiegend mit der Gestaltung und funktionalen Fragen befasst, obliegen dem Bauingenieur alle Aufgaben, die mit der Konstruktion und der technischen Umsetzung des Planes, also dem Bauen selbst, aber auch dem Betrieb und der Verwaltung zusammenhängen, hieß es dort an anderer Stelle. Deshalb müssten Bauingenieure ganzheitlich denken und soziale, ökologische und ökonomische Aspekte in Einklang bringen. So war die Stadtplanung beispielsweise eine klassische Ingenieuraufgabe. Die Lage Hamburgs in der Elbniederung sorgt noch einmal für spezielle Anforderungen: Beispielsweise würden etwa 40 Prozent der Stadt zweimal am Tag unter Wasser stehen – wenn es keinen von Ingenieuren geplanten Hochwasserschutz gäbe.

Deshalb beeinflussen Bauingenieure maßgeblich die öffentlichen Bauverwaltungen – auch wenn die Architekten unter den Hamburger Oberbaudirektoren meistens »berühmter« sind. Doch die Geschichte der Stadt prägten auch dort Ingenieure: Johann Hermann Maack (1809–1868), Franz Andreas Meyer (1837–1901), Gustav Leo (1868–1944) und Otto Sill (1906–1984), um die bekanntesten zu nennen. Als im Auftrag der Stadt tätiger Freiberufler spielte zudem William Lindley (1808–1900) eine wichtige Rolle. Die überragenden Leistungen von Lindley und Meyer sah Hamburgs Oberbaudirektor Fritz Schumacher sogar als Ursache dafür an, dass der Einfluss der Ingenieure in der Baudeputation 1909 bei seinem Antritt als Leiter des Hochbauwesens so groß gewesen sei – so erheblich, dass er Schwierigkeiten hatte, »die historisch gewachsene ›überragende Rolle des Ingenieurs‹ auf das rechte Maß zurückzuführen«.[5]

→ *Beispielsweise sind sämtliche Hochhäuser, hier der Kaiserhof in Altona (siehe S. 68), Werke von Bauingenieuren und Architekten. In der Öffentlichkeit genannt wird aber oft nur der Architekt. (um 1962)*

Doch noch immer lagen oder liegen nicht nur der Hochwasserschutz, sondern auch der Bau von Hafenanlagen, der Lufthansa-Werft und der Schnellbahn-Bau in der Hand der Stadt und sind ein Arbeitsfeld der Bauingenieure. Auch in der Hamburg Port Authority, bei Hamburg Wasser oder bei den Bahngesellschaften arbeiten im Bauwesen ungleich mehr Ingenieure als Architekten. Dies führte dazu, dass ein Autor der Deutschen Reichsbahn 1928 im Zentralblatt der Bauverwaltung auch mal ausdrücklich die »Minderheit« der Architekten bei der Eisenbahn würdigte, als gelungenes Beispiel unter anderem die Gestaltung der Brücken der Hamburger Güterumgehungsbahn hervorhob.[6]

Dabei wirkt die Tätigkeit der Bauingenieure in der Öffentlichkeit eher geräuschlos, fast unauffällig, während die Architekten viel mehr Aufmerksamkeit erregen. Das Klischee von dem eher zurückhaltenden Bauingenieur und dem extrovertierten Architekten wird von der Realität oft bestätigt. Bei vielen Hochbauten sind die Architekten allgemein bekannt, die Ingenieure jedoch nicht. Das hat vermutlich auch etwas mit der den Architekten zugeschriebenen »Kunst« und »Kreativität« zu tun. Dabei ist nach dem allgemeinen Designbegriff das schön, was funktioniert. Und hinter einer gelungenen Ästhetik steckt meistens eine schlüssige Mathematik – wie auch die Kunstform Musik viel mit Mathematik zu tun hat. Zusätzlich macht die Innovationsfreude, despektierlich als Spieltrieb bezeichnet, einen Ingenieur aus, ebenso das Zupackende: »Fritz, wir nehmen Hühnerdraht!«, soll der Hamburger Betonbaupionier Hermann Deimling kurz nach Kriegsende zu seinem Büropartner Fritz Kramer gesagt haben, als Baustahl knapp war.[7]

Der Ingenieur Schlaich nahm seine Kollegen 1986 auch bei der Gestaltung in die Pflicht: Sogar Ingenieurbauwerke wie Brücken, Industriebauten, Türme und Behälter müssten schön gestaltet sein. Ein vom technologischen Fortschritt abhängiges Land sollte sich hässliche Bauten schon deshalb nicht leisten, weil sie zur Technologiefeindlichkeit beitragen, meinte er. Sie müssten selbstverständlicher Teil der Architektur werden, denn: »Die Baukunst ist unteilbar.« Er warb unter anderem für handwerklich-praktische Übungen, denn: »Bauingenieure sind Tüftler; sie müssen ihre Werkstoffe und deren konstruktive Eigenschaften kennen.« Zudem sollten aus seiner Sicht alle Bauten, auch die Ingenieurbauwerke, einem Entwurfswettbewerb unterworfen werden, damit auch hier die besten ästhetischen, funktionalen und wirtschaftlichen Lösungen errichtet werden können.[8]

Die Berufsbilder der Bauingenieure und Architekten sind von ihrer Herkunft und ihren Traditionen geprägt. Die Abmessungen eines Gewölbes würden nicht nur für eine ästhetische Erscheinung, sondern auch für die Standsicherheit des Bauwerkes sorgen: Die alten Baumeister beherrschten das oft in einer Person, berichtete Bauingenieur Polónyi. Mit dem Aufkommen der modernen Baustoffe Eisen und Beton im 19. Jahrhundert entwickelte sich der Beruf des Bauingenieurs. Nun zog die Wissenschaft in das Bauwesen ein, die Baumechanik entwickelte sich. Stahl und Stahlbeton ließen Bauwerke von gewaltigen Dimensionen zu, die Spezialisten erforderten. So entstanden gewaltige Stahlbrücken nach dem Entwurf von Ingenieuren, während die steinernen Portale von Architekten gestaltet wurden. Traditionell im Tiefbau (und damit im Brückenbau) verhaftet, dehnte sich die Tätigkeit der Ingenieure mit den Skelettbauweisen auch auf den Hochbau aus. »Nach anfänglichem Widerstand haben die Architekten dann eingesehen, daß sie ihre Möglichkeiten mit Hilfe des Bauingenieurs wesentlich erweitern können«, resümierte Polónyi.[9]

Bauingenieur und Architekt

Es gab immer wieder Spannungen zwischen den Berufszweigen. Anderseits ist klar: Architekten und Bauingenieure arbeiten heutzutage normalerweise reibungslos zusammen. Auch gab es schon immer Wanderer zwischen den Welten, also Ingenieure mit einem ausgeprägten Sinn für Gestaltung – und Architekten, die eine hohe Affinität zum Tragwerk haben. Der städtische Oberingenieur Andreas Meyer beispielsweise gestaltete mit Leidenschaft Brücken auch im Detail, Siegfried C. Drach, Oberingenieur der Baufirma Carl Brandt und Tragwerksplaner für das Vorlesungsgebäude (siehe S. 150), arbeitete später in Wien als Architekt. Unter anderem Bernhard Winking und Werner Sobek sind auch beides: Ingenieure und Architekten.

Schon der leitende Architekt für den Bau des Hamburger Rathauses, Martin Haller, betonte aus-

↑ Diese Aufnahme hat die Fotografin Ursula Becker-Mosbach vermutlich von einer Zwickelzelle im Ölsaatensilo neben den Fabriken von F. Thörl am Westlichen Bahnhofskanal (siehe S. 83) gemacht. Sie unterstreicht die Ästhetik von Bauwerken, die – auf die Funktion, das Tragwerk und das Material reduziert – allein von Bauingenieuren geplant wurden. (1950er Jahre)

drücklich »die Nothwendigkeit des engen Zusammenschlusses von Architekt und Ingenieur«.[10] Er bekannte sich offen dazu, immer wieder der Hilfe eines Ingenieurs oder anderen Spezialisten bedurft zu haben. Dies konnten auch Handwerker sein. Beim Dach der 1867/68 errichteten Ernst-Merck-Halle hatte er erstmals den Ingenieur Benno Hennicke zu Rate gezogen und begründete damit eine lange Geschäftsbeziehung zwischen den beiden, die für den Neubau des Rathauses und der Laeisz-Musikhalle von Bedeutung war.

Hamburgs Oberbaudirektor Fritz Schumacher reduzierte das Verhältnis zwischen Architekt und Ingenieur 1933 auf zwei Kräfte, »feinfühlige Architektur« und »technische Leistungen«, und befand: »Die Kunst muß auf dem Gebiete der Technik den richtigen Gefühlsausgleich finden gegenüber einer Macht, die zwar von verwandten, aber nicht immer von den gleichen Gesetzen beherrscht wird.«[11] Die »Verschmelzung« der Kräfte sei nur möglich, wenn sie zeitlich parallel erfolge. Und: »Der ingenieurmäßig Rechnende muß die rhythmisch-musikalischen Überlegungen der Architekten kennen, während seine mathematische Phantasie tätig ist, und der architektonisch Formende muß die statischen und wirtschaftlichen Überlegungen des Ingenieurs kennen, während seine gestaltende Phantasie tätig ist.« Auf beiden Seiten werde aus schweifender Phantasie innere Notwendigkeit.

Viel später betonte der Bauingenieur Ulrich Finsterwalder über Architekt und Ingenieur: »Beide (...) müssen von dem Bestreben durchdrungen sein, ein Kunstwerk zu schaffen. Jeder von beiden muss von seinem Standpunkt aus die Arbeit des Partners nach bestem Vermögen zu fördern suchen. So werden beide zusammen Besseres schaffen, als es der einzelne allein vermag.«[12] Dagegen ätzte Hans Schmuckler, technischer Direktor der Berliner Stahlbaufirma Breest & Co., 1928 noch in Richtung der Architekten: »Jedenfalls stellen der neuzeitliche Brücken-, Hallen- und Industriebau dem entwerfenden Baukünstler reizvollere Aufgaben als die Wiederholung klassischer Bauformen.« Er vermutete, dass in Zukunft entweder Architekt oder Ingenieur allein die Regie beim Bauen übernehmen würden. Sicher sei jedenfalls, »daß eine vollendete Brücke oder ein guter Hallenbau in Stahl ein sprechenderer Ausdruck unserer Zeit ist als ein Prachtbau in ›historischem‹ Baustil.«[13]

Doch die Sichtweisen waren verschieden, wie der Bauingenieur und Bauhistoriker Cengiz Dicleli anmerkt. So hätte der Architekt Fritz Schupp, der mit Martin Kremmer seit den 1920er Jahren einen Teil der Industriearchitektur im Ruhrgebiet geprägt hat, in Bezug auf die Ingenieure eine eher partnerschaftliche Haltung eingenommen. Er hätte versucht, die Arbeit des Ingenieurs zu ergänzen und zu veredeln. Im Gegensatz dazu stand beispielsweise Peter Behrens, »der sich stark in Konkurrenz mit den Bauingenieuren durchzusetzen versuchte«, so Dicleli.[14] So wirke der Streit zwischen Behrens und dem ebenfalls bedeutenden Bauingenieur Karl Bernhard über den Entwurf der berühmten AEG-Turbinenhalle in Berlin-Moabit (1909) bis heute nach. Allerdings müsse man dies auch vor den damaligen Bemühungen der Architekten sehen, sich im Industriebau zu etablieren.

Architekten und Bauingenieure sind zwar aufeinander angewiesen, dennoch bleibt das Miteinander ein Thema: »Bei überzeugender Architektur sind Funktion, Form und Konstruktion im Einklang«, betonte der Bauingenieur Polónyi, warnte seine Kollegen aber auch vor Überheblichkeit: »Es ist nicht die Aufgabe des Ingenieurs, dem Architekten zu sagen, dass etwas nicht geht, sondern zu zeigen, wie es geht.«[15] Das Bauwerk müsse von Beginn an gemeinsam entwickelt werden. »Dazu müssen wir uns allerdings als Entwurfspartner der Architekten verstehen und von diesen als solche angenommen werden«, ergänzte der Ingenieur Jörg Schlaich.[16]

Die intensive Zusammenarbeit von Ingenieuren und Architekten (sowie auch Investoren) sei immer wichtiger geworden, erklärten Heinrich Schnetzer, Kurt Andresen und Mark Eitel, federführende Bauingenieure bei der Elbphilharmonie.[17] Schlanke und ressourcensparende Konstruktionen, wie nach dem Zweiten Weltkrieg, seien nicht mehr so stark gefragt. Die technischen Leistungen würden stärker in den Hintergrund treten. Die Schwerpunkte hätten sich verschoben, so die Elbphilharmonie-Ingenieure: »Die wirkliche Herausforderung liegt im Entwurf und der Gestaltung unserer Bauwerke. (...) Mit dem Wandel unserer Gesellschaft hat unser Beruf nur eine berechtigte Zukunft, wenn wir den kulturellen Teil in unserer Arbeit erkennen und verstehen.«

Bauingenieure in der Öffentlichkeit

Auf den ersten Blick kurios ist, dass die Pyramiden in Ägypten ebenso wie moderne Fernsehtürme zur Architekturgeschichte gerechnet werden, obwohl es Ingenieurbauwerke sind. »Die künstlerische Interpretation des Bauwerks dominiert über die Würdigung der technischen Leistung«, stellt Herbert Ricken, Architekt und Technikhistoriker, dazu bedauernd fest. Und: »Fragt die Geschichte der Architektur nach bewährter kunstwissenschaftlicher Methode stets auch nach dem Schöpfer des Bauwerks und seinen künstlerischen Intentionen, tritt in den Darstellungen bautechnischer Leistungen der Ingenieur hinter sein Werk.«[18]

Doch »unser Schweigen zu unseren eigenen Werken ist sehr beredt bei Fragen, die über das Technische, das durch Zahlen Belegte hinausgehen«, warnte der Bauingenieur Klaus Stiglat, unter anderem lange Schriftleiter der Zeitschrift Beton- und Stahlbetonbau.[19] »Wir ziehen den Kopf ein und ducken uns weg«, bedauerte er. Es fehle am Willen, sich in Publikationen oder Diskussionen kritisch zu äußern, womit die Ingenieure der scheinbaren Gefahr ausweichen, sich unbeliebt zu machen oder gar selbst kritisiert zu werden, so Stiglat weiter. Dabei werde Kritik in allen Bereichen der Kunst geübt. Er selbst setzte mit dem Sammelband »Bauingenieure und ihr Werk«[20] ein Zeichen gegen das öffentliche Verschwinden der Zunft, räumte aber auch ein: »Ingenieure zum Schreiben oder zum Berichten über sich selbst zu bringen (…) war wahrlich nicht einfach (…).«[21]

Schon Fritz Leonhardt hatte großen Wert auf ordentliches Deutsch gelegt und vermittelte seinen Schülern, »wie wichtig es sei, daß gerade wir Bauingenieure alles Technokratische zugunsten des Kulturellen ablegten und daß sich das nicht nur in unseren Bauten, sondern auch unseren Schriften widerspiegeln müsse und könne«, berichtete Jörg Schlaich Jahrzehnte später über seinen Lehrer.[22] Als einen Grund für den Rückzug der Bauingenieure aus der Öffentlichkeit nennt Ricken die »Konkurrenz« zu den anderen Ingenieuren: Der Bauingenieur sei zwar der älteste Teil des Ingenieurwesens, werde aber im Vergleich zu den vermeintlich »modernen« Maschinenbau- oder Elektroingenieuren in der Öffentlichkeit in die hintere Reihe gedrängt.[23]

Zivilingenieure

Dabei waren diese Berufe mal eins und wurden traditionell als »Zivilingenieure« bezeichnet, ein Begriff, der im Ausland heute noch verbreitet ist. Die britische »Institution of Civil Engineers« verwendet die Definition: »Civil engineering is all about helping people and shaping the world. It's the work that civil engineers do to make our lives much easier.«[24] Sie wird ihrem ersten Präsidenten Thomas Telford (1757–1834) zugeschrieben. Doch mit der gereiften Industrialisierung des 19. Jahrhunderts spezialisierten sich die Ingenieure immer stärker.

Zivilingenieure arbeiteten einst sowohl als Bauingenieure wie auch als Maschinenbauer; die Elektrotechnik gab es im 19. Jahrhundert noch nicht. Und sie waren alle auch Mitglieder der Architekten- und Ingenieurvereine (AIV). Dort pflegten früher vor allem die Ingenieure, weniger die Architekten, einen intensiven fachlichen und freundschaftlichen Austausch. Jahrzehntelang berichtete zum Beispiel die Deutsche Bauzeitung über die Veranstaltungen der AIV. In Hamburg war Reinhold Hermann Kaemp (1837–1899), Maschinenbauingenieur und Mitgründer des örtlichen Eisenwerks vorm. Nagel & Kaemp AG (seit 1934 Kampnagel AG), von 1892 bis 1895 sogar Vorsitzender des AIV zu Hamburg.[25] Chefingenieur des Eisenwerks war seit 1878 Rudolf Kohfahl. Er hatte 1870 als Zeichner im technischen Büro begonnen, entwarf 1889 eine Anlage mit 30 Dampfkranen am Petersenkai und machte sich 1893 selbstständig.[26] Nun plante er als Zivilingenieur nicht nur die Maschinenanlagen des 1896 in Betrieb genommenen Kohlenhofs von L. Possehl & Co. in der Großen Elbstraße im Hafen von Altona, sondern auch den dazu gehörenden Silobau: Die Umschlaganlage mit einem Silo für 12.000 Tonnen Steinkohle war damals wegweisend.[27]

Schon Carl Ludwig Nagel (1796–1882), Vater von August Christian Nagel (1836–1912), dem Mitgründer von Nagel & Kaemp, war ein bedeutender Hamburger Mühlenbaumeister, plante und baute als »bauführender Mechaniker« unter anderem die um 1828 am Kehrwieder in Hamburg gebaute Abendroth'sche Dampfmühle.[28] Er entwickelte aber auch als einer der ersten in Deutschland Wasserturbinen, zuerst für das Tuchmacheramt in (Neumünster-)Wittorf im Jahr 1839,[29] und verkaufte selbst konstruierte Wassersäulenmaschinen an ein Bergwerk in Mittelamerika ebenso wie an eine Hamburger Brauerei.[30] Auch der Ingenieur Theodor Speckbötel (siehe S. 275) bewegte sich zwischen den Welten. Er begann sein Berufsleben in der Maschinenfabrik Nagel & Kaemp, startete mit der Th. Speckbötel GmbH (heute in Ahrensburg) eine Produktion von Drahtheftmaschinen und entwarf mit seinem Ingenieur- und Architekturbüro dann vor allem Industrie- und Gewerbebauten.

Ähnliches gilt für den Hamburger Ingenieur Benno Hennicke (siehe S. 264), der sich in einer Maschinenfabrik und im frühen Stahlbau ebenso engagierte wie bei der Haustechnik. So gehen der Einbau der ersten Paternoster auf dem europäischen Festland (im Kontorhaus Dovenhof) und eine moderne Fernheizung im Rathaus (die Keimzelle der Hamburger Fernwärme) ebenso auf ihn zurück wie das Stahltragwerk für den Wiederaufbau der Hauptkirche St. Michaelis. Zu den unbekannten Grenzgängern gehörte der Ingenieur C. Reimann. Er wirkte beim Bau der 1878 vollendeten Turmspitze von St. Petri maßgeblich mit (siehe S. 184), meldete 1879 aber auch einen Hydranten zum Patent an, war zudem wohl »Maschinenmeister« im neuen Eisenbahn-Ausbesserungswerk Wittenberge und hielt unter anderem 1883 einen Vortrag über warmgelaufene Eisenbahnachsen.[31]

Zu diesem Buch

Der vorliegende Band umfasst thematisch etwa die Hälfte der Ingenieurbaukunst. Es fehlen die Bauten und Anlagen des Straßenverkehrs, der Eisenbahn, der Luftfahrt, der Schifffahrt und der Telekommunikation. Außerdem wird nicht über den Wasserbau mit der Entwässerung, Hafen- und Hochwasserschutzanlagen berichtet. Schließlich kommt die Stadttechnik mit Kraftwerken, Wasserwerken, Abwasseranlagen, Müllverbrennung und anderen Entsorgungseinrichtungen nicht vor. Diese Inhalte werden in einem zweiten Band behandelt.

Thematischer Schwerpunkt dieses Buches sind ganz klar die Tragwerke – zudem das eher Spektakuläre, das Sichtbare. Viele Arbeitsfelder von Bauingenieuren, wie die Technische Gebäudeausrüstung, kommen hier zu kurz. Das gilt auch für interessante Projekte, die nur temporärer Art sind. Dazu zählen die gewaltigen Baugruben, wie bei der Europa Passage in der City am Ballindamm: Das bis zu 24 Meter tiefe »Loch« für sechs Untergeschosse der Einkaufspassage in der Nähe der Binnenalster grenzte direkt an historischen Bestand, an Straßen und U-Bahn-Tunnel. Deshalb durfte sich die Grube nur wenige Zentimeter verformen. Sie wurde 2004 nach den Plänen des Ingenieurbüros Dr. Binnewies und der Baufirma Bilfinger Berger AG durch sechs Lagen Stahlbeton-Teildeckel ausgesteift, die von einer 0,80 Meter starken und 35 Meter tiefen Schlitzwand gefasst wurden.[32] Ähnlich verhielt es sich bei der Baugrube für die vier Untergeschosse der 2017 fertiggestellten Bürohäuser am Alsterufer 1-3.[33]

Die Ingenieurbaukunst in Hamburg wird in diesem Buch nur schlaglichtartig dargestellt. Eine Auswahl war ohnehin erforderlich, aber auch die schwierige Quellenlage ist dafür ein Grund. Hier tut aufwendige Forschung not. Schon jetzt gibt es bei genauem Hinsehen viel mehr zu entdecken. So hat das 2003 vollendete östliche Bürohaus Große Elbstraße 43 am Holzhafen in Altona eine vor drei Innenhöfe gespannte, innovative Seilnetzfassade.[34] Kurios wirkt die etwa 1965 für die Maschinenfabrik Pagendarm GmbH erbaute Sheddach-Halle an der Fangdieckstraße 74 in Eidelstedt: Vor die verglaste Hallenfassade hatte der vom Flugzeugbau faszinierte Fabrikbesitzer einst vertikale Metallflügel setzen lassen, die sich je nach Lichteinfall verstellen ließen.

Hinter »bekannter« Architektur steckt oft interessante Technik. So wirkt der Alsterpavillon als offenes und strahlend weißes Symbol der Nachkriegsmoderne mit seinem bis zu 3,20 Meter weit auskragenden Dach wie ein Stahlbetonbau. Doch nur mit einer Stahlkonstruktion ließ er sich bei fortlaufendem Betrieb in nur fünf Monaten errichten. Denn darunter funktionierte die 1947 provisorisch eingerichtete Gastronomie weiter. Lediglich das Vordach des alten Unterbaus wurde von einigen Stahlstützen durchstoßen. Damit wurde der elegante Bau am Jungfernstieg pünktlich zu der am 30. April 1953 eröffneten Internationalen Gartenbauausstellung fertig. Tragwerksplaner war der Bauingenieur Georg Timm, Architekt war Ferdinand Streb. Als Baufirma fungierte J. Kriegeris & Co., der Stahlbau mit dem verschiebbaren Vordach stammt von der Carl Spaeter GmbH.[35]

In Teilen unerforscht ist auch die flache Stahlbeton-Rippenkuppel der 1938 eingeweihten Alstertal-Lichtspiele am Ratsmühlendamm, Ecke Erdkampsweg in Fuhlsbüttel. Der für den Kinobesitzer Walter Schütte errichtete Kinosaal mit zwölf Ecken und einer beeindruckenden Ästhetik hat eine Spannweite von etwa 22 Meter. Der Entwurf stammt von dem Architekten Walther Puritz (1882–1957), der Bauingenieur ist nicht bekannt. Errichtet hat die Gebäudegruppe das Baugeschäft Franz Potenberg (Harksheide). Das Kino wurde schon 1966 geschlossen und wird seitdem von Einzelhändlern genutzt.[36]

← Der Alsterpavillon wird von einem Stahlskelett gehalten. Und nur dank Stahl ließ sich der Bau bei laufendem Betrieb so schnell verwirklichen. (1953)
↑ Im Hof zwischen den Wohnhäusern Ratsmühlendamm und Erdkampsweg (rechts) in Fuhlsbüttel entstand der Kuppelbau der Alstertal-Lichtspiele. (1. Februar 1938)

Auch die großen Industrien in Hamburg – die 1866 als Norddeutsche Affinerie AG gegründete und seit 1910 auf der Peute (Veddel) ansässige Kupferhütte, das 1971 in Betrieb genommene Elektro-Stahlwerk auf der Dradenau (Waltershof) und die 1973 folgende Aluminiumhütte in Altenwerder – bieten noch Stoff für – bisher unerforschte – Bautechnikgeschichten. Dazu zählen ebenso Raffinerien und Schmierstoffwerke in Harburg und Wilhelmsburg: Mit ihnen, den Hauptverwaltungen der Mineralölkonzerne sowie der Erdölförderung in Curslack-Neuengamme kann Hamburg durchaus als Erdöl-Hauptstadt in Europa bezeichnet werden.[37]

Die einer breiten Öffentlichkeit zugängliche Literatur über Ingenieurbaukunst ist dürftig. In Deutschland sind mit dem Ingenieurbauführer Baden-Württemberg[38] von 1999 und dem Band über Berlin von 2020[39] erst zwei Bände erschienen, welche sich mit der Ingenieurbaukunst einer Region beschäftigen. Die hervorragenden Arbeiten von Ines Prokop zum Eisenbau in Berlin[40] und von Martin Tasche zu Brücken und Stabtragwerken im Südosten Deutschlands[41] betten die regionalen Themen fundiert in die überregionale Baugeschichte ein. Sie sind damit auch für auswärtige Leser ein Gewinn.

Zu einigen Bauten der Ingenieurbaukunst gibt es zudem Einzeldarstellungen. Dazu gehört die von der Bundesingenieurkammer seit 2007 herausgegebene Reihe »Historische Wahrzeichen der Ingenieurbaukunst in Deutschland«. Außerdem wirkt die 2013 gegründete Gesellschaft für Bautechnikgeschichte im Hintergrund.[42] Biografien über Ingenieure gibt es erstaunlich wenig. Lesenswert sind die etwa zehn Jahre alten Bände über und von Stefan Polónyi[43], Fritz Leonhardt[44] sowie Jörg Schlaich und Rudolf Bergermann.[45] Zudem ist das genannte Buch »Bauingenieure und ihr Werk« von Klaus Stiglat ein verdienstvoller Aufschlag, der ergänzte und überarbeitete Band »Geschichte der Baustatik« von Karl-Eugen Kurrer ein Schwergewicht.[46]

Zur Systematik

Bei den im Buch vorgestellten Projekten werden in der Regel nur wenige Entwurfsverfasser, Verantwortliche oder Büros genannt. Tatsächlich stecken Gruppen oder sogar große Teams dahinter, deren Mitglieder oft unbekannt sind und deshalb auch nicht genannt werden. Hier besteht noch erheblicher Forschungsbedarf. Viele Verflechtungen lassen sich trotzdem über die Kurzbiografien im Anhang erschließen.

Schweißeisen und das modernere Flusseisen sind zwei verschiedene Arten von Schmiedeeisen-Qualitäten, die seit 1925 offiziell als Stahl bezeichnet werden. Entsprechend gab es ursprünglich Eisenbeton, seitdem wird der vergleichbare Baustoff als Stahlbeton bezeichnet. In dem Buch werden die zur Bauzeit jeweils aktuellen Begriffe verwendet. Da dies manchmal verwirrend ist, hilft ein Nachschlagewerk weiter, wie das von Wormuth und Schneider herausgegebene Baulexikon auf: www.ibr-online.de.

In den Kapiteln und in den Biografien werden wesentliche Quellen in Kurzform genannt. Ein ausführliches Verzeichnis der Literatur findet sich im Anhang. Bei Büchern und wissenschaftlichen Arbeiten enthält die Kurzform den Autor und das Erscheinungsjahr, bei den abgekürzten Zeitschriften wird zusätzlich die Seitenzahl angegeben. Die als Quellen verwendeten Institutionen werden in den Kapiteln und in den Biografien mit Namen, Datum und eventueller Signatur genannt, im Anhang aber nicht weiter erläutert.

Abkürzungen

A-Beton → Zeitschrift Armierter Beton
AB → Allgemeine Bauzeitung
AG → Aktiengesellschaft
AK → Allgemeines Krankenhaus
Architektur HH → Jahrbuch Architektur in Hamburg
Arge → Arbeitsgemeinschaft
B+W → Zeitschrift Bauen und Wohnen
Beton → Zeitschrift Beton u. Eisen,
    später Beton- und Stahlbetonbau
Beton-Herstellung → Zeitschrift Beton –
    Herstellung, Verwendung
BI → Zeitschrift Beratende Ingenieure
Bj. → Baujahr
Co./ Cie. → Compagnie
DAB → Deutsches Architektenblatt
db → Deutsche Bauzeitung
db-Mitteilungen → Deutsche Bauzeitung, Mitteilungen
    über Zement, Beton- und Eisenbetonbau
dbz → Deutsche Bauzeitschrift
e.G. mbH → eingetragene Genossenschaft
    mit beschränkter Haftung
f. → folgende
ff. → fortfolgende
FAZ → Frankfurter Allgemeine Zeitung
GbR → Gesellschaft bürgerlichen Rechts
GmbH → Gesellschaft mit beschränkter Haftung
HAA → Hamburgisches Architekturarchiv
Hafenbau → Handbuch für Hafenbau und Umschlagstechnik
HTG → Jahrbuch der Hafenbautechnischen Gesellschaft
Jg. → Jahrgang
KG → Kommanditgesellschaft
mbB → mit beschränkter Berufshaftung
Nachf. → Nachfolger
NH → Neue Heimat, Monatshefte für neuzeitlichen
    Wohnungsbau
oHG → offene Handelsgesellschaft
o.J. → ohne Jahr
o.O. → ohne Ort
o.P. → ohne Paginierung
s. → siehe
S. → Seite
SBU → Siemens Bauunion, Mitteilungen über
    ausgeführte Bauten
SBZ → Schweizerische Bauzeitung
Sp. → Spalte
StaHH → Staatsarchiv Hamburg
TH → Technische Hochschule
TU → Technische Universität
VDI-Z → Zeitschrift des Vereins Deutscher Ingenieure
vorm. → vormals
ZdBv → Zentralblatt der Bauverwaltung
ZfBw → Zeitschrift für Bauwesen
ZfI → Zentralblatt für Industriebau
ZVHG → Zeitschrift des Vereins für Hamburgische Geschichte

Dank

Mein Dank geht in erster Linie an Martin Hohberg, der dieses Buch fachlich begleitet hat. Doch initiiert hat dieses Projekt der leider schon 2014 verstorbene Gründungspräsident der Hamburgischen Ingenieurkammer-Bau, Karl Schwinn (siehe S. 272). Im eigens dafür eingerichteten wissenschaftlichen Beirat waren Peter Bahnsen, Ullrich Schwarz, Karl Morgen, Werner Lorenz, Hans-Jochen Hinz und Karl-Heinz Krüger aktiv. Darüber hinaus bedanke ich mich bei folgenden Mitwirkenden:

   Horst von Bassewitz / Norbert Baues / Bernhard Brüggemann / Alexander Calvelli / Cengiz Dicleli / Paul Dietrich / Antje Fehrmann / Rainer Hanno / Carsten Heine und weitere im Staatsarchiv Hamburg / Hermann Hipp / Walter Hirschmann / Karl-Heinz Hoffmann / Uwe Karstens / Sabine Kock / Eckart Krause / Gesine Krüger / Marita Ludwig / Roland May / Corinna Nickel / Sabine Niemann / Christine Onnen / Ines Prokop / Anneka Redon / Joachim Reinig / Volker Schmid / Irina Weniger / Michael Zapf / Anna Katharina Zülch

Dieses Buch ist zu einem erheblichen Teil mit Hilfe digitalisierter und im Internet zur Verfügung gestellter Literatur entstanden. In diesem Sinne bedanke ich mich bei den Bibliotheken der TU Cottbus, der TU Schlesien in Gleiwitz und der ETH Zürich sowie der Universitätsbibliothek Hamburg, der Österreichischen Nationalbibliothek in Wien und der Zentral- und Landesbibliothek Berlin.

Hamburg, im April 2022
Sven Bardua

Ingenieurbaukunst in Hamburg – Aspekte der Baugeschichte

Der Baugrund

Das Rathaus ist ein wichtiger Teil der Hamburger Architektur – die dahintersteckende Bautechnik aber ist im Vergleich zu den Tragwerken der Hauptkirchen oder der Speicherstadt eher konventionell: ein von 1886 bis 1897 errichteter Mauerwerksbau, zum Teil von gusseisernen Säulen gestützt. Teile des Turms und Dachstühle bestehen allerdings aus Schmiedeeisen. Tragwerksplaner war das Ingenieurbüro Hennicke & Goos, die neun am Bau beteiligten Architekten leitete Martin Haller an. Gebaut hat das Rathaus die Philipp Holzmann AG; den eisernen Turmhelm stellte H. C. E. Eggers & Co. 1893/94 her.[47]

Der Baugrund allerdings dürfte den Beteiligten Respekt abgenötigt haben. Denn das Rathaus steht einerseits im Schlick des Alstertals, andererseits in dem immer wieder neu bebauten Stadtkern. So fand man bei der Gründung des Rathauses im Moor einen sehr alten Übergang aus Reisig und Flechtwerk. In den von vielen alten Wasserläufen durchzogenen Baugrund wurden also 4.000 Holzpfähle gerammt und durch eine ein Meter starke Betonplatte verbunden.[48] Darauf ruht heute der 111 Meter lange und 70 Meter breite Bau mit seinem 112 Meter hohen Turm.

Auch viele andere Bauten des Hoch- und Tiefbaus stehen in Hamburg auf Holzpfählen. Es ist das althergebrachte Gründungsmaterial in der sumpfigen Innenstadt und der Marsch. Unter bestimmten Voraussetzungen sind Holzpfähle ein vorzügliches Baumaterial. Probleme aber bereiten sie bei abgesenktem Grundwasserspiegel: Dann kommt Luft an das Holz, und es fault. Dies geschieht auch, wenn – für Hamburg typisch – eine muldenförmige wasserundurchlässige Schicht von einem Pfahl durchstoßen wird und das Wasser dann dort in eine tiefer liegende Schicht abläuft.[49] Auch eine Holzpfahlgründung setzt sich langsam, in der Speicherstadt um etwa einen Millimeter pro Jahr.[50]

Bis in die 1930er Jahre hinein wurden Holzpfähle regelmäßig verwendet. So ruht der von 1922 bis 1924 errichtete Meßberghof (siehe S. 54) auf etwa 1.200 Pfählen aus Holz – zwischen 8 und 17 Meter lang. Daneben, schon nahe der Geest, verwendete man beim gleichzeitig errichteten Chilehaus dagegen Eisenbetonpfähle. Auch hier gab es tragfähigen Baugrund in stark wechselnder Tiefe. Die Länge der Eisenbetonpfähle schwankt beim Chilehaus zwischen 6 und 13 Meter.[51] Die ersten Pfähle aus Eisenbeton in Hamburg hatten das Bauunternehmen Ed. Züblin und das Betonbaugeschäft des Ingenieurs Hermann Deimling 1903 bei der Gründung des Hauptbahnhofes verwendet – damals eine technische Sensation.[52]

Als Fundament außergewöhnlich war eine 1920 mit ihren Widerlagern und Pfeilern auf Senkbrunnen gegründete Straßenbrücke über dem Billhorner Kanal. Damit ließen sich große Baugruben vermeiden und der Schiffsverkehr aufrechterhalten. Die 15 Senkbrunnen mit ellipsenförmigem Grundriss führten durch Sand, Moor- und Kleiboden bis auf 6,54 Meter unter Normalnull: 10,70 Meter unter der Fahrbahn. Unklar ist, wo die von der Baufirma Carl Brandt entworfene und ausgeführte Eisenbetonbrücke mit zwei Feldern stand.[53] Vermutlich führte sie den Billhorner Mühlenweg über den nach dem Weltkrieg zugeschütteten Kanal.

← *Das Hamburger Rathaus steht auf einer Betonplatte und 4.000 Holzpfählen in sumpfigem Baugrund. Als Tragwerksplaner fungierte das Ingenieurbüro Hennicke & Goos. (um 1958)*

Der Baugrund ist für bestimmte Orte charakteristisch – und in Hamburg wegen seiner Vielfalt besonders speziell.[54] Die Ungleichheit des Untergrundes bietet »mitunter große Überraschungen«, stellte Otto Colberg, einst Dozent an den Technischen Staatslehranstalten in Hamburg, fest.[55] Im Urstromtal von Elbe und Alster ist er vor allem weich – doch Hamburg liegt auch an der Geestkante: Hier stoßen die für die Stadt prägenden geologischen Zonen mit Schlick und Geschiebemergel (Lehm, Sand und Kies) aufeinander. Doch der vordergründig weiche Marschboden hat es auch in sich, ist zum Teil höchst abrasiv. Und Abschnitte des Geschiebemergels sind zum Teil so fest, dass sie gesprengt oder mit Meißeln gelöst werden müssen. Deshalb wurde für den U-Bahn-Bau in St. Georg 1966 eine neuartige Tunnelbohrmaschine der Maschinenfabrik Bade & Co. (Lehrte) eingesetzt, nachdem eine aus Glasgow gelieferte Maschine zu schwach gewesen war.[56]

Zusätzlich reichen dazwischen, zum Beispiel in St. Pauli und in Langenfelde, die unter der Geest lagernden Felssteinformationen mit Glimmerton in den Baugrund hinein. Dieser Felsuntergrund hob auch problematische Gipsformationen mit nach oben. Der Bahrenfelder See ist vermutlich nach einem Erdfall entstanden, nachdem Wasser diesen Gips ausgewaschen hatte. 1834 ereignete sich südwestlich davon ein weiterer Erdfall.[57] Und etwa einen Kilometer weiter südlich gleicht eine unter der Nordeinfahrt des Autobahn-Elbtunnels tiefgegründete, 27 Meter lange Betonplatte die Folgen eines Erdfalls aus.[58]

Über allem lagern Reste der städtischen Kulturgeschichte. In den alten Stadtteilen haben sie eine Mächtigkeit von bis zu sechs Metern. So wurde das Marschgebiet vielfach sturmflutfrei aufgehöht, ebenso tiefliegende Flächen an der Alster in Barmbek und Winterhude.[59] Dabei bewegt sich der Marschboden unter Belastung bis heute, was zu Schiefstellungen bei Gebäuden führt, wenn sie flachgegründet wurden. So neigte sich die Spitze des Nikolaiturmes (siehe S. 180) nach dem Bau in sieben Jahren um 0,11 Meter nach Süden.

»Gerade in Hamburg, wo das Verfahren, ganze Gebäude auf zusammenhängenden Platten zu gründen, sehr oft Anwendung fand, sind Schiefstellungen solcher Bauten gar nicht selten«, so Colberg.[60] Dies geschieht oft auch gleichmäßig: So senkte sich der Wasserturm auf der Sternschanze nach jeder Füllung um sieben Millimeter.[61] Seine beiden Hochbehälter fassten jeweils 2.300 Kubikmeter Wasser. Zur jüngeren Geschichte gehören die von 1943 bis 1954 in der Stadt verteilten Trümmer von kriegszerstörten Bauwerken. Mit dem Bauschutt wurden Kanäle und andere »Löcher« verfüllt, die Wälle für das Volksparkstadion sowie Trümmerberge am Altonaer Volkspark und dem Öjendorfer Park aufgeschüttet.[62] Doch diesen nur eingeschränkt tragfähigen Baugrund gibt es auch an vielen anderen Stellen.

Baumaterialien

Um 1930 mussten für die Betonproduktion auf Hamburger Baustellen und für den Grundbau etwa 400.000 Kubikmeter Kies pro Jahr beschafft werden. Diese Menge ließ sich schon lange nicht mehr in der Stadt schürfen. Seit den 1880er Jahren war dafür in der Elbe bei Magdeburg gebaggerter Kies verwendet worden. Später nutzte man Ablagerungen an der Mittelelbe in Bittkau (Altmark) und schließlich Vorkommen entlang des Elbe-Lübeck-Kanals, dort vor allem bei Güster. Außerdem dienten einzelne Kiesgruben im Großraum Hamburg wie in Vastorf bei Lüneburg sowie in Bordesholm als Rohstoffquelle. Im Ingenieurwesen der Baubehörde – Baurat W. Horn – wollte man es genau wissen und ließ diese Zuschlagstoffe im Hinblick auf die Betongüte untersuchen.[63] Auch die von Baurat W. Holtschmidt propagierte Röntgentechnik für die nachträgliche Untersuchung der Mischungsverhältnisse von Betontragwerken stammt aus Hamburg: von C. H. F. Müller (später Philips) aus Ohlsdorf.[64]

Längst muss Asbest als Altlast aufwendig entsorgt werden, doch mehr als 100 Jahre lang wurde es quasi als »Wunderfaser« gern in Baumaterialien verwendet.[65] Daran waren die 1886 gegründeten Asbest- und Gummiwerke Alfred Calmon an der Dorotheenstraße in Hamburg-Winterhude (später Tretorn Gummi- und Asbestwerke AG) maßgeblich beteiligt. 1911 galt das Asbestwerk mit 11.000 Tonnen Jahresproduktion und 400 Beschäftigten als das weltweit größte.[66] Schon um 1900 wurde Asbestose als Krankheit ausgemacht – doch ein erstes Verbot des einst hochgelobten Mineralstoffes kam in der Bundesrepublik erst 1979.

Von der Asbestfabrik blieb nichts mehr übrig. Dagegen steht an der Weidestraße 118, Ecke Weberstraße das imposante Lagergebäude des 1908 vom Unternehmen eröffneten Zweigwerks für die Gummiartikelproduktion. Der heute als Bürohaus genutzte Bau ist 96,25 Meter lang und sechs Geschosse hoch. Bei dem 1948/49 errichteten Stahlbetonskelettbau wurden schon damals Fertigteile eingesetzt.[67] Der Bauingenieur Hermann Bay als Leiter der Hamburger Niederlassung von Wayss & Freytag war hier federführend; Architekt war Gustav Meves. Hamburg sei in Deutschland im ersten Nachkriegsjahrzehnt bei der Vorfertigung von Stahlbetonbauteilen führend gewesen, hob der Montagebau-Spezialist Robert von Halász[68] denn auch hervor und nannte unter anderem die Ernst-Merck-Halle, die Schulen sowie die ersten Wohnhäuser in Großtafelbauweise (siehe S. 246).

Baudynamik

Sprengungen sind ein spektakulärer Teil des Bauingenieurwesens. Denn die Bauten sollen mit geringen Mitteln zum gezielten Einsturz gebracht und die Folgen klein gehalten werden. Je enger die Bebauung, desto schwieriger der Vorgang: Neuland betrat der Bauingenieur Helmut Kramer bei der Sprengung des von 1966 stammenden Iduna-Hochhauses am Millerntorplatz, weil in Deutschland Erfahrungen mit Kollaps-Sprengungen, bei der das Bauwerk in sich zusammenfällt, in einer dicht bebauten Innenstadt fehlten. So musste die Baugrunddynamik, also die Folgen der auftretenden Bodenerschütterungen auf Nachbargebäude, prognostiziert werden. Dies gelang durch Experimente und Berechnungen. Der kurze und gezielte Einsturz des Hochhauses am 19. Februar 1995 vor etwa 80.000 Zuschauern war ein voller Erfolg.[69]

Doch bis zur Sprengung muss das Bauwerk, trotz vorher stattfindender Abbrucharbeiten, standsicher

→ *Wegen des zu stark geschwächten Stahlgerüstes stürzte der Kessel von Block 1 im Heizkraftwerk Hafen vor der geplanten Sprengung um: So entstand der Schrotthaufen zwischen Bunker-Schwerbau (links) und Rauchgasreinigung. (7. Dezember 2000)*

bleiben. Dies ging beim Abbruch des Heizkraftwerkes Hafen der Hamburgischen Electricitätswerke AG (HEW) auf dem Großen Grasbrook schief. Dort sollte der Kessel des Blocks 1 am 5. Dezember 2000 gesprengt werden, brach aber einige Stunden vorher zusammen und tötete zwei Arbeiter.[70] Später verurteilte das Amtsgericht den Sprengmeister zu sechs Monaten Haft auf Bewährung, berichtete das Hamburger Abendblatt. Er hätte weder einen Statiker zu Rate gezogen noch die löchrigen Gebäudebeschreibungen hinterfragt, die ihm der offensichtlich überforderte Generalunternehmer überlassen hatte.[71]

Traditionell gesprengt werden Schornsteine, wie der von der BP-Raffinerie Waltershof am 23. Februar 1994, der vom HEW-Kraftwerk Moorburg am 24. April 2004 oder die gleich vier Schlote des HEW-Kraftwerkes Tiefstack am 7. Juni 1996. Den einst höchsten Schornstein in Deutschland gab es seit 1859 in der Elbhüttenwerk GmbH an der Norderelbstraße auf Steinwerder: 80,24 Meter war der von Schrader und Timmermann für den Vorläuferbetrieb der Norddeutschen Affinerie erbaute Ziegelschlot hoch. Die Rauchgase hatten den Kalkmörtel im Mauerwerk schon angegriffen, weshalb er mit 20 eisernen Ringen gesichert wurde. Doch die Schäden, unter anderem armdicke Risse, wurden größer, so dass das 9. Pionier-Bataillon unter der Leitung von Hauptmann Releaux die Sprengung vorbereitete. 20 Meter über dem Gelände wurde ein Kranz von Sprengsätzen unterschiedlicher Stärke in das Mauerwerk eingebracht, damit der Schornstein nach Osten fiel. Tatsächlich fiel er vor allem in sich zusammen und zerstörte im Süden teilweise einen Schuppen.[72]

Mehrfach sind in Schwingungen versetzte Bauwerke eingestürzt, darüber hinaus können Schwingungen für Nutzer unangenehm sein. Der genannte Bauingenieur Helmut Kramer beschäftigte sich schon in seiner Diplomarbeit und seiner Promotion mit Fundamentschwingungen und begann 1978 die Zusammenarbeit mit dem Hamburger Geophysiker Hans-Werner Kebe. Auslöser war eine Anfrage der Stadt Hamburg für das 1952/53 von ihr errichtete Freibad Lattenkamp.[73] Es wurde von verunsichernd spürbaren Schwingungen des Zehn-Meter-Sprungturms berichtet, und man sorgte sich um seine Standsicherheit. Kebe und Kramer untersuchten den Fall und konnten Entwarnung geben. Dennoch wurde der Turm wegen der als unangenehm empfundenen Schwingungen verstärkt.

Der nächste Problemfall waren die Schwingungen beim Übergehen der 1962 mit einem Stahlkasten errichteten Dag-Hammarskjöld-Brücke über dem Dammtordamm. Viele Jahre später bekam die Fußgängerbrücke Schwingungsdämpfer.[74] Die Zusammenarbeit von Kebe und Kramer in der Baudynamik führte 1979 zu einer wegweisenden Veröffentlichung in der Zeitschrift Bauingenieur.[75] Und Kebe gründete ein Jahr später ein eigenes Ingenieurbüro, Vorläufer der heutigen Baudyn GmbH.[76]

Auch die spürbaren Tribünenbewegungen bei einem Popkonzert mit Michael Jackson im Juli 1988 ließ die Stadt Hamburg von Helmut Kramer genauer untersuchen. Das Problem von menschenerregten Schwingungen hatte es im Volksparkstadion bis dahin nicht gegeben. Nun wurden verschiedene Situationen mit 440 Polizisten simuliert und festgestellt, dass die Südtribüne nicht schwingungsanfällig ist, die Nordtribüne sich aber tatsächlich durch rhyth-

↓ *1953 wurde das an der Alster neu gebaute Freibad Lattenkamp in Betrieb genommen. Dazu gehörte auch ein aus Stahlbeton errichteter Zehn-Meter-Sprungturm. (1969)*

misches Wippen zu unzulässigen Bewegungen anregen lässt.[77] Das Ganze blieb aber ohne Folgen, weil der Neubau des Stadions (siehe S. 227) ohnehin geplant war.

Das 1953 eingeweihte Volksparkstadion mit 75.000 Plätzen hatte außer Stehplätzen im Freien für geschützte Sitzplätze zuerst nur die Nordtribüne. Sie war nach dem Entwurf von Wayss & Freytag AG unter Regie des Hamburger Niederlassungsleiters Hermann Bay errichtet worden. 1971 bekam das Stadion im Hinblick auf die Fußballweltmeisterschaft 1974 die nach dem Entwurf der Dyckerhoff & Widmann AG sowie der Architekten Garten & Kahl errichtete Südtribüne, ebenfalls aus Stahlbeton.[78] Schon das erste, von 1919 bis 1926 errichtete Volksparkstadion war sehenswert: Die Tribüne hatte ein scheinbar schwebendes Kragdach aus Stahlbeton. Auch die Betonskelettkonstruktion des Zehn-Meter-Sprungturms in dem 1927 daneben errichteten Schwimmstadion war ein Hingucker.[79]

Einstürzende Bauten

Zur Geschichte der Ingenieurbaukunst gehören auch Rückschläge. In einigen Fällen führte dies zu größeren Unglücken. In der Regel wurde dies für verbesserte Konzepte oder Technik genutzt. So gab es noch bis zum Ersten Weltkrieg relativ viele Einstürze von Bauten. Sowohl die Konstruktion wie auch die Ausführung sowie schlechtes Material hätten dazu geführt, dass 1866 auf St. Pauli die Straßenfronten von zwei Häuser herabgestürzt waren, wurde bei einem Vortrag beim Architektonischen Verein zu Hamburg (später AIV) am 22. Dezember des Jahres konstatiert.[80] Dabei sei niemand ums Leben gekommen. Hier hätten unter anderem zuverlässige Konstruktionen über den Schaufenstern im Erdgeschoss gefehlt, längs zum Gebäude hätte es zudem keine solide durchgehende Scheidewand gegeben. In dem anderen Haus ruhten die eisernen Säulen im Erdgeschoss auf nur mittelmäßigen Mauerpfeilern, hieß es. Unglücksfälle dieser Art seien in letzter Zeit mehrfach vorgekommen. Zurückgeführt wurden sie von den Bauingenieuren auf die 1866 eingeführte Gewerbefreiheit.

In einem anderen Fall war Behördenschlamperei die Ursache. Am 29. Oktober 1876 stürzte ein der Stadt gehörendes dreistöckiges Wohnhaus zwischen der Großen Reichenstraße und dem Reichenstraßenfleet ein. Dabei gab es vier Tote und zwölf Schwerverletzte. Zwei Monate vorher hatte der Baukondukteur Glückstadt einen Bericht zu dem Zustand des Hauses angefertigt, ihn aber im Auftrag seines Vorgesetzten Bauinspektor von Koch absichtlich dramatisch geschrieben, weil die Bauverwaltung den Abbruch ohnehin wollte, um die Straße verbreitern zu können. Sie dachten jedoch, sie hätten noch etwas Zeit. Tatsächlich war das verrottete Fachwerk des ohnehin über dem Fleet schon provisorisch gesicherten Hauses wohl stärker beschädigt, als von Glückstadt erkannt. Schon Stunden vor dem Einsturz vergrößerten sich die sichtbaren Schäden. Doch es war Sonntag, die Bauverwaltung geschlossen. Damit konnte die Baupolizei nicht einschreiten und die Katastrophe verhindern, schrieb die Deutsche Bauzeitung und nahm dabei auf einen Artikel im Hamburgischen Korrespondenten Bezug.[81] Denn freiwillig wollten einige Bewohner ihren Besitz nicht verlassen. Der Leiter des Hochbauwesens, Baudirektor Carl Johann Christian Zimmermann, wurde deshalb wegen fahrlässiger Tötung angeklagt. Denn der Bericht des Baukondukteurs Glückstadt war im Büro des Baudirektors liegen geblieben. Angesichts der internen Absprachen, dass Haus als »höchst baufällig« zu bezeichnen, habe Zimmermann den Bericht aber nicht besonders ernst nehmen müssen, befand das Gericht und sprach ihn bei dem Strafprozess am 27. Juni 1877 frei.

Unklar war die Ursache für einen Einsturz am Nachmittag des 14. Oktober 1885 an der Caffamacherreihe, Ecke Specksplatz: Bei dem wenige Tage zuvor gerichteten Neubau mit fünf Geschossen brachen beide Frontmauern des Eckhauses sowie dahinter liegende Wände weg. Zwei Arbeiter starben, zwei weitere wurden lebensgefährlich verwundet. Gemutmaßt wurde, dass die Pfeiler der Läden im Erdgeschoss zu schwach ausgelegt waren.[82]

Spätere Unfälle betrafen vor allem neuartige Eisenbetonkonstruktionen. So brachen 1907 die Decken des Atlantic-Hotels (siehe S. 49) und 1910 die Marktkasematten am Deichtor (siehe S. 207) noch während des Baus ein. Im Oktober 1912 folgte ein knapp fertiggestelltes Geschäfts- und Wohnhaus an der Norderelbstraße 89 auf Steinwerder. Die Hintergründe für den Einsturz dieses Zweigeschossers waren unklar.⁸³ Allerdings war schon 1906 anlässlich eines nicht näher beschriebenen Bauunfalls in der Eiffestraße die rasch wachsende Vielzahl von Betonbaufirmen kritisiert worden. Sie würden sich mit ihren Preisen heftige Konkurrenz machen und dabei die Qualität erheblich vernachlässigen.⁸⁴

Auch beim Umbau des Kühlhauses Zentrum in der Rosenstraße 6-8 stürzte 1911 eine relativ frisch betonierte Decke ein und tötete einen Menschen. Dort waren in den Altbau neue Decken eingezogen worden. Vermutet wurde, dass das darunter stehende Gerüst zu schwach war oder versehentlich geschwächt wurde, weil sich Sicherungskeile gelöst hatten. Seitdem wurden die Gerüste auf anderen Baustellen mehrfach überprüft.⁸⁵ Das Kühlhaus wurde zu Ende gebaut und 1912 in Betrieb genommen.⁸⁶ Weitere Hohlsteindecken mit Kiesbetonschüttung stürzten 1912 an einem unbekannten Ort in Hamburg ein. Als Ursache wurden ebenfalls Probleme mit einem zu schwachen Schalungsgerüst vermutet.⁸⁷

Für die Fachwelt und die Öffentlichkeit gleichermaßen einschneidend war der Einsturz des großen Gasbehälters auf dem Großen Grasbrook während der Inbetriebnahme am 7. Dezember 1909. Dabei gab es 20 Tote und 50 Verletzte, auch der kleine Nachbarbehälter von 1878 wurde erheblich beschädigt. Damals wurde das Werk Grasbrook der Hamburger Gaswerke zum größten der Stadt ausgebaut und bekam mit dem 200.000 Kubikmeter fassenden Glockengasbehälter das größte derartige Bauwerk in Europa. Wegen des geringen Platzes und des weichen Baugrundes waren die Verantwortlichen von den bis dahin üblichen Mauerwerksbehältern abgekommen. Stattdessen wurde ein frei stehender Behälter mit eisernem Wasserbecken und eisernem Führungsgerüst konstruiert. Der vierteilige eiserne Behälter ließ sich teleskopartig zusammenschieben und tauchte in ein Wasserbecken ein, das auf einem sechs Meter hohen Unterbau aus Eisenbeton ruhte. Durch den Unterbau führte ein Eisenbahngleis, außerdem waren dort Lagerräume untergebracht. Das insgesamt 30.429 Tonnen wiegende Bauwerk mit rundem Grundriss hatte einen Durchmesser von 77,32 Meter und war etwa 71 Meter hoch. Becken, Behälter und Führungsgerüst errichteten die Firmen F. A. Neumann (Eschweiler) und Berlin-Anhaltische Maschinenbau Aktiengesellschaft.⁸⁸

Ursache für das Versagen des gewaltigen Bauwerks war ein zu schwach dimensionierter, gegliederter Druckstab in der Trägerkonstruktion des Beckenbodens. Das Unglück stieß weltweit eine intensive theoretische Beschäftigung mit einem Problem der Baustatik, der Knickfestigkeit, an. Bis dahin waren für die Berechnung standardmäßig die Euler'schen Knickformeln verwendet worden, welche die reale Komplexität aber nicht abbildeten. Denn ein im Fachwerk nicht genau gesetzter Stab oder eine ungerade Stabachse können schon bei leichten Abweichungen zum Versagen der Konstruktion füh-

← Der Gasbehälter auf dem Großen Grasbrook überlebte das gleichnamige Gaswerk um viele Jahre, wurde im März 1984 abgebrochen. Der Einsturz des Behälters am 7. Dezember 1909 hatte zu einer intensiven Diskussion über Knickfestigkeiten geführt. (1981)

ren.[89] Der Behälter wurde 1911 neu errichtet und in Betrieb genommen. Im Zweiten Weltkrieg wurde er erneut zerstört, dann wiederaufgebaut und war bis etwa 1981 in Betrieb.[90] Im März 1984 wurde er abgerissen.

Am 9. Juli 1995 stürzte eine Zelle des um 1955 für die Fabrik Seehafen der Thörl AG in der 1. Hafenstraße in Harburg aus Stahlbeton errichteten Ölsaaten-Silos ein. Denn schwankende Belastungen beim Füllen und Entleeren machen Silozellen erheblich zu schaffen, auch weil Schüttgüter sehr unterschiedlich reagieren (siehe S. 83 und 140). Dies ließ sich in der Vergangenheit nur schwer berechnen, weshalb es im Vergleich zu anderen Bauwerken eine viel höhere Zahl von Bauschäden in Silos gab. Inzwischen aber sind sie selten geworden.[91]

Viele »Groß-Wohnhäuser« mit Rissen in Wänden und Decken machte der Hamburger Ingenieur A. Altmüller 1933 in einer »norddeutschen Großstadt« (vermutlich Hamburg) aus und führte dies auf systematische konstruktive Mängel zurück.[92] Er hatte sich 137 Häuser mit 1.485 Wohnungen und 51 Gewerberäumen der Baujahre 1926 bis 1930 angesehen. Im Allgemeinen sei die Bauausführung gut gewesen, schrieb er. Doch in einigen Fällen sah er nicht sorgfältig genug geplante Gründungen, mangelhafte Querverankerungen und fehlende Massivkonstruktionen. In Verbindung mit äußeren Einflüssen, zum Beispiel Erschütterungen des schweren Lastautoverkehrs, würden sich bei diesen Häusern Risse bilden. Sie bedrohten zwar nicht die Standfestigkeit, müssten aber immer wieder ausgebessert werden.

Derartige Mängel gab es damals auch im Gewerbebau: Das Kontorhaus Erich Schüler (»Leder-Schüler«) am Heidenkampsweg 32 in Hammerbrook musste 2019 wegen der maroden Statik geräumt werden und wird nun abgerissen.[93] Dabei stand der 1927/28 errichtete Bau des Architekten Fritz Höger (Ingenieur: Kuball & Kölling; Stahlbau: Carl Spaeter GmbH) mit seiner filigranen expressionistischen Klinkerfassade unter Denkmalschutz.[94] Doch die Bauschäden seien gravierend und nicht mehr sinnvoll zu reparieren, erläuterte Ulrich Meyer (WP Ingenieure Partnerschaft mbB), der das Haus für das Denkmalschutzamt begutachtete. Er stellte eine »bemerkenswert schlechte Planqualität« fest sowie erhebliche Unterschiede zwischen Entwurf und Ausführung. Im Detail sei die Holzpfahlgründung zu weich, die Aussteifung des Gebäudes in der Längsrichtung mangelhaft und das – nur vereinfacht ausgeführte – Stahlskelett mit dem Mauerwerk nicht genug verbunden. Dazu kämen Kriegsschäden und eine direkt an den senkrechten Stahlträgern der Fassade liegende Tauwasserzone, weshalb diese rosteten. Immerhin habe sich das Gebäude fast 100 Jahre wacker gehalten, so Meyer.[95]

Brennende Häuser

Verheerende Brände in Speichern und Lagerhäusern waren wegen ihrer Holzkonstruktionen einst ein wiederkehrendes Phänomen. Eigentümer, Ingenieure und Versicherungen waren deshalb sehr froh, als sie glaubten, das Problem mit nicht brennbaren Konstruktionen aus Eisen gelöst zu haben. Nach diesem Prinzip entstand der erste Bauabschnitt der 1888 eingeweihten Speicherstadt (siehe S. 122). Angesichts von drei zwischen 1891 und 1894 dort aufgetretenen Großbränden wurde die scheinbare Errungenschaft über den Haufen geworfen: Eisen brennt zwar nicht, verliert in der Hitze aber große Teile seiner Tragfähigkeit. Und wieder diskutierte die Fachwelt viele Jahre über mögliche Lösungen. Auch Großbrände außerhalb der Stadt wurden genauer betrachtet.[96]

In Hamburg setzten sich Fachleute zusammen: »Die von dieser Kommission angestellten Versuche, namentlich die Ummantelung der Eisenkonstruktionen, zogen weite Kreise und können wohl mit als Vorläufer des heutigen Eisenbetonbaues angesehen werden«, schrieb der AIV 1920 stolz.[97] Zunächst waren die Versuche mit Stützen aus Schmiedeeisen und Holz durchgeführt worden, seit 1895 auch mit gusseisernen Stützen. Später kamen Ummantelungen aus Korkstein, Asbest-Kieselgur und Asbestzement sowie aus Eisenbeton hinzu. Dabei gab es schon Vorbilder. So waren beim 1889/90 errichteten Lagerhaus für die Fabrik des Vereins Deutscher Oelfabriken in Rothenburgsort gusseiserne Säulen und schmiedeeiserne Unterzüge erstmals im größeren Maßstab mit Korksteinplatten ummantelt worden. Die Bauweise sei leichter als eine Monierkonstruktion und genauso zweckmäßig, betonte der Architekt E. Hoppmann.[98] Der Bau am Ausschläger Elbdeich 72 steht heute noch.[99]

Eine herausragende Persönlichkeit für den Brandschutz in Deutschland war der Hamburger Architekt und Branddirektor Adolph Libert Westphalen (1851–1916). Er ließ das Verhalten von Baumaterialien im Feuer systematisch untersuchen, verbesserte den Brandschutz insbesondere für öffentliche Bauten und führte Sicherheitstreppenhäuser in der Speicherstadt, Westphalentürme genannt, ein.[100] Doch auch die Versicherungen investierten in Fachwissen: So holte sich die Hamburger Feuerkasse den Bauingenieur Heinrich Himmelheber 1888 in ihr Haus. Himmelheber hatte unter anderem für die Hamburger Bauverwaltung gearbeitet und dabei für die Speicherstadt die Kornhausbrücke entworfen. In der Feuerkasse wirkte er bis 1920 als Direktor, führte Schätzwesen und Statistik ein, stellte die Versicherung auf eine mathematische Grundlage.[101]

Der systematisch 1902 in Hamburg eingeführte Eisenbetonbau verhinderte aber nur bestimmte (größere) Schäden. Feuerwehrleute und Ingenieure sahen sich die Brände weiterhin genau an und waren fasziniert vom Verhalten der Betonkonstruktionen im Feuer. Prägend war sicher das im Juni 1911 ausgebrochene Großfeuer im Rohbau des nahezu fertiggestellten Klostertorhofs. Mit zehn Stockwerken und einer Höhe von 34,50 Meter sollte das Kontorhaus am Bahnhofsplatz 1 (heute Deichtorplatz) das höchste Gebäude der Stadt werden.[102] Der Brand brach in einer Vorarbeiterbude aus und fand im Baugerüst, in der Schalung sowie im Dachstuhl reichlich Nahrung. Die letzte Decke war drei Tage vorher geschüttet worden. Dennoch: »Auch bei den zuletzt betonierten Konstruktionen, die während des Brandes ihre Unterstützung verloren hatten, waren nicht einmal erhebliche Formänderungen zu finden«, stellte die Zeitschrift Beton u. Eisen fest.[103]

Der mit Wayss'schen Rohrzellen ausgeführte Klostertorhof zählte zu den frühen Betonbauten der Stadt, wurde von der Sachs & Pohlmann AG für Betonbau, Bauausführungen und Kunststeinarbeiten errichtet. Offensichtlich hatte die Firma im Betonbau Gewicht, denn auch die Kaisergalerie, das Hübner-Haus und das Bieberhaus – alle 1909 fertiggestellt – stammen von ihr. Das von Martin Sachs und Hans Pohlmann geführte Unternehmen hatte einen Werkplatz zwischen Neuhäuser Damm und Marktkanal auf der Peute, so das Adressbuch von 1911, musste aber 1913 Konkurs anmelden.[104] Architekt des Klostertorhofs war Fritz Höger. Das Kontorhaus wurde wiederaufgebaut, dann aber im Krieg 1943 zerstört.[105]

Ein weiteres »Studienobjekt« war das (heute noch erhaltene) Lagerhaus der Rudolf Karstadt AG auf der Peute: zwischen Marktkanal und Georgswerder Damm 16, Ecke Hovestraße. Es war 1924 durch Feuer in großen Teilen zerstört worden: Statt der hölzernen Innenkonstruktion bekam der äußerlich erhaltene Mauerwerksbau mit Keller und drei Geschossen nun ein Eisenbetonskelett und -decken. Etwa in der Mitte hat das 83,90 Meter lange Gebäude eine Dehnungsfuge. Am 6. Juni 1929 gab es hier abermals einen Großbrand. In der Hitze dehnte sich das Gebäude der Länge nach um mehrere Zentimeter aus und beschädigte im Norden das 1924 unversehrt gebliebene Bauteil (12,70 Meter lang). Unter dem Strich aber hätte sich der Eisenbeton »ohne Zweifel hier in jeder Hinsicht hervorragend bewährt«, resümierte der Maschinenbauingenieur und Leiter der Hamburger Feuerwehr, Otto Sander (1878–1936).[106] Der Bau hätte weitgehend Widerstand geleistet, das über der Brandstelle liegende 2. Obergeschoss sei nicht in Mitleidenschaft gezogen worden.

Zudem hatte eine Brandmauer das Feuer auf einen Teil des ersten Obergeschosses begrenzt, stellte Bauingenieur Hans Kuball fest.[107] Einen Einsturz des Gebäudes verhinderten auch die großzügig dimensionierten Konsollager, denn im Feuer hätten sich die Träger zum Teil um fast zehn Zentimeter verschoben. Dass Stahlbetonkonstruktionen sich im Brandfall als besonders widerstandsfähig erweisen, stellten Fachleute auch beim Hamburger Feuersturm im Juli 1943 fest – soweit ausreichende Dehnungsfugen vorhanden sind.[108]

Im Zweiten Weltkrieg konnte sogar eine gewaltige Bodendruckwelle dem in Barmbek-Nord errichteten Frauenwohnheim Schwalbenhof (siehe S. 57) relativ wenig anhaben: Der Skelettbau besteht aus einer durchgehenden Bodenplatte, Massivdecken und standfesten Rahmen aus Stahlbeton. Im Krieg explodierte eine 1.000-Kilogramm-Bombe auf dem Hof, und die Ausfachung wurde »regelrecht herausgesogen«, wie der Feuerwehr-Historiker Hans Brunswig berichtete. Von den 192 Wohnungen wurden 140 zerstört, aber 110 Wohnungen ließen sich wiederherstellen.[109] Auch das 1911/12 aus Eisenbeton errichtete Südseehaus in der Mönckebergstraße 6 ließ sich trotz schwerer Kriegsschäden grund-

ASPEKTE DER BAUGESCHICHTE

legend reparieren. Dort hatte eine Sprengbombe einen Pfeiler zerstört. Damit sackte das Tragwerk in der Mitte um etwa einen halben Meter ab, außerdem wütete ein Brand. Dennoch überstanden die Betondecken dies relativ gut. Sie wurden nach einem Vorschlag der Wayss & Freytag AG mit hydraulischen Pressen angehoben und der Bau so in der Regie der Architekten Bach & Wischer 1950/51 instand gesetzt.[110]

Eine Einkaufspassage von 1845

Bedeutende Ingenieurbauwerke gab es in Hamburg schon im 19. Jahrhundert, auch wenn die meisten von ihnen vergessen sind. Dabei wollte die aufstrebende Stadt des Handels stets zeigen, was sie kann. Dafür sinnfällig war Sillems Bazar – die erste große Einkaufspassage in Deutschland. Zwischen Jungfernstieg 15-17 sowie der Königstraße 47/48 (heute Poststraße) gelegen, wurde die 100 Meter lange Passage wegen ihrer Dimensionen mit dem großzügigen Profil, der Beleuchtung und luxuriösen Ausstattung gelobt. Weder in Paris noch in London hätte sich damals eine Passage mit ähnlich imposantem Totaleindruck gefunden, hieß es.[111]

Der nach dem Bauherren benannte Sillems Bazar war einer der ersten Neubauten nach dem Großen Hamburger Brand vom Mai 1842. Nach dem Entwurf des jungen Architekten Eduard Averdieck (1810–1882) entstand bis 1845 die Passage mit etwa 30 Läden sowie einem Hotel. Anziehungspunkt war der von einem hohen Eisen-Glas-Dach halbtonnenförmig mit einer Spannweite von 8,75 Meter überwölbte Passagenraum. In der Mitte verbundene Viertelkreisbögen aus Gusseisen, pro Seite je 45 Stück im

← Sillems Basar beeindruckte mit dem halbtonnenförmigen Eisen-Glas-Dach, das viel Licht hineinließ. Ein Oktogon (hinter dem Durchgang in Richtung Jungfernstieg) umfasste einen Platz im Innenhof.
↓ Sillems Bazar erstreckte sich zwischen Jungfernstieg (links) und Königstraße. Er bestand aus den Vorderhäusern, einem Platz mit oktogonalem Grundriss und der Passage.

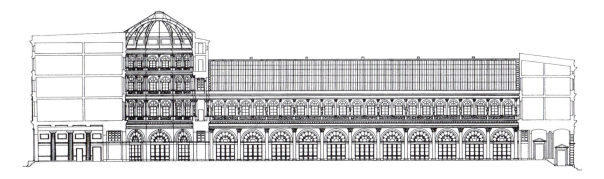

Astand von 1,32 Meter, hielten das Haupttragwerk des Glasgewölbes. Die Fassaden des Innenraumes wurden von Bogenfenstern zwischen korinthischen Pilastern beherrscht, wobei der Architekt »in Marmor geschwelgt« haben soll.[112] Auf der Jungfernstieg-Seite markierte ein hoch aufragendes Oktogon mit einem flach geneigten Zeltdach, dessen Glashaut von schmiedeeisernen Bogengittern getragen wurde, einen besonderen Platz in der Passage. Die lichtdurchflutete Galerie war dank des neuen Werkstoffes Eisen möglich geworden. Mit Gusseisen ließen sich große Fensterflächen gestalten, was 1851 beim Kristallpalast in London auf die Spitze getrieben wurde.

Doch der Hamburger Bazar gilt als teure Fehlinvestition und wurde schon 1850 zu einem stark reduzierten Preis verkauft. Schwach frequentiert, hielt sich der Bau noch drei Jahrzehnte. 1881 wurde er abgebrochen und durch den Hamburger Hof ersetzt, dessen Nachbau an der Stelle heute den Jungfernstieg prägt.

Hallen für Märkte, Messen und Sport

Lichtdurchflutete Markthallen waren als zentrale und überdachte Orte des Handels Ausdruck für das öffentliche Leben einer modernen Stadt. Die nach dem Großen Brand 1842 auf dem Pferdemarkt (heute Gerhart-Hauptmann-Platz) und dem Hopfenmarkt 1845/46 errichteten Markthallen waren wegweisend. Entworfen hatte sie Franz Gustav Forsmann, für den »Civilbau« der Stadt verantwortlicher Bauinspektor. Die Bauten zeichneten sich durch eine gute Belüftung und Kühlung aus, insbesondere aber durch ihre damals ungewöhnliche Reinlichkeit. Dazu trugen die hier erstmals in Deutschland installierten öffentlichen »Water-Closets« bei, und es gab fließendes Brunnenwasser. Dafür war im Frühjahr 1845 nach den Plänen des Ingenieurs William Lindley ein Dampfpumpwerk am Reesendamm in Betrieb genommen worden. Damals gab es in Deutschland erst wenige Markthallen.[113]

Anfangs war die Markthalle am Hopfenmarkt noch in erster Linie für den Handel mit Fisch und Fleisch bestimmt. Doch dann dominierte der Handel mit Obst und Gemüse auf dem Gelände am Nikolaifleet so sehr, dass der Senat den »Fleischschrangen« 1889 abbrechen ließ, um mehr Platz zu haben.[114] Dagegen blieb der Marktverkehr bei der nahezu baugleichen, aber nur über schmale Straßen erreichbaren Markthalle am Pferdemarkt von Beginn an deutlich hinter den Erwartungen zurück. Die Hamburger kauften wie gewohnt weiter bei »ihren« mit Karren ausgestatteten Hökern auf der Straße. Mit der Einführung der Impfpflicht in Hamburg diente die Halle von 1872

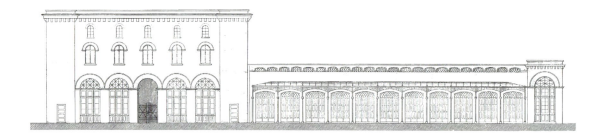

bis 1900 als erste Impfanstalt der Stadt. Angesichts einer Pockenepidemie hatte Hamburg als erster Ort in Deutschland eine solche Pflicht eingeführt.[115] Außerdem diente sie seit 1882 als Bierhalle. Später fanden hier, noch bis 1909, auch noch Blumenauktionen statt, ehe der Bau abgebrochen wurde. 1912 wurde dort das Thalia Theater eingeweiht.[116] Das innerstädtische Marktgeschehen war 1911 ohnehin zum Deichtor verlegt worden (siehe S. 207).

Dagegen diente die 1888 eingeweihte Rindermarkthalle allein dem Viehhandel in der Vorstadt St. Pauli mit ihren Schlachthofanlagen. Entworfen von Bauinspektor Albert Boockholtz, errichtete die noch junge Dortmunder Firma Aug. Klönne (Pläne von L. Reichelt unterzeichnet) die Eisenkonstruktion. Sie bestand aus elf Hallenschiffen mit filigranem Fachwerk, das die Shed- und Satteldächer (zwei davon erhöht) trug.[117] Sie wurde im Zweiten Weltkrieg zerstört und durch den heutigen Bau (siehe S. 211) ersetzt.

Von den einst vielen Funktionsbauten auf dem Fischmarkt an der Grenze zwischen Altona und St. Pauli blieb vor allem die Altonaer Fischauktionshalle erhalten (siehe S. 204). Östlich davon hatte Hamburg 1897/98 eine eigene Fischauktionshalle errichten lassen. Der 30 mal 50 Meter große Bau aus Eisenfachwerk mit bogenförmig versteiften Zweigelenkträgern auf Stützen hatten der Ingenieur Bückmann und der Architekt Köster entworfen.[118] Bereits 1906 wurde die dreischiffige Halle mit laternenartigem Aufbau nach einem Entwurf des städtischen

↖ *Die Markthalle auf dem Hopfenmarkt, zu sehen sind nur die beiden Flügelbauten, stand gegenüber der Kirche St. Nikolai. (um 1873)*
↖↖ *Die Markthalle auf dem Pferdemarkt (heute Gerhart-Hauptmann-Platz) bestand aus einem Querbau mit zweieinhalb Geschossen und der eigentlichen Markthalle sowie zwei niedrigen Flügelbauten mit den Fleischer-, Blumen- und Obstbuden.*
↓ *In der Nachbarschaft der 1896 eingeweihten Altonaer Fischauktionshalle (hinter dem Kühlhaus, nicht sichtbar) bekam auch St. Pauli 1898 einen solchen Bau, der nach dem Zweiten Weltkrieg als Lagerhaus genutzt wurde. (um 1953)*

Ingenieurwesens durch beiderseitige Anbauten vergrößert und war seitdem 100 Meter lang.[119] 1971 wurde sie im Rahmen der Fischmarkt-Neugestaltung abgebrochen – wie zuvor schon ein zweigeschossiges Lagerhaus von 1924 und der expressionistische Block eines 1927 erbauten Kühlhauses.[120] Wenig später wurden außerdem eine Pack- und Versandhalle von 1911 und der großzügige Anbau an der Altonaer Fischauktionshalle für den Kleinverkauf von 1913 – beide besaßen eine Eisenbetonkonstruktion – abgetragen.

Ausstellungen sind traditionell auch Leistungsschauen der Bautechnik. Die erste große Ausstellungshalle weihte die Stadt am 14. September 1881 auf der zentral gelegenen Moorweide ein.[121] Der Kuppelbau auf kreuzförmigem Grundriss mit einem Durchmesser von 96 Meter und etwa 5.500 Quadratmeter Fläche wurde von einer privaten Gesellschaft aus den Überschüssen der Landwirtschaftlichen Ausstellung 1863 und Anleihen finanziert. Der großflächig verglaste Bau wurde von einer fortschrittlichen Eisenkonstruktion gehalten, die sich relativ gut demontieren und wieder aufstellen ließ: Denn der Bau stammt von der Weltausstellung 1878 in Paris. Die Halle war dort Teil des zentralen, von den Ingenieuren Henri de Dion und Gustave Eiffel sowie dem Architekten L. Améde Hardy entworfenen Ausstellungspalastes gewesen. Dieser Palast auf dem Marsfeld in Paris war auf rechteckigem Grundriss 706 Meter lang und 346 Meter breit. In der Mitte der Hauptfront und an den Ecken standen Kuppelbauten. Einer dieser Eckbauten fungierte in Hamburg als Zentralbau.[122]

Dafür wurden der 46 Meter hohe Kuppelbau und

↓ Für die 1881 errichtete Ausstellungshalle vor dem Dammtor übernahmen die Hamburger ein Eckgebäude von der Weltausstellung 1878 in Paris.
→ Der Ingenieur Carl Closs und der Architekt Georg Thielen entwarfen für die Hamburgische Gewerbe- und Industrieausstellung 1889 die Festhalle. Letzterer fertigte davon diese Zeichnung an.
↘ Die Festhalle der Hamburgischen Gewerbe- und Industrieausstellung 1889 wurde von einer leichten Eisenkonstruktion mit einer Spannweite der Kuppel von 34 Meter geprägt.
↘↘ Die Maschinenhalle der Hamburgischen Gewerbe- und Industrieausstellung 1889 bot eine Leistungsschau der (Maschinenbau-)Ingenieure. Das Hamburger (Bau-)Ingenieurbüro Hennicke & Goos war daran federführend beteiligt.

acht Binder der benachbarten Halle mit 20 Meter hohen Säulen und 26 Meter langen Hauptträgern demontiert und 1880 von Le Havre per Seeschiff nach Hamburg transportiert. Hier, »vor dem Dammthor«, wurden die Teile wieder zusammengenietet. Vermutlich war Benno Hennicke, der dem Architekten- und Ingenieurverein davon auf einer Versammlung berichtete, daran maßgeblich beteiligt.[123] Mehrere Gartenbauausstellungen, das Dritte Deutsche Sängerbundfest sowie das Erste allgemeine deutsche Kriegerfest fanden hier statt. Sogar der für seine Völkerschauen bekannte spätere Zoodirektor Carl Hagenbeck nutzte die Halle für die Präsentation einer »Ceylonkarawane« mit 25 Elefanten. Allerdings beschrieben Nutzer den Bau als zu groß, zu hoch und zu kalt, kritisierten zudem die schlechte Akustik. Ein Brand am 15. Mai 1885 zerstörte vor allem den Mittelteil des Skelettbaus. Umbaupläne scheiterten. Schließlich trugen Arbeiter des Union-Hüttenwerks in Essen-Horst die Ruine mit 1.100 Tonnen Eisen 1889 ab, wohl unter der Aufsicht von Bauinspektor Albert Boockholtz.[124] Seit 1911 steht hier das Vorlesungsgebäude der Universität (siehe S. 150).

Das Ende der Moorweidenhalle markiert den Beginn von zahlreichen Ausstellungen in den Wallanlagen. So fand 1889 in den Großen Wallanlagen die Hamburgische Gewerbe- und Industrieausstellung statt. Sie war zum Holstenplatz (seit 1912 Sievekingplatz) ausgerichtet; an der Stelle des Hauptbaus steht seit 1903 das Ziviljustizgebäude. Die vier Hauptgebäude dieser Ausstellung dürften »wegen ihres künstlerischen Werthes die vollste Beachtung baukundlicher Kreise verdienen«, urteilte die Deutsche Bauzeitung damals.[125] Das Gesamtkonzept stammt vom städtischen Oberingenieur Franz Andreas Meyer und Oscar Roeper, dem Leiter der 1. Ingenieurabteilung in der Baudeputation. Die Gebäude waren überwiegend Holzbauten. Doch der 8.000 Quadratmeter große Hauptbau, dessen Konstruktion sich an das Düsseldorfer Lattenbogensystem von Boldt & Frings anlehnte, hatte ausgemauerte Fachwerkwände und einen massiven Betonfußboden. Den zentralen Kuppelraum prägten 28 Meter weit spannende Zimmermanns-Binder.

Das Hauptgebäude sowie die Hallen für die Chemische, die Nahrungs- und Genussmittelindustrie mit 3.000 Quadratmeter, schließlich den Bau für die Handels-Ausstellung mit 2.000 Quadratme-

ter hatten die Architekten Hanssen & Meerwein entworfen. Außerdem gab es ein von dem Architekten Artur Viol entworfenes Diorama-Gebäude mit einem Rundgemälde des Hamburger Brandes von 1842 und Gastronomie. Ein besonderer Anziehungspunkt dürfte die 4.750 Quadratmeter große Maschinenhalle mit Schornstein, Kesselhaus und Wasserbehälter gewesen sein: Denn in diesem vom Ingenieurbüro Hennicke & Goos sowie dem Architekten Dorn gestalteten Bau wurden die Aggregate in Betrieb gezeigt. Zudem lieferten dort aufgestellte Generatoren den Strom für die Außen- und Innenbeleuchtung der Ausstellung. Der 2.000 Quadratmeter große Rundbau der Festhalle mit einer 34 Meter weit spannenden Kuppel hatte eine leichte Eisenkonstruktion, von dem Ingenieur Carl Closs und dem Architekt Georg Thielen entworfen. Errichtet wurde das Eisentragwerk von der Firma Aug. Klönne, welche im Jahr zuvor die Konstruktion der Rindermarkthalle in St. Pauli aufgestellt hatte.

Bemerkenswert war hier das eher unauffällige, nur 600 Quadratmeter große Gebäude für die Kunstausstellung des Kunstvereins: ein nach dem System Monier von G. A. Wayss & Co. (seit 1893: Wayss & Freytag) ausgeführter und damit weitgehend feuersicherer Eisenbetonbau, im Inneren mit Mack'schen Gipsdielen ausgestattet.[126] Aus heutiger Sicht war dieser Bau eine Sensation – und ist doch gänzlich unbekannt. Denn er war neun Jahre älter als der vielfach als erster Eisenbeton-Hochbau bezeichnete Speicher von 1898 im Rheinhafen von Straßburg.[127] Der Bauingenieur und Betonbau-Unternehmer Gustav Adolf Wayss war 1885 nach Berlin gezogen, um hier Monier-Konstruktionen zu verwirklichen. Dazu zählten 1886 errichtete Wände und Decken für das Reichstagsgebäude, für die der Regierungsbaumeister Mathias Koenen als Erster in Deutschland ein Bemessungsverfahren lieferte und ein Versuchsprogramm auflegte.[128] Über damals errichtete Bauten aus Eisenbeton finden sich aber

keine konkreten Angaben, den Hamburger Ausstellungsbau von 1889 ausgenommen. Eisenbeton nach dem System von Joseph Monier war in der Stadt war zudem für die Innenkonstruktion des 1887/88 errichteten Hauptzollamtes St. Annen (1901 aus Platzgründen abgebrochen)[129] sowie bei einigen Decken der gleichzeitig erbauten Speicherstadt verwendet worden.[130]

← *Die eher schlicht gestaltete Kunsthalle auf der Hamburgischen Gewerbe- und Industrieausstellung 1889 war ein von G. A. Wayss & Co. ausgeführter Eisenbetonbau.*
↑ *Zwischen den Messehallen B und C (rechts) führte eine von Hermann Bay (Wayss & Freytag AG) entworfene Fußgängerbrücke über die Jungiusstraße. Die 1953 eingeweihte Brücke wurde 1984 abgebrochen.*

Zur Internationalen Gartenbauausstellung (IGA) 1953 entstanden vier Ausstellungshallen im Zwickel zwischen Planten un Blomen sowie den Wallanlagen – mit zwei Fußgängerbrücken über der Jungiusstraße an den Park Planten un Blomen angebunden. Die von den Architekten Sprotte & Neve klassisch modern mit großen Fensterflächen gestalteten Hallen wurden von Fertigteilen aus Stahlbeton getragen. Vor allem die größte der Hallen, die als Mehrzweckbau konzipierte, 50 mal 80 Meter große Halle D, machte mit ihren schmalen und formschönen Dreigelenkrahmen aus Spannbeton Eindruck auf die Zeitgenossen. Denn der an den Fronten voll verglaste Bau mit seiner freitragenden Konstruktion auf keilförmigen Stützen stand für das ästhetische Ideal absoluter Transparenz.[131]

An dem Bau der Hallen A bis C wirkte die Paul Hammers GmbH mit, die Halle D errichtete die Wayss & Freytag AG. Möglicherweise hat der Leiter

der Hamburger Niederlassung, Hermann Bay, auch das Tragwerk für diese Halle entwickelt. Von ihm stammen jedenfalls die beiden elegant geschwungenen Bogenbrücken über der Jungiusstraße. Die Halle D nannte er als gutes Beispiel für vorgespannten Stahlbeton im Hochbau. Damit sei »dem Ingenieur ein Konstruktionselement an Hand gegeben worden, das den Weg freigemacht hat für eine noch weitgehende Verminderung der Abmessungen bei den einzelnen Konstruktionsteilen«.[132]

Südöstlich der vier Ausstellungshallen war schon 1949/50 die Ernst-Merck-Halle ebenfalls mit vorgespannten Betonfertigteilen errichtet worden. Die Firma E. Hoyer in Hamburg-Billstedt hatte sie konstruiert und hergestellt. Die Grundfläche dieses kubisch gestalteten Montagebaus mit erhöhtem Mittelraum und umlaufender Galerie war kaum größer als die der Halle D. Mit einer Nutzfläche von 6.400 Quadratmeter (mit Obergeschoss) aber galt sie als größte Veranstaltungshalle Norddeutschlands – und war in Deutschland vermutlich die erste große Halle aus Spannbetonfertigteilen. 1986 wurde die Ernst-Merck-Halle abgebrochen. Anschließend wurde einer ihrer Spannbetonträger auf seine Tragfähigkeit hin untersucht. Aufgrund des Kriechens von Beton und des in fast vier Jahrzehnten nachlassenden Verbunds zwischen Stahl und Beton hatte sich die Vorspannung hier um etwa die Hälfte vermindert.[133]

↑ *Die zur IGA 1953 erbaute, an den Fronten vollständig verglaste Messehalle D machte mit ihrer Leichtigkeit und Transparenz auf die Zeitgenossen großen Eindruck. (um 1953)*
→ *Die 1902 eingeweihte Halle des St. Pauli Turnvereins war im Inneren als klassische Holzständerkonstruktion geplant, wurde dann aber als Eisenkonstruktion ausgeführt. (um 1905)*

ASPEKTE DER BAUGESCHICHTE   35

Eine Halle gleichen Namens hatte es schon vorher gegeben: So wurde ein 1868 eingeweihtes Gesellschaftshaus des Zoologischen Gartens am Dammtor genannt. Es war in Andenken an den Freiherren Ernst von Merck errichtet worden, der den Bau des Zoologischen Gartens maßgeblich gefördert hatte. Die im Mittelpunkt des Parks stehende Merck-Gedenkhalle hatte der Architekt Martin Haller entworfen. Erstmals zog er für das Dach der Halle den Bauingenieur Benno Hennicke zu Rate und begründete damit eine lange Geschäftsbeziehung. Der Zoologische Garten wurde 1930 geschlossen. Anlässlich der Niederdeutschen Gartenschau 1935 wurde das Areal mit den benachbarten Friedhöfen zum Volkspark Planten un Blomen umgestaltet, die Halle im Zweiten Weltkrieg zerstört.[134]

Der Ernst-Merck-Halle von 1950 äußerlich etwas ähnlich war die 1925 im Park an der Moltkestraße (heute Bernadottestraße) zwischen Eggers Allee und Fischers Allee errichtete Ausstellungshalle der Stadt Altona. Doch die Altonaer Halle mit einer Grundfläche von 40 mal 80 Metern und einem überhöhten Mittelraum von 20 mal 60 Metern war ein Holzskelettbau. Der Mittelraum wurde von Zweigelenkfachwerkträgern mit nach oben gekrümmtem Untergurt überspannt. Sie ruhten auf biegesteifen, in Betonfundamenten verankerten Stützen. Die Wände waren verglast oder mit Holz verschalt. Diese preiswerte und dennoch leistungsfähige Mehrzweckhalle hatte das Altonaer Hochbauamt unter der Leitung von Gustav Oelsner entworfen. Ausgeführt wurde sie mit vorgefertigten Bauteilen von dem einst führenden Holzhaus-Hersteller Christoph & Unmack AG in Niesky.[135]

Kleiner war die am 12. Januar 1902 eingeweihte Halle des St. Pauli Turnvereins an der Budapester Straße 65, Ecke Glacischaussee. Mit 1.100 Quadratmeter galt sie aber damals als größte Sporthalle Norddeutschlands. Interessant ist ihre Tragwerksgeschichte: Architekt Hugo Groothoff hatte eine klassische Holzständerkonstruktion geplant. Doch der Ingenieur H. C. E. Eggers, Inhaber der gleichnamigen Hamburger Eisenbaufirma von 1865, schlug für das schon durchgeplante Projekt eine Eisenkonstruktion

vor, berichtete der Hamburger Verleger Carl Griese in seinen Erinnerungen. Damit würden sich auch die Holzstützen unter der Galerie einsparen lassen. Und »das Eisen käme auch nicht teurer als die vielen Holzpfeiler«. »Mir leuchtet der große Vorzug der Eisenkonstruktion sofort ein, aber jetzt noch kurz vor dem Bauanfang (...)?«, schrieb Griese weiter. Es glückte aber doch: Griese klebte ein Kartonmodell mit abnehmbarem Dach zusammen und zeigte daran die ständerfreie Halle mit Eisenkonstruktion. »Einige Worte des Herrn Groothoff verteidigten den Holzbau«, dann aber hätte sich der Vereinsvorsitzende Hermann Hahn auf seine Seite geschlagen, und die Halle wurde in Eisenkonstruktion gebaut.[136] Den neogotischen Backsteinbau errichtete ansonsten der Maurermeister Otto Schultz. 1943 wurde die Halle bei einem Bombenabgriff erheblich beschädigt, aber wiederaufgebaut. Im Hinblick auf den Umbau des Heiligengeistfeldes für die Internationale Gartenbauausstellung 1963 aber wurde sie abgerissen.[137]

Ungleich gewaltigere Dimensionen hatte die Hanseatenhalle in Rothenburgsort: Mit 23.000 Sitz- und 2.000 Stehplätzen galt sie als größte Sporthalle der Welt; ohne Bänke passten etwa 40.000 Menschen hinein. Auch Konzerte und Versammlungen fanden hier statt. Die am 10. März 1935 mit dem Boxkampf Max Schmeling gegen Steve Hamas eröffnete Halle war ein preiswerter Umbau: In nur 42 Tagen entstand aus einer dreischiffigen Holzlagerhalle der Handelsfirma J. F. Müller & Sohn AG ein »neues« 160 Meter langes und 70 Meter breites Bauwerk. Dafür waren die konventionellen Eisenfachwerk-Konstruktionen von 1887, 1895 und 1906 verändert worden. Sie bekamen neue Anbauten, und es wurden dafür 48 Stützen herausgenommen und durch ein neues Tragwerk aus Stahl mit 15 Säulen und Spannweiten von mehr als 30 Metern auf einer teilweise neu gebauten Tiefgründung ersetzt. Dabei wurde der Bau auf der Südseite der Ausschläger Allee, Ecke Zollvereinsstraße auffällig modern gestaltet. Als Ingenieur fungierte Hans Lambrecht vom Büro Gustav Schrader, Architekt war Carl Winand, unterstützt von Walter Klingemann und Otto Paradowski. Die Stadt war mit den Bauräten Schwartz und Ernst Karl Reinemann sowie dem Inspektor Lischewski beteiligt. 1943 wurde die Halle durch Bomben zerstört.[138]

↓ *Hinter der Hanseatenhalle an der Zollvereinsstraße in Rothenburgsort erhebt sich der 108 Meter hohe Scheibengasbehälter des Gaswerkes Tiefstack. Vorne verlaufen Straßenbahngleise. (um 1936)*

Fernsprechämter und Haustechnik

Das etliche Male überbaute, in der Alstermündung liegende Stadtzentrum bietet für Bauherren immer wieder Überraschungen. Auch die Erbauer des 1896 im Zwickel zwischen Alter Wall und Mönkedamm in Betrieb genommenen Fernsprechamtes hatten mit der eingeschränkten Tragfähigkeit des Untergrundes zu kämpfen, zumal während der Bauphase ein provisorisches Abspanngerüst aufgestellt werden musste: 40 Meter hoch und 265 Tonnen schwer. Denn Telefonleitungen wurden damals noch über die Dächer geführt. Das endgültige Abspanngerüst, wie das Provisorium von H. C. E. Eggers hergestellt, war 36 Meter hoch. Bei der Einweihung war das unter der Regie des Postbaurats Paul Schuppan errichtete Fernsprechamt mit 10.000 Leitungen das größte des Kontinents (siehe Foto S. 59). Es wurde auf 1.200 Pfählen mit Längen von sechs bis zwölf Metern gegründet.[139] Die leitenden Abteilungen der Post befanden sich ansonsten in dem 1887 eingeweihten »Post- und Telegraphengebäude« am Stephansplatz.[140]

Doch die Technologie schritt rasant fort, ebenso wuchs die Zahl der Anschlussinhaber. Deshalb wurde an der Schlüterstraße 51 im Stadtteil Rotherbaum nach den Entwürfen von Schuppan und dem Bauinspektor Willy Sucksdorf bis 1907 ein neues Dienstgebäude für 80.000 Telefonleitungen gebaut. Es ging zwischen 1908 und 1910 in Betrieb und galt als das größte Fernsprechamt der Welt. Der Bau mit zwei Innenhöfen beeindruckt bis heute mit seiner knapp 140 Meter langen Front und den fünf hohen Geschossen. Die von H. C. E. Eggers aufwendig konstruierten Zweigelenkbogenbinder für das Dach boten im Inneren des Mauerwerksbaus große Säle. Sie wurden mit Helm'schen Decken und eisernen Trägern überspannt und für Nutzlasten bis zu 2,5 Tonnen je Quadratmeter berechnet.[141]

Das von 1886 bis 1897 erbaute Hamburger Rathaus war mit seiner aufwendigen Haustechnik wegweisend: der elektrischen Beleuchtung, der Belüftung und der Fernwärmeheizung. Strom und Fernwärme kamen von dem ersten städtischen Dampfkraftwerk in der Poststraße. Heizung und Lüftung bauten die Firmen Rud. Otto Meyer und D. Grove ein, geplant hat die Haustechnik das Ingenieurbüro Hennicke & Goos.[142]

Bürogründer Benno Hennicke hatte zuvor mit dem federführenden Rathaus-Architekten Martin Haller den Dovenhof als erstes modernes Kontorhaus der Stadt entworfen. Der 1885/86 an der Brandstwiete errichtete, 1967 zugunsten des Spiegel-Hochhauses abgerissene Bau bestach mit seinem Konzept als verkehrsgünstig gelegene Gemeinschaftsanlage kleiner (Handels-)- Unternehmen mit kurzen Wegen und moderner Haustechnik. So besaß der Dovenhof erstmals auf dem europäischen Festland verwendete Paternoster sowie eine eigene Kesselanlage für die Heizung und den Dampfmaschinenbetrieb. Damit wurden die Aufzüge angetrieben und der Strom für die Beleuchtung (installiert von der Kölner Firma Spiecker & Co.) produziert. Zudem hielt eine elektrische Kreiselpumpe bei Hochwasser den Maschinenraum trocken.[143]

Fast gleichzeitig entstand damals auch das Krankenhaus Eppendorf, welches unter anderem eine hochmoderne Niederdruck-Dampfheizung, zum Teil als Fußbodenheizung, nach dem System Bechem & Post (Hagen) bekam.[144]

Die Zeit des Stahlskelettbaus

Mit dem jüngst durch einen Neubau an der Dammtorstraße 1 in der Neustadt ersetzten Deutschlandhaus wurde vielleicht der bekannteste historische Stahlskelettbau der Stadt 2019 abgerissen. Doch das nach den Plänen des Bauingenieurs Willy Weltsch und des Architekturbüros Block & Hochfeld von 1928 bis 1930 als Büro- und Geschäftshaus mit Theatersaal errichtete Gebäude[145] war längst nicht das einzige Gebäude dieser Art (siehe S. 58).

2001/02 durch einen Hotel-Nebau ersetzt wurde die 1929/30 erbaute Verwaltung der Volksfürsorge Versicherung, An der Alster 51-61. Wie bei allen damaligen Stahlskelettbauten spielte auch bei diesem 64,15 Meter langen Gebäude mit sieben Geschossen das Tempo eine wichtige Rolle: Die Geschosse wurden jeweils in 2 ½ Tagen montiert. Verantwortlich dafür waren der Ingenieur Rudolf Eller, die Architekten Distel & Grubitz und die Stahlbaufirma Carl Spaeter GmbH.[146]

Ebenfalls zur Avantgarde gehörte das 1930/31 erbaute (und 1943 durch Bomben zerstörte) Verwaltungsgebäude für den Verband Deutscher Konsumgenossenschaften (VDK) am Besenbinderhof 52. Auftraggeber war das technische Büro der Großeinkaufs-Gesellschaft Deutscher Konsumvereine mbH (GEG), umgesetzt hat den Stahlbau die H. C. E. Eggers & Co. Das Stahlskelett mit einem Gewicht von 700 Tonnen und fünf Obergeschossen wurde in 36 Tagen aufgestellt, schrieb Eggers-Oberingenieur Ferdinand Hülsen stolz.[147] Bei der um 1928 vollzogenen Erweiterung der Detaillistenkammer in der Neuen Rabenstraße 27-30 ging es dagegen darum, über dem großen Saal einen Lichthof abzufangen: mit einem Vierendeel-Träger aus Stahl, umgesetzt von der J. Jansen Schütt GmbH. Geplant hatten das Projekt der Ingenieur Franz Hammerstein und die Architekten Puls & Richter.[148]

Für den Stahlskelettbau wichtig waren auch die beiden großen Hamburger Kühlhäuser der 1920er Jahre: das 1991 durch ein Altenheim ersetzte Kühlhaus in Neumühlen von 1926 sowie das 1927 errichtete und 1998 abgerissene Kühlhaus Ross von Behr & Mathew. Deren Eisenkonstruktion stammte von der Firma H. A. Schulte in Gemeinschaft mit H. C. E. Eggers & Co. und Breest & Co.[149]

Lager und Fabriken

Auch in den vielen zerstörten oder abgerissenen Hamburger Lagerhäusern und Hafenschuppen[150] spiegelt sich die Geschichte des Ingenieurhochbaus wider. Der 300 Meter lange Schuppen 2/3 stand zwar am Sandtorkai und damit zwischen dem ältesten Hafenbecken der Stadt von 1866 und der 22 Jahre später eingeweihten Speicherstadt. Doch er war längst erneuert worden und stammte, wie der erhaltene Schuppen 50/51 (siehe S. 132), von 1912–1914 und besaß ein traditionelles Spreng- und Hängewerk aus Holz. 1984 wurde der Abbruch des Baudenkmals wegen der maroden Kaimauer genehmigt. Teile des Sandtorhafens wurden später zugeschüttet.[151]

Dagegen befand sich der in den 1980er Jahren abgebrochene[152] Schuppen 75 am Kaiser-Wilhelm-Hafen außerhalb des öffentlichen Blickfelds. Er wurde, ähnlich wie der Schuppen 59 (siehe S. 132), mit Dachschalen und einem Skelett aus Stahlbeton errichtet, weil andere Baustoffe nicht verfügbar waren – er entstand von 1946 bis 1948. Wie sein Vorgänger von 1903, war er mit 20.000 Quadratmetern der größte Kaischuppen der Stadt.[153]

Nach dem Zweiten Weltkrieg waren etwa 90 Prozent aller Kaischuppen zerstört oder beschädigt und etwa jeweils 70 Prozent der Speicher und der Hafenbahngleise. Doch mit Mitteln des Marshall-Plans und positiver ökonomischer Effekte gelang ein relativ zügiger und vor allem modernerer Wiederaufbau: Denn Hamburg war zum größten östlichen Grenzhafen Westeuropas geworden. Bei den Hafenschuppen wurde fortan recht individuell nicht nur mit Stahlbeton-, sondern auch mit Stahl- und Holzkonstruktionen gebaut.[154]

Eine wichtige Innovation für die damals noch junge Eisenbeton-Bauweise bargen der 1908 für die Vereinigten Elbe-Schiffahrtsgesellschaften AG erbaute Schuppen am Moldauhafen[155] und der heizbare Schuppen für Südfrüchte am Magdeburger Hafen von 1911.[156] Denn die beiden massiven Bauten waren mit Bulbeisendecken des Systems Pohlmann ausgerüstet worden, wie G. Kaufmann, Oberingenieur des Eisenbau-Unternehmens Steffens & Nölle AG in Berlin, berichtete. Mit den Bulbeisen, einer speziellen Bewehrung im Beton, ließen sich im Vergleich zu normalen Trägern etwa 50 bis 60 Prozent des Eisens sparen. Als Druckgurt diente der Beton der Decke, der Zuggurt wurde durch in den Unterzügen verankerte Schlingen aus »Walzeisen von sehr großer Biegefestigkeit« gebildet. Zuvor hatte Steffens & Nölle derartige Decken für das 1906 eingeweihte Kriminalgericht Berlin-Moabit hergestellt.[157] Als zweigeschossige Gebäude waren diese beiden Lagerhäuser auch für die Hamburger Schuppenarchitektur neuartig. Der Schuppen am Moldauhafen (später Standort des Überseezentrums) wurde zudem weitgehend über dem Hafenbecken gebaut, so dass die Kähne hier direkt nach oben entladen werden konnten.

↗ *Am Kuhwerder Hafen entstand für die Getreideheber-Gesellschaft (GHG) von 1905 bis 1914 die später ergänzte Speicheranlage Mittelkai. Der inzwischen abgerissene Speicher rechts stammt von 1912. (1997)*
→ *Von 1946 bis 1948 wurde der Schuppen 75 am Kaiser-Wilhelm-Hafen als erster Kaischuppen nach dem Krieg neu gebaut: aus Stahlbeton.*

Quasi ein riesiger Kaischuppen war auch das 1967 an der selben Stelle auf dem Kleinen Grasbrook in Betrieb genommene Überseezentrum, damals das weltweit größte Verteilzentrum für Stückgut. Auslöser für seinen Bau war das wachsende Sammelgutaufkommen. Zwischen den Schiffen und dem Landverkehr wurden die Kolli oder Partien hier zu größeren Ladungen zusammengestellt oder getrennt. Auf der einen Seite konnten unter einem 530 Meter langen und um 25,90 Meter weit auskragenden Vordach sowohl Lkw wie im Moldauhafen liegende Schuten abgefertigt werden. Auf der anderen Seite gab es einen Umschlagbahnhof, dazwischen eine 58.000 Quadratmeter große Lagerhalle.

Für das Konzept mit 110.000 Quadratmetern überdachter Fläche gab es so gut wie keine Vorbilder. Die Fachwerkbinder überspannten stützenfrei bis zu 37 Meter und bestanden aus Stahlrohren, die aus drei Ebenen ohne Knotenbleche an einem Punkt miteinander verschweißt wurden – damals etwas ganz Neues. Doch der Verkehr veränderte sich rasch, das Hafenbecken wurde 1984/85 zugeschüttet. Der Bau wurde dann noch für Einzelladungen genutzt, die nicht in Container passten, und schließlich Ende 2021 abgerissen.[158]

Speicher sind traditionell die wichtigsten Gewerbebauten der Stadt und waren schon früh auch Thema in den Bauzeitschriften.[159] Auch außerhalb der Speicherstadt gab und gibt es diesen Bautypus, zum Beispiel für den Getreideumschlag. Noch vor den Getreidesilobauten an der Rethe (siehe S. 140) war von 1905 bis 1914 am Mittelkai des Kuhwerder Hafens eine Speichergruppe mit Silozellen und Böden entstanden. Seit etwa 1935 überragten Türme der Becherwerke die Bauten. Bewegliche und stationäre Lösch- und Ladetürme gehörten ebenfalls zu der Anlage der Getreideheber-Gesellschaft (GHG):

viel beachtete Innovationen für den Massengutumschlag von Getreide.¹⁶⁰ Übrig sind davon nur noch Reste mit Silobauten.

Auch die 1902 gegründete Oelwerke Teutonia GmbH in Harburg besaß einen großen Speicher: ein Eisenbetonskelettbau mit fünf Geschossen, 57 Meter lang und 13,30 Meter breit, für eine Last von 2,5 Tonnen je Quadratmeter ausgelegt. Sein von Christiani & Nielsen vor 1915 ausgeführter Bau in der Bahnhofstraße 1-4 (heute Schellerdamm) war wegen des kleinen Grundstücks anspruchsvoll, der Speicher hatte deshalb auch nur zehn Zentimeter dicke Wände.¹⁶¹ Doch 1928 ging die Pflanzenölfabrik mit etwa 800 Beschäftigten bankrott und wurde geschlossen.

Ähnlich alt, vermutlich von 1910, war der vollständig aus Eisenbeton erbaute Komplex der Norddeutsche Ölwerke Schmidt & Co. zwischen Georgswerder Damm und Marktkanal auf der Peute. Der Hamburger Maurermeister Otto Schultz fungierte hier als Generalübernehmer, die Kieler Firma »F.W. & H. Förster Ingenieurbüro – Eisenbetonbau« (Oberingenieur Eugen Schilling) übernahm die Eisenbetonarbeiten. Ungünstige Bodenverhältnisse erschwerten den Bau der bis zu etwa 14 Meter hohen, kompakten und doch komplexen Fabrik zur Verarbeitung von Ölsaaten auf einem nur etwa 8.000 Quadratmeter großen Grundstück. Die Architekten waren Lundt & Kallmorgen.¹⁶² Erst um 2012 wurde die Ölmühle abgerissen.

Einige Jahre vorher beseitigt wurde die von 1902 stammende Maschinenbauanstalt H. C. Dehn in der Angerstraße 20 in Hohenfelde. Zusammen mit dem ebenfalls vom Bauingenieur Hermann Deimling entworfenen Haus für die Rathaus-Apotheke (siehe S. 46) galt die kleine Fabrik als der »älteste Eisenbetonskelettbau der Stadt«.¹⁶³

Auch die Rostocker Firma L. Berringer Nachf. war in Hamburg aktiv und errichtete das Kontor- und Industriehaus der Verlagsgesellschaft deutscher Konsumvereine, Beim Strohhause 38/40. Der von 1912 bis 1914 errichtete Eisenbetonskelettbau wurde vermutlich von Otto Ulsch, dem Oberingenieur der Firma, entworfen und wohl im Krieg zerstört.¹⁶⁴

Unauffällig wirkte die vor wenigen Jahren abgebrochene vierschiffige Fabrikhalle an der Großmannstraße 136 in Rothenburgsort. Die 1943 für den Zimmereibetrieb Rudolf F. Blecken an einem Anschlussgleis der Industriebahn errichtete Halle bestand überwiegend aus Holz. Getragen wurde der Bau von Holzbrettbindern: Ursprünglich waren dafür Rahmenbinder mit drei Gelenken verwendet worden,

ASPEKTE DER BAUGESCHICHTE

beim Wiederaufbau von zwei Hallenschiffen nach Kriegszerstörungen Anfang 1944 wurden Zweigelenkbinder eingesetzt. Damals ruhte das Baugeschehen im Reich weitgehend, doch war die Halle für die Produktion von Schnellbauwohnungen und Behelfsheimen des Deutschen Wohnungshilfswerks (DWH) kriegswichtig. Vermutlich entstanden hier genormte Ley-Buden, wie eine im Freilichtmuseum am Kiekeberg erhalten geblieben ist. Derartige, nach dem Leiter des Reichskommissars für den sozialen Wohnungsbau, Robert Ley, benannte Holzbungalows hatten eine Grundfläche von 4,10 mal 5,10 Metern mit Windfang und zwei Räumen ohne Keller und WC.[165]

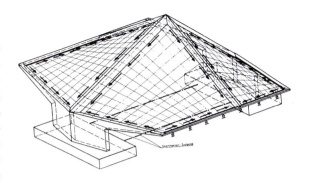

Große und kleine Visionen

Mit Visionen lassen sich Bücher füllen, wie Ulrich Höhns mit »Das ungebaute Hamburg« eindrucksvoll beweist.[166] Da sich Bauingenieure und Architekten mit derartigen Projekten oft intensiv beschäftigt haben, lohnt ein Blick auf die manchmal kühnen Bauten. In einigen Fällen machen schon deren Maße schwindelig. So war das Messehaus ein Mitte der 1920er Jahre recht konkret geplantes Kontorhaus mit 340 Meter langer Front und hohen Turmbauten. Es sollte gegenüber vom Hauptbahnhof auf dem Bauplatz der später dort errichteten City-Hof-Hochhäuser (Klosterwall) und dem Kaufhaus Horten (Steintorwall) stehen, einen Saal für bis zu 5.000 Personen und 500 Autostellplätze in der Tiefgarage bieten.[167]

Für mehr als 100 Jahre wurden immer wieder Entwürfe für ganz unterschiedliche Orte in der Stadt produziert für eine – nie gebaute – Veranstaltungshalle. Sie wäre mit Platz für weit mehr als eintausend oder Zehntausende von Besuchern eine gigantomanische Fortsetzung der in der Stadt durchaus realisierten Veranstaltungshallen – und auch bautechnisch interessant gewesen. In den 1930er Jahren trieben die Nationalsozialisten das technisch Mögliche voran, um sich mit »der Größe« selbst zu vermarkten: Nach ihren Plänen sollte eine Kongresshalle für 100.000 Menschen entstehen.[168]

Noch viel mehr hätte das 1966 vorgestellte Alsterzentrum St. Georg das Stadtbild aufgemischt: Das Halbrund mit Hochhaustürmen hätte 7.000 Bewohner verdrängt, aber auch Platz für 20.000 Neubürger sowie 600.000 Quadratmeter Fläche für Gewerbe und Bildung geschaffen – zeitgemäß mit 16.000 Parkplätzen. Der terrassenartig angelegte Stadtteil hätte bis zu 63 Geschosse gehabt.[169]

Im Vergleich dazu war der nicht erbaute Kirchensaal für St. Emmaus am Kleiberweg 115 in Lurup ein – allerdings raffinierter – Winzling.[170] Der Bauingenieur Stefan Polónyi hatte dafür ein zeltartiges Dach aus vier hyperbolischen Paraboloidschalen (Hyparschale) über einem sechseckigen Grundriss entworfen. Sie wären nur von zwei Wänden getragen und vier Zentimeter dick geworden. Doch die Flutkatastrophe im Februar 1962 verhinderte den Bau des jungen Ingenieurs Polónyi und des Architekten Friedhelm Grundmann. Man meinte, das Geld anderweitig nötiger zu haben, und begnügte sich mit einem kleineren Gemeindesaal. Polónyi verwendete die eigens für St. Emmaus entwickelte Berechnungsmethode dann für die Kirche St. Maria Himmelfahrt in Erkrath-Unterbach.

Ob bei kleinen oder großen Bauten – die Ingenieurbaukunst spielt oft eine tragende Rolle. Deshalb lohnt auch beim Hochbau der zweite Blick: Was steckt dahinter, was hält die Bauwerke zusammen?

← *Für die Stadt- und Vorortbahn (heute S-Bahn) wird in der Nähe der Station Landwehr die Fahrleitung gebaut. Oberhalb davon, in der Angerstraße in Hohenfelde, war 1902 der Eisenbetonbau der Maschinenbauanstalt H. C. Dehn errichtet worden. (1906)*

↑ *Die Dachschale des Kirchensaals von St. Emmaus in Lurup sollte sich mit ihrem sechseckigen Grundriss auf nur zwei kurze Wände stützen.*

Anmerkungen

1. Hochschule der Bundeswehr Hamburg (1979), S. 45
2. AIV (1994), S. 134
3. Gespräch von Burkhard Talebitari mit Karl-Eugen Kurrer, Momentum (momentum-magazin.de), Online-Magazin für Ingenieure, 29.1.2016
4. www.sle.kit.edu/vorstudium/bachelor-bauingenieurwesen.php, abgerufen am 28.2.2022
5. Hornbostel (1997), S. 49
6. ZdBv (1928, S. 705 ff.)
7. Kramer (1996), o.P.
8. Bauingenieur (1986, S. 49 ff.)
9. AIV (1994), S. 134
10. Hornbostel (1997), S. 48 f.
11. Bauingenieur (1933, S. 29 f.)
12. db (10/2006, S. 76 ff.)
13. Stahlbau (1928, S. 61)
14. Dicleli (2002), S. 91
15. Polónyi (2003), S. 5
16. Hochschule der Bundeswehr Hamburg (1979), S. 45
17. Bautechnik (2006, S. 157 ff.)
18. Ricken (1994), S. 8
19. Stiglat (2016), S. 53 f.
20. Stiglat (2004)
21. Stiglat (2016), S. 54
22. Kleinmanns (2009), S. 100
23. Ricken (1994), S. 8
24. www.ice.org.uk, abgerufen am 26.2.2022
25. db (1900, S. 7 f., S. 22 ff., S. 63 und S. 103), Hirschfeld (2009), S. 147
26. Naske (1924), S. 10 und S. 16
27. db (1896, S. 535 ff.), ZdBv (1896, S. 445)
28. Naske (1924), S. 5 f.
29. AB (1850, S. 263 ff.), Karstens (2017), S. 32
30. AB (1852, S. 8 ff.)
31. Mittag: Ueber Neuerungen an Hydranten und Brunnenständern; Polytechnisches Journal, Band 239 (1881), S. 435-443 (hier S. 437 f.), und: Verein Deutscher Maschinen-Ingenieure (Hrsg.): Festschrift zur Feier des 25jährigen Bestehens des Vereins Deutscher Maschinen-Ingenieure, bearbeitet von Regierungsrat M. Geitel, Berlin 1906, S. 9
32. Grönemeyer (2004)
33. Bautechnik (2013, S. 753 ff.)
34. Stahlbau (2004, S. 973 ff.)
35. von Behr (1991), S. 43 ff., S. 150 und HAA, Bestand Ferdinand Streb
36. AIV (1953), S. 112, Bardua (2018)
37. Industriekultur (4.20, S. 11 ff.)
38. Schlaich (1999)
39. Lorenz (2020)
40. Prokop (2012)
41. Tasche (2016)
42. gesellschaft.bautechnikgeschichte.org
43. Polónyi (2003)
44. Kleinmanns (2009)
45. Bögle (2005)
46. Kurrer (2016)
47. db (1889, S. 57 und 321 ff.), ZdBv (1897, S. 499), AIV (1914), Band I, S. 102 ff., Hipp (1989), S. 121 ff., Pohl (2000), S. 59 f., Heidner (2013)
48. Singer (1932), S. 314
49. Emperger (1922), S. 238
50. Ulrich Meyer (WP Ingenieure), Onlinevortrag des Denkmalvereins Hamburg zum Kontorhaus Leder-Schüler, 12.1.2022
51. Singer (1932), S. 315, ZdBv (1925, S. 13 ff.)
52. Kramer (1996), o.P.
53. Emperger (1922), S. 188 ff., Singer (1932), S. 315
54. Singer (1932), S. 307 ff.
55. Emperger (1922), S. 238
56. Bardua (2011), S. 151 f.
57. Singer (1932), S. 308
58. Bardua (2011), S. 22 und S. 102
59. Singer (1932), S. 310
60. Emperger (1922), S. 44
61. Singer (1932), S. 314
62. AIV (1953), S. 321 ff., Nordwestdeutsche (7/8 1953, S. 16 f.)
63. Beton (1931, S. 392 ff.)
64. Bauingenieur (1934, S. 364 ff.)
65. db (1900, S. 566)
66. Thiele (2002), S. 103 f.
67. Beton (1950, S. 143 ff.), Bay (1952), o.P.
68. von Halász (1966), S. 187 ff.
69. Bautechnik (1995, S. 320 ff.), Architektur HH (1995, S. 96 ff.), Kramer (1996), o.P.
70. Per Hinrichs: Kesselhaus stürzte ein – zwei Tote; Hamburger Abendblatt, 6.12.2000

71 Jan-Eric Lindner: Einsturz: Sprengmeister verurteilt; Hamburger Abendblatt, 8.10.2002
72 db (1902, S. 130 f.)
73 Bitumen (1953, S. 198 ff.)
74 Bardua (2012), S. 172 f.
75 Bauingenieur (1979, S. 195 ff.)
76 Angaben Baudyn GmbH (2021)
77 Beton (1993, S. 233 ff.), Kramer (1996), o.P.
78 Stahlbau (1970, S. 381 f.)
79 Timm (1984), S. 203
80 Wochenblatt (1867, S. 6, S. 51 f. und S. 119)
81 db (1877, S. 267)
82 db (1885, S. 508)
83 Beton (1912, S. 414)
84 Beton (1906, S. 291 f.)
85 Beton (1911, S. 330), Beton (1912, S. 214 f.)
86 Lütgert (2000), S. 244
87 Beton (1912, S. 214 f.)
88 db (1909, S. 310 ff.), db-Mitteilungen (1909, S. 101 ff.), Beton (1911, S. 207), db (1911, S. 296 ff.), SBZ (1911, S. 297 f.), ZdBv (1911, S. 187 f., S. 194 ff., S. 207, S. 222 f., S. 224 und S. 231 f.)
89 Prokop (2012), S. 226 ff.
90 www.gaswerk-augsburg.de, 10.3.2018
91 Rombach (2003)
92 Bauingenieur (1933, S. 263 ff.)
93 Pressemitteilung des Eigentümers, der Reiß & Co. GmbH und PEG, vom 15.12.2021
94 Stahlbau (1929, S. 145 f.)
95 Ulrich Meyer (WP Ingenieure), Onlinevortrag des Denkmalvereins Hamburg zum Kontorhaus Leder-Schüler, 12.1.2022
96 db (1891, S. 212 ff., S. 313 f., S. 507 f. und S. 564 f.), db (1892, S. 286), db (1895, S. 61 f., S. 137 f., S. 187 und S. 290,) ZdBv (1896, S. 246 ff.), db (1897, S. 232 ff. und S. 354), ZdBv (1897, S. 507 f.)
97 AIV (1920), o.P.
98 db (1895, S. 290)
99 Frühauf (1991), S. 133 f.
100 de.wikipedia.org/wiki/Adolph_Libert_Westphalen, abgerufen am 26.9.2020
101 AIV (1920), o.P.
102 Beton (1911, S. 250)
103 Beton (1911, S. 306 ff.)
104 www.kmkbucholdt.de/historisches/personen/architekten_sa.htm (Martin Sachs), abgerufen am 11.3.2022
105 Lange (2015), S. 91
106 Bauingenieur (1929, S. 613 ff.)
107 Beton (1931, S. 293 f.)
108 Nordwestdeutsche (1953, Heft 9, S. 8 ff.)
109 Brunswig (1920), S. 144
110 Beton (1950, S. 142 f.), Lange (2015), S. 125, S. 196 und S. 227
111 AB (1848, S. 162 ff.) und Geist (1982), S. 183 ff.
112 Plagemann (1984), S. 153 ff.
113 AB (1847, S. 215 f.), Mende (2008, S. 19 f.)
114 ZVHG (1962, S. 1 ff.), hier S. 17 f.
115 Krull (2013), S. 141 ff.
116 ZVHG (1962, S. 1 ff.), hier S. 15 f.
117 Höfer (2017), S. 11 ff.
118 db (1898, S. 568 f.)
119 AIV (1914), Band II, S. 231 ff.
120 Museum der Arbeit (1993), S. 5 ff., Lütgert (2000), S. 254 f.
121 Den Standort beschreibt Michael Holtmann ausführlich in: Lütje (2004), S. 18 ff.
122 db (1878, S. 333 ff. und 353 ff.)
123 db (1880, S. 474), db (1882, S. 98)
124 db (1890, S. 59)
125 Plagemann (1984), S. 84 f.
126 db (1889, S. 227 f., S. 245 ff. und S. 471 f.)
127 Schmidt (1999), S. 37
128 ZdBv (1886, S. 462), ausführlich: Kurrer (2016), S. 668 ff.
129 Lange (2019), S. 209
130 Stahleisen (1888, S. 650 ff.)
131 Grantz (1957), S. 121, Krieger (1995), S. 131
132 Beton (1956, S. 127 f.)
133 Beton (1991, S. 33 f.)
134 Hornbostel (1997), S. 48 und S. 218 ff.
135 Industriebau (1926, S. 41 ff.), Timm (1984), S. 25 f. und S. 201
136 Griese (2013), S. 53 f.
137 www.st-pauli-turnverein.de, abgerufen am 25.2.2014
138 Stahlbau (1935, S. 133 ff.), Baumeister (1935, S. B201 ff., S. B203 ff. und S. B369 ff).
139 db (1896, S. 582)
140 ZfBw (1890, Sp. 327 ff.)
141 ZdBv (1902, S. 445 f.), ZdBv (1908, S. 150 ff.)
142 Vgl. Anmerkung 1
143 db (1887, S. 117 f. und S. 349 ff.)
144 db (1887, S. 477 f.)
145 ZdBv (1931, S. 301 ff.)
146 Stahlbau (1931, S. 129 ff.)
147 Stahlbau (1930, S. 177 f.)
148 Stahlbau (1929, S. 45 ff.)
149 Stahlbau (1928, S. 39 ff.), db (1927, S. 97 ff.), hier S. 100, Deutsches Nationalkomitee (1990), S. 87 und S. 89, Lütgert (2000)
150 Beton (1960, S. 31 ff.)
151 Ellermeyer (1986), S. 205 f.
152 Lange (1994), S. 241
153 Beton (1955, S. 227 ff.)
154 Krieger (1995), S. 122
155 db (1909, S. 222 f.), Beton (1910, S. 97 ff.), AIV (1914), Band II, S. 75 f.
156 db (1912, S. 99 ff.), Beton (1912, S. 142 f.), AIV (1914), Band II, S. 74 f.
157 ZfBw (1908, Sp. 329 ff.), hier: Sp. 356
158 Stahlbau (1967, S. 257 ff.), AIV (1969), S. 156 f.
159 AB (1847, S. 115), AB (1841, S. 35 ff.)
160 Bautechnik (1937, S. 259 ff.), Deutsches Nationalkomitee (1990), Beilage
161 Emperger (1915), S. 482 f.
162 db-Mitteilungen (1911, S. 124 ff.)
163 Frühauf (1991), S. 118
164 Beton (1915, S. 53 ff.)
165 Industriekultur (1.22, S. 50 f.)
166 Höhns (1991)
167 db (1924, S. 647 f.), Höhns (1991), S. 58 ff.
168 Stahlbau (1935, S. 21 ff.), Höhns (1991), S. 30 ff.
169 Höhns (1991), S. 188 ff.
170 Schiller (1961), S. 67, Polónyi (2003), S. 207

Büro, Handel, Hotel

1 **Rathaus-Apotheke** 46
Große, helle Räume dank Eisenbeton

2 **Hotel Atlantic** 49
Hinter der Pracht ein Eisenbetonskelett

3 **Erweiterung des Stadthauses** 52
Ein Haus über dem Fleet

4 **Meßberghof** 54
Das erste Turmhaus der Stadt

5 **Mönckeberghaus** 58
Neue Freiheit dank Stahl

6 **Brahms Kontor** 62
Höchstes Stahlskelett in Europa

7 **Emporio-Hochhaus** 68
Gläserner Riese auf schlanken Stützen

8 **Finnlandhaus** 72
Hängende Geschosse an stabilem Kern

9 **Hamburg-Mannheimer Versicherung** 76
Prismatische Großplastik

10 **Neuer Dovenhof** 80
Kontorhaus knapp über der U-Bahn

11 **Silo Westlicher Bahnhofskanal** 83
Bürohaus zwischen Betonröhren

12 **Dockland Bürohaus** 86
Nah an großen Schiffen

13 **Handelskammer Innovations-Campus** 88
Hochhaus über Fleet und U-Bahn-Tunnel

14 **Unilever-Haus** 90
Behaglichkeit hinter Folienfassade

Produktion

15 **Windmühle Bergedorf** 93
Über Jahrhunderte optimiert

16 **Großbäckerei der »Produktion«** 96
Beton wird Teil der Architektur

17 **Gießerei Michaelsen** 100
Klassische Fabrikhalle mit feinem Tragwerk

18 **Lufthans-Werft** 103
Große, freitragende Hallen

19 **Airbus-Werk** 110
Riesen-Kisten auf weichem Grund

Lager

20 **Kaispeicher B** 118
Als Getreidesilo seiner Zeit voraus

21 **Speicherstadt** 122
Früher Eisenskelette – und der Brandschutz

22 **Kaischuppen – Lagerhallen** 132
Leichte Dächer über Sortiertischen

23 **Rethespeicher** 140
Feine Betonzellen für gewaltige Massen

Gewerbe

Büro, Handel, Hotel
Produktion
Lager

Große, helle Räume dank Eisenbeton
Rathaus-Apotheke
→ 1

1902 hat der Stoffhändler Röper & Staacke am Hamburger Rathausmarkt ein repräsentatives Geschäftshaus eingeweiht – auf Wunsch des Bauherrn hatte es große Schaufenster und stützenfreie Räume. Möglich machte dies das erste Eisenbetonskelett der Stadt.

Ort Altstadt, Rathausmarkt 19 (Große Johannisstraße 1)
Bauherr Röper & Staacke
Ingenieur Hermann Deimling
Architekt Max Mahlmann
Bauzeit 1901/02

Vergleichsbeispiele für Eisenbetonskelettbauten
Kaisergalerie, Kontorhaus mit Ladenpassage, Neustadt, Große Bleichen 23-27; Bj. 1907–1909; Architekt: Emil Großner; Baufirma: Sachs & Pohlmann; Quelle: Emperger (1915)
Hübner-Haus, Kontor- und Geschäftshaus, Neustadt, Poststraße 2-4; Bj. 1908/09; Architekt: H. G. Henry Grell; Baufirma: Sachs & Pohlmann; Quelle: Beton (1909, S. 77 ff.)

Die Firma Röper & Staacke handelte mit Leinen, Baumwollwaren, Tischzeug, Wäsche und Betten. Und sie leistete sich ein neues Kontor- und Geschäftshaus in bester Lage. 1901/02 entstand der Bau in der Großen Johannisstraße mit großzügigen Räumen und moderner Technik: So gehörten eine Zentralheizung, elektrisches Licht und ein Aufzug der Berliner Maschinenfabrik Carl Flohr zur Ausstattung. Der sechs Meter hohe Verkaufsraum im Erdgeschoss bot eine stützenfreie Fläche von etwa 165 Quadratmetern. Und die großen, zum Teil nach außen gestellten Schaufenster ließen viel Licht hineinfallen.

Doch Röper & Staacke konnten sich dort nur wenige Jahre halten. Seit 1908 hat dort im Aeskulaphaus die Rathaus-Apotheke ihren Sitz. Sie ließ zwei Jahre später eine von Adelbert Niemeyer entworfene Einrichtung einbauen, die in Teilen noch heute erhalten ist. Doch damit verschwand auch ein Teil der angestrebten Großzügigkeit. Denn die von dem Architekten Max Mahlmann entworfene Jugendstilfassade aus Cottaer Sandstein bot einen filigranen Rahmen für die großen Fensterflächen. Schließlich wurde das Haus im Zweiten Weltkrieg teilweise zerstört und bekam 1956 eine neue, glatte Fassade im Trend der Zeit und mit vergleichsweise kleinen Fenstern, blieb aber im Kern erhalten.

Ihr innovatives Eisenbetonskelett hatten Architekt und Ingenieur am 7. März 1902 auf einer Versamm-

→ Nach Kriegsschäden wurde die Fassade des Kontor- und Geschäftshauses mit der Rathaus-Apotheke neu gebaut. (2016)
→→ Bei dem Ursprungsbau, hier schon mit der 1908 eingezogenen Rathaus-Apotheke, rahmte eine filigrane Sandsteinfassade die großen Fensterflächen. Der Bau wird nur von acht Eisenbetonstützen und einem Treppenhaus gehalten.

↑ Teile der von Adelbert Niemeyer entworfenen, 1910 eingebauten Einrichtung der Rathaus-Apotheke blieben bis heute erhalten. (um 1908)

lung des Architekten- und Ingenieurvereins (AIV) zu Hamburg vorgestellt. Da war der im Dezember 1901 begonnene Rohbau gerade eine Woche ausgeschalt. Angeblich haben die Bauarbeiter der neuen Technik nicht getraut und sich geweigert, die Stützen der Schalung zu entfernen. Der Ingenieur und Bauunternehmer Hermann Deimling musste dies eigenhändig tun. Seinen Vortrag beim AIV schloss er mit dem Wunsch, dass sich auch im Norden Deutschlands allmählich die Tatsache von der Trefflichkeit und Billigkeit sowie leichten Ausführbarkeit des Eisenbetonbaus Bahn brechen möge. Er selbst war ein Pionier: Ebenfalls 1902 vollendete sein »Betonbaugeschäft Hermann Deimling« das Fabrikgebäude für die Maschinenbauanstalt H. C. Dehn in Hohenfelde (siehe S. 40). 1903 führte er mit Eduard Züblin die schwierige Gründung des Hamburger Hauptbahnhofes aus.

Die Kombination aus druckfestem Beton und zugfestem Eisen in einem Bauteil war die große Stärke der Eisenbetonbauweise. Im Gegensatz zu den deutschen Bestrebungen, Eisenbeton im Sinne der Bauweise nach Monier hauptsächlich für einzelne Bauteile wie Gewölbe und Decken anzuwenden, erkannte der Franzose François Hennebique das in der monolithischen Skelettbauweise steckende Potenzial und meldete Tragstrukturen aus Eisenbeton, die aus biegesteif verbundenen Bauteilen wie Stützen und Balken bestanden, 1892 zum Patent an. Die dahintersteckenden Gedanken waren zwar nicht neu, wohl aber Hennebiques konsequente Verwendung für Unterzüge und den biegesteifen Anschluss der Stützen. Entscheidend war seine frühe Erkenntnis, dass Schubbügel unverzichtbarer Bestandteil der Bewehrung sein mussten, um die Querkräfte aufzunehmen. Hennebique baute ein bis 1901 gültiges Lizenznehmersystem auf. Doch auch anschließend blieben Ingenieure und Baufirmen noch zurückhaltend, weil er die Grundlagen für seine Berechnungen nie preisgegeben hatte. Erst allmählich veröffentlichten andere entsprechendes Wissen, und 1904 erkannten die Behörden die neue Bauweise grundsätzlich an.

Deimling setzte sich für das Eisenbeton-System nach Hennebique ein, weil sich damit ohne zusätzliche Eisenträger und -stützen brandsichere, stabile und erschütterungsarme Tragwerke mit relativ großen Spannweiten bauen ließen. Das bis zur Traufe 25,50 Meter hohe Gebäude der Rathaus-Apotheke steht auf einem dreieckig-stumpfwinkligen Grundstück mit etwa 200 Quadratmetern Fläche. Und es steht, abgesehen von dem in der hinteren Ecke untergebrachten Treppenhaus, nur auf acht Stützen, die sich auf Fassade und Giebelwände verteilen. Der in der Mitte freie Raum von etwa 165 Quadratmetern wird von etwa elf Meter spannenden Unterzügen mit einem Querschnitt von 0,50 mal 0,75 Meter überspannt – aus heutiger Sicht etwas kräftig geraten. Auch die Stützen für den Hauptunterzug haben mit einem Querschnitt von 0,60 mal 0,60 Meter ein großes Format.

Quellen: db (1902, S. 287 ff.), Kramer (1996), Schmidt (1999), Tasche (2016), Angaben Rathaus-Apotheke (2016)

BÜRO, HANDEL, HOTEL   49

Hinter der Pracht ein Eisenbetonskelett
Hotel Atlantic
→ 2

Das Grand-Hotel Atlantic beeindruckt mit seiner Pracht und den großen Räumen im Erdgeschoss. Hinter der Neorenaissance steckt ein modernes Eisenbetonskelett. Während des Baus stürzte eine Betondecke ein, tötete einen und verletzte vier Arbeiter.

Ort St. Georg, An der Alster 72-79 / Holzdamm 1-3
Bauherr Berliner Hotelgesellschaft
Ingenieur Otto Leitholf (Deckenkonstruktion Säle)
Architekt Friedrich Wellermann und Paul Fröhlich, später: Otto Rehnig (Boswau & Knauer)
Baufirma Boswau & Knauer, Subunternehmer: Carl Brandt
Bauzeit 1907–1909

Vergleichsbeispiele für Eisenbetonskelettbauten
Bernhard-Nocht-Institut für Tropenmedizin, St. Pauli, Bernhard-Nocht-Straße 74; Bj. 1911/12; Architekt: Fritz Schumacher; Baufirma: Dyckerhoff & Widmann AG; Quelle: Stegmann (2014)
Esplanadebau, Neustadt, Esplanade 6; Bj. 1912–1917, Kontorhaus mit Eisenbetonstützen und Rahmenzellendecken zwischen eisernen Trägern (System Pohlmann); Architekt: Rambatz & Jolasse; Baufirma: Dyckerhoff & Widmann AG; Quelle: Stegmann (2014)
Pathologisches Institut im Krankenhaus Eppendorf, Martinistraße; Bj. 1913–1916 und 1924–1926; Architekt: Fritz Schumacher; Baufirma: Dyckerhoff & Widmann AG; Quelle: Stegmann (2014)

↗ *Die beim Hotel Atlantic verwendete Neorenaissance galt schon zur Bauzeit als altmodisch, entsprach aber dem Zeitgeschmack des wohlhabenden Publikums. (2019)*

Um 1900 schwang sich Hamburg zu einer Weltstadt auf. Das Leben im Hafen, auf den Werften und in den Kontoren pulsierte. Es entstanden neue Schienenwege, die Schiffe erreichten ungeahnte Dimensionen. Viele neue Geschäftshäuser, Theater und Hotels wurden gebaut. Einige davon errichtete das Berliner Unternehmen Boswau & Knauer. Die 1892 als Stuckateurbetrieb gegründete Firma setzte bis 1909 etwa 200 Projekte um: vor allem Hotels, Theater, Kaufhäuser und Banken. In Hamburg stellte es unter anderem 1900 den (vierten) Alsterpavillon und 1909 das Kaufmannshaus (Große Bleichen 31) fertig.

Als pragmatisch gesinnte Architekturfirma mit äußerst spitz rechnenden Kaufleuten hatte Boswau & Knauer das Bauen quasi industrialisiert. Derartige Generalunternehmer bewältigten in kurzer Zeit und auf eigenes Risiko große Bauvolumen, indem sie einzelne Leistungen an Subunternehmer vergaben und genau kalkulierten. Organisation und Ökonomie standen im Vordergrund. Der Architekt Paul Boswau verließ die von ihm mit dem Kaufmann Hermann Knauer (1872–1909) gegründete Firma schon nach drei Monaten wieder. Doch der Doppelname Boswau & Knauer, später mit dem Zusatz »Architekten«, wurde beibehalten und sollte für architektonische Qualität stehen, wo allein ein Kaufmann der Chef war. Zudem wird Knauer mehrfach wegen seiner üblen Geschäftspraktiken in Polizeiakten erwähnt.

Als leistungsfähiges Unternehmen setzten Boswau & Knauer jedoch technische Maßstäbe, unter anderem im Eisenbetonbau. Nachdem die Firma schon 1906/07 am Stephansplatz mit dem »Esplanade« ein Hotel mit hohem internationalem Komfort errichtet hatte, begann sie mit dem Bau eines zweiten Luxushotels in Hamburg, dem »Atlantic«. Daran beteiligt war Albert Ballin, Generaldirektor der Hamburg-Amerikanischen Packetfahrt-Actien-Gesellschaft (Hapag). Ballin wollte eine adäquate Unterbringung für die Erste-Klasse-Passagiere seiner Hapag schaffen, damals die größte Reederei der Welt.

Doch beim Bau des Atlantic passierte ein schwerer Unfall: Am 11. November 1907 stürzte um kurz vor 11 Uhr die frisch betonierte Decke eines Raumes zwischen dem zweiten und dritten Obergeschoss im Gebäudeteil am Holzdamm ein und durchschlug die darunterliegenden Decken. Drei Arbeiter wurden mitgerissen und ein weiterer schwer verletzt. Außerdem wurde ein Arbeiter im Erdgeschoss in einer Zementbude getötet. Im März 1909 verurteilte das Landgericht Hamburg einen Betonmeister und einen Bauführer der Firma Carl Brandt wegen fahrlässiger Tötung und Körperverletzung zu einem Monat beziehungsweise drei Wochen Gefängnis.

Das Gericht sah es als erwiesen an, dass große Teile der Deckenschalung im Geschoss darunter zu früh, nämlich nach 14 Tagen, entfernt worden waren. Die Decke sei noch nicht fest genug gewesen, um das Gewicht der darüber aufgebauten Schalung mit dem frischen Beton und die Erschütterungen durch das Stampfen aufnehmen zu können. Der Betonmeister hätte einen – wohl missverständlichen – Auftrag erteilt, die Schalung zu entfernen, und der Bauführer hätte den Ablauf nicht mehr kontrolliert. Damit sei gegen Grundsätze des Eisenbetonbaus verstoßen worden. Ursache war wohl auch Stress,

↖ *Das Hotel Atlantic besteht aus zwei großen und zwei kleinen Riegeln mit einem großen Innenhof.*
← *Mit dem an der Außenalster gelegenen Hotel Atlantic bekamen Schiffspassagiere der Ersten Klasse eine adäquate Unterkunft an Land.*
↗ *Die Decke der 18 mal 30 Meter großen Empfangshalle wird auch von geschickt eingesetzten Säulen gestützt. (2016)*
→ *Der Große Festsaal ist 28 Meter lang und 14 Meter breit. (2016)*

sodass sich die beiden Verurteilten nicht in ausreichendem Maße um die Baustelle kümmern konnten.

Zwei Monate später, am 1. Mai 1909, wurde das Hotel Atlantic eröffnet. Der moderne Bau auf einem 4.660 Quadratmeter großen Grundstück hat heute 221 Zimmer und Suiten (ehemals 250). Die zuletzt 2008 sanierten Fassaden der Neorenaissance galten schon vor 100 Jahren als altmodisch, doch die weitgespannten Räume im Erdgeschoss waren technisch ambitioniert. Denn sie sollten Großzügigkeit ausstrahlen und trotzdem die vier Geschosse darüber tragen. Während die 18 mal 30 Meter große Empfangshalle noch geschickt eingesetzte Säulen hat, sind die beiden gut acht Meter hohen Festsäle stützenfrei: 28 mal 14 Meter sowie 14 mal 9,80 Meter groß. Hier übertragen in den Kassettendecken sitzende Eisenvollwandträger die Deckenlasten in die Seitenwände. Mehrfach wurde das Hotel umgebaut, blieb aber in den Grundzügen erhalten. 2010/11 wurde das Innere zuletzt saniert.

Quellen: Beton (1907, S. 322), Beton (1909, S. 133 f.), db (1910, S. 6 ff.), AIV (1914), Haps (2008)

GEWERBE

Ein Haus über dem Fleet
Erweiterung des Stadthauses
→ 3

Schon vor dem Ersten Weltkrieg war der Platz im Stadtzentrum knapp. Deshalb wich das Polizeipräsidium auf das Wasser aus. Eine Stahlbetonkonstruktion trägt die Erweiterung des Stadthauses über dem Bleichenfleet. Das war damals ungewöhnlich innovativ.

Ort Neustadt, Stadthausbrücke 8
Bauherr Freie und Hansestadt Hamburg
Ingenieur Erik Unger-Nyborg (Baudeputation), Umbau: Wetzel & von Seht
Architekt Fritz Schumacher (Baudeputation), Umbau: David Chipperfield Architects, Kuehn Malvezzi Architects, Stephen Williams Associates
Baufirma Dyckerhoff & Widmann AG (Grundbau Brückenhaus), Hamburger Eisenbetonwerk (Grundbau landseitige Erweiterung), Umbau: Aug. Prien Bauunternehmung GmbH & Co. KG
Bauzeit 1914–1921, Umbau: 2014–2018

Ursprünglich saß die Hamburger Polizeibehörde im Görtz'schen Palais am Neuen Wall 86. 1892 bekam sie an der Stadthausbrücke 4 ein neues Stadthaus. Weitere Bauten für Behörden entstanden in der Nähe. Auf den tief geschnittenen Grundstücken am Bleichenfleet wurden die Verwaltungsgebäude um Höfe herum bis an das Wasser heran gebaut. 1913 beschloss die Stadt einen weiteren Neubau für die Polizei – mit einem Teil über dem Fleet. So konnte sie das Stadthaus von 1892 mit dem Neubau an der Stadthausbrücke 8 verbinden.

Der landfeste Gebäudeteil dieses Neubaus hat außer Keller und Erdgeschoss vier Obergeschosse und ein Dachgeschoss. Das optisch damit verbundene, konstruktiv aber getrennte Brückenhaus über dem Fleet ist mit drei Obergeschossen niedriger. Sein Grundbau forderte die Ingenieure des städtischen Tiefbauamtes heraus. Denn die Geschosse sollten miteinander verbunden, die Schifffahrt aber nicht beeinträchtigt werden, da das parallel zum Alsterfleet verlaufende Bleichenfleet als Entlastungsstrecke für den lebhaften Wasserverkehr diente. Oft waren dies lange Schutenverbände, welche über das Neuer-Wall-Fleet die Rathausschleuse erreichten. Außerdem entwässerte das Bleichenfleet die Alster.

Damit war die Bauhöhe für den Unterbau des Brückenhauses auf 1,54 Meter begrenzt. So hoch sind die gut 30 Meter langen Brückenträger aus Stahlbeton, welche diesen Abschnitt des Erweiterungsbaus tragen. Er wurde direkt neben der Stadthausbrücke (aus Schmiedeeisen erbaut; 1979 durch einen Stahlbetonbau ersetzt) errichtet. Das Brückenhaus ruht auf zwei getrennten Stützenreihen mit je zwei Widerlagern und einem wegen der Schifffahrt schmal

↑ Ein über dem Bleichenfleet, vor die Arkade des Stadthauses gesetzter Gang verbindet die Keller der Nachbarbauten. (2019)
→ Das Brückenhaus des Stadthauses besteht aus zwei Gebäudeflügeln mit einem Lichthof dazwischen. Es ruht auf zwei getrennten Pfeilerreihen. Auf der Westseite schließt es an die Stadthausbrücke (links) an.

gehaltenen Strompfeiler, denn der Fleetverlauf hat hier auch noch einen Knick. Diese mit Granit verblendeten Betonpfeiler ruhen auf einem Fundament mit Stahlbetonrosten und 210 je acht Meter langen Rammpfählen aus Beton.

Damit der Hochbau über dem Fleet nicht zu schwer wurde, besteht er aus zwei Flügeln mit einem überdachten Lichthof dazwischen. Das Erdgeschoss mit der Halle sollte als große Meldestelle dienen. Da der Platz für den Unterbau des Brückenhauses begrenzt war und man teure Eisenkonstruktionen vermeiden wollte, wurden wichtige Teile des Tragwerks in die Außenwände der beiden Gebäudeflügel verlegt. Hier nehmen in die Fassaden integrierte Stahlbetonbalken und -stützen die Kräfte auf. Die Lasten der selbsttragenden Obergeschosse werden am Unterbau vorbei direkt in die Pfeiler im Fleet geleitet. Damit die hohen und schmalen Betonträger in den Hauswänden kippsicher sind, wurden die Mauern an einigen Stellen verdickt oder durch Hilfskonstruktionen verstärkt. 1916 waren der Grundbau und der landfeste Teil des Hochbaus fertig, das Brückenhaus selbst erst 1921.

Im Juli 1943 zerstörten Bomben den Bau der Polizeibehörde. Nach dem Krieg wurden er vereinfacht wiederaufgebaut und diente vor allem als Sitz der Baubehörde. Von 2014 bis 2018 wurde er zusammen mit anderen Verwaltungsgebäuden der Stadt zum Quartier »Stadthöfe« mit Einzelhandel, Gastronomie, Büros und Wohnungen umgestaltet. Seitdem ist die Brückenhaus-Rückseite als Arkade öffentlich zugänglich. Und über den alten Stahlfachwerkbindern des Lichthofes hält nun ein neues Sekundärtragwerk das Dach. Kurios wirkt eine einst vor die Arkade gesetzte Brücke. Dieser Gang über dem Fleet verbindet die Keller direkt miteinander. Er heißt auch Seufzergang, weil Gefangene von den Zellen im Keller des alten Stadthauses zu den Verhören in die Stadthausbrücke 8 hier durch geführt wurden.

Quellen: db (1917, S. 464), db-Mitteilungen (1918, S. 17 ff.), Diercks (2012)

Vergleichsbeispiele
Bucerius Kunst Forum (ehemals Deutsche Reichsbank), Altstadt, Rathausmarkt 2; Bj. 1914–1919; Gründung und auftriebssicherer Keller im Alsterwasser aus Eisenbeton; Baufirma: Dyckerhoff & Widmann AG; Architekt: Philipp Nitze; Quelle: Stegmann (2014)
Hauptverwaltung der Hapag, Altstadt, Ballindamm 25; Bj. 1901–1903 und 1913–1921; schwierige nachträgliche Gründung beim Erweiterungsbau; Ingenieur Erweiterung: Otto Colberg; Architekt: Martin Haller und Hermann Geissler, Erweiterung: Fritz Höger; Quelle: db-Mitteilungen (1920, S. 32) Beton (1921, S. 101 ff.)

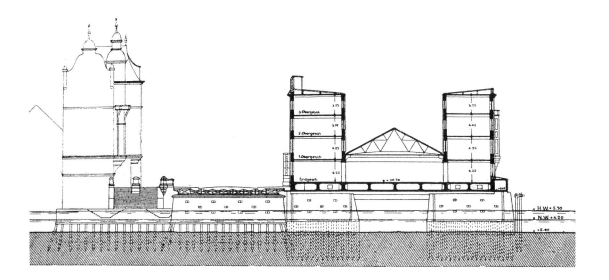

Das erste Turmhaus der Stadt
Meßberghof
→ 4

Nach dem Ersten Weltkrieg strebten die Bauherren der Kontorhäuser nach oben: Der Meßberghof galt mit einer Höhe von 49,50 Metern als das erste Turmhaus der Stadt. Der Baugrund und das Eisenbetonskelett forderten den jungen Ingenieur Bernhard Siebert.

Ort Altstadt, Meßberg 1
Bauherr Ballinhaus GmbH, Sanierung: Deutsche Grundbesitz Investmentgesellschaft mbH
Ingenieur Bernhard Siebert,
Sanierung: Büro Dr. Binnewies
Architekt Hans und Oskar Gerson,
Sanierung: Schweger + Partner
Baufirma: Philipp Holzmann AG
Bauzeit 1922–1924,
Sanierung und Neubau Dach 1995/96

In den wirtschaftlich schwierigen Zeiten nach dem Ersten Weltkrieg ging es auf der Jagd nach mehr Rendite darum, auf den Grundstücken möglichst viel Nutzfläche unterzubringen. Dies ließ sich vor allem in der Höhe realisieren, weshalb die Bauverwaltung Dispense von den geltenden Vorschriften zuließ. Regulär zulässig war in Hamburg lediglich eine Gebäudehöhe bis zur Traufe von 24 Metern. Doch nun wurde das hohe Dach des 1908/09 erbauten Slomanhauses am Baumwall 3 nach Entwurf von Fritz Höger 1921 durch Staffelgeschosse ersetzt. 1922/23 entstand mit dem Stellahaus schräg gegenüber am Rödingsmarkt 52 ein schlankes Kontorhaus mit einer Höhe von 32 Metern. Das Haus war 1874/75 mit fünf Geschossen erbaut worden. Nun bekam es nach den Plänen der Architekten Albert Lindhorst und Edwin Reith (unter Mitarbeit von Zauleck & Hormann) fünf Geschosse aufgesetzt, drei davon gestaffelt. Dafür wurde das rückwärtige Mauerwerk des Hauses neu gebaut. Im Inneren bestehen die aufgesetzten Geschosse aus Stahlstützen und -trägern mit Betondecken.

Den Hochhauscharakter des Stellahauses kann der als Turmhaus charakterisierte Meßberghof (ehemals Ballinhaus) wegen seiner ungleich größeren Breite nur mit Mühe für sich beanspruchen. Wie beim Nachbarn, dem fast gleichzeitig erbauten Chilehaus, ging es vor allem darum, möglichst preiswert viel Masse auf den innerstädtischen Flächen unterzubringen – und dies trotz der unregelmäßigen Bauflächen. Das Grundstück des Meßberghofes war ein stumpfes Dreieck, für das die Architekten Hans und Oskar Gerson im Auftrag eines Konsortiums das moderne Konzept des Inneren mit großer Wucht auch außen dokumentierten. Sie hätten es als ihre Aufgabe angesehen, zu dieser kapitalarmen Zeit einen »einfachen« und »doch großzügigen« Bau zu entwerfen, der Grundriss und Massen für sich wirken lässt, lobte der Kollege Julius Faulwasser 1924 in der Deutschen Bauzeitung. Im Vergleich zum benachbarten, kaum kleineren Chilehaus wirkt es nicht so breit, während der Mittelbau mit seinem Walmdach turmartig emporwächst. Die Front ist 32,65 Meter hoch; bis zur Turmspitze sind es 49,50 Meter.

Das seit mehr als drei Jahrzehnten erprobte Konzept des Kontorhauses war hier mit moderner Haustechnik (zwei Paternoster, zwei Personen- und ein Lastenaufzug, Zentralheizung, Sanitäranlagen) weiter optimiert worden. Die Mieter, für die örtliche Wirtschaft typische Kleinunternehmen, verlangten – auch nach dem Bau – möglichst flexibel einteilbare Flächen für Büros und zum Teil Geschäfte. Voraussetzung dafür war ein sparsam konstruiertes Skelett mit wenigen tragenden Wänden. Die Geschosse wurden beim Meßberghof also in ein System von Pfeilern aufgelöst, welche vor allem mit Unterzügen und massiven Decken versteift wurden. Das Skelett wurde außen lediglich mit Klinkern ausgemauert und verblendet. Aufgrund der hohen Stahlpreise bekamen zu Beginn der 1920er Jahre fast alle Hochhäuser ein Skelett aus Stahlbeton und nicht aus Stahl.

Der Meßberghof bietet auf zehn Geschossen (ohne Dach) und einem Keller 17.000 Quadratmeter Nutzfläche, geeignet für etwa 2.500 bis 3.000 Beschäftigte. Seine Stützen, Unterzüge und massiven Decken bestehen aus 8.000 Kubikmetern Beton und etwa 700 Tonnen Moniereisen. Aus Gewichtsgrün-

→ *1995/96 wurde das kriegszerstörte Dach in moderner Form neugebaut. (2018)*

den wurde allerdings der Dachstuhl aus dem leichteren Holz gebaut. Weitere 1.300 Kubikmeter Beton wurden für das Fundament verwendet. Fast alle Baustoffe wurden über den benachbarten Oberhafen per Kahn angeliefert, die Fracht auf einer Holzfachwerkbrücke über die damals schon rege benutzte Straße transportiert. Der Bau mitten in der Inflationszeit dauerte lange, von April 1922 bis März 1924: Für Verzögerungen sorgten Frost, Streiks und Probleme bei der Baustoffbeschaffung sowie die schwierige Gründung. Denn das Haus steht auf einem Teil der alten Stadtmauer. Generationen von Bauwerksresten bereiteten nicht nur beim Aushub Probleme; auch das Rammen der Pfähle sorgte für Schwierigkeiten. Etliche Pfähle wurden zusätzlich gerammt. Da das Bauwerk am Übergang der Geest zur Marsch liegt, wurden Pfähle mit Längen zwischen 8 und 17 Meter verwendet – insgesamt etwa 1.200 Stück. Unter den einzelnen Fundamentplatten stehen Bündel mit bis zu zwölf Pfählen, auf denen die Stützenstränge des Stahlbetonskelettes ruhen. Diese Stützen tragen ein Gewicht von jeweils 200 bis 500 Tonnen.

Die Berechnung des Betontragwerkes war anspruchsvoll. Umgesetzt hat sie der junge Ingenieur Bernhard Siebert. Er arbeitete damals für die Philipp Holzmann AG und gründete 1938 in Hamburg das Büro für Ingenieurbau (heute WTM Engineers). So fehlten für derartig große Stahlbetonskelette die Erfahrungen. Ein dreifeldriger, elfgeschossiger Stockwerksrahmen mit 90 Unbekannten ließ sich damals nicht berechnen. Deshalb wurde das Ganze statisch in elf eingeschossige Rahmen mit (zum Teil gelenkig) eingespannten Stielen aufgelöst. Da die Konstruktion auch die durch Winddruck auftretenden Querkräfte aufnehmen muss, wurden die Verbindungen zwischen Stützen und Unterzügen verstärkt. Außerdem bekamen die Deckenfelder der beiden Flügelbauten verstärkte Zwischenträger.

Ein wichtiges Architekturdetail des Meßberghofes ist die bis zum Oberlicht im Dachaufsatz führende

Haupttreppe. Auch wenn sie kaum dem Verkehr dient, so ist die Wendeltreppe doch ein Symbol für die Dynamik der Wirtschaft. Das Motiv geht auf den Architekten Hans Blumenfeld, Mitarbeiter bei den Gebrüdern Gerson, zurück. Auch sie besteht aus Beton, wie überhaupt die Konstruktion des etwa 10 mal 10 Meter großen Treppenhauses nicht verkleidet wurde: Die Pfeiler zeigen einen steinmetzmäßig überarbeiten Beton. Diese freitragende Wendeltreppe dürfte den Ehrgeiz des Ingenieurs Siebert

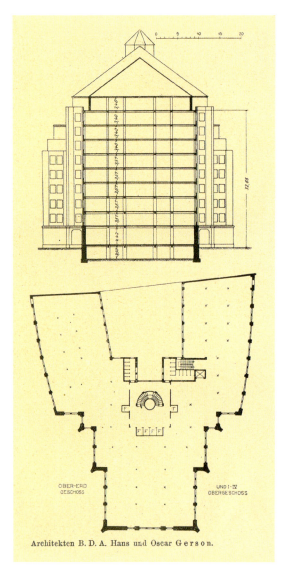

geweckt haben, der sie konstruieren musste. Die Berechnungen dafür waren damals – per Hand – sehr aufwendig. Siebert spannte den im Grundriss halbkreisförmigen äußeren Wangenträger der Treppe für jedes Geschoss zwischen vier Stahlbetonstützen ein und ließ die einzelnen Stufen daraus um 1,60 Meter in die Mitte auskragen. Somit umschließt die Treppe ein durch alle Geschosse reichendes Auge mit kreisförmigem Querschnitt, das jeden Besucher bis heute beeindruckt.

Quellen: db (1924, S. 176), db (1924, S. 605ff.), db (1925, S. 65ff.), Meyer-Veden (1988), Hipp (1989), AIV (1999), Hesse (2012), Lange (2015)

↑ Die Front des Meßberghofes ist 32,65 Meter hoch. (um 1924)
← Die Bauteile des Meßberghofes werden in der Tiefe je Geschoss von vier bis sechs Stützen getragen.
→ Die Haupttreppe ist aus Stahlbeton und musste aufwendig berechnet werden. (2016)

Vergleichsbeispiele für
Stahlbetonskelettbauten
Chilehaus, Kontorhaus,
Altstadt, Burchardplatz 1/2; Bj. 1922–
1924; Baufirma / Ingenieur: Neuge-
bauer & Schybilski (Willy Weltsch,
Fritz Rückert); Architekt: Fritz Höger;
Quellen: Beton (1925, S. 125 ff.),
ZdBv (1925, S. 13 ff.)
Sprinkenhof, Kontorhaus,
Altstadt, Burchardstraße 6-14; Bj.
1927/28 (Mittelteil), 1929/30 (West-
seite), 1939–1943 (Ostseite), Wieder-
aufbau Ostseite nach Kriegszerstörung
1947/48, Sanierung von Westseite und
Mittelteil 2000–2003; Ingenieur: Kuball
& Kölling (Sanierung: Windels Timm Mor-
gen); Architekt: Fritz Höger, Hans und
Oskar Gerson (nur Mittelteil; Sanierung:
Kleffel, Köhnholdt + Partner); Baufirma:
Arge Philipp Holzmann AG und Fr. Holst
(Mittelteil und Westseite); Quellen: Bau-
ingenieur (1930, S. 497 ff.), Beton (1931,
S. 401 ff.), Beton (2002, S. 371 f.)
Karstadt Hauptverwaltung,
Altstadt, Steinstraße 10; Bj. 1921–1924;
Baufirma / Ingenieur: Allgemeine Hoch-
bau-Gesellschaft AG (Oberingenieur:
H. J. Kraus); Architekt: Philipp Schäfer;
Quelle: Beton (1924, S. 265 ff.)
Mohlenhof, Kontorhaus,
Altstadt, Burchardstraße 17;
Bj. 1927/28; Ingenieur: Kuball &
Kölling; Architekt: Büro Klophaus,
Schoch, zu Putlitz; Baufirma:
Hammers & Co. Betonbau GmbH;
Quelle: Beton (1931, S. 401 ff.)
Gotenhof, Kontorhaus,
Altstadt, Steckelhörn 12; Bj. 1929/30;
Architekt: Carl Stuhlmann;
Baufirma: Dyckerhoff & Widmann AG;
Quelle: Bauingenieur (1931, S. 216 ff.)
Schwalbenhof, Frauenwohnheim,
Barmbek-Nord, Schwalbenplatz 15;
Bj. 1929/30; Architekt: Paul A. R. Franck;
Baufirma: Dyckerhoff & Widmann AG;
Quelle: Bauingenieur (1931, S. 216 ff.)

Burchardhof (ehemals Hubertushaus),
Kontorhaus, Altstadt, Steinstraße 27;
Bj. 1930/31; Baufirma / Ingenieur: Beton-
und Monierbau AG (Oberingenieur K. Sie-
gel); Architekt: Franz Bach und F. Wischer;
Quelle: Beton (1931, S. 209 ff.)
Klosterschule, St. Georg, Westphalens-
weg 7, (Lyzeum auf dem Lübeckertor-
felde); Bj. 1922/23; Ingenieur: Hochbau-
amt (Karl Dörr) sowie Kuball & Kölling;
Architekt: Fritz Schumacher; Quelle:
Beton (1923, S. 105 ff.)
Berufsschulzentrum Altona,
Museumsstraße 15-19; Bj. 1928–1930;
Ingenieur: Kuball & Kölling; Architekt:
Gustav Oelsner (Hochbauamt); Baufirma:
Johannes Reif und Hammers & Co. Beton-
bau GmbH; Quelle: Beton (1930, S. 433 f.)
Kontorhaus Montblanc
(ehemals Boardinghaus des Westens),
St. Pauli, Schulterblatt 26-36; Bj. 1930/31,
Bau auf geringer Grundstückstiefe, durch
die längs durch das Haus verlaufende
Landesgrenze zwischen Hamburg und
Altona beeinflusst; Ingenieur: Kuball
& Kölling; Architekt: Büro Klophaus,
Schoch, zu Putlitz; Quelle: Beton (1931,
S. 401 ff.)

Neue Freiheit dank Stahl
Mönckeberghaus
→ 5

Seit dem Ersten Weltkrieg verdrängten die im Industriebau bereits üblichen Eisentragwerke das Mauerwerk im gewöhnlichen Geschossbau. Mit seinen großen Schaufenstern und flexibel einteilbaren Kontoren bietet das Mönckeberghaus dafür ein frühes Beispiel.

Ort Altstadt, Lilienstraße 36
Bauherr Claus Meyer und Ferdinand Usinger
Ingenieur Franz Karck
Architekt Claus Meyer, Wiederaufbau: Walter Meyer
Baufirma Rud. Otto Meyer, Stahlbau: H. C. E. Eggers & Co.
Bauzeit 1908/09, Wiederaufbau: 1955

Vergleichsbeispiele für Stahlskelettbauten
Geschäftshaus Franz Schurig, Altstadt, Großer Burstah, Ecke Altenwallbrücke; Bj. 1908, stark verändert; Ingenieur: Lühmann & Martienssen; Architekt: Lundt & Kallmorgen; Stahlbau: H. C. E. Eggers & Co.
Warenhaus Rudolf Karstadt, Altstadt, Mönckebergstraße 16; Bj. 1912, stark verändert; Ingenieur: Franz Hammerstein; Architekt: Franz Bach, Carl Gustav Bensel; Stahlbau: Gebr. Andersen, H. C. E. Eggers & Co., Döbler & Co., J. Jansen Schütt GmbH, Breest & Co.
Kontorhaus Hanse (Hansehof), Altstadt, Mönckebergstraße 15-19; Bj. 1911/12, dank Kragträgern bis zu 380 Quadratmeter große Räume ohne Stützen, 1928 umgebaut, nach Kriegszerstörungen stark verändert; Ingenieur: Franz Hammerstein; Architekt: Franz Bach, Otto Westphal (Ursprungsbau); Umbau: Distel & Grubitz; Wiederaufbau: Hans Th. Holthey
Rappolthaus, Altstadt, Mönckebergstraße 11; Bj. 1911/12, nach Kriegszerstörungen wiederaufgebaut; Ingenieur: Lühmann & Martienssen; Architekt: Fritz Höger; Wiederaufbau: Gerhard Langmaack

← *Das hohe Satteldach des Mönckeberghauses wurde im Krieg zerstört und 1955 durch ein Staffelgeschoss ersetzt. (2017)*
↗ *Das Geschäftshaus Franz Schurig am Großen Burstah in der U-Bahn-Kurve am Rödingsmarkt fiel mit extragroßen Schaufenstern auf. (1912)*

In Chicago bestaunten die Zeitgenossen seit den späten 1880er Jahren die schnell wachsenden Eisenskelette der Wolkenkratzer. Denn bei hohen Gebäuden können die voluminösen und sensibel auf Querkräfte reagierenden Mauerkörper die wichtige Funktion der Horizontalaussteifung nicht mehr übernehmen – im Gegensatz zu einer Rahmenkonstruktion aus Schmiedeeisen (seit 1925 als Stahl bezeichnet). Doch in Europa wurden derartig hohe Häuser damals kaum gebraucht. In Deutschland zogen lediglich Stützen aus Gusseisen vereinzelt schon im frühen 19. Jahrhundert in den Geschossbau ein, weil sie schlanker und leichter als Mauerwerkspfeiler sowie auf Druck gut belastbar waren. Außerdem ließen sie sich schneller montieren. Auch an Ladeneingängen stehende gusseiserne Säulen lockerten die Fronten auf. So wurden bei dem Geschäftshaus Holstenhof in der Hamburger Neustadt, Kaiser-Wilhelm-Straße 79-87 (Bj. 1901, Architekt: Albert Lindhorst), über zwei Geschosse Gusseisenstützen verwendet. Im Inneren verbergen sich vermutlich Teile aus, mit Beton verkleidetem, Schmiedeeisen.

Denn im nächsten Schritt wurden in Fabriken, Lagerhäusern und anderen Stockwerksbauten die Holzbalken durch schmiedeeiserne Träger ersetzt, während die Außenwände noch aus Mauerwerk bestanden. Seit etwa 1880 verdrängten Profile aus Schmiedeeisen in Deutschland dann die gusseisernen Stützen, wie beim ersten Bauabschnitt der Hamburger Speicherstadt (s. S. 122). Dabei gibt Schmie-

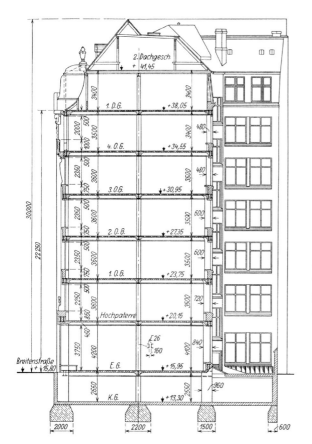

deeisen ohne Ummantelung im Brandfall sogar eher nach als Gusseisen. Doch das war damals noch nicht bekannt. Das elastischere Schmiedeeisen aber fängt Stoß- und Querkräfte besser ab als das Gusseisen, auch lassen sich diese Stützen besser mit schmiedeeisernen Trägern zusammenfügen – der zunächst für den Industriebau wegweisende Stahlskelettbau war geboren. Auch beim Bau von Geschäftshäusern bietet das Stahlskelett, zunächst noch als Eisenskelett bezeichnet, große Vorteile. Es kann schnell und während der Frostperiode aufgestellt werden, ist nicht so schwer wie massives Mauerwerk. So macht es eine wesentlich großzügigere Planung von Grundrissen möglich: Wenige Stützen mit kleinen Querschnitten tragen einen großen Teil der Last, sodass mangels tragender Innenwände mehr und flexibel gestaltbarer Raum entstehen kann. Damit gelangt mehr Licht in das Innere der Häuser, und es sind großzügige Schaufensterfronten möglich.

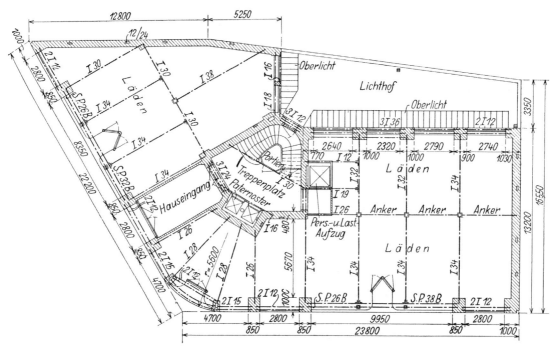

Besonders augenfällig war dies beim Geschäftshaus Franz Schurig am Großen Burstah, das etwa zur selben Zeit wie das Mönckeberghaus entstand, nach dem Zweiten Weltkrieg aber radikal umgebaut wurde. Hier war die tragende Stahlkonstruktion außen sichtbar und Teil der Architektur. Nur zu den Nachbarbauten hin und um die Treppenhäuser herum war Mauerwerk in nennenswertem Umfang beibehalten worden. Das Stahl- und das etwa gleichzeitig entwickelte Eisenbetonskelett waren eine wichtige technische Voraussetzung für das Hamburg-typische Kontorhaus. Denn dank weniger Stützen konnten die Innenwände auch nachträglich den wechselnden Bedürfnissen der Büromieter angepasst werden.

Das zurückhaltend mit Jugendstilelementen dekorierte Mönckeberghaus bietet Ladengeschäfte im Erdgeschoss und darüber sechs Bürogeschosse. Die Hauptfrontpfeiler sind vollständig aus Sandstein mit rustizierten Risaliten hergestellt, während bei kleineren Zwischenpfeilern der Sandstein vorgeblendet ist und die stählernen Walzträger dahinter auch Horizontalkräfte aufnehmen. Die Zwischenpfeiler in den Stockwerken werden mit Stahlträgern abgefangen und ihre Lasten auf die Hauptpfeiler übertragen. Die Stahlstützen bestehen jeweils aus zwei miteinander vernieteten U-Profilen, deren Zwischenraum zwischen den Profilrücken mit Mauerwerk ausgefüllt und von fünf Zentimeter starkem Monierputz ummantelt ist. Sie sollen nur senkrechte Lasten aufnehmen. Die waagerechten Kräfte werden durch die als Koenen'sche Voutenplatten (Stahlbetonplatten) ausgebildeten Decken auf die an den Giebeln, an den Treppenhausschächten im Inneren und an der Rückseite des Gebäudes vorhandenen Mauern übertragen. Damit ist das Haus allerdings kein »echter« Stahlskelettbau. Denn das Mauerwerk übernimmt hier immer noch tragende Funktionen.

Selbstverständlich war das 1909 eingeweihte Kontorhaus mit Paternoster und Lastenaufzug ausgerüstet. Schon 1910 übernahm der Architekt Claus Meyer die Anteile von Maurermeister Ferdinand Usinger und wurde Alleineigentümer des Mönckeberghauses; seitdem ist es in Familienbesitz. Das hohe Satteldach wurde 1943 durch Kriegseinwirkungen zerstört und 1955 durch ein Staffelgeschoss ersetzt.
Quellen: Stahlbau (1929, S. 145ff.), Prokop (2012), Angaben Mönckeberghaus Verwaltungsgesellschaft mbH (2016).

↖ *Die Seitenwände und der Treppenhauskern sind unverändert ein wichtiger Teil des Tragwerkes.*
← *Jeweils eine Reihe von Stahlstützen in der Mitte der Räume übernimmt beim Mönckeberghaus einen großen Teil des Lasten.*
↑ *Die Hauptpfeiler der Hausfront sind noch vollständig aus Stein; im Inneren aber trägt ein Stahlskelett das Mönckeberghaus. (2022)*

Höchstes Stahlskelett in Europa
Brahms Kontor
→ 6

Von 1929 bis 1931 entstand am Wallring der damals höchste Profanbau in Hamburg und das höchste Stahlskelettgebäude Europas: das Verwaltungshochhaus des Deutschnationalen Handlungsgehilfen-Verbandes (DHV) – heute Brahms Kontor.

Ort Neustadt, Johannes-Brahms-Platz 1
Bauherr Deutschnationaler Handlungsgehilfen-verband (DHV), Modernisierung: Grundstücks-gesellschaft Karl-Muck-Platz GmbH & Co. KG
Ingenieur G. Timm (Neubau), Büro Dr. Binnewies (Modernisierung)
Architekt Ferdinand Sckopp & Wilhelm Vortmann (Alt- und Neubau), Büro Kleffel Papay Warncke (Modernisierung)
Baufirma J. Jansen Schütt GmbH (Stahlbau Neubau), Carl Brandt (Betonbau Neubau)
Bauzeit 1921/22 (Altbau), 1929–1931 (Neubau), 2003 und 2005–2009 (Modernisierung)

→ In wenigen Wochen erhebt sich zwischen Pilatus-pool (vorn) und Holstenwall ein gewaltiges Stahlskelett. (23. November 1929)

Vergleichsbeispiele für
Stahlskelettbauten
Gesundheitsamt in St. Georg, Besenbinderhof 41; Bj. 1925/26, schwierige Lage am Geesthang über Tunnelmund der U-Bahn; Ingenieur: Franz Hammerstein; Architekt: Hermann Höger; Baufirma: Bauhütte »Bauwohl« und Wayss & Freytag AG; Stahlbau: Rheinische Stahlwerke AG; Quellen: db (1927, S. 569 ff.), db (1928, S. 17 ff.)
Heimstätte GmbH in St. Georg, Nagelsweg 10-12; Bj. 1928 als Wohnheim für alleinstehende Frauen; Ingenieur: Kuball & Kölling; Architekt: Distel & Grubitz; Stahlbau: Carl Spaeter GmbH; Quelle: Stahlbau (1929, S. 177 f.)
Bürohaus in Lokstedt, Stresemannallee 101; Bj. 1929 für die Radioröhrenfabrik GmbH (später Philips Valvo); Ingenieur und Architekt: Th. Speckbötel und Rich. Donath; Stahlbau: E. Seidler & Spielberg; Quelle: Stahlbau (1929, S. 227 f.)
Meierei der Konsum-, Bau- und Sparverein »Produktion« e.G. mbH in Rothenburgsort, Gustav-Kunst-Straße 16; Bj. 1930/31 Ingenieur: Rudolf Eller; Architekt: Distel & Grubitz; Stahlbau: Carl Spaeter GmbH; Quellen: Stahlbau (1931, S. 129 ff.), Schmidt (2011)

↑ *Beginn des Stahlbaus, Ansicht vom Holstenplatz / Holstenwall. Fast 300 Fotos vom Bau dokumentieren vor allem, »wie das imposante Stahlskelett, vergleichbar den Bildern von amerikanischen Wolkenkratzern, an Höhe gewann«. (28. September 1929)*

Das Hochhaus des DHV am Johannes-Brahms-Platz (ehemals Holstenplatz, von 1934 bis 1997 Karl-Muck-Platz) ist ein gestutztes Ausrufezeichen. Zwischen Justizforum und Kaiser-Wilhelm-Straße markiert es am Wallring den Übergang zwischen der Neustadt und St. Pauli. Ein an dieser Stelle geplantes 75 Meter hohes Hochhaus ließ sich bei Oberbaudirektor Fritz Schumacher nicht durchsetzen, zumal es ohnehin auf einer natürlichen Erhebung »über« dem Stadtzentrum steht. Immerhin 60 Meter Bauhöhe gestand die Stadt den Architekten Sckopp & Vortmann zu. Gebaut wurde also ein von ihnen vorgelegter Kompromiss, wobei die – nicht mehr vorhandene – Licht-Werbesäule allein acht Meter hoch war. Dennoch zählte es zu den höchsten Häusern in Europa: Damaliger Rekordinhaber war das 1924/25 mit einem Stahlbetonskelett erbaute Hansa-Haus in Köln mit 65 Metern Höhe. Es wurde 1932 von dem Bauernturm in Antwerpen (87,50 Meter hoch) abgelöst.

Bis heute wirkt die Dreiflügelanlage am Holstenwall mit ihrem nunmehr 52,40 Meter hohen Turm monströs – das sollte sie aus Sicht der national-kon-

↑ Am 14. Dezember 1929 fehlen beim Hochhaus am Holstenwall noch zwei Geschosse; ansonsten ist der Stahlbau weitgehend abgeschlossen.

↑ Am 7. Juni 1930 sind die Bauarbeiten weit fortgeschritten; die Hamburger Niederlassung der Düsseldorfer Firma Carl Brandt stellte die Fundamente und Geschossdecken des Bürohauses her.

servativen Gewerkschaft DHV auch sein: eine stolze Zitadelle der Konservativen Revolution gegenüber der 1908 errichteten Musikhalle, dem Hort bürgerlicher Kultur. Dabei standen die innovative Konstruktion und die moderne Gestaltung im Widerspruch zu den gesellschaftspolitischen Zielen dieser Angestelltengewerkschaft. Der 1893 in der Kaufmannsstadt Hamburg gegründete DHV agierte in Konkurrenz zur sozialdemokratisch geprägten Arbeiterbewegung. So durften Frauen und Juden keine Mitglieder werden. Zum mächtigen DHV gehörten unter anderem die Versicherung Deutscher Ring, die Gemeinnützige Aktiengesellschaft für Angestellten-Heimstätten (Gagfah) und die Hanseatische Verlagsgesellschaft.

Hinsichtlich der Architektur war der DHV anderen weit voraus. Sein 1905 erbautes Bürohaus am Holstenwall wurde 1921/22 aufgestockt und mit einer innovativ gestalteten Fassade versehen. Damit hatte das Büro Sckopp & Vortmann einen vom DHV ausgelobten Wettbewerb gewonnen. Die radikal schlichte Vertikalität der Klinkerfassade war ein Vorreiter für moderne Architektur – kurz bevor das Chilehaus gebaut wurde. Dies war kein Wunder, denn Ferdinand Sckopp hatte bis 1913 im Büro des Chilehaus-Architekten Fritz Höger gearbeitet. Rasch war aber auch der umgebaute Altbau zu klein, sodass Sckopp & Vortmann für die etwa 1.000 Beschäftigten des DHV eine größere Verwaltung planten. Der nun am Holstenwall, Johannes-Brahms-Platz und Pilatuspool errichtete Neubau bot 23.000 Quadratmeter Nutzfläche, der Altbau am Holstenwall hatte nur 7.000 Quadratmeter.

Das von 1929 bis 1931 errichtete Bürohaus war damals eines der fortschrittlichsten und setzte auch Maßstäbe für den von vielen Mietern genutzten Bautyp des Kontorhauses. Drinnen arbeiteten acht Paternoster- und Lastenaufzüge, eine Rohrpostanlage, Fernschreiber sowie eine Telefon- und eine Schaltzentrale. Mit der aufwendigen Innenarchitektur im Stil des Art déco wurde die gewaltige Monumentalität der bis zu 230 Meter langen Fronten ein wenig ins Malerische umgestimmt. Der Turm mit horizontaler Fassadengliederung ist eine geschickte Verbindung zwischen dem niedrigeren Abschnitt am Holstenwall und dem höheren Kopfbau am Johannes-Brahms-Platz. Zudem gilt der Gestus mit Turm, hohem Laubengang im Kopfbau und Staffelgeschossen als ambitioniert. Am Johannes-Brahms-Platz liegt das Hauptgesims 34 Meter über dem Gehweg, der Turm am Holstenwall reicht ohne die Staffelgeschosse 47,50 Meter über das Pflaster.

Doch die Höhe war eben begrenzt: Um dennoch möglichst viele, in diesem Fall 15 Geschosse im Neubau unterbringen zu können, setzten die Planer auf ein Stahlskelett als Tragwerk. Ein mit Baufirmen und Ingenieuren in ganz Deutschland besprochener Vergleich zwischen Stahl und Stahlbeton (damals oft noch Eisenbeton genannt) wurde klar entschieden: »Es stellte sich heraus, daß in allen Punkten der Stahlbau am günstigsten dastand«, schrieb der dafür verantwortliche Zivilingenieur G. Timm. Ein Stahlskelett sparte vor allem Gewicht, benötigte mit seinen schlanken Querschnitten auch etwas weniger Platz als eines aus Stahlbeton. Es ließ sich schneller und auch im Winter montieren sowie präziser herstellen, war aber auch oft teurer. Die Anhänger der jeweiligen Bauweise behaupteten deren Überlegenheit. Tatsächlich kam es auf den Einzelfall an.

Das in der Qualität St 48 hergestellte Stahlskelett beim DHV-Hochhaus wiegt etwa 3.050 Tonnen. Ein Drittel des verbauten Stahls waren Peiner Träger, die sich damals immer stärker durchsetzten. Dabei handelt es sich um einen erstmals 1914 von der Actien-

Gesellschaft Peiner Walzwerk der Ilseder Hütte gewalzten Doppel-T-Träger mit breiten und parallelflächigen Flanschen. Bei ihm waren also auch die Innenseiten der Flansche glatt und rechtwinklig zum Steg ausgerichtet. Die präzise Vorfertigung ging so weit, dass die knapp 14 Meter langen Querträger schon im Walzwerk einen Stich von 40 Millimeter bekamen, damit es nach dem Bau keine Durchbiegung gab.

Auf das mit Betonpfählen tiefgegründete Fundament wurde also eine genietete Stahlkonstruktion aus Stockwerkrahmen gesetzt. Über mehrere Geschosse reichende, entlang der Fassaden im Abstand von 3,60 Metern gesetzte Stützen halten die mit einer Spannweite von 13,80 Metern quer durch das Geschoss reichenden Riegel, welche über Konsolen und mit Hilfe von Passstücken zwischen die Stützen eingespannt wurden. So konnte man auf Innenstützen – außer in Treppenhäusern und Aufzugschächten – verzichten und mit dem individuellen Einbau von Leichtbauwänden die Grundrisse variieren.

Die Stützenreihen wurden durch in der Fassade verlaufende Windverbände miteinander versteift. Dies hatte die Baubehörde verlangt, weil ihr die Decken des Hauses zu leicht konzipiert waren, um alle Horizontalkräfte aufnehmen zu können. Die geringen Stärken der Stahlbetondecken (bis zu 0,46 Meter dick) und die Einbaumöglichkeit von Rohrleitungen waren wesentliche Forderungen an die Konstruktion. Insgesamt entstand ein auffallend klar gestaltetes Tragwerk ohne sichtbare Unterzüge oder Rahmenschrägen an den Anschlüssen, das zum Schluss mit Beton feuersicher ummantelt wurde.

Beim Umbau zum Brahms Kontor wurde der Altbau von 1922 bis auf die Straßenfassade abgebrochen und durch einen neuen Bürotrakt ersetzt, dabei ganze Treppenhäuser aus- und wieder eingebaut. Außerdem wurden Teile des Neubaus nachträglich unterkellert und dabei Stützen abgefangen.

Quellen: Stahlbau (1928, S. 27 f.), db (1930, S. 81 ff. und 153 ff.), Stahlbau (1930, S. 147 ff.), db (1931, S. 447 f.), Hawranek (1931), Bauingenieur (1932, S. 565 ff.), Lange (2008), Schilling (2012), AIV (2015), Angaben Denkmalschutzamt (2016), Angaben Ingenieurbüro Dr. Binnewies (2017)

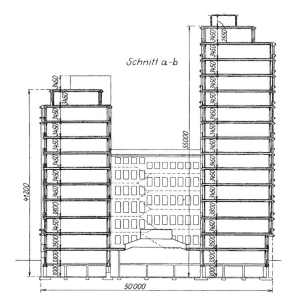

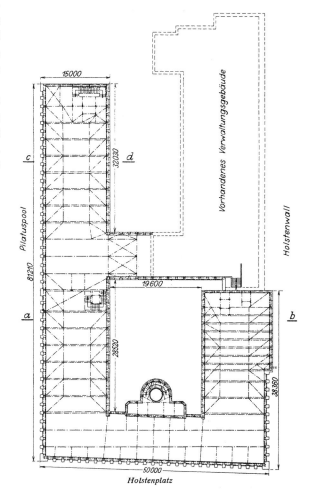

↖ Die größte Höhe hat der Turm am Holstenwall mit etwa 52,40 Metern, die Front am Holstenplatz ist 41 Meter hoch. (2016)
← Das DHV-Haus am damaligen Karl-Muck-Platz war mit der acht Meter hohen Licht-Werbesäule 60 Meter hoch. (1930er Jahre)
→ Der Neubau von 1931 besteht aus vier Teilen: dem Hochhaus am Holstenwall mit 15 Geschossen, dem Kopfbau am Johannes-Brahms-Platz sowie den Blöcken am Pilatuspool mit elf und neun Geschossen.

Gläserner Riese auf schlanken Stützen
Emporio-Hochhaus
→ 7

Das Emporio-Hochhaus, vormals Unilever-Haus, hat die Menschen stets mit seiner optischen Leichtigkeit beeindruckt – trotz der gewaltigen Größe. Für die schlüssige Architektur sorgen die schlanken Stahlstützen hinter der gläsernen Vorhangfassade.

Ort Neustadt, Dammtorwall 15
Bauherr Margarine Union Hamburg GmbH (Unilever Deutschland),
Umbau: Union Investment Real Estate GmbH
Ingenieur Büro Leonhardt und Andrä mit Partner Kuno Boll, Umbau: Büro Dr. Binnewies
Architekt Hentrich & Petschnigg (HPP) mit Erich Moser und Josef Rüping sowie Fritz Rafeiner, in Zusammenarbeit mit Otto Jungnickel, Umbau: HPP Hentrich-Petschnigg & Partner
Baufirma Wayss & Freytag AG, Dyckerhoff & Widmann KG, Beton und Monierbau AG, Rheinstahl Eggers & Friedrich Kehrhahn GmbH, Umbau: Hochtief Solutions AG
Bauzeit 1961–1963, 1964 aufgestockt, Umbau: 2009–2012

Vergleichsbeispiele
BAT-Haus, Neustadt, Esplanade 39; Bj. 1958–1960, 2003/04 modernisiert, Hochhaus mit 14 Geschossen (Höhe: 48,38 Meter über Straße) mit Stahlbetonskelett und Vorhangfassade; Ingenieur: Büro Leonhardt und Andrä mit Partner Kuno Boll; Architekt: Hentrich & Petschnigg mit Franz Josef Wegner (Ursprungsbau), Bernhard Winking Architekten (Modernisierung); Baufirma: J. Kriegeris & Co.; Quellen: Henn (1961), ZfI (1961, S. 356 ff.), Hamburg (1962)
Kaiserhof in Altona, Paul-Nevermann-Platz 5; Bj. 1960–1962, 2004–2007 modernisiert, Hochhaus mit 18 Geschossen (Höhe: 61,57 Meter über Straße) nach dem Vorbild des BAT-Hauses; Ingenieur: Ulrich Rummel und Wilhelm-Heinrich Bodin; Architekt: Hentrich & Petschnigg mit Erich Moser und Franz Josef Wegner sowie Fritz Rafeiner (Ursprungsbau), Bernhard Winking Architekten (Modernisierung); Baufirma: Lahmann & Co.; Quelle: Hamburg (1962)
Polizeipräsidium, St. Georg, Beim Strohhause 31; Bj. 1958–1962 (Nebengebäude bis 1985), Umbau 2000/01, Hochhaus mit Stahlbetonskelett und 22 Geschossen (83,45 Meter), Vorhangfassade aus Stahlbetonfertigteilen, niedrigere Nebengebäude; Ingenieur: Jürgen Sager; Architekt: Atmer & Marlow, Hans Holthey, Harro Freese, Egon Jux, Umbau: Büro Bothe Richter Teherani; Baufirma: Wayss & Freytag AG, Paul Hammers AG, Grün & Bilfinger AG; Quellen: Hamburg (1962), Architektur HH (1995, S. 90), Lange (2008)

Die 1964 eingeweihte Zentrale des Unilever-Konzerns in Deutschland ist ein Klassiker der Nachkriegsmoderne. Doch ihrem Bau ging ein Frevel voraus. Zwischen Musikhalle und Gänsemarkt gab es ein heruntergekommenes, aber intaktes Wohn- und Vergnügungsviertel mit 600 Wohnungen und 120 Betrieben. Es musste 1959 dem Hochhaus und breiteren Straßen weichen. Denn Unilever als wirtschaftliches Schwergewicht bestand auf einem repräsentativ gelegenen Bauplatz in Citynähe. Politik und Behörden spielten mit, genehmigten sogar zwei Geschosse mehr als gesetzlich erlaubt.

So entstand hier eines der ersten Hochhäuser in Deutschland nach amerikanischem Vorbild mit Vorhangfassade. Hochhäuser waren ein Mittel, um den Flächenbedarf klein zu halten, um also enge Straßenschluchten zu vermeiden und Grünflächen zu schaffen. Außerdem fällt der als gläserner Kristall mit seiner Innenbeleuchtung auch im Dunkeln prägende Solitär mit seinem Grundriss auf. Drei Hochhauskuben strahlen rotationssymmetrisch von einem zentralen Kern aus. Diesen Y-Grundriss hatte

↓ Beim Unilever-Haus nimmt ein Kern aus Stahlbeton die horizontal wirkenden Kräfte auf; deshalb kann das Stahlskelett relativ filigran bleiben. (24. Juli 1962)

Unilever-Architekt Otto Jungnickel vorgeschlagen und ihn dann mit den Architekten um Helmut Hentrich zur gebauten Lösung entwickelt.

Das Büro Hentrich & Petschnigg hatte mit seinem damals »üblichen« Scheibenhochhaus bei dem Architekturwettbewerb für das Unilever-Haus nur den 2. Preis errungen. Sieger war Hugo van Kuyck, dessen Entwurf, ebenfalls ein Scheibenhaus, sich wegen des gewachsenen Raumbedarfs aber nicht mehr auf dem Grundstück realisieren ließ. Mit dem Y-Grundriss wurde nicht nur mehr Bürofläche, sondern auch eine rationale Erschließung möglich. Denn der dreieckige Gebäudekern mit Aufzügen, Treppen und Technikschächten sowie Sanitärräumen nimmt in den Obergeschossen nur 17 Prozent der Bruttofläche ein. Große Fenster und große Büroeinheiten ließen zudem viel Licht hinein. Das Verhältnis zwischen Büro- und Infrastrukturflächen sowie eine gute Belichtung der Arbeitsplätze waren damals entscheidende Themen bei der Planung von Verwaltungsgebäuden. Ihre Gestaltung sollte einen rationellen Geschäftsablauf gestatten und ein gesundes Betriebsklima fördern. Zur Technik gehörten damals auch Rohrpost und Aktenpaternoster.

Das statisch dominierende Element des Hauses ist der Kern. Seine in Gleitschalung hergestellten Wände aus Stahlbeton steifen den gesamten Bau aus, nehmen also auch die horizontalen Kräfte auf. Daran wurde das Stahlskelett der drei gläsernen Kuben beweglich montiert. Weil sie nur die senkrechten Lasten tragen müssen, konnten die Stützen dieser Skelette besonders schlank ausgeführt werden. Der federführend planende Ingenieur Fritz Leonhardt misstraute biegesteifen Stockwerksrahmen als Tragwerk für hohe Gebäude. Denn er sah bei einer Kombination von »weniger steifen« Stockwerksrahmen mit »sehr steifen« Wandscheiben nur eine geringe aussteifende Wirkung der Rahmen. Deshalb wies er die aussteifende Wirkung ausschließlich dem Kern zu.

Zusätzlich spielt der Kern mit seinen drei Nottreppenhäusern für den Brandschutz eine entscheidende Rolle. Eine Überdruck-Belüftung mit Schleusen zu den Etagenräumen verhinderte ein Verqualmen der Fluchtwege. Das war damals etwas ganz Neues. Denn vorgeschrieben war der Bau von Außentreppen, was der Architektur des Unilever-Hauses jedoch zuwidergelaufen wäre. Dank entsprechender Gutachten konnten die Planer eine Ausnahme von geltenden Vorschriften für innen liegende Sicherheitstreppen erreichen.

Das Hochhaus wird von diesem Kern und 27 Stützen getragen, die im Erdgeschoss zum Teil bis zu 1.320 Tonnen Last je Stütze aufnehmen müssen. Es

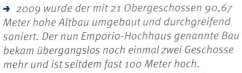

→ *2009 wurde der mit 21 Obergeschossen 90,67 Meter hohe Altbau umgebaut und durchgreifend saniert. Der nun Emporio-Hochhaus genannte Bau bekam übergangslos noch einmal zwei Geschosse mehr und ist seitdem fast 100 Meter hoch.*
→→ *Das etwa 6,20 Meter hohe Sockelgeschoss lässt den Straßen- und Freiraum in das Gebäude fluten, wobei der Kranz der Stützen die Konstruktion zeigt. Das Unilever-Haus hatte zudem 21 Obergeschosse (etwa 3,60 Meter hoch) und ein Technikgeschoss für Aufzüge und Klimaanlage. Unter dem Grundstück befand sich eine zweigeschossige Tiefgarage mit Wendelrampe (vorn). (1966)*
→→→ *Diesen Y-Grundriss hatte Unilever-Architekt Otto Jungnickel vorgeschlagen.*

sind in der Regel Doppel-T-Träger in der Stahlqualität St 52 mit seitlich aufgeschweißten Lamellen, also quasi Kastenträger. Nur in den oberen Geschossen wurde auf die Lamellen verzichtet. Auch die Unterzüge sind Doppel-T-Träger aus St 52 mit einer Stützweite von 9,50 Metern. Die Deckenträger dagegen sind aus Fachwerk und bieten damit Durchlässe für die Haustechnik. Die Verbindungen zwischen Stützen, Unterzügen, Deckenträgern und Stahlbetondecken sowie insbesondere die Anschlüsse zum Stahlbetonkern wurden gelenkig gehalten, um Rahmenwirkungen zu vermeiden. Denn es musste mit unterschiedlichen Setzungen des Baugrundes gerechnet werden. Der Gebäudekern ruht auf einer durch Stahlbetonscheiben stark ausgesteiften Grundplatte, die Stahlkonstruktion auf einem Ringfundament unter dem äußeren Stützenkranz mit Streifen zu den anschließenden Flügeln.

2009 zog Unilever in die Hafencity (siehe S. 90) und der 90,67 Meter hohe Altbau wurde umgebaut und durchgreifend saniert. Dabei bekam der nun Emporio-Hochhaus genannte Bau übergangslos noch einmal zwei Geschosse mehr und ist seitdem fast 100 Meter hoch. Schon 1963 waren 21 Obergeschosse (zuzüglich Technikgeschoss) geplant. Es durften aber zunächst nur 19 gebaut werden, erst nach dem Erwerb eines Zusatzgrundstückes zwei weitere Geschosse.

Die bis 2012 neu gebaute, schall- und wärmedämmende Doppelfassade wurde der alten äußerlich detailgetreu aus Glas und Aluminium nachempfunden. Außerdem wurde das Hochhaus um einen zusätzlichen Baukörper ergänzt; allerdings war gerade der unverstellt wahrnehmbare Baukörper einst das Ungewöhnliche gewesen. Überirdisch waren 1964 nur zehn Prozent des Grundstücks bebaut (mit 39.500 Quadratmetern Bruttogeschossfläche). Unterirdisch dagegen war nahezu das gesamte Gelände zweigeschossig unterkellert (der Hochhauskern sogar dreigeschossig) und bot auf 20.280 Quadratmetern Platz für Technik- und Lagerräume, etwa 300 Autos und einen zweigeschossigen Festsaal. Statt der Tiefgarage gibt es hier nun einen dreigeschossigen Keller; der Festsaal aber wurde saniert.

Quellen: Stahlbau (1963, S. 146 ff.), Jungnickel (1966), Rafeiner (1968), Architektur HH (2002, S. 152 ff.), Kleinmanns (2009), Architektur HH (2012, S. 24 ff.), AIV (2015), Angaben Denkmalschutzamt (2016), Angaben Ingenieurbüro Dr. Binnewies (2017)

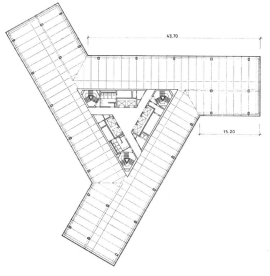

Hängende Geschosse an stabilem Kern
Finnlandhaus
→ 8

Als leichtfüßig wirkender Solitär der Spätmoderne prägt das Finnlandhaus seit 1966 an der Binnenalster die Kreuzung zwischen Esplanade und Lombardsbrücke. Wie ein Pilz steht es auf seinem Stiel. Am »Hut« sind die Geschosse aufgehängt: Es ist ein Hängehaus.

Ort Neustadt, Esplanade 41
Bauherr Anna M. M. Vogel und Robert Vogel KG, Sanierung: Becken Development GmbH
Ingenieur Büro Leonhardt und Andrä mit Partner Kuno Boll, Mitarbeiter: Jörg Schlaich, Sanierung: Büro Dr. Binnewies
Architekt Hentrich & Petschnigg (HPP) sowie Fritz Rafeiner, Sanierung: HPP Architekten GmbH
Baufirma Lahmann & Co. (Hamburg), Sanierung: Theo Urbach GmbH (Rohbau) und Sommer Fassadensysteme, Stahlbau, Sicherheitstechnik GmbH & Co. KG
Bauzeit 1964–1966, Sanierung: 2016/17

Mit seiner repräsentativen Bebauung zählte die Esplanade einst zu den Hamburger Prachtstraßen. Doch nach dem Zweiten Weltkrieg war sie den städtebaulichen Ideen der aufgelockerten Stadt im Weg. Sogar eine Stadtautobahn sollte hier als Hochstraße verlaufen. Vorher wurden die klassizistischen Solitäre auf der Nordseite schon mal durch zwei frei stehende Hochhäuser ersetzt, die den Straßenraum zum heutigen Gustav-Mahler-Park öffneten. Während das 1960 erbaute BAT-Haus (siehe S. 68) eher konventionell ist, fällt die Leichtigkeit des Finnlandhauses bis heute auf. Denn der Kubus kragt weit über den Erschließungskern hinaus. Erst sechs Meter über dem Bürgersteig beginnen die zwölf Bürogeschosse. Ganz oben gibt es ein hohes, zudem der Haustechnik dienendes Trägergeschoss. Insgesamt ist das Haus 50,42 Meter hoch.

Den Planern war ein relativ kleines Eckgrundstück zugewiesen worden. So machten sie aus der Not eine Tugend. Immerhin durften sie das Haus bis zu 2,70 Meter über den Bürgersteig und die rückwärtige Grünanlage auskragen lassen – allerdings nur stützenfrei. Doch auch das ließ sich planen, wobei auskragende Geschosse in stehender Konstruktion dort mehr Platz beansprucht hätten, wo eigentlich am meisten Großzügigkeit erwünscht ist: in den unteren Etagen. Zudem hätte jede Kraftumlenkung viel Aufwand bedeutet. Deshalb wurde die Kragkonstruktion in das oberste Geschoss verlegt. Da sie hier niemandem im Weg war, konnte sie zudem eine günstige statische Höhe bekommen. Denn Fachwerke größerer Höhe sparen Gewicht und sind besonders steif.

Das statische Konzept ist bestechend: Beim Finnlandhaus trägt der Stahlbetonkern im Inneren des Hauses die Druck- und Biegelasten, während die oben am Kern montierten und außen am Gebäude verlaufenden Hänger nur auf Zug beansprucht werden. Und die zwischen Hängern und Kern gesetzten Stahlbetondecken geben ihre Windlasten in den Kern ab. Damit haben die Hängestangen einen ge-

← Zwischen dem Finnlandhaus und dem 1960 erbauten BAT-Haus (links) wurde 2017 ein weiteres Punkthaus eingeweiht. (2017)
→ Auf der am Kernbau nach oben gezogenen Bühne beginnen die Arbeiten am Trägergeschoss. Im Vordergrund entsteht der Keller. (um 1965)

ringeren Querschnitt als die bei konventionellen Hochhäusern auf Druck belasteten Stützen und stören die großen Fensterfronten nicht. Außerdem sind quasi auf schmalem Fuß stehende Häuser unempfindlicher gegen Bodensenkungen.

Die Fundamentplatte des Finnlandhauses aus Beton ist mit den Maßen 13 mal 13 Meter relativ klein, weil der gleichmäßige Geschiebemergel darunter gut belastbar ist. Darüber erhebt sich der aussteifende, in Kletterschalung hergestellte Kernbau, der Aufzüge, Nottreppe und Versorgungsleitungen aufnimmt. Er durchdringt zwei im Grundriss großzügig angelegte Kellergeschosse mit Tiefgarage, welche als Luftschutzbunker ausgebaut waren, und den eingeschossigen Ladentrakt mit Eingang zum Hochhaus, bevor er auf quadratischem Grundriss mit 6,85 Meter Seitenlänge quasi im Hochparterre als schmale »Taille« des Hauses deutlich sichtbar wird. Die Bürogeschosse darüber haben Seitenlängen von 20,43 Meter.

Mit Winden wurde eine Arbeitsbühne aus Stahl am Kern hochgezogen und auf den für die Geschossdecken vorgesehenen Konsolen abgesetzt. Auf ihr wurden als Erstes ganz oben die acht auskragenden dreieckigen Fachwerke der Kopfkonstruktion hergestellt. Ihre Zugstreben wie auch die umlaufenden Randträger sind beschränkt vorgespannt. An dem Kopftragwerk wurden zwölf aus Stahllamellen gebündelte Hänger eingefädelt und dann die Arbeitsbühne um ein Geschoss abgesenkt, um die oberste Decke betonieren zu können. Außen tragen die Hänger diese Plattenbalkendecken, am Kern lagern sie auf Konsolen. So entstanden von oben nach unten die Geschosse: Während die unteren Decken noch gegossen wurden, wurde oben bereits der Rohbau fertig.

Die Hänger verlaufen etwa 0,60 Meter hinter der Fassade, um Längenveränderungen aufgrund schwankender Temperaturen zu vermeiden. Damit unterscheidet sich das Finnlandhaus technisch und optisch von anderen Hängehäusern: Dank der glatten Fassade wirkt der beleuchtete Kubus im Dunkeln wie eine Laterne aus Japanpapier. Als erste deutsche Hängehäuser gelten die 1960–1967 erbauten, kleineren Rathaustürme in Marl. Doch eine absenkbare Arbeitsplattform wurde in Hamburg erstmals eingesetzt. Zunächst sollte das Finnlandhaus auch mit dem innovativen Hubplatten-Verfahren (Lift-Slab) errichtet werden, bei dem Geschossdecken arbeits-

kräfte- und zeitsparend immer wieder auf derselben Schalung hergestellt wurden. Das scheiterte damals, weil es für die Hochhaushöhe noch keine Hubausrüstung gab. Später machten demontierbare Schalungssysteme diese Verfahren überflüssig.

In den 1980er Jahren wurde die Vorhangfassade des Finnlandhauses erstmals erneuert, 2016/17 der gesamte Bau saniert: Dabei entstanden der Ladentrakt im Erdgeschoss und die Fassade in alter Form neu.

Quellen: Beton-Herstellung (1966, S. 491 ff.), Beton (1967, S. 58 ff.), dbz (2/1968, S. 151 ff.), Rafeiner (1968), Stahlbau (1968, S. 33 ff.), Beton (1991, S. 276 ff.), Angaben Denkmalschutzamt (2016), Ingenieurbaukunst (2019, S. 124 ff.)

BÜRO, HANDEL, HOTEL 75

← *Statt klassizistischer Solitärbauten prägen seit 1966 zwei moderne Hochhäuser die Nordseite der Esplanade. (1970er Jahre)*
→ *Die schmalen Hänger (hier in der Ecke) stören kaum den weiten Blick aus dem Finnlandhaus. (2001)*
↓ *Zum Finnlandhaus gehören auch zwei Kellergeschosse und ein Pavillonbau.*

Finnlandhaus Hamburg
Schnitt (rechts)

1. Fahrstuhlmaschinenraum
2. Technisches Geschoß
3. Büro-Abluftschacht
4. Restaurant
5. Bürogeschosse
6. Nottreppen
7. Eingangsschleuse
8. Läden
9. Hochhauskeller
10. Klimageräte, Läden
11. Elektrozentrale

Luftschutzraum
12. Vorrätelager
13. Toiletten, Männer
14. Küche
15. Schutzraum bzw. Garage
16. Rampe

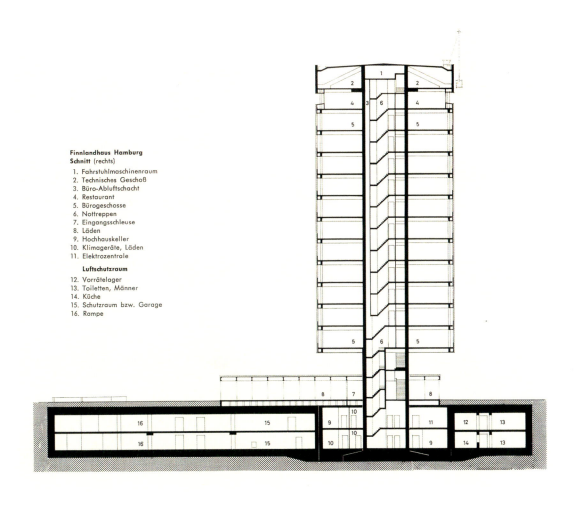

Prismatische Großplastik
Hamburg-Mannheimer Versicherung
→ 9

Großraumbüros, Rolltreppen und eine Aktenförderanlage – die Hauptverwaltung der Hamburg-Mannheimer Versicherung gilt als »Büro-Maschine« der 1970er Jahre. Ebenso getaktet ist die Konstruktion des damals größten Verwaltungsgebäudes der Stadt.

<u>Ort</u> Winterhude (City Nord), Überseering 45
<u>Bauherr</u> Hamburg-Mannheimer Versicherungs-Aktien-Gesellschaft
<u>Ingenieur</u> Büros Peters Windels Timm sowie Jürgen Sager (Projektleitung: Ulrich Quast)
<u>Architekt</u> Ingeborg und Friedrich Spengelin mit Lothar Loewe (Preisträger Architektur-Wettbewerb) in Arbeitsgemeinschaft mit Heinz Graaf und Peter Schweger
<u>Baufirma</u> Grün + Bilfinger AG, Paul Hammers AG, Beton- und Monierbau AG, Philipp Holzmann AG, Strabag-Bau AG; Stahlbau und Decken: Stahlverbundbau Montex Friedrich Krupp GmbH, Krupp Stahlbau + Stahlhandel
<u>Bauzeit</u> 1971–1974

Dank der geschickten Massenverteilung ist das gewaltige Volumen des für die Hamburg-Mannheimer Versicherungs-Aktien-Gesellschaft (HM, heute Ergo Group Aktiengesellschaft) in der City Nord erbauten Bürohauses erst auf den zweiten Blick erkennbar. Das über dem Boden 53,94 Meter hohe Bauwerk bietet auf acht überirdischen Etagen ohne Nebenräume 49.500 Quadratmeter Bruttogeschossfläche (insgesamt 75.600 Quadratmeter). So entstanden für damalige Verhältnisse hoch technisierte Büroflächen von bis zu 6.500 Quadratmetern pro Etage. In den drei Kellergeschossen war Platz für die zentrale Technik und eine Tiefgarage mit 809 Plätzen. Und das Ganze war damals für 3.200 Arbeitsplätze konzipiert.

Mit dem Neubau sollten alle Beschäftigten wieder unter einem Dach arbeiten, denn für die stark gewachsene HM war die Hauptverwaltung am Alsterufer zu klein geworden. Dabei wollte die Versicherung ihnen auch einen Arbeitsplatz bieten, an dem sie sich wohlfühlen. Untersuchungen hätten gezeigt, dass »Großraumbüros für den Arbeitsablauf einer progressiven Versicherungsverwaltung am zweckmäßigsten sind.« Und: »Bei einem Höchstmaß an Bürokomfort können die kommunikativen und funktionellen Belange sinnvoll und flexibel gesteuert werden.« Ausdruck der modernen Verwaltung waren auch eine Aktenförderanlage, sechs Aufzüge sowie für den kontinuierlichen Verkehr sechs Rolltreppen.

Erforderlich waren also große freie Flächen, die auf einem unregelmäßigen, dem Y angelehnten Grundriss zum Teil stufenförmig gestapelt wurden. Die Fassaden spiegeln die Funktionen dahinter wider: Umlaufende Galerien mit Geländer und Sonnenschutz kennzeichnen die Großraumbüros, Vorhangfassaden die Pausenräume und fensterlose Betontürme die

Sanitärräume und Treppenhäuser mit Aufzügen. Souverän haben die Planer das Bauvolumen bewältigt. Dies und die konzeptionelle Schlüssigkeit machen den Versicherungskomplex zu einem herausragenden Beispiel der deutschen Nachkriegsmoderne. Alle Grundrisse wurden aus einem 60-Grad-Raster entwickelt, was das Haus wie eine prismatische Großplastik wirken lässt.

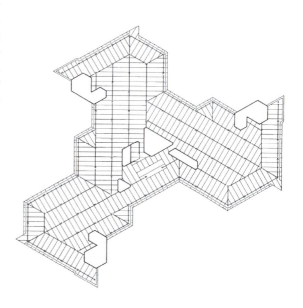

→ Das Tragwerk der Geschosse, hier das 1. Obergeschoss, besteht aus Stahlbetonkernen, Stützen und Trägerlagen.
↓ In der City Nord fällt die Hauptverwaltung der Hamburg-Mannheimer Versicherungs-AG mit ihrer ungewöhnlichen Großform auf. (2016)

Der flachgegründete Bau ruht in den Untergeschossen auf Wänden aus Stahlbeton. Oberirdisch besteht das Tragwerk aus einem Stahlskelett mit Stahlbetonfertigteilplatten der Krupp-Montex-Bauweise. Dieses 1964 erstmals eingesetzte Fertigteilsystem war vor allem beim Bau von Parkhäusern erfolgreich. Die im Gleitschalverfahren hergestellten Gebäudekerne mit Aufzugs- und Leitungsschächten steifen das Stahlskelett aus. Die Außenwand ist eine aus Elementen gebildete Metallfassade, die am Stahlskelett befestigt ist.

Ausschlaggebend für die Wahl des Tragwerkes aus Stahl war die kurze Bauzeit. Der größte Teil davon wurde in drei Monaten montiert; eine Bauweise in Ortbeton hätte doppelt so lange gedauert. Außerdem konnte die Konstruktion so im Winter montiert werden. Schließlich hat ein Stahlskelett ein geringeres Gewicht als eines aus Stahlbeton. Zu diesem Konzept passten die Stahlbetonfertigteilplatten für die Decken: Sie wurden vorgefertigt und ließen sich auf der Baustelle schnell montieren. Dabei wurden sie mit den Stahlträgern fest verbunden, sodass ein wirt-

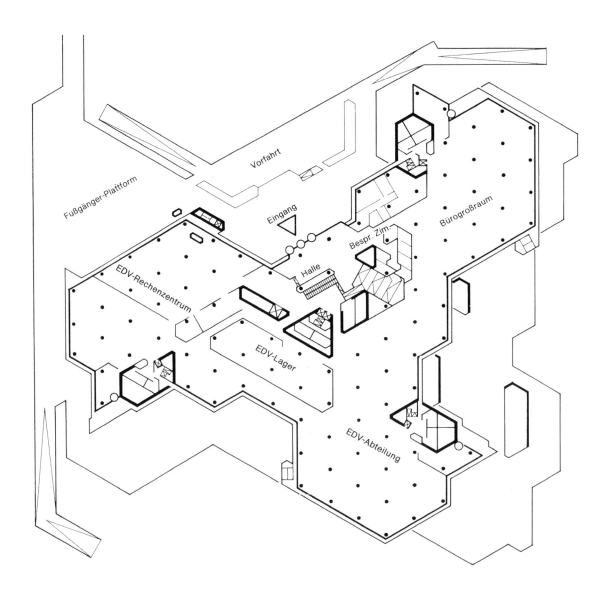

BÜRO, HANDEL, HOTEL   79

◤ Der Grundriss des HM-Bürohauses, hier das Geschoss E 0, wurde an ein Y angelehnt. Die Punkte markieren die Stützen.
↓ Die im Gleitschalverfahren hergestellten Gebäudekerne mit Aufzugs- und Leitungsschächten steifen das Stahlskelett aus. (um 1972)
↓↓ Wie die anderen Gebäude der City Nord ist die HM-Verwaltung Teil des dortigen Verkehrssystems mit ebenerdigen Straßen und Fußwegen im Obergeschoss. (um 1974)

schaftlicher Verbundträger entstand. Dies sparte bei den Deckenträgern bis zu 50 Prozent Stahl und ergab eine wesentlich steifere Decke, als es mit einer Stahlträgerdecke ohne Verbund möglich gewesen wäre.

Die Stahlkonstruktion wog etwa 4.200 Tonnen, die vorgefertigten Deckenplatten weitere 16.000 Tonnen. Da ihre Produktion aber länger dauerte als der Einbau, wurden sie zwischengelagert. Mit Hilfe eines Systems, das jedem Deckenelement einen Code mit dem Einbauort zuwies, gelang damals die logistische Herausforderung. Außerdem erforderten der verwinkelte Grundriss und die verlangten engen Toleranzen eine sehr sorgfältige Vermessung. Da die Platten in stählernen Schalungen gefertigt wurden, hatten sie eine ebenso hohe Maßgenauigkeit wie Stahlteile.

Das Stahltragwerk besteht aus Stützen, Unterzügen und Deckenträgern. Letztere kreuzen sich rechtwinklig und liegen im gleichen Niveau. Darauf wurden die Betonplatten gesetzt: Die Schubkräfte zwischen Platte und Träger nehmen aufgeschweißte Kopfbolzendübel auf, die in Ausnehmungen der Betonplatten eingreifen. Bewehrungsschlaufen, welche die Kopfbolzen umgreifen, übertragen die Spaltzugkräfte. Vom Stahl ist nichts mehr zu sehen: Im Hinblick auf den Brandschutz wurden Deckenträger und Unterzüge mit etwa 25 Millimeter Spritzputz umkleidet, die Stützen wurden schon mit einem runden Betonmantel angeliefert.

Quellen: Hamburg-Mannheimer (1973), Stahlbau (1973, S. 353 ff.), AIV (1984), Lange (2008)

Vergleichsbeispiel
Verlagshaus Gruner + Jahr, Altstadt, Baumwall 11; Bj. 1987–1990, komplexer Bau mit fünf Geschossen für etwa 2.000 Beschäftigte (etwa 69.000 Quadratmeter Bruttogeschossfläche) als Stahlbetonskelett mit einer Haut aus Zinkblech; Ingenieur: Büro Sailer Stepan Bloos, Büro Schwarz + Dr. Weber; Architekt: Steidle + Partner, Kiessler + Partner, Schweger + Partner; Quellen: Architektur HH (1991, S. 8 ff.), AIV (1999)

Kontorhaus knapp über der U-Bahn
Neuer Dovenhof
→ 10

Überraschungen sind der Standard im heterogenen Untergrund der Hamburger Altstadt. Manchmal stehen sogar Bauwerke im Weg, wie der unter dem Neuen Dovenhof verlaufende U-Bahn-Tunnel. Zusätzlich forderte die Exzentrik des Kontorhauses die Ingenieure.

Ort Altstadt, Brandstwiete 1
Bauherr Deutsche Grundbesitz Investmentgesellschaft mbH
Ingenieur Büro Windels Timm Morgen, Baugrundgutachten: IGB Ingenieurgesellschaft mbH
Architekt Büro Kleffel Köhnholdt Gundermann
Baufirma Strabag Hoch- und Ingenieurbau AG
Bauzeit 1991–1994

Vergleichsbeispiel
Bavaria Office in St. Pauli, Zirkusweg 4-6; Bj. 2005–2007, Überbauung des Geeststammsiels und des S-Bahn-Tunnels; Ingenieur: DBN Planungsgruppe, Geotechnik: IGB Ingenieurgesellschaft mbH; Architekt: Axthelm Frinken; Quelle: Ingenieurbaukunst (2007, S. 94 ff.)

Für die Altstadt ist das gewaltig: Beim Neuen Dovenhof umklammern zwei 90 Meter lange Gebäuderiegel mit acht Geschossen einen Innenhof und ein Hochhaus mit 13 Geschossen. So entstand auf 19.000 Quadratmeter Nutzfläche ein Kontorhaus, das wie ein Dampfer im Straßenraum der stark befahrenen Willy-Brandt-Straße liegt. Halb Blockrandbebauung, halb Hochhaus, öffnet sich das Schwergewicht zur Brandstwiete hin, leistet sich dort einen arkadengesäumten Vorplatz und eine herrschaftliche Treppe. Zu dieser Nebenstraße wirkt das Kontorhaus großzügig und klar, licht und transparent. Mit seinem rückwärtigen Block integriert es zudem einen extra Neubau und ein altes Bürgerhaus an der Kleinen Reichenstraße so, dass die erwünschte Kleinteiligkeit hier erhalten blieb.

Zwischen den Blöcken steht ein gewölbtes Glasdach auf vier Beinen im Hof, sodass eine imposante (Eingangs-)Halle entstand. Die Beine sind transparent gestaltete Kerne aus Stahlbeton mit Aufzügen und Treppen. Zwei davon stoßen zwischen dem Flugdach des Hochhauses und dem Hofdach demonstrativ in die Höhe. Tatsächlich tragen sie mit auskragenden Konsolen das beweglich gelagerte Dach und steifen außerdem den ganzen Stahlbetonskelettbau aus. Damit sie die Lasten gleichmäßig übernehmen können, wurde der Bau fugenlos ausgebildet, was zu Zwangsbeanspruchungen führt, die angesichts des komplexen Baugefüges aufwendig berechnet werden mussten.

Der Kreissegmentbogen des Glasdaches wird von einem Stahlfachwerk mit einer Spannweite von etwa 30 Metern getragen, schützt allerdings wie ein Regenschirm nur vor Nässe. Den Architekten war dieses »Außenlufterlebnis« wichtig, und man habe den Tragwerksplaner ziemlich gequält, berichteten sie später. Die Ingenieure ließen deshalb ein Modell des ungewöhnlich geformten Baukörpers mit seinem halb offenen Dach über dem Hof zu Beginn der Entwurfsarbeit im Windkanal testen. Dabei un-

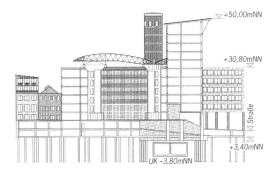

← Über dem U-Bahn-Tunnel erhebt sich der Neue Dovenhof mit einem extravaganten Baukörper.
→ Halb Blockrandbebauung, halb Hochhaus, öffnet sich der Neue Dovenhof zur Brandstwiete hin. (2003)

tersuchten sie mögliche Windlasten für Fassaden und Hofdach, ebenso wie eine mögliche Schneesackbildung zwischen Hofdach und Hochhaus sowie eventuelle Lüftungsprobleme im Hof.

Die Baustelle an der wichtigen Durchgangsstraße war beengt, durch das Baufeld verliefen Leitungen und der Tunnel der U-Bahn-Linie U1. Doch während der Arbeiten tauchten in diesem mehrfach überbauten Schwemmland auch noch gemauerte Fundamente, Gründungspfähle und Entwässerungsgräben aus Holz, Reisig in mehreren Lagen und Reste massiver Ufermauern auf. Ähnlich erging es den Erbauern des langwierig von 1955 bis 1960 zwischen den Stationen Jungfernstieg und Hauptbahnhof errichteten U-Bahn-Tunnels. Diese rechteckige Stahlbetonröhre besteht aus 20 Meter langen Blöcken und quert das Grundstück in einer Tiefe von etwa fünf Metern. Doch der Tunnel war nicht annähernd für die Last des neuen Bürohauses ausgelegt. Dennoch sollte der U-Bahn-Verkehr während der Bauarbeiten uneingeschränkt weiterfließen. Zusätzlich forderte die Hamburger Hochbahn AG auf Dauer die freie »bergmännische« Zugänglichkeit zum Tunnel, um gegebenenfalls die gegen drückendes Grundwasser schützende Tunneldichtung reparieren zu können.

Der Neue Dovenhof ruht auf insgesamt 730 Teilverdrängungsbohrpfählen. Damit der Tunnel nicht zusätzlich belastet wird, geben die über der Röhre stehenden Stützen und Wände ihre Last in ein unterirdisches Brückenbauwerk weiter. Diese Abfangkonstruktion besteht aus mehreren Reihen neben den Tunnelwänden sitzenden Bohrpfählen, die über Randträger miteinander verbunden sind. Die Lasten des Gebäudes nimmt ein auf den Randträgern gesetztes Trägerrost, dessen Verlauf die sich kreuzenden Wandscheiben der beiden Parkgeschosse bestimmen, auf. Daneben geben insgesamt 24 quer über den Tunnel reichende Abfangträger die Lasten weiter. 22 dieser Balken sind aus Spannbeton. Die sehr geringe Bauhöhe – zwischen Tunneldecke und

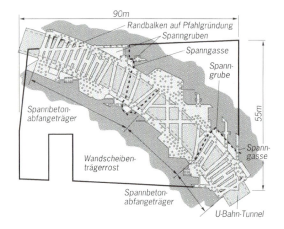

Gebäudesohle sind nur 1,40 Meter Platz – machte dies notwendig. Immerhin konnten die Ingenieure damit auch in der Tiefgarage ein zusätzliches Geschoss einplanen und brauchten beim aufgehenden Bauwerk keine Rücksicht auf den Verlauf des U-Bahn-Tunnels zu nehmen.

Doch auch der Bau selbst war knifflig. So wurde unter der Abfangkonstruktion ein Hohlraum belassen, als die auf der Tunneldecke abgestützte Schalung entfernt wurde. Damit ließ sich ein Lasteintrag aus der Abfangkonstruktion in den Tunnel sicher vermeiden. Beim Einbau des Sands zwischen den Trägern sorgte die natürliche Böschungsbildung darunter für Hohlräume. So diente dieser unverdichtet eingebrachte Sand gegen Rohbauende auch als Schalung beim Betonieren der Gebäudesohle. Die schlaff bewehrten und die verschieblichen Teile der Abfangkonstruktion wurden über Bewegungsfugen (Spanngassen) voneinander getrennt. Denn mit dem Entstehen des Hochbaus, also wachsender Belastung, mussten die Spannbetonträger in bis zu vier Phasen immer stärker vorgespannt werden. So wurden zu große Hebungen und Setzungen vermieden, damit die bituminöse Dichtung an den Blockfugen des Tunnels nicht reißt und zu einer Leckage führt.

Viele Messungen begleiteten die Arbeiten. Anfangs, als die Baugrube ausgehoben und die Bohrpfähle hergestellt wurden, hob sich der Tunnel um bis zu 15 Millimeter – wurde dabei mit Wasser in der Baugrube und später mit Sandballast gegen zu viel Auftrieb gesichert. Mit den Rohrbauarbeiten setzten sich Gebäude und Tunnel wieder um etwa 10 Millimeter. Unterdessen fuhr die U-Bahn weiter, und der Tunnel blieb unversehrt.

Quellen: AIV (1994), Architektur HH (1994, S. 22 ff.), Kleffel (1995), Beton (1996, S. 101 ff.)

↖ *Die Abfangkonstruktion über dem U-Bahn-Tunnel besteht aus Pfählen und Randbalken, auf denen Querträger und ein Trägerrost ruhen.*
↖ *Der Tunnel der U-Bahn-Linie 1 und damit auch die hier im Bau befindliche Abfangkonstruktionen queren den Bauplatz zwischen Willy-Brandt Straße (links) und Brandstwiete. (um 1992)*
← *Der Neue Dovenhof nimmt mit seinen beiden Riegeln und dem überdachten Hof eine Grundstückstiefe von mehr als 50 Metern ein. (1994)*

Bürohaus zwischen Betonröhren
Silo Westlicher Bahnhofskanal
→ 11

Das Ölsaatensilo am Westlichen Bahnhofskanal ist ein Wahrzeichen der für Harburg charakteristischen Pflanzenölindustrie. Bei dem technisch anspruchsvollen Umbau zu einem Bürohaus blieben wichtige Elemente des gewaltigen Funktionsbaus erhalten.

Ort Harburg, Schellerdamm 16
Bauherr F. Thörls Vereinigte Harburger Oelfabriken AG,
Umbau: Aurelius Immobilien AG
Ingenieur Beton- und Monierbau AG
(W. Buchholz), Umbau: Büro Windels Timm Morgen
Architekt von Bassewitz Limbrock Partner GmbH (Umbau)
Baufirma Beton- und Monierbau AG, Umbau: Hochtief Construction AG
Bauzeit 1935/36, Umbau: 2003–2005

Es sei ein »weithin im Harburger Stadtbild sichtbares Ingenieurbauwerk«, schrieb der Hamburger Ingenieur W. Buchholz 1937 stolz über das Ölsaatensilo am Westlichen Bahnhofskanal. Der 43 Meter hohe Bau war konsequent auf seine Funktion hin gestaltet worden. Er sollte 15.500 Tonnen Ölsaaten fassen: Erdnüsse, Kopra und andere – auch vorgepresste (und damit schwere) – Ölsaaten. Sie wurden in den benachbarten Ölfabriken von F. Thörl zu Speiseölen, Futtermitteln und Chemieprodukten verarbeitet.

Auf quadratischem Grundriss standen 16 kreisrunde Zellen (Durchmesser: 7,80 Meter). Sie waren 28 Meter hoch; lediglich zwei dieser großen Zylinder ragten um 36,30 Meter über das Sockelgeschoss. Auf den 14 niedrigen Silozellen gab es einen schlichten Dachaufbau mit dem Beschickungsboden. Eine der hohen Zellen diente mit Förder- und Reinigungsmaschinen auf neun Geschossen als Aufnahmeturm: Über lange Rohre wurden die Ölsaaten aus Schiffen und Schuten gelöscht. Die andere hohe Röhre war der Abgabeturm mit Saugförderanlage, Waagen, einer kleinen Silozelle und einer Verladetasche. Angebaute Förderbrücken verbanden das Silo mit den Fabriken. Auch die Zwickel zwischen den Zellen dienten als Siloraum, lediglich eine Zwickelzelle für das Treppenhaus.

Der stringente Aufbau ließ sich gut in Gleitschalung herstellen. Um die 16 bis 18 Zentimeter dicken Wände der Silozellen statisch voneinander zu trennen und Zusatzspannungen zu vermeiden, wurden feuchte Holztafeln zwischen die Berührungsflächen benachbarter Zellen einbetoniert. Daneben wurden

→ Förderbrücken verbanden den Aufnahmeturm (vorn) und den Abgabeturm (links hinten) des Silos mit den benachbarten Fabriken. (1950er Jahre)

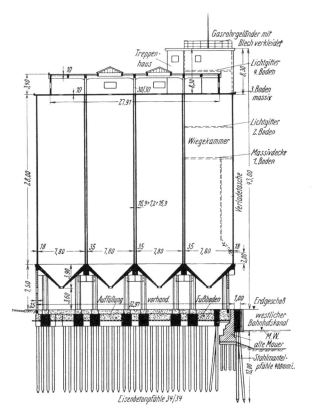

T-Träger mit dem Flansch zur Zwickelzelle eingesetzt und so ein Klemmen des Lagergutes in den Schlitzen vermieden. Für die Ringbewehrung der Silozellen wurde der seit 1933 in Deutschland zugelassene Isteg-Stahl verwendet. Dieser Betonstahl besteht aus zwei glatten, kalt miteinander verdrillten Drähten und war hierzulande der erste mit verbesserten Verbundeigenschaften.

Das Bauwerk war über dem Boden 43 Meter hoch (46,50 Meter über dem Wasser) und ruhte in der Tiefe auf 832 Stahlbetonpfählen (je acht Meter lang) im mit Fundamentresten durchsetzten Grund aus feinem Sand. Außerdem wurden 41 Stahlrohrpfähle (zwölf Meter lang) durch die alte Kaimauer mit den Holzpfählen geschlagen und ausbetoniert, weil sie nicht standsicher war. Die Pfähle tragen ein Stahlbetonbalkenrost mit 64 Achteckstützen, die für eine Last von bis zu 410 Tonnen ausgelegt waren. Darauf sitzt ein Balkenrost für die Silozellen.

Mit dem Weggang der Industrie im Harburger Binnenhafen wurde das Silo zu einer Industrieruine. Für den Umbau in ein Studentenwohnheim, bei dem der Erhalt aller Silozellen geplant war, fand sich kein Investor. So entstand ein Bürohaus mit 14 Obergeschossen und einer Fläche von 15.570 Quadratmetern. Der heute etwa 55 Meter hohe Bau reicht mit drei Geschossen über die alten Ecktürme hinaus. Ein an die Stelle der vier inneren Silozellen gesetzter Erschließungskern steift das neue Hochhaus aus. Die Lasten aus dem Kern nimmt eine neue Gründungsplatte auf, welche auf dem alten Stahlbetonbalkenrost liegt. Mit Ausnahme dieses Kerns blieb das Tragwerk der 7,50 Meter hohen Trichterebene erhalten und bietet inklusive einer Galerie heute Platz für Gastronomie.

Der Neubau entstand in Stahlbetonskelettbauweise mit vielen Fertigteilen. Eine Abfangebene aus Stahlträgern leitet die Lasten aus den aufgehenden Geschossen in die alten Stützen der Trichterebene ein. Eine detaillierte Montageplanung gewährleistete die Standsicherheit während des komplizierten Umbaus. Nach dem taktweisen Einbau des Erschließungskerns wurden die Silozellen geschossweise geschlitzt und Stützen eingebaut, ehe die Balken und Decken in den Randbereichen taktweise eingebaut wurden.

Bei dem Umbau blieben vier Silozellen original erhalten, zwei weitere wurden im alten Format wie-

deraufgebaut. Einige Zellen blieben über mehrere Geschosse ohne Decken, um die einst riesigen Räume sichtbar zu machen. Auch haben einige Büros runde Wände. Außen sind die Silozellen mit Dämmputz isoliert: Dank aufwendiger Lasurtechnik wurde der schalungsraue Charakter der alten Betonwände wiederhergestellt. Die Neubaufassade besteht aus gedämmtem Mauerwerk mit vorgehängten Aluminiumprofilen und Profilbauglas.

Quellen: Beton (1937, S. 337 ff.), AIV (1953), Architektur HH (2005, S. 78 f.), BI (2005, Heft 10, S. 31 ff.), AIV (2015)

← *Das Ölsaatensilo bestand im Wesentlichen aus 16 aufwendig gegründeten Stahlbetonröhren.*
↖ *Mühlen und eine Seifenfabrik prägten in den 1950er Jahren den Alltag am Westlichen Bahnhofskanal mit dem überragenden Ölsaatensilo (hinten rechts).*
→↗ *Die Herkunft des ehemaligen Ölsaatensilos am Westlichen Bahnhofskanal in Harburg ist noch erkennbar. (2016)*

GEWERBE

Nah an großen Schiffen
Dockland Bürohaus
→ 12

Mit seinem flach und weit über die Elbe auskragenden Bug ist das aus einem Parallelogramm entwickelte Dockland Bürohaus eine Landmarke. Es steht auf einem Bauplatz, den es vorher nicht gab und für den auch Schiffsanprall simuliert wurde.

Ort Altona-Altstadt, Van-der-Smissen-Straße 9
Bauherr Robert Vogel GmbH & Co. KG
Ingenieur Büro Dr. Binnewies
Architekt Büro Bothe Richter Teherani (BRT)
Baufirma Richard Ditting GmbH & Co. KG
Bauzeit 2002–2005

Vergleichsbeispiel
Bürogebäude Berliner Bogen
in Hammerbrook, Anckelmannplatz 1; Bj. 2001, Bürohaus mit 22.500 Kubikmeter großem Mischwasserrückhaltebecken im 3. Untergeschoss – optisch als Brücke über dem Wasser gestaltet: Die 22 korbbogenförmigen Stahlbögen tragen eine vorgehängte Glasfassade und einen geringen Teil der Gebäudelasten; Ingenieur: Büro Dr. Binnewies; Architekt: Büro Bothe Richter Teherani; Quelle: Bautechnik (2002, S. 1 ff.)

Vordergründig verrückte Ideen lassen sich auf dem Bau durchaus umsetzen, wenn Architekten und Ingenieure gut zusammenarbeiten – auch mit den übrigen Beteiligten – und den nötigen Biss für einen solchen »Langstreckenlauf« haben. Denn die Idee eines schiffsartigen Bürohauses direkt am Elbfahrwasser ließ sich nur umsetzen, weil sie neue Wege gegangen sind. Längst haben die Hamburger und ihre Besucher das 90 Meter lange Haus mit seiner etwa 45 Meter weit auskragenden Spitze für sich entdeckt. Denn auf der gegenläufig geneigten Ostseite dieses im Längsschnitt aus einem Parallelogramm entwickelten Hauses führen Treppen zu einer Aussichtsterrasse hinauf.

Auch den Besuchern des Altonaer Balkons sollte der freie Blick auf das südliche Elbvorland mit der Köhlbrandbrücke erhalten bleiben. Deshalb wurde das Dockland Bürohaus auf einen neuen Bauplatz am Edgar-Engelhard-Kai zwischen dem Altonaer Fischereihafen und der Norderelbe »verschoben«. Denn der Siebengeschosser sollte zunächst auf der bestehenden Hafenfläche entstehen. Nun wurde der Kai mit einer Spundwand um etwa 100 Meter verlängert. Dafür wurden die Steinschüttung des vorhandenen Leitdamms entfernt und die Spundbohlen durch die darunterliegenden Faschinen durchrüttelt, gleichzeitig die Tiefgründung mit Franki-Rammpfählen gebaut. Um die Pfahlsetzung nach Montage der mit einem flachen Winkel von nur 24 Grad auskragenden Hausspitze gering zu halten, wurden die Pfähle mehr als üblich gespreizt und tiefer abgesetzt. Denn am Fußpunkt der Auskragung werden etwa 20 Prozent der gesamten Gebäudelast eingeleitet.

Zudem griffen die geltenden Vorschriften zur Berücksichtigung von Schiffsanprall bei der weit über den Leitdamm auskragenden Spitze nicht. Deshalb untersuchten die Ingenieure eine Vielzahl von Anprallszenarien und entwickelten mit den Behörden ein spezielles Sicherheitskonzept. Unter dem Strich wurden drei besonders dicke und massive Dalben

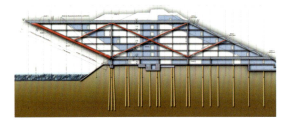

← *Ein flach geneigtes Parallelogramm aus Fachwerk prägt die Tragstruktur des Dockland Bürohauses.*
→ *Auf der Rückseite des Bürohauses führen Treppen zu einer Aussichtsterrasse hinauf. (2012)*

gebaut. Diese Sonderkonstruktion besteht aus kreisrund gesetzten Spundwandprofilen mit einer Sandfüllung, einer Aussteifungslage und einem Stahlbetondeckel. Deren Größe hat das Ingenieurbüro Dr. Binnewies mit einem eigens entwickelten erdstatischen Programm berechnet. Dabei wurde der Anprall eines Schiffes mit einer Wasserverdrängung von 30.000 Tonnen simuliert. Es würde den Dalben um etwa 3,50 Meter verformen. Größere Schiffe erreichen das Haus wegen der zu geringen Wassertiefe ohnehin nicht.

Der extrovertierte Bau war zunächst als reines Stahltragwerk mit einem Gewicht von 1.000 Tonnen Stahl geplant. Doch die Ingenieure bezogen die ohnehin von den Architekten vorgegebenen zwei Schrägaufzüge mit ihren massiven Schächten im Osten und der innen liegenden Fluchttreppe im Westen in das Tragwerk ein. So reichten schließlich 350 Tonnen Stahlelemente aus. Ein großer Teil der Lasten wird nämlich über Geschossdecken, Unterzüge und schräge Wandscheiben aus Stahlbeton abgeleitet. Insbesondere für die Rand- und Mittelunterzüge sowie die Schrägaufzugswände ergaben sich allerdings teilweise sehr hohe Bewehrungsgehalte zur Aufnahme der Zugkräfte. Denn die Architekten wollten möglichst kleine Querschnitte und zusätzliche Aussparungen. Für die dicht mit Bewehrungseisen bepackten Schrägaufzugswände mit den Sichtbetonoberflächen wurde der mit feinem Sand versetzte Beton zusätzlich mit Außenrüttlern verdichtet, damit dort beim Einbringen keine Hohlräume entstanden. Einschließlich der Bewehrung enthält der Rohbau nun 1.650 Tonnen Stahl. Um das Tragverhalten dieses hochgradig statisch unbestimmten Systems realistisch abbilden zu können, wurde ein komplexes Rechenmodell unter Ansatz verschiedener Steifigkeiten entwickelt.

Eine Rendsburger Werft montierte den stählernen Rohbau der Gebäudespitze und ließ ihn auf einem Ponton nach Hamburg bringen, wo ein Schwimmkran ihn in einer spektakulären Aktion an die richtige Stelle setzte. Da die Spitze erst nach dem Kurzschluss mit dem übrigen Bau tragfähig war, musste sie bis dahin von Hilfsgerüsten gestützt werden. Anschließend wurde das Gesamtbauwerk sukzessive in seinen statischen Endzustand gebracht – dabei wurden die Verformungen laufend überprüft und bestätigten im Wesentlichen die vorherigen Berechnungen. Zum Schluss blieben nur die für die Optik signifikanten äußeren Diagonalen und der Hauptdruckgurt in den Innenachsen frei liegende Stahlteile; alle anderen wurden für den Brandschutz umkleidet.

Quellen: Architektur HH (2006, S. 8 ff.), Ingenieurbaukunst (2007, S. 20 ff.), Bauportal (1/2007, S. 2 ff.), Angaben Ingenieurbüro Dr. Binnewies (2017)

Hochhaus über Fleet und U-Bahn-Tunnel
Handelskammer Innovations-Campus
→ 13

Mit dem Handelskammer Innovations-Campus ist das scheinbar Unmögliche verwirklicht worden. Mangels »richtigem« Grundstück steht der Bau auf nur drei Punkten – über dem Mönkedammfleet und der Einfahrt zum benachbarten U-Bahn-Tunnel.

Ort Altstadt, Adolphsplatz 6
Bauherr Handelskammer Hamburg
Ingenieur Büro Wetzel & von Seht
mit Partner Wolfgang Keen
Architekt von Mansberg Wiskott und Partner (Entwurf) sowie Hörter + Trautmann (Ausführung)
Baufirma Arikon Hoch- und Ingenieurbau GmbH (Rohbau), Züblin Spezialtiefbau GmbH (Gründung)
Bauzeit 2011–2014

Seit Langem ist der Platz in der Hamburger City äußerst knapp. Trotzdem fanden die Ingenieure noch eine Stelle, an der die Hochbahn von der Viaduktstrecke am Hafen in den Untergrund zur dicht bebauten Altstadt eingefädelt werden konnte. Seit 1912 fährt die U-Bahn in den Mönkedammfleet hinein Richtung Mönckebergstraße. 100 Jahre später setzen die Ingenieure an diese Stelle ein kleines Hochhaus. Dem ging eine beispiellose Kooperation von Bauherr, Planern, Stadt, Nachbarn und Hochbahn voraus. Denn der Bau steht über Verkehrsflächen, also auf einem Grundstück, das es eigentlich nicht gibt.

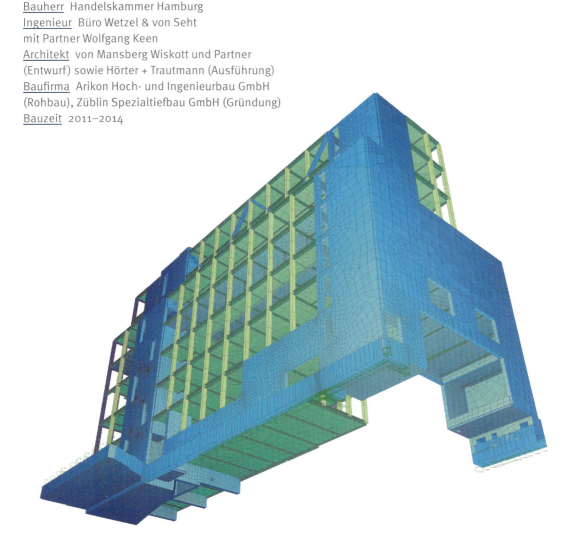

Mit ihrem Innovations-Campus schuf die gegenüber in der Börse ansässige Handelskammer Raum für ihre Bildungseinrichtungen und wertete den Adolphsplatz, das alte wirtschaftliche Zentrum der Stadt, auf. Der schlanke auf einen Podest gestellte Bau mit seiner Sandstein-Glas-Fassade ist im Kern ein kubischer Korb aus Stahlverbundfachwerk. Damit konnte das Innere, vor allem der über zwei Geschosse reichende Saal, weitgehend stützenfrei realisiert werden. Zwei Stahlbetonkerne für Treppenhäuser und Aufzüge steifen diesen Korb aus. Zwar hat der schmale Baukörper mit einer Bruttogeschossfläche von 2.950 Quadratmetern ein ungünstiges Verhältnis von Nutz- und Verkehrsflächen – doch das war der Preis für einen Bau an dieser Stelle.

Diese selbsttragende Konstruktion ruht mit ihrer Westseite auf zwei Gruppen mit Bohrpfählen, die längsseitig auf einem schmalen Streifen zwischen dem Mönkedamm und der U-Bahn-Trasse – quasi unter dem ehemaligen Gehweg – eingebracht wurden. Damit der mit etwa zwei Drittel des Gesamtgewichts auf seine Westseite gestellte Korpus nicht kippt, bekam er im Südosten ein drittes Bein: Über einen Kragarm wird er auf einer in das Mönkedammfleet gesetzten Pfahlgruppe abgestützt. Da die Möglichkeiten für den Bau der Gründung hier begrenzt waren, wählten die Ingenieure ein kombiniertes Pfahlsystem. Die fünf verwendeten Pfähle bestehen jeweils aus einem 1,52 Meter dicken Stahlrohr und drei dort hineingesetzten Mikropfählen. Das Rohrinnere wurde dann mit Beton verpresst, sodass die Mikropfähle knicksicherer sind.

Dennoch durfte das im Schlick unter dem Fleet steckende Fundament nicht zu stark belastet werden. Deshalb wird das Haus auf der anderen Seite von auf Zug belasteten Pfählen festgehalten. Vom Innovations-Campus ragt eine Kragplatte unter der Fahrbahn des Mönkedamms zum Gehweg auf der

Westseite. Und hier halten schräg im Boden gesetzte Mikropfähle die Platte und damit das Haus im Lot. Da der Hauskorpus selbsttragend ist, kann die vierte Hausecke im Nordosten ohne Stütze weit über den U-Bahn-Tunnel hinausragen.

Was so übersichtlich wirkt, sorgte in der Praxis für manches Stirnrunzeln. So hatten die Bohrpfähle unter dem Mönkedamm zwischen U-Bahn-Wand, Sielleitung, Medienkanal und anderen Versorgungsleitungen sehr wenig Platz. Auch musste der Rohbau während der Bauphasen unterschiedlich abgefangen werden. Denn die U-Bahn fuhr trotz der Baustelle die ganze Zeit sicher weiter.

Quellen: Architektur HH (2014, S. 20 ff.), Angaben Ingenieurbüro Wetzel & von Seht (2017)

← *Der Hochbau stützt sich auf die Straßenfront (links) und ein im Mönkedammfleet verankertes Bein (rechts).*
↗ *Mit seiner Rückseite steht der Bau über der Einfahrt zum U-Bahn-Tunnel und dem, unter dem Asphalt des Parkplatzes verlaufenden Mönkedammfleet. (2014)*

Behaglichkeit hinter Folienfassade
Unilever-Haus
→ 14

Das 2009 bezogene Unilever-Haus in der Hafencity hat Maßstäbe gesetzt: mit der futuristischen Architektur, der Wohlfühlatmosphäre und dem Nachhaltigkeitskonzept. Der Begriff »komplex« für das Bürohaus mit 1.200 Arbeitsplätzen ist wohl eher untertrieben.

Ort Hafencity, Strandkai 1
Bauherr Strandkai 1 Projektentwicklung GmbH c/o Hochtief Projektentwicklung, für Unilever Deutschland GmbH
Ingenieur Pfefferkorn Ingenieure (Entwurf), Büro Weber – Poll (Ausführungsplanung), Form TL Ingenieure für Tragwerk und Leichtbau GmbH (Folienfassade), HKP Ingenieure (Haustechnik), ITA Ingenieurgesellschaft für Technische Akustik (Wärmeschutz und Akustik), Horstmann + Berger (bauphysikalische Beratung), Licht 01 Lighting Design (Lichttechnik), HHP-Berlin (Brandschutz)
Architekt Behnisch Architekten
Baufirma Hochtief AG
Bauzeit 2007–2009

Vergleichsbeispiele
Spiegel-Verlagshaus und **Ericus-Contor**, Hafencity, Ericusspitze 1; Bj. 2008–2011, große Büroblöcke mit Innenhöfen und riesigen Fassadenöffnungen, niedriger Energieverbrauch und innovativ gesicherte Baugrube; Ingenieur: Büro Dr. Binnewies; Architekt: Büro Henning Larsen sowie Höhler + Partner; Baufirma: Bilfinger Berger Spezialtiefbau GmbH (Gründung), Alpinebau Deutschland AG (Rohbau); Quellen: Bautechnik (2011, S. 406 ff.), Ingenieurbaukunst (2012, S. 110 ff.), Architektur HH (2012, S. 12 ff.)

Schon mit ihrer alten Hauptverwaltung setzte die Unilever Deutschland GmbH ein Zeichen: Als Emporio-Hochhaus lebt der 1964 eingeweihte Bau weiter (siehe S. 68). Mit dem mehrfach preisgekrönten Unilever-Haus in der Hafencity gelang dem Konzern erneut ein innovativer Bau. Dabei ist der Standort schön und schwierig zugleich: in einem Neubaugebiet am Nordufer der Elbe mit einem Kreuzfahrtterminal nebenan. Die Planer platzierten hier vier unregelmäßige Riegel mit 24.000 Quadratmeter Bruttogeschossfläche auf sieben Obergeschossen um ein Atrium herum. Im tiefgegründeten Keller mit 14.000 Quadratmetern auf zwei Geschossen gibt es unter anderem 400 Parkplätze. Der Grundriss lässt viel Tageslicht hinein; zusätzlich sorgt die Innengestaltung sogar für helle Flure.

↑ *Beim Unilever-Haus umschließen vier unregelmäßige Riegel das überdachte Atrium.*
→ *Die exponierte Lage am Strandkai der Hafencity führte beim Unilever-Haus zu neuartigen Lösungen. (2009)*

Wegen der exponierten Lage muss das Haus Wind und Sonne zugleich bewältigen können. Eine effektive Lösung bietet eine polygonal gefaltete Vorhangfassade mit einer Folie aus Ethylen-Tetrafluorethylen (ETFE). Sie schützt die dahinterliegenden Sonnenschutzlamellen mit Tageslichtlenkung vor Wind, sodass diese auch an sonnigen und zugleich windigen Tagen eingesetzt werden können. Und die Fenster dahinter lassen sich öffnen. Die Folie ist stark lichtdurchlässig und gilt mit einer Lebenserwartung von mehr als 25 Jahren als extrem beständig. Dank seiner niedrigen Oberflächenspannung weist das Material einen natürlichen Lotuseffekt auf, sodass Regen die Folie reinigt.

Aufgespannt ist die biegeweiche und 6.200 Quadratmeter große Membran einlagig auf ein System aus biegesteifen Rahmen mit Druckstempeln. Gehalten wird sie von auf Zug beanspruchten Edelstahlseilen. Ihre Stabilität bekommt sie dabei durch die zweifachen Krümmungen. Die Rahmen sind jeweils an einer Geschossebene mit Kragarmen biegesteif angeschlossen und werden an den übrigen Geschossen von Pendelstützen gehalten. Im Vergleich zu einer Glasfassade wiegt sie viel weniger, auch weil sie keine horizontalen Schotts für den Brandschutz benötigt. Damit kamen die Planer bei den weit auskragenden Geschossen mit deutlich weniger Betonstahl aus. Die Folienfassade lässt den Bau wegen der polygonalen Gliederung der Paneele und der zweiachsig gekrümmten Folie auffallend kristallin wirken. Bei Wind bewegt sie sich sogar leicht: Dies nimmt dem Gebäude auch optisch jene Härte, die Glas hinterlassen würde.

Der Einsatz von ressourcenschonender Technik und das Vermeiden von technischen Lösungen standen bei der nachhaltigen Bauweise des Unilever-Hauses im Mittelpunkt aller Überlegungen. Die

↑ Die filigranen Spannseile der vorgehängten Folienfassade erinnern entfernt an die Takelage eines Segelschiffes und stören den Blick aus dem Fenster kaum. (2009)
↓ Innerhalb des Atriums sorgen Brücken für kurze Wege im Bürohaus: Mit seinen Sonderflächen dient es als vielfältiger Kommunikationsort. (2009)

hochwertige Entwurfsqualität war eine Herausforderung für alle Planer. Vom Tragwerk her galt es, den Stahlbetonskelettbau mit hochbelasteten Stahlverbundstützen und zum Teil vorgespannten Flachdecken mit großer Spannweite ohne Unterzüge zu bewältigen. Sie kragen an den Rändern um bis zu 3,50 Meter aus. Das filigrane Stahl-Glas-Dach über dem Atrium wird von einem stählernen Faltwerk mit bis zu 37 Metern Spannweite, das fachwerkartig mit Rohrprofilen aufgelöst ist, gehalten.

Drei um das Gebäude herum stehende Türme saugen Frischluft an, die gefiltert in die Quellluftböden geleitet wird. Diese verteilen die Luft über Drallauslässe in den Büroräumen. Durch Überstromgitter gelangt die verbrauchte Luft ins Atrium, wo sie von einer Abluftanlage in den Giebeln aufgenommen wird. Ein Wärmetauscher trennt die Wärme von der Fortluft und leitet sie zu der eingehenden Luft zurück. Das Hybridsystem aus Fensterlüftung mit vorgehängter Folie und gefilterter mechanischer Zuluft schützt bei jedem Wetter vor den Emissionen der Kreuzfahrtschiffe in der Nähe. Mit Wasser durchspülte Stahlbetondecken kühlen die Büros. Um die Speicherfähigkeit dieser Decken nicht einzuschränken, gibt es eine extra entwickelte Fußbodenkonstruktion, welche gut für die Lüftung ist, gleichzeitig als raumakustisch notwendige Absorberfläche dient.

Ein wesentliches Architekturelement des Baus ist der von Rampen aus stählernen Kastenprofilen überspannte Innenhof. Im Erdgeschoss gibt es einen Laden und ein Café für Passanten, weiter oben individuell gestaltete Sonderflächen für Mitarbeiter und Besucher mit Teeküchen und Kopierstationen, mit Sitzgruppen für Arbeit und Pausen. Alle wesentlichen Bereiche wurden auch raumakustisch optimiert, um eine behagliche Atmosphäre zu schaffen. Das Ganze gilt als beispielhaftes Bürokonzept – der neuen Firmenphilosophie von Unilever entsprechend, die auf Transparenz und flache Hierarchien setzt.

Quellen: Architektur HH (2009, S. 10 ff.), Architekturzeitung (17.12.2010), Sengmüller (2011), Mensch und Technik (1/2013, S. 6 f.)

Über Jahrhunderte optimiert
Windmühle Bergedorf
→ 15

Der Höhepunkt der klassischen Windmühlentechnik ist die Holländermühle. Über Jahrhunderte hatten Mühlenbauer ihre Form optimiert und einen Funktionsbau par excellence entwickelt. Ein windgängiges Exemplar ist die Mühle »Glück zu« in Bergedorf.

Ort Bergedorf, Chrysanderstraße 52
Bauherr Martin Biehl
Bauzeit 1831

Den Wind einzufangen und mit seiner Kraft Muskelarbeit zu ersetzen – das gelang wohl zunächst nur der Seefahrt. Erste zuverlässige Hinweise auf eine Windmühle in Europa gibt es für die Zeit um 1180. In rascher Folge entstanden dann weitere in England, der Normandie und in Flandern. Das erste deutsche Exemplar arbeitete seit mindestens 1222 in Köln. Dies waren alles Bockwindmühlen. Hier sitzt das Mühlenhaus mit den Windflügeln auf einem Bockstuhl, bestehend aus einem Pfahl mit stützenden Streben und Sattel. Mit einem langen Balken wird das ganze Haus mit der Mahltechnik jeweils in den Wind gedreht.

Wer wann und wo die Idee hatte, nur noch den Kopf (auch Haube oder Kappe genannt) auf einem feststehenden Mühlenhaus zu drehen, ist ungeklärt. Vermutlich geschah dies im 14. oder 15. Jahrhundert im Mittelmeerraum. Die Haube musste ja nicht nur drehbar gelagert, sondern auch die Antriebskraft über Zahnräder in den festen Mühlenteil übertragen werden – und das Ganze so, dass Haube und Flügel den Windkräften stets standhielten. Denn Sturm und Feuer sind die größten Gefahren für diese über-

Vergleichsbeispiele
Riepenburger Mühle in Kirchwerder, Kirchwerder Mühlendamm 75a; zweistöckiger Galerieholländer von 1828 mit Jalousieflügeln und Windrose, windgängig und mahlfähig
Windmühle Reitbrook, Vorderdeich 11; dreistöckiger Galerieholländer von 1870 mit Jalousieflügeln und Windrose, Einrichtung komplett vorhanden
Windmühle »Johanna«, Wilhelmsburg, Schönenfelder Straße 99a; zweistöckiger Galerieholländer von 1875 mit Windrose und Jalousieflügeln, windgängig und mahlfähig
Windmühle Altengamme, Altengammer Elbdeich 4; dreistöckiger Galerieholländer von 1876 – umgebaut und heute ohne Windwerk und Galerie
Windmühle Osdorf, Osdorfer Landstraße 162; zweistöckiger Galerieholländer von 1890 mit Segelflügeln – Windrose und Galerie fehlen
Windschöpfmühle im Vierländer Freilichtmuseum Rieck-Haus, Curslaker Deich 284; Kokermühle von etwa 1780/1950 mit Segelflügeln und Wasserschnecke

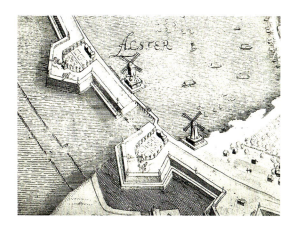

→ Die erste Holländermühle in Norddeutschland (rechts) entstand 1641 auf dem neuen Hamburger Festungswall im Stau der Alster; zwei Jahre später die Kokermühle daneben.

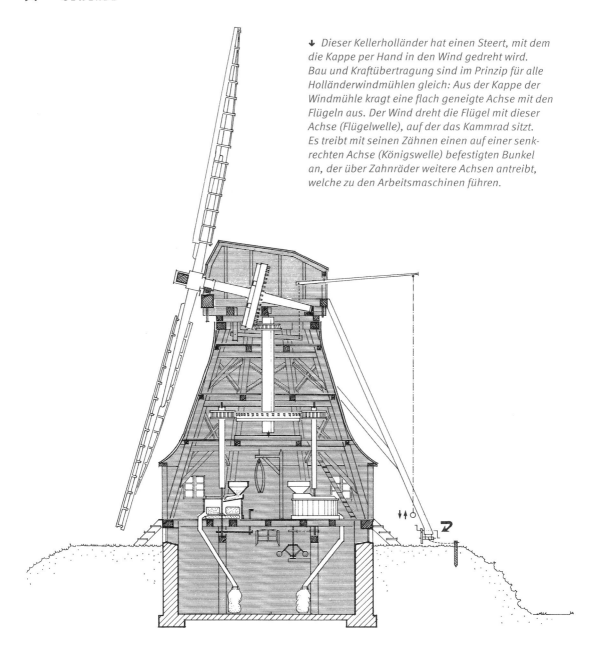

↓ *Dieser Kellerholländer hat einen Steert, mit dem die Kappe per Hand in den Wind gedreht wird. Bau und Kraftübertragung sind im Prinzip für alle Holländerwindmühlen gleich: Aus der Kappe der Windmühle kragt eine flach geneigte Achse mit den Flügeln aus. Der Wind dreht die Flügel mit dieser Achse (Flügelwelle), auf der das Kammrad sitzt. Es treibt mit seinen Zähnen einen auf einer senkrechten Achse (Königswelle) befestigten Bunkel an, der über Zahnräder weitere Achsen antreibt, welche zu den Arbeitsmaschinen führen.*

wiegend aus Holz errichteten Anlagen. Der Gattungsbegriff »Holländermühle« geht wohl auf die Herkunft der Mühlenbaumeister zurück, die seit dem 17. Jahrhundert das Wissen darum verbreiteten.

Schon im 15. Jahrhundert hatten die Holländer eine Mischform zwischen Bockwind- und Holländermühle entwickelt: die Kokermühle. Diese aus Holz erbaute und damit relativ leichte Anlage versackt nicht so schnell in sumpfigem Gelände und wurde mit Beginn des 16. Jahrhunderts flächendeckend in den Elbmarschen eingeführt. Ihre vom drehbar gelagerten Oberteil in den festen Unterbau (Koker) geführte Antriebswelle trieb Schöpfräder oder Wasserschnecken an, um niedrig gelegene Landesteile zu entwässern. Später wurden auch andere Arbeitsmaschinen damit betrieben.

Die erste Holländermühle in Norddeutschland stand seit 1641 auf dem damals neuen Festungswall im Stau der Alster in der Nähe der späteren Lombardsbrücke: ein stattlicher Achtkanter auf zweistöckigem Sockel. 1773 wurde er abgebrochen. Unterdessen gab es weitere Holländermühlen in Hamburg. Und 1831 baute der Bergedorfer Lohgerber Martin Biehl auf einer Anhöhe oberhalb der Bille eine Windmühle zum Mahlen von Eichenrinde. 1880 wurde sie zu einer Getreidemühle umgebaut und – mehrfach modernisiert – bis 1967 regulär betrieben. Heute besitzt die windgängige Mühle »Glück zu« noch die komplette Mahleinrichtung und ist weitgehend funktionstüchtig.

Diese Bergedorfer Mühle ist ein einstöckiger Galerieholländer mit Jalousieflügeln und Steert. Weil bei den Holländermühlen nur die Haube mit den Flügeln drehbar ist, lässt sich der Turm erheblich größer gestalten als das Mühlenhaus der Bockwindmühle. Zusammen mit dem Sockel bieten sie also mehr Platz für Arbeitsmaschinen. Galerieholländer haben einen zumeist massiv gemauerten Sockel mit mehreren Geschossen. Von der oberhalb des Sockels angebauten Galerie werden Flügel und Bremse bedient. Darüber erhebt sich ein konisch zulaufender Bau mit der drehbaren Kappe. Beim Erdholländer dagegen ist die Bedienung vom Boden aus möglich, während der Kellerholländer ein Erdholländer mit Kellergeschoss ist. Bei den Holländern setzte sich die achteckige Abzimmerung durch, wobei es auch Mühlen mit vier, sechs, zehn oder zwölf Ecken gab. So wurden Sechskanter für Sägemühlen gebaut, um vor und hinter dem Sägegatter mehr Platz nach draußen zu haben. Der Achtkant gilt als stabile und zugleich wirtschaftliche Konstruktion: Die acht Seiten sind durch vier teilbar – damit kann sich im Fachwerk der Rhythmus von Bindern und Absteifungen wiederholen. Ein Zwölfkanter ist kleinteiliger und damit beim Bau aufwendiger.

Das aus praktischen Erfahrungen entwickelte Flügelkreuz hat in der Regel vier Flügel. Bei Segelflügeln wird dafür Tuch auf Holzgatter gespannt. Um während des Betriebes Schwankungen der Windstärke auszugleichen, verändert der Müller die Windangriffsfläche, rollt also bei Segelflügeln das Tuch ein. Dafür muss die Mühle aber angehalten und die Segel müssen auf jedem Flügel verändert werden. Dies ist mühsam und zeitaufwendig, weshalb der schottische Mühlenbauer Andrew Meikle um 1772 Jalousieflügel entwickelte: Hier haben die Flügel jalousieartige Klappen, welche über ein Gestänge durch die Flügelwelle hindurch zentral bedient werden. Diese Technik verbreitete sich aber erst im 19. Jahrhundert, als Gießereien die dafür erforderlichen Teile herstellen konnten.

Auch die Windrosen benötigten präzise Zahnräder für ihre Getriebe und setzten sich deshalb erst später durch. Es sind von der Windrichtung gesteuerte, ansonsten selbsttätig arbeitende Vorrichtungen zum Drehen der Haube, für die der englische Schmied Edmund Lee 1745 ein Patent angemeldet hatte. Ansonsten musste die Haube aufwendig mit dem Steert, einem langen von der Kappe abstehenden Balkensystem, per Hand in den Wind gedreht werden.

Quellen: Kuhlmann (2012), Angaben Verein Bergedorfer Mühle e.V. (2016), Karstens (2017)

← *Die Bergedorfer Mühle ist ein einstöckiger Galerieholländer mit Jalousieflügeln und Steert. (2016)*

Beton wird Teil der Architektur
Großbäckerei der »Produktion«
→ 16

Im Februar 1912 geht in einem bürgerlichen Wohnviertel am Isebekkanal eine Brotfabrik in Betrieb. Stolz präsentiert die Konsumgenossenschaft »Produktion« diese moderne Großbäckerei auch nach außen: mit einem Eisenbetonskelett als Teil der Architektur.

Ort Hoheluft-Ost, Hegestraße 34/40
Bauherr Konsum-, Bau- und Sparverein »Produktion« e.G. mbH
Ingenieur Max Bachner
Architekt Gustav Lehne
Baufirma Paul Kossel & Cie.
Bauzeit 1911/12; 1916 erweitert

Die 1899 in Hamburg gegründete Konsum-, Bau- und Sparverein »Produktion« e.G. mbH, von den Kunden später nur Pro genannt, war weltweit eine der größten Konsumgenossenschaften. Sie wuchs sehr rasch – und mit ihr die Eigenbetriebe der Lebensmittelherstellung. Denn die Pro verkaufte nicht nur im Interesse der Konsumenten. Auch die Produktion sollte gesellschaftspolitisch vorbildlich sein. Ihre meisten Betriebe arbeiteten am Mittelkanal in Hamm. Am Luisenweg, Ecke Wendenstraße nahm die Pro 1903 die erste, später zweimal ausgebaute Bäckerei in Betrieb. Außerdem war hier seit 1903 die mehrfach ausgebaute Fleischwarenfabrik ansässig. Bis 1913 erweiterte die Baufirma Paul Kossel & Cie. nach den Plänen des Architekten Gustav Lehne die Fleischwarenfabrik in Hamm erneut, während die Bäckerei 1912 einen zweiten Standort in Hoheluft mitten in großen Wohngebieten mit Anschluss an das Wasserstraßennetz bekam. Auch hier wirkten die innovative Betonbaufirma Kossel aus Bremen und Lehne (1869–1940), Leiter des Architekturbüros der »Produktion«.

Die neue Großbäckerei war für bis zu 3.000 Stück Brot und 9.000 Rundstücke (Brötchen) pro Stunde ausgelegt. Außerdem gab es eine Konditorei. »Die Bauzeit für dieses schönste und größte Bäckereigebäude Deutschlands betrug sechs Monate«, schwärmte der Hamburger Ingenieur Max Bachner 1912 über sein Projekt. Wegen der lebhaften Produktion im Ersten Weltkrieg ergänzte die Pro die Großbäckerei 1916 an der Südecke um eine Industriemühle mit einem Getreidesilo. Und die Pro strebte weiter: 1928 folgte eine moderne Bäckerei zwischen Mittelkanal und Eiffestraße in Hamm. Sie galt mit ihrer elektrischen Ofenheizung und Fließbandarbeit in Wanderöfen als weltweit einzigartig. Doch dann setzten die Repressalien der Nationalsozialisten der Konsumgenossenschaft erheblich zu. Deshalb pachtete der Betriebsleiter der Pro-Bäckereien,

← Über den Isebekkanal wurde die Großbäckerei beliefert. (2016)
→ Das 1. und 2. Obergeschoss des Eisenbetonskelettbaus am Isebekkanal waren für die Weißbäckerei und die Grobbäckerei mit ihren schweren Backöfen vorgesehen und entsprechend konstruiert.

PRODUKTION 97

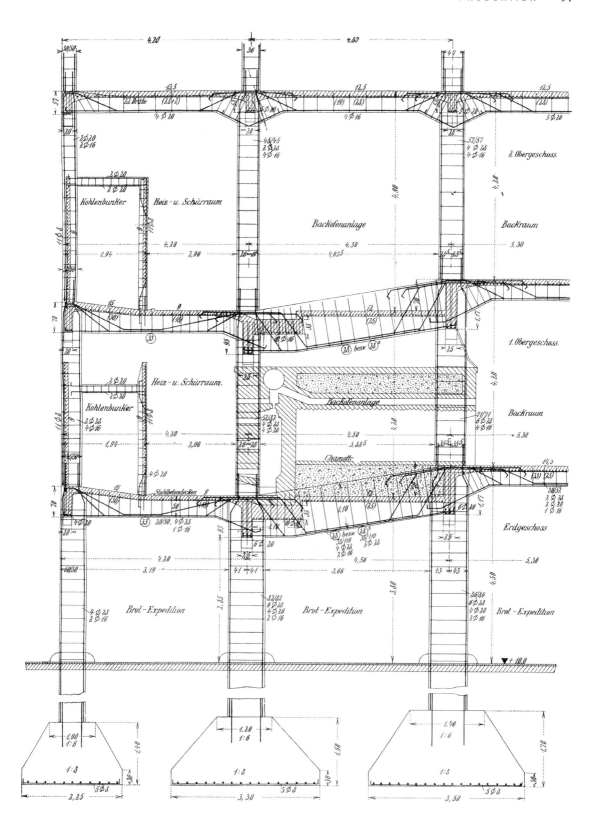

Adolf Heide, die Brotfabrik in Hoheluft und betrieb sie zunächst in geringem Umfang weiter. Dann expandierte er rasch mit seinem »Heide-Brot«. Diesen Betrieb mit 150 Beschäftigten übernahm 1952 sein Sohn Gerd Heide und führte ihn noch bis 1974. Seitdem dient die Immobilie als Gewerbehof.

Ein Symbol der Brotfabrik war der über dem Dach nur noch als Stumpf erhaltene Schornstein. Der einst 50 Meter hohe Schlot gilt als typisches Beispiel eines glatten, zylindrischen Schornsteinschaftes von gleichbleibender Lichtweite (1,50 Meter) ohne Sockelausbildung mit normalem Fundament. Wie das gesamte Tragwerk der Bäckerei besteht auch er aus Eisenbeton.

Von den Schweifgiebeln abgesehen, zeigen die Fassaden konsequent die Konstruktion des fünfgeschossigen Eisenbetonskelettbaus. Die Betonpfeiler und die Betondecken treten an der Fassade als dekorative Struktur hervor. Dort, wo die Decken auf die Pfeiler treffen, wurden Konsolen ausgebildet, die an der Fassade ablesbar sind. Das tragende Eisenbetongerippe wurde mit Fensterflächen oder mit Ziegelmauerwerk ausgefacht. Dabei nehmen die Fenster bemerkenswert große Flächen ein. Man wollte »dem Beton volle Materialgerechtigkeit angedeihen« lassen, schrieb Ingenieur Bachner. Dabei wurde der Sichtbeton als Teil der äußeren Architektur penibel bearbeitet. So wurden kleine Schäden, welche nach dem Ausschalen sichtbar wurden, mit feinen Meißeln ausgestemmt und mit frischem Beton nachgefüllt. Entscheidend für die Wahl der Betonskelett-Bauweise aber dürfte die schnelle und billige Herstellung sowie die solide Bauweise gewesen sein, die auch dem Brandschutz genügte. Denn die Backöfen wurden noch mit Steinkohle beheizt.

Die Aufteilung entsprach einer modernen Fabrik mit einer Produktion von oben nach unten: Das Mehllager mit der Mehlreinigung im Dachgeschoss wurde über Aufzugwinden vom Kanal her versorgt. Das vierte Geschoss diente als Weizenmehllager mit Teigaufbereitung für die Weißbäckerei. Darunter standen im dritten Geschoss die Knetmaschinen der Grobbäckerei und im zweiten die dazugehörigen Teigteil- und Wirkmaschinen sowie die Öfen. Hinter den Öfen befanden sich die Kohlenbunker, welche von der Hofseite aus befüllt wurden. Im ersten Geschoss arbeitete die Weißbäckerei bei ähnlicher Ausstattung wie die Grobbäckerei. Im Erdgeschoss wurden Fuhrwerke unter einem Dach beladen. An der Straßenseite gab es Läden, Richtung Kanal die Pferdeställe, im Keller Lager- und Sozialräume, sowie Wohnungen für die Mitarbeiter in der Hegestraße 28-32.
Quellen: Beton (1912, S. 176 ff.), Emperger (1915), Rieger (1949), Frühauf (1991), Aschenbeck (2003), Tornier (2013)

↖ *Das tragende Eisenbetonskelett ist Teil der Architektur; der Schornsteinstumpf dient heute als Antennenträger. (2016)*
→ *Die mit Pferden bespannten Bierwagen der Holsten Brauerei sollten witterungsgeschützt stehen: Deshalb kragen die Eisenbetonträger der Schwankhalle stützenfrei um rekordverdächtige 9,30 Meter aus. Ihre Tragfähigkeit überprüfte die Baupolizei 1911 mit einer Belastungsprobe. (2017)*

Vergleichsbeispiele für Betontragwerke im Industriebau
Mietfabrik in Eilbek, Hasselbrookstraße 25; Bj. um 1905
Mietfabrik Carl Th. Schröder in Hammerbrook, Hammerbrookstraße 93; Bj. 1906; Architekt: Albert Lindhorst; Baufirma: Wayss & Freytag AG
New-York-Hamburger Gummi-Waaren Compagnie in Harburg, Nartenstraße 19; Großanlage, Bj. 1907 (westlicher Hauptbau, Neuländer Straße), Bj. 1909 (östlicher Hauptbau), Bj. 1912 (Nartenstraße); Ingenieur: H. Hagn & Söhne
Palmin-Werke H. Schlinck & Cie. AG in Wilhelmsburg, Rubbertstraße 19; Großanlage, Bj. 1908–1910; Architekt: Plötner & Weiß

Großbäckerei Julius Busch KG in Eilbek, Conventstraße 8–10; Bj. 1914, später vergrößert, galt als »Musteranlage« und größte Bäckerei der Stadt; Architekt: Heinrich Mandix; Baufirma: Melhose & Opel, Eisenbetonbau: Kell & Löser, Eisenkonstruktion: J. Janssen Schütt GmbH; Quelle: Industriebau (1916, S. 113 ff.)
Holsten-Brauerei AG in Altona-Nord, Holstenstraße 224; Schwank- und Versandhalle von 1911 mit 9,30 Meter weit auskragenden Eisenbetonträgern; Sudhaus, Treberhaus, Treppenhausturm, Maschinenhaus und Gärkelleraufbau von 1912/13 als Eisenbetonskelettbauten; Ingenieur: Anton Landgräber; Baufirma: Dücker & Co. (Oberingenieur Ernst Mautner); Neues Sudhaus von 1926; Baufirma: Wayss & Freytag AG; Quellen: db-Mitteilungen (1911, S. 161 ff.), Bauwelt (14/2018, S. 14 ff.)
Tivoli-Werke in Eidelstedt, Reichsbahnstraße 95; Sudhaus der ehemaligen Brauerei, Bj. 1911–1914; Ingenieur: Justus Krüger; Baufirma Stahlsilos: J. A. Topf & Söhne
Papierfabrik Lehmann & Hildebrandt (Hansaburg) in Hammerbrook, Wendenstraße 493; Bj. 1913–1915; Architekt: Heinrich Schöttler; Baufirma: Westfälische Bau-Industrie AG
Chemische Fabrik der Großeinkaufs-Gesellschaft Deutscher Konsumvereine mbH (GEG) in Veddel, Peutestraße 22; Bj. 1925–1927; Architekt: Bauhütte »Bauwohl«; Quelle: Bauingenieur (1931, S. 216 ff.)
Philips Medical Systems (ehemals Röntgenröhrenfabrik C. H. F. Müller) in Ohlsdorf, Röntgenstraße 24-26; Bj. 1929/30; Architekt: Karl Schneider; Quelle: Baumeister (1931, S. 477 ff.)

Klassische Fabrikhalle mit feinem Tragwerk
Gießerei Michaelsen
→ 17

Klassische Fabrikhallen sind in Hamburg rar, weil die metallverarbeitende Industrie als Hauptnutzer dieses Typus hier eher schwach vertreten war. Mit ihrer Größe einmalig in der Region ist die Eisenbasilika der ehemaligen Gießerei Michaelsen in Bahrenfeld.

Ort Bahrenfeld, Beerenweg 3
Bauherr Hermann Michaelsen
Architekt Georg Fricke (Erweiterung 1913), Max Zoder (Um- und Ausbauten 1945–1958)
Bauzeit 1912, Erweiterung: 1913, Um- und Ausbauten von 1945–1958

Vergleichsbeispiele
Schiffsschraubenfabrik Th. Zeise GmbH & Co. in Ottensen, Gießereihalle Friedensallee 7/9: Bj. 1882/83, ergänzt 1898 (Architekt: F. Beyerstedt), Gießereihalle Bergiusstraße: Bj. 1901 (Ingenieur: H. F. Schmidt; Architekt: Schaar & Hintzpeter); heute Gewerbehof Zeisehallen
Ottenser Maschinenfabrik J. F. Ahrens in Bahrenfeld, Schützenstraße 21; Bj. 1902; Architekt: F. Beyerstedt; heute Gewerbehof Phoenixhof
G. Koeber's Eisenhütte (seit 1910 Harburger Eisen- und Bronzewerke) in Harburg, Alte Seevestraße 2; Montagehalle von 1902, 1910 nach Westen erweitert (Architekt: Distel & Grubitz); in Betrieb
H. C. E. Eggers & Co. (Eisenhoch- und Brückenbau) in Horn, Kolumbusstraße 8; Bj. 1908/09; Architekt: Gustav Schrader; Baufirma: Neugebauer & Schybilski; in Betrieb
U-Bahn-Betriebswerk der Hamburger Hochbahn AG in Barmbek-Nord, Hellbrookstraße 2-8; Haupthalle der Werkstatt Bj. 1910–1914; in Betrieb

Mit der Industrialisierung entstand ein neuer Bautyp: die in großer Vielfalt errichtete Fabrikhalle. Ihre Formen gingen mit den zunächst noch begrenzten technischen Möglichkeiten einher. Selbst bei fortschrittlichen Fabriken waren Mauerwerksbauten mit Dachstühlen und Innentragwerken aus Holz bis Mitte des 19. Jahrhunderts der Normalfall. Eisen wurde bis etwa 1840 nur dort eingesetzt, wo seine Festigkeit das wertvolle Material unbedingt erforderlich machte.

Es folgten Mischkonstruktionen aus Holz und Eisen, bei denen auf Druck belastete Stützen aus Gusseisen und auf Zug beanspruchte Stäbe aus Schmiedeeisen in Dachbindern verwendet wurden. Ab etwa 1850 wurden eiserne Fachwerkträger nach Vorbildern aus dem Brückenbau entwickelt. Doch erst seit etwa 1880 gab es sie häufiger, nachdem standardisierte Profile aus Walzeisen angeboten wurden. Die bis in die 1920er Jahre eingesetzten schmiedeeisernen Hallenbinder für Spannweiten bis zu etwa 20 Metern waren vor allem Fachwerke für Sattel- und auch Sheddächer, hatten also einen dreieckigen Querschnitt.

Zwar gab es gelenkig gelagerte Bogenträger unter anderem für Bahnhofshallen schon seit 1863. Im Industriebau konnten sich die hoch und weit gespannten Träger aber nicht durchsetzen, unter anderem, weil sie sich schlecht mit den in Fabriken wichtigen Brückenkranen kombinieren ließen. Die schnell wachsenden Tragfähigkeiten dieser Hallenkrane mit ihren Stoßwirkungen verlangten nämlich stabile Tragwerke. Mit statisch bestimmten Fachwerken ließen sich die erforderlichen Bindertypen dagegen gut konstruieren. Einfache Berechnung, geringe Baukosten, kurze Bauzeiten und gute Reparaturmöglichkeiten waren beim Industriebau entscheidend. Wichtig waren auch große Spannweiten und wenig Stützen, um die Produktion übersichtlich zu halten und jeden Punkt in der Halle mit Kranen bedienen zu können.

↗ *Der hintere Teil des Hauptschiffes ist höher als der vordere, was der Querschnitt mit dem gebrochenen Hallenbinder dokumentiert.*
→ *Die Gießereihalle hat die Form einer Basilika mit einem hohen Haupt- und zwei niedrigen Seitenschiffen. (2015)*

Die spezifischen Anforderungen brachten eine große Vielzahl von Bindern hervor. Wichtige Aspekte waren Lichtraumprofil, Tragfähigkeit, Belichtung, Be- und Entlüftung sowie die für günstiges Eindeckungsmaterial erforderliche Dachneigung. Damit verdrängten mehr oder weniger trapezförmige Binder mit geknickten Obergurten und meistens geradem Untergurt gegen Ende des 19. Jahrhunderts die Satteldach-Binder. So bekam man mehr Spannweite, und das Mansarddach setzte sich durch. Maßgebend für den Wandel war die steile Neigung der Mansardflächen. Damit konnte die zu berücksichtigende Schneelast kleiner gehalten werden, sodass diese Flächen besser für Verglasungen und damit eine gute Belichtung geeignet waren. So wurden einzelne Walzprofile zu großen Fachwerkträgern zusammengesetzt. Vor allem für Spannweiten ab etwa 20 Meter wurde zudem Flusseisen anstelle des bis dahin verwendeten Schweißeisens verwendet, sodass die zulässigen Spannungen erhöht werden konnten. Charakteristisch für die Zeit waren außerdem gegliederte Stützen aus Flusseisen, welche Stoßlasten aus dem Betrieb von Hallenkranen gut aufnehmen konnten.

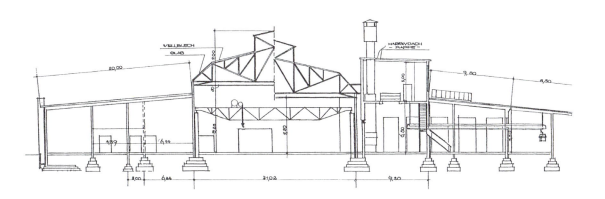

Die Halle der Gießerei Michaelsen ist ein gutes Beispiel für das damalige Konzept eines Fabrikhallentragwerkes. Stabil eingespannte Stützen tragen die Kranbahn und den Dachaufbau, geben dem Gesamtsystem eine hohe Quersteifigkeit. Die große Binderhöhe, verbunden mit dem geringen Gewicht der Dacheindeckung (Pappe auf Holzschalung), ermöglicht ein filigranes, also leichtes Dachtragwerk mit einer Spannweite des Hauptschiffes von 21,02 Metern. Typisch war die Form einer Basilika mit hohem Haupt- und niedrigeren Seitenschiffen: So konnten in der etwa 70 Meter breiten Halle verschiedene Bereiche der Produktion untergebracht werden.

Zum Beerenweg hin entstand mit der 1912 errichteten Halle eine schlichte und doch repräsentativ wirkende Backsteinfassade. Schon 1913 wurde die Halle im Westen um einen – etwas höheren – Anbau um etwa 30 Meter auf 120 Meter verlängert. Bemerkenswert ist ein wohl um 1928 in Zusammenhang mit dem Einbau eines Zwischengeschosses an der Ostseite eingebauter Stephansdach-Binder, ein heute seltener Typ eines Holzfachwerkbogens.

Die 1854 gegründete Eisengießerei Hermann Michaelsen war zunächst in der Bornstraße 38 (heute Nöltingstraße) in Ottensen ansässig und stellte Teile aus Gusseisen für viele Anwendungen her, unter anderem Säulen für das Hamburger Rathaus. 1905 wurde der Betrieb um eine Stahlgießerei erweitert. Er profitierte von dem Aufschwung des Schiff- und des Maschinenbaus und verlegte seinen Betrieb 1912 in den größeren Neubau nach Bahrenfeld. Nach Kriegsschäden wurde der Familienbetrieb wiederaufgebaut und erweitert, beschäftigte 1954 noch 200 Menschen. Eine Baumaßnahme setzte die Firma noch 1958 um – dann verliert sich ihre Spur. Später nutzten die AEG und eine Verpackungsmittelfirma den Bau, bevor die Auto Wichert GmbH sie 2016 zu einer Ausstellungs- und Werkstatthalle umbaute.

Quellen: Frühauf (1991), Werner (1992), Prokop (2012), Tasche (2016), Angaben HAA (2016)

↑ *Zum Beerenweg hin bekam die Halle der Gießerei Michaelsen eine repräsentative Fassade. (2017)*

Große, freitragende Hallen
Lufthansa-Werft
→ 18

Am 1. April 1955 nahm die nach dem Weltkrieg neu gegründete Deutsche Lufthansa ihren Flugbetrieb auf. Gleichzeitig war ihre Werft in Hamburg einsatzbereit, die Keimzelle der Lufthansa Technik AG mit ihren interessanten Reparatur- und Lärmschutzhallen.

Ort Fuhlsbüttel, Weg beim Jäger 193
Bauherr Freie und Hansestadt Hamburg / ab 2000: Lufthansa Technik AG
Halle 1/2
Bauzeit: 1953–1955
Ingenieur: Carl Spaeter GmbH und Amt für Ingenieurwesen (Konrad Havemann)
Baufirma: Christiani & Nielsen Ingenieurbau AG, Dyckerhoff & Widmann KG, Hermann Möller; Stahlbau: Carl Spaeter GmbH; Heizung: Rud. Otto Meyer sowie Kohl, Neels & Eisfeld
Halle 3/4
Bauzeit 1959/60
Lärmschutzhalle alt
Bauzeit: 1960–1962
Ingenieur: Dorsch-Gehrmann und Amt für Ingenieurwesen, Akustik: Thomas J. Meyer / LSB-Gesellschaft für Lärmschutz
Baufirma: Siemens-Bauunion GmbH, Paul Hammers AG
Lackierhalle (Halle 5/6)
Bauzeit: 1991/92
Ingenieur: Obermeyer Planen + Beraten GmbH
Architekt: Büro Patschan Winking
Baufirma: Walter-Bau und Heilit & Woerner
Jumbohalle (Halle 7)
Bauzeit: 1991/92
Ingenieur: Assmann Beraten + Planen GmbH
Architekt: Büro von Gerkan, Marg und Partner
Baufirma: Walter-Bau, Philipp Holzmann AG, Heitmann AG, Stahlbau Lavis
Empfangsgebäude
Bauzeit: 1999
Ingenieur: Wetzel & von Seht
Architekt: Büro Renner Hainke Wirth
Lärmschutzhalle neu
Bauzeit: 2001/02
Ingenieur: WTM Engineers GmbH, Akustik: Thomas J. Meyer / LSB-Gesellschaft für Lärmschutz
Baufirma: Arbeitsgemeinschaft Heitkamp GmbH, Preusse Baubetriebe GmbH, G+H Isolierung GmbH, Donges Stahlbau GmbH

↓ Zur Lufthansa-Werft gehören ältere Gebäude (links im Hintergrund), die neue Lärmschutzhalle (links Mitte), die Lackierhalle (Mitte) und die Jumbohalle. (2001)

Seit Mai 1951 bereitete eine kleine Gruppe um Hans M. Bongers in Köln die Neugründung der Deutschen Lufthansa AG vor. Dabei sollte das Zentrum des Flugbetriebes mit der technischen Basis an der Peripherie der Bundesrepublik liegen, um bei Langstrecken noch einen sinnvollen Zwischenstopp auf deutschem Boden einlegen zu können. Damit kamen nur die Flughäfen in Hamburg und München in Frage. Das »Büro Bongers« entschied sich wegen niedrigerer Betriebskosten für Hamburg. Denn wegen der Höhenlage und der häufig höheren Temperaturen konnten die Maschinen in München-Riem nur mit verringerter Nutzlast starten.

So begann am 21. Juli 1953 im Südwesten des Flughafens Fuhlsbüttel, auf dem Gelände der Borsteler Pferderennbahn, der Bau der Lufthansa-Werft. Das Kernstück bildete die Halle 1/2 mit angebauten Werkstätten, Lager, Büros sowie einem extra Verwaltungsgebäude. Der klassisch modern gestaltete Hallenbau ist eine mit gelben Klinkern ausgemauerte Stahlkonstruktion mit großen Fensterflächen. Er ist das Ergebnis eines vom Tiefbauamt der Stadt veranstalteten Wettbewerbs, zu dem es mehr als 50 Angebote gab. Der Entwurf der Firma Carl Spaeter GmbH wurde als wirtschaftlichster angesehen und deshalb ausgeführt.

Die Halle ist ohne Anbauten 220 Meter lang, 52,20 Meter breit und bis zu 23,60 Meter hoch. Ihre beiden Hälften haben je acht elektrisch angetriebene Schiebetore von 14,50 Meter lichter Höhe. Sie lassen sich auf knapp 60 Meter zusammenschieben. Lasten werden im Inneren mit einem Fünf-Tonnen-Laufkran im hinteren Hallenteil und einem Drei-Tonnen-Laufkran im vorderen Teil bewegt. Wegen des erst in der Tiefe tragfähigen Baugrunds wurde der Bau im Mittel auf 13 Meter langen Pfählen gegründet.

Beeindruckend ist, dass die Halle mit ihrer Torfront nur in der Mitte auf einer Doppelstütze ruht. Das Aussehen des Dachs prägen zwei als Haupttragwerk fungierende Fachwerkbalken, die etwa 14 Meter hin-

← *Die weltweit erste Lärmschutzhalle für Flugzeuge war für Düsenjets konzipiert – und keineswegs für die im Vordergrund abgestellten Propellermaschinen vom Typ Lockheed Super Constellation.*
(12. Juni 1962)

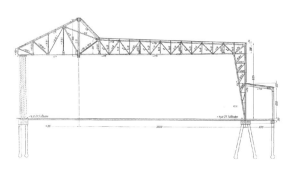

ter den Hallentoren unter dem Oberlicht liegen. Sie sind 8,50 Meter hoch und 110 Meter weit gespannt. An den Seitenwänden nehmen Dreiecksböcke die Windkräfte auf, während die beiden Hauptträger in der Mitte auf den dicht nebeneinandergestellten Pendelstützen ruhen. Konstruktiv sind die Hallenhälften voneinander getrennt, weil man sie schrittweise bauen wollte. Doch schon während des Baus wurde die Verdoppelung der Hallenfläche beschlossen. Betont wurde, dass das Stahlgewicht der Halle pro Quadratmeter Grundfläche im Vergleich zu anderen »verhältnismäßig niedrig« war.

Das Dach besteht vor allem aus Bimsbetonstegdielen, ist aber zwischen Hauptträger und Torwand voll verglast, ebenso Rück- und Seitenwände, sodass diese Halle am Tage gut belichtet ist. In Deutschland noch nicht erprobt war die in den Betonboden eingebaute Fußbodenheizung. Zusätzlich gab es zonenweise einschaltbare Deckenstrahler. Die fünf Jahre später erbaute Halle 3/4 ist genauso groß und Ersterer sehr ähnlich, hat aber einen durchgehenden 220 Meter langen Träger mit einer biegesteif eingespannten Stütze in der Mitte. Damit konnten die Windböcke entfallen. Außerdem ist die Halle zehn Meter breiter als die Halle 1/2 und hat eine Unterdecke, um den zu beheizenden Raum zu verkleinern.

Die Werkstatt und die erste Hallenhälfte waren am 4. Oktober 1954 fertig, denn am 29. November 1954 landeten die ersten Flugzeuge der zukünftigen Lufthansa in Hamburg. Konzipiert war der Bau für die Wartung von zehn zweimotorigen oder sechs viermotorigen Flugzeugen gleichzeitig. Begonnen hat die Lufthansa ihren Flugbetrieb am 1. April 1955 mit je vier Lockheed Super Constellation für die Lang- und vier Convair 340 für die Kurzstrecke.

Hamburg war damals eine Drehscheibe für den internationalen Luftverkehr, ehe es diese Rolle – und Teile der Wartung – mit dem beginnenden Düsenzeitalter an die Lufthansa-Basis in Frankfurt am Main abgeben musste. Denn angesichts der Reichweite der Jets waren die einst für Hamburg vorgebrachten Gründe nicht mehr stichhaltig. Damit konzentrierte sich die Luftwerft in der Hansestadt auf grundlegende Überholungen. Mit größeren Flugzeugen, wachsendem Luftverkehr und dem seit den 1960er Jahren immer stärker auf externe Kunden ausgerichteten Reparaturgeschäft wurde die Lufthansa-Basis in Hamburg erheblich ausgebaut. 1955 beschäftigte die Werft 651 Mitarbeiter, zehn Jahre später waren es 2.460.

Mit der Boeing 707 begann 1960 bei der Lufthansa das Düsenzeitalter. 1961 folgte die kleinere Boeing 720 B und 1964 die mit drei Triebwerken am Heck und dem hochgesetzten Leitwerk markante B 727. Doch der Krach der Düsenflugzeuge schreckte die

↖ *Die Fachwerkrahmen zwischen Toren (links) und Rückwand der Halle 1/2 werden in der Längsrichtung von Hauptträgern ausgesteift, die sich 14 Meter hinter den Toren befinden.*
↑ *Über das Oberlicht und die Seitenwände gelangt Licht in die Halle 1/2. (um 1955)*
↗ *Vor der modern gestalteten Halle 1/2 ist eine von der Lufthansa für Zubringerdienste genutzte DC-3 abgestellt. (um 1955)*

Öffentlichkeit auf. Um einen gewissen Lärmschutz zu gewährleisten, bekam die Lufthansa-Werft einen schallgedämmten Motorenprüfstand sowie am 1. Februar 1962 die weltweit erste Lärmschutzhalle für Flugzeuge. Bis dahin fanden Probeläufe von Triebwerken sowie das vor jedem Einsatz der Jets notwendige Warmlaufen im Freien statt.

Die Lärmschutzhalle ist massiv aus Stahlbeton und etwa 87 Meter lang. Das Haupttragwerk bilden Zweigelenkrahmen aus Spannbeton mit Spannweiten zwischen 56,50 und 62,90 Metern. Die 8,50 Meter über dem Fußboden spannende Decke hat in ihrer Längsachse einen zehn Meter breiten und fünf Meter hohen Schlitz für die Leitwerke der Flugzeuge. Vor allem Masse und Dichte der Baustoffe bewirkten, dass der Motorenlärm kaum durch Wände und Dach nach außen drang. Nach Nordwesten aber blieb die Halle offen, wobei der Schall erst nach knapp zwei Kilometern Entfernung auf besiedeltes Gebiet traf. Im Inneren brachen sägeförmig angeordnete Seitenwände den Schall ebenso wie Glasfasermatten mit Lochblechen an der Decke. Der Schall wurde also von gegeneinander versetzten Flächen und brechenden Kanten möglichst in die Halle hinein reflektiert und so gelenkt, dass es keine schädlichen Wechselwirkungen bei den durchströmenden Luftmassen gab. Damit die durch Wind verursachten Luftbewegungen klein blieben und die Flugzeuge ihre Abgase mit eigener Kraft aus der Halle hinaus drücken können, bekam sie eine gewaltige, zur Halleneinfahrt zeigende Ansaugöffnung auf dem Dach. Mit ihr ist der Bau 28 Meter hoch.

Doch diese Lärmschutzhalle war für die seit 1970 von der Lufthansa eingesetzte Boeing 747 und spätere Airbus-Typen zu klein. Sie wurde Ende 2001 durch die weltweit erste geschlossene Flugzeug-Lärmschutzhalle ersetzt und dient seitdem als Lager. Der neue Bau ist 95 Meter lang, 84 Meter breit und 14,30 Meter hoch. Dank eines mit Klappen partiell verschließbaren Schlitzes im Dach können auch

Flugzeuge mit höheren Seitenleitwerken einfahren. Das außen liegende Tragwerk für die mit Lochblechkassetten verkleideten Wände und Dach besteht vor allem aus zwei Dreigelenksbindern, die dank des Stahlfachwerks den Fluglotsen im Tower einen gewissen Durchblick auf den Rollweg hinter der Halle gestatten. In der Fundamentplatte versenkte Zugstangen verhindern ein Auseinanderdriften der Binder.

Im Gegensatz zur alten Halle wird die neue mit zwei je 300 Tonnen schweren, auf Schienen rollenden Klapptoren geschlossen. Damit lassen sich Testläufe weitgehend unabhängig von Wind absolvieren. Denn insbesondere durch Seitenwind sich bildende Turbulenzen können die empfindlichen Flugzeugtriebwerke zerstören. Für eine gleichmäßige Zuluft sorgen die in die Tore eingebauten Kulissen. Auch die Lamellen im Halleninneren absorbieren nicht nur den Schall, sondern egalisieren Verwirbelungen. Auf der Rückseite leitet eine 135 Meter lange und nur 4,50 Meter hohe Umlenkwand den Lärm mit den Abgasen durch einen Spalt himmelwärts. So wird der Krach bei vollem Schub weitgehend eingefangen oder abgeleitet – und dennoch bekommen die Turbinen im richtigen Maß die nötige Luft.

Ein 1988 beschlossenes Ausbauprogramm sicherte die Zukunft der Lufthansa Technik in Hamburg. Vier Jahre später nahm die modernisierte Werft ihr Überholungszentrum West mit einer neuen Lackierhalle (Halle 5/6) und einer Überholungshalle für Großraumflugzeuge (Halle 7) in Betrieb. Letztere wurde mit ihrem Doppelbogen, der das Dach sowie die darunter gehängten Laufkrane und Teleplattformen trägt, zum Wahrzeichen der Hamburger Basis. Stützenfrei überspannt sie eine Fläche von 150 mal 81 Metern. In der 26 Meter hohen Halle können zwei Jumbojets B 747 und ein kleineres Flugzeug gleichzeitig gewartet werden. Ihre Wellblechfassade wird durch Stahl, Glas und acht Tore ergänzt, die sich auf ein Viertel der Länge zusammenschieben lassen.

Das Dach besteht aus einem Trägerrost, der an zwei 170 Meter weit gespannten und gegeneinander gekippten Stabbögen hängt. Seine Lasten werden auf vier an der Außenseite angeordnete Stützböcke abgeleitet, was das schlanke Profil der Seitenwände ermöglichte. Die 2.800 Tonnen schwere Dachkonstruktion wurde neben der Halle montiert, in einem Stück auf einer Bahn um 100 Meter verschoben und mit hydraulischen Pressen in die endgültige Position gehoben. Sie ist 170 Meter breit, 60 Meter lang und 30 Meter hoch. Mit ihrer Vormontage ließen sich ein Lehrgerüst und vor allem Zeit sparen.

Ein asymmetrisches Schrägseil-Tragwerk auf dem Dach markiert die benachbarte Lackierhalle. Aus konstruktiver Sicht ist der Bau ein Zwitter. Denn anders als zunächst vorgesehen, wurde die 52 Meter hohe Doppelhalle durch eine massive Betonwand getrennt. Damit können die bis zu zwölf Metern hohen Stahlfachwerkträger des Dachs – Spannweiten 55 und 75 Meter – normal auf Wänden und Stützen aufliegen. Die gewölbten Querschnitte der Fachwerkträger erinnern an Vogelschwingen. Das darü-

↖ *Die alte Lärmschutzhalle wird von der zur Hallenfront zeigenden Ansaugöffnung überragt – hier das Innere im Rohbau. (7. September 1960)*
→ *Ein Airbus A 330-300 steht in der neuen Lärmschutzhalle, die sich mit Toren (rechts und links) verschließen lässt. (2012)*

berliegende Tragwerk mit drei Pylonen und Zugstangen ist nur ein zusätzliches Mittel, um in Extremfällen die Durchbiegung des Dachs zu verhindern. Beim Lackieren ist dies wesentlich, damit die zwölf von Laufkranen abgehängten Arbeitsplattformen zentimetergenau an die Flugzeuge heranfahren können.

Die Lackierhalle mit einer lichten Höhe von mehr als 20 Metern hat im Inneren eine Fläche von 134 mal 107 Metern. Durch die Betonwand voneinander getrennt, bietet Halle 5 etwa 3.600 Quadratmeter, während Halle 6 mit 6.100 Quadratmetern fast doppelt so groß ist. Die notwendige Klimatisierung der Halle bedingte geschlossene Fassaden und einen kompakten Baukörper. Umweltschutz, Arbeitsschutz und ein einwandfreies Licht im Inneren waren weitere Themen. Dank einer leistungsfähigen Haustechnik sind in der Halle 3,5 Luftwechsel pro Stunde möglich. Die Luft wird ebenso aufwendig gereinigt wie das Abwasser. Drei Abluftschlote hinter der Halle und ein quer verlaufendes Klimarohr symbolisieren die Funktion dieser riesigen »Luftmaschine« nach außen. Inzwischen dient sie aber nur noch der Instandhaltung, weil die Lufthansa in Hamburg keine Flugzeuge mehr lackiert.

Schließlich fällt das neue Empfangsgebäude am Zentraleingang mit seiner prägnanten Silhouette auf. Bis zu 18 Meter weit auskragende Flügel über einem Stahl-Glas-Pavillon erinnern an die Schwingen eines Rochens. Form und Material wecken auch Assoziationen von Fliegen, Leichtigkeit und sanfter, dynamischer Fortbewegung. Zehn gespreizte Stahlstützen tragen in sechs Metern Höhe das Dach mit seiner komplexen Geometrie. Drei von ihnen sind unter der Empore im Inneren in Stahlbetonscheiben eingespannt. Die Dachkonstruktion selbst besteht aus drei sich durchdringenden Tragwerken mit bis zu 2,40 Meter hohen Fachwerkbindern und einem Druckring entlang der Stützenköpfe.

Quellen: Bautechnik (1955, S. 177 ff.), Beton (1956, S. 224 ff.), Grantz (1957), Beratungsstelle Stahlverwendung (1961), Beton (1962, S. 97 ff.), Architektur HH (1992, S. 16 ff.), Stahlbau (1992, S. 129 ff.), AIV (1994), AIV (1999), Architektur HH (2000, S. 50 ff.), FAZ (28.8.2001), Stahlbau (2001, S. 58), Bauen mit Stahl e.V. (2002), Lange (2008), Lufthansa Technik (2015), Angaben Lufthansa Technik (2016), Angaben Stadt Hamburg (2021)

Riesenkisten auf weichem Grund
Airbus-Werk
→ 19

Das Hamburger Werk der Airbus SE geht auf eine von Blohm & Voss 1939 in Betrieb genommene Luftwerft für Wasserflugzeuge zurück. Ein standfester Baugrund erst in großer Tiefe und riesige Hallen mit Brückenkranen bestimmen dort das Baugeschehen.

In den 1930er Jahren waren Wasserflugzeuge en vogue. Deshalb plante die Hamburger Großwerft Blohm & Voss ihr drittes Flugzeugwerk am Wasser. Die Mündung der Süderelbe war dafür ideal: Sie bot viel Platz und war weitgehend ohne Seegang und Schiffsverkehr, noch dazu in der Nähe einer Großstadt. Für das Ende 1936 genehmigte Projekt wurden am Westrand der Elbinsel Finkenwerder etwa fünf Millionen Kubikmeter Sand aufgespült. Die als Neß bezeichneten Sandbänke wurden Teil der neuen Halbinsel. Ihr südlicher Teil sollte einst als großer Verkehrsflughafen dienen, heute gehört er zum Naturschutzgebiet Westerweiden.

Das Gelände zwischen Norderelbe, Neßkanal und altem Neßdeich diente seit 1939 als Luftwerft. Dazu gehörten eine Hafenbucht und im Süden ein Landflugplatz mit rundlichem Grundriss. Nach dem Zweiten Weltkrieg stellte die 1933 von den Werftinhabern Rudolf und Walter Blohm gegründete Hamburger Flugzeugbau GmbH (HFB) ihre Aktivitäten zunächst ein, baute dann aber in Finkenwerder von 1957 bis 1964 mit der Siebel-Werke ATG und der Weser-Flugzeugbau das militärische Transportflugzeug Noratlas 2501.

Damals bekam die Luftwerft ihre erste betonierte Start- und Landebahn – und einen 1958 aus ringförmigen Stahlbeton-Fertigteilen (siehe S. 247) errichteten Turm für die Flugleitung. Sie produzierte außerdem von 1962 bis 1969 das selbst entwickelte Passagierflugzeug HFB 320 Hansa Jet, ehe sie 1969 mit zwei anderen Flugzeugbauern zur Messerschmitt-Bölkow-Blohm GmbH (MBB) fusionierte, aus der sich die heutige Airbus SE entwickelte. Ihr erstes Produkt – der Airbus A 300 – startete 1972 zum Erstflug.

Mit dem Erfolg des Unternehmens wuchs das mit Abstand wichtigste deutsche Airbus-Werk in Finkenwerder. Dafür wurde um 1976 die einst für Wasserflugzeuge angelegte Hafenbucht zugeschüttet. Darauf ließ die MBB den ersten Teil der (Ausstattungs-)-Halle 14 errichten. Für weitere Neubauten wurde 1990 der Neßkanal zugeschüttet. Einen riesigen Schub bekam das Werk mit dem Bau des Airbus-Typs A 380: Nun sollte sein 120 Hektar großes Gelände nach Westen in das Mühlenberger Loch hinein um 140 Hektar vergrößert werden. Doch Stadt und Öffentlichkeit, vor allem Umweltschützer und Bewohner des nördlichen Elbufers, beeinflussten den Ausbau. Airbus aber drückte auf Tempo.

Die Widersprüche ließen sich mit Innovationen lösen. Zunächst wurden ein 3,5 Kilometer langer Deich und auf der Nordseite eine 1,2 Kilometer lange Spundwand um das neue Gelände gezogen. Um Lärm und Erschütterungen zu vermeiden, verzichtete man beim Deich auf temporäre Spundwände. Nach einem Sondervorschlag der Josef Möbius Bau-AG gründet er auf etwa 60.000 mit Geokunststoff ummantelten Sandsäulen. Dafür rüttelten Gerätepontons Rohre in den Untergrund. Bei Erreichen der tragfähigen Sandschicht hängten sie einen Geotextilsack ein und füllten das Rohr mit Sand. Dann wurden die Rohrklappen am Fuß geöffnet und das Rohr gezogen.

Diese Sandsäulen verdrängten die bis zu zwölf Meter mächtige Schlickschicht nicht, sondern durchlöcherten sie nur und hielten sie im Polder. Die Hydrogeologie wurde also kaum gestört. Außerdem ließ sich mit diesem Verfahren im Untergrund eine höhere Festigkeit erzielen. Somit konnte das Außendeckwerk des Deiches steiler werden, was etwa 20 Prozent der Deichgrundfläche sparte. Direkt am Elbstrom aber musste wegen des begrenzten Platzes eine Spundwand gezogen werden. Um den Baulärm hier in Grenzen zu halten, wurden die Spundbohlen erst in größerer Tiefe gerammt. Weiter oben wurden sie – in dieser Form erstmals – gerüttelt sowie durch geneigte Rüttelinjektionspfähle verankert. Hier entstanden auch eine Kaimauer mit Ro-Ro-Anlage und für die Entwässerung ein Siel mit Schöpfwerk.

Beim Auffüllen des zunächst noch mit Wasser gefüllten Polders verlegten die Wasserbaufirmen in Teilbereichen Geotextillagen auf der Schlickoberfläche. Damit ließ sich der aufgebrachte Sand gleichmäßig verteilen – und verhindern, dass er in den Schlick eindringt. Bis zu sechs Sandschichten wurden einzeln aufgebaut, um die weichen Sedimente gleichmäßig zu belasten. Sodann wurde das gesamte Areal mit 2,1 Millionen Vertikaldrains durchlöchert, um dem Untergrund Wasser zu entziehen. Es folgte eine weitere Bewehrung aus Geotextil, ehe darauf die oberste Sandschicht verspült wurde.

So wuchs die neue Halbinsel von einer Höhe zwischen −1,50 und 0,50 Meter über Normalnull (NN) auf bis zu 6,50 Meter über NN. Dafür wurden dort 10,6 Millionen Kubikmeter Sand aus der Elbe und der Nordsee verteilt. Zudem wurde der Boden parallel zum Damm auf einer Breite von 26 Metern mit dem Vakuumverfahren des Systems Menard schnellentwässert, um Böschungsbrüche zu vermeiden. Dank dieser Drainagen ließen sich auch die Setzungen der Fläche beschleunigen – sie hätten sonst Jahre gedauert. Um ein späteres Absacken der neuen Betriebswege in Grenzen zu halten, wurden sie temporär vorbelastet. Als Gewicht dienten dafür 1,7 Millionen Kubikmeter Sand, die umgelagert wurden.

Dann wurde die Start- und Landebahn für den A 380 um 309 Meter nach Norden und 589 Meter nach Süden auf 3.183 Meter verlängert. Seitdem ragt

↓ *Das Werk der Hamburger Flugzeugbau GmbH (Blohm & Voss) war zwischen Elbe, Wasserflughafen und Landflugplatz angelegt; Airbus erweiterte es in den 1990er Jahren nach Süden, Osten und Westen. Auf dem Blohm & Voss-Gelände eingezeichnet sind die 1939/40 erbauten Hallen 1, 2 und 3 sowie das Verwaltungsgebäude an der Norderelbe.*

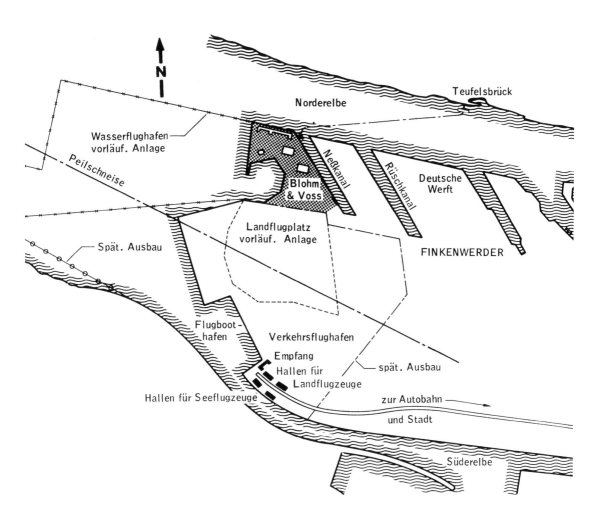

sie bis fast an das Fahrwasser heran. Dafür wurde der Geländesprung – von der Piste bis auf den Grund des Fahrwassers sind es etwa 25 Meter – durch eine Rohrspundwand gesichert. Außerdem musste die Einfahrt des Rüschkanals dafür nach Osten verlegt werden: Hier wurden 800.000 Kubikmeter Boden ausgebaut, nach Schadstoffen und Belastbarkeit beurteilt, dann wieder eingebaut. Zwei Jahre dauerten die Arbeiten an der verlängerten Bahn: Im Juli 2007 war sie fertig.

Noch vor dem Bau des Mühlenberger Sands war das Werk nach Südosten vergrößert worden: um die 6,5 Hektar große Fläche Neß jenseits der Start- und Landebahn. Hier entstanden bis 1999 ein neuer Tower für die Flugaufsicht, eine 102 Meter lange und 62,50 Meter breite Flugzeughalle sowie ein 205 Meter langes Auslieferungscenter: ein Bürohaus mit über den Flugzeugen auskragendem Vordach.

Tragfähiger Sandboden steht im Werk zum Teil erst in 19 Metern Tiefe an: Alle Hallen dort werden also tiefgegründet. Außerdem müssen die Flugzeuge in die mit Brückenkranen ausgerüsteten Bauwerke hineinpassen. Rückgrat dieser Hallen sind somit hohe Stahlfachwerkkonstruktionen mit großen Spannweiten und langen Kragträgern. Mit den Flugzeugen wuchsen die Hallen: So hat die Halle 1 von 1939 innen eine lichte Höhe von zwölf Metern, bei der um 1978 erbauten Halle 14 sind es 18,15 Meter und bei den Montagehallen für den Airbus A 380 sind es 17,00 Meter – im Dachaufsatz sogar 27,90 Meter.

Die 1933 gegründete HFB hatte (Land-)Flugzeuge und Teile dafür zunächst auf Steinwerder und ab 1935 in Wenzendorf bei Buchholz hergestellt. 1937 begann sie den Serienbau von selbst konstruierten Wasserflugzeugen, welche in den Bau des Flugbootes BV 238 mündete. Die 1944 erstmals gestartete Maschine galt mit 60,17 Metern Spannweite und 85 Tonnen Maximalgewicht damals als größtes Flugzeug der Welt. Entsprechend ausgelegt waren die beiden 1939 auf der Werft in Finkenwerder in Betrieb genommenen Montagehallen. Ihre Fundamente ruhen auf etwa 15 Meter langen Rammpfählen aus Stahlbeton. Die Hallen sind (ohne Anbauten) jeweils 75 Meter tief und 70 beziehungsweise 100 Meter breit. Letztere, die Halle 1, bekam zwei 40 und 60 Meter breite Hallenschiffe mit je einer Mittelstütze unter zwei der vier Hauptträger. Denn die große Spannweite ließ sich wegen der benötigten Hallenkrane (12,5 Tonnen Tragfähigkeit) nicht stützenfrei realisieren.

→ Die Luftaufnahme von Nordosten zeigt (von links) den verlegten Rüschkanal (vorn, mit den Resten vom U-Boot-Bunker »Fink II« in der Einfahrt), die Betriebsfläche Neß (hinten), die Start- und Landebahn, den älteren Werksteil mit der dreiteiligen Halle 14 (Bildmitte) und die Erweiterungsfläche Mühlenberger Sand mit den grau gestalteten Ausstattungs-, Montage-, Lackier- und Wartungshallen für den Airbus A 380. (2011)

PRODUKTION 113

Direkt an der Norderelbe entstand für die Büros ein 350 Meter langer Zweigeschosser mit je einer giebelständigen Halle für den Attrappenbau und die Versuchsabteilung. Außerdem kamen Hallen für Teilefertigung (1939) und Lagerhaltung (1940/41) sowie 1940 die Einflughalle 3 hinzu. Letztere, 50 mal 45 Meter groß, wurde 1967 nach Osten um zwei Abschnitte verlängert. Denn der alte Baubestand blieb bis heute weitgehend erhalten. Die britischen Alliierten nutzten die Immobilie bis 1954 als Reparaturwerk für Panzer, Lastwagen und anderes militärisches Gerät, ehe die HFB wieder die Regie übernahm.

Der erste große Neubau war die um 1978 im Zentrum des Werkes errichtete (Ausstattungs-)Halle 14: 170 Meter lang und 114,10 Meter breit. Sie steht auf dem Gelände des nach der Sturmflut im Januar 1976 zugeschütteten Werkhafens. An ihrer Rückseite wurde seit 1989/90 in zwei Bauabschnitten die 303 Meter lange Halle 14-West angesetzt. Dabei stabilisieren der Kopfbau der alten Halle 14, der Kopfbau der Halle 14-West und ein zwischen dem ersten Bauabschnitt und dem Abschnitt West eingefügter Zwischenbau die Hallen: Er nimmt vor allem auch die Horizontallasten auf. Denn das als Fachwerkträgerrost ausgebildete Dachtragwerk kragt zur stützenfreien Front der Halle 14-West um 58,80 Meter weit

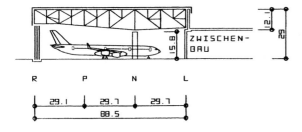

aus. Die mit einer Großtoranlage ausgestatteten Fronten sind 160 und 143 Meter lang. Erst im hinteren Drittel der Halle nehmen im Abstand von 43 Metern aufgestellte Stahlbetonstützen Vertikallasten auf. In der Rückwand sind sie gegen Abheben verankert. Die Halle 14-West wurde mit mehr als 1.000 bis zu 30 Meter langen Rammpfählen tiefgegründet.

Nördlich der Halle 14 wurde 2002 die 265 Meter lange und 66,50 Meter breite Halle 9 eingeweiht: als Montagehalle für die kleineren Flugzeugtypen A 318 bis A 321. Gleichzeitig hatte der Bau der Hallen für die Produktion des A 380 auf dem Mühlenberger Sand begonnen: Ihre Dimensionen sind auf das größte in Serie hergestellte zivile Verkehrsflugzeug der Welt ausgerichtet. Zusätzlich stehen sie am Eingang des Hafens im besonderen Fokus der Öffentlichkeit, weshalb für sie ein Gestaltungswettbewerb ausgerichtet wurde. Denn im Kern braucht Airbus »nur« solide, große und preiswerte Klimahüllen. Vis-à-vis großbürgerlicher Stadtlandschaften aber wollte man sich keine profanen Riesenkisten leisten. Dennoch sind es relativ preiswerte Bauten mit gleichartigen Kubaturen. Die Fassaden sind einfache Pfosten-Riegel-Konstruktionen mit gleichem Raster. Die außen liegenden Haupttragwerke, an denen innen die Nebentragwerke abgehängt sind, reduzieren das beheizte Bauvolumen. Diese zehn Meter hohen Fachwerkträger aus Hohlkastenprofilen sind zugleich ein wichtiges Gestaltungselement.

Die mit Aluminiumblechen verkleideten und kaum verglasten Hallen 260/261 prägen die östliche Hälfte des Mühlenberger Sands. Mit aus Nordenham per Schiff angelieferten Teilen wurden hier Sektionen für den A 380 hergestellt, die als Luftfracht in das Airbus-Werk Toulouse geliefert wurden. Als Rohbauten kehrten die daraus montierten Flugzeuge nach Hamburg zurück und wurden hier ausgerüstet. Für das Bewegen großer Bauteile ist das Innere der Sektionsbauhallen durchgängig stützenfrei konzipiert: mit zwei vom Dachtragwerk abgehängten Brückenkranen (Tragkraft je zehn Tonnen). 120 Meter lange, außen liegende Zweigelenkrahmen und innen liegende Nebenfachwerke bilden das Tragwerk dieser Hallen. Je fünf der Hauptfachwerkbinder überspannen im Abstand von 40 Metern eine 228 Meter lange und über alles 36 Meter hohe Halle. Im Inneren gibt es jeweils an der Längsseite drei Riegelbauten aus Stahlbeton für Büros und Lager.

Die vierteilige Ausstattungsmontagehalle (Hallen 241–244, später um 245/246 ergänzt) fällt mit ihrer verglasten Torfront und ihren Hutzen im Dach für das Seitenleitwerk des A 380 auf. Mit ihrer Größe und ihrer Struktur ist sie den Sektionsbauhallen ähnlich. Allerdings waren hier nur die vier auf den A 380 (Spannweite 79,80 Meter, Länge: 72,70 Meter) zugeschnittenen Bauplätze stützenfrei zu halten. Die Halle ist 370 Meter lang, und die Oberkante des Hauptfachwerkes liegt 33 Meter über dem Boden. Und statt Krane gibt es Montagebühnen. Sie werden nach dem Einparken der Flugzeuge abgesenkt, während die Flieger selbst um 1,70 Meter angehoben werden.

An der Rückseite hält ein fünfgeschossiger Massivbau für Büros das Tragwerk der Montagehalle in Position: als Gegengewicht für das Hauptfachwerk. Denn über dem Dach der vier Bauplätze queren jeweils zwei 84 Meter lange Fachwerkbinder das Bauwerk. Sie sind in der Mitte mit einem über die gesamte Hallenlänge von 370 Metern durchlaufenden Längsfachwerkträger gekoppelt, der zwischen den Bauplätzen auf je einer Stütze ruht. Zu den Toren hin kragen die Querträger um mehr als 36 Meter frei aus.

↑ *Zur Hallenfront (links) kragt das Dachtragwerk der Halle 14-West um 58,80 Meter weit aus: Erst im hinteren Drittel nehmen Stahlbetonstützen große Teile der Last auf.*
↗ *Untypisch für eine Flugzeughalle ist die zu einem großen Teil verglaste Nordfront der Ausstattungsmontagehalle. (2005)*
→ *Die Ausstattungsmontagehalle fällt mit ihrer verglasten Torfront und den Hutzen im Dach für das Seitenleitwerk des A 380 auf. (2008)*

Die für den A 380 konzipierte Lackierhalle hat eine ähnliche Grundstruktur wie die Montagehallen, ist aber etwa doppelt so schwer. Etwa 30.000 Kubikmeter Stahlbeton und 6.000 Tonnen Stahlfachwerk wurden für die in ihrer Grundfläche 217 Meter lange und 105 Meter breite Doppelhalle (mit einem extra Raum nur für Seitenleitwerke) benötigt. Gründe dafür sind der hohe Aufwand für die Haustechnik, die Teleplattformen sowie mehr Platz.

Die beiden Lackierplätze sind auf 100 Meter im Quadrat stützenfrei überspannt. Bei den pro Stellplatz jeweils acht am Dachtragwerk aufgehängten, 25 Tonnen schweren Teleplattformen wackelt nichts: Denn der Lack muss präzise aufgetragen werden, weil jedes Kilogramm weniger dem Betreiber Treibstoff spart. Dies geschieht per Hand, auch wenn das statische Aufladen des Flugzeugs und Luftduschen dafür sorgen, dass möglichst wenig Farbe danebengeht. Für diese Hochleistungsarbeitsplätze wurde zudem die Lichttechnik neu entwickelt. Sie ist effektiv, erzeugt aber auch eine Wohlfühlatmosphäre. Denn die Lackierer müssen in bis zu 18 Metern Höhe entspannt und konzentriert arbeiten können.

Dieser mit Stahlblechen und Aluminiumpaneelen verkleidete, auf dem westlichen Zipfel des Mühlenberger Sands platzierte Bau wirkt wie eine Mischung aus Großlabor und Kraftwerk. Dafür sorgen unter anderem seine Abluftkamine. Denn pro Stunde können hier bis zu 1,6 Millionen Kubikmeter Luft umgewälzt

↓ *Die Lackierhalle bietet Platz für den A 380, ist aber vor allem eine gewaltige Lüftungsmaschine.*
↓↓ *Die zehn Meter hohen Fachwerkbinder prägen – wie bei den Sektionsbau- und Montagehallen für den A 380 – auch das Äußere der Lackierhalle. Auf ihre Funktion verweisen außerdem die neun Schlote an der Rückseite. (um 2005)*

und mehrstufig gereinigt werden. Große Teile der Haustechnik mit den großen Luftschächten sind im sieben Meter hohen Nebentragwerk untergebracht, das wie bei den anderen Hallen von einem zehn Meter hohen Haupttragwerk gehalten wird. Insgesamt ist der Bau 38 Meter hoch und ruht auf einem Rost mit 1.200 Betonpfählen, die 30 Meter in die Tiefe ragen.

Einige Wartungshallen und eine Standlaufeinrichtung (Lärmschutzkasten; einen zweiten gibt es für den A 320) auf dem Gelände runden das auf den A 380 ausgerichtete Angebot ab. Unterdessen stellte Airbus dessen Produktion ein: Die letzte Maschine des Typs wurde im Dezember 2021 fertig. Im Oktober 2007 war die erste Maschine ausgeliefert worden. Doch die Hallen werden auch für kleinere Flugzeuge gebraucht. Denn das Werk spielt bei der Fertigung aller Airbus-Flugzeuge eine zentrale Rolle.

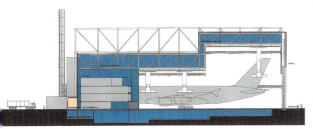

Erst 2017 wurde im Süden des Geländes eine Entladehalle eingeweiht: Hier werden Rumpfstücke und andere Flugzeugteile über eine etwa 18 Meter hohe Ladeschleuse witterungsunabhängig in die Frachtflugzeuge vom Typ »Beluga« umgeschlagen.
Quellen: AIV (1969), Pohlmann (1982), AIV (1984), Stahlbau (1993, S. 33 ff.), AIV (1999), Steinfeld (2002), Ingenieurbaukunst (2003, S. 70 ff.), Stahlbau (2003, S. 615 f.), Architektur HH (2005, S. 88 f.), Architektur HH (2006, S. 112 f.), Ingenieurbaukunst (2007, S. 86 ff.), Hirschfeld (2009), Angaben Büro Dr. Binnewies (2019)

Ort Finkenwerder, Kreetslag 10
Bauherr Messerschmitt-Bölkow-Blohm GmbH / Deutsche Aerospace Airbus GmbH
Erweiterung Betriebsfläche Neß
Generalplanung: Bauabteilung Deutsche Aerospace Airbus GmbH
Ingenieur: Airplan GmbH, Ingenieurgesellschaft für Flughafenbau, Baugrundgutachten: Burmann + Mandel
Bauzeit: 1998 fertiggestellt
Verfüllung Mühlenberger Loch
Ingenieur: IGB Ingenieurgesellschaft mbH, Ingenieurbüro Kempert + Partner Geotechnik GmbH
Baufirma: Arge zahlreicher Baufirmen unter Leitung der Josef Möbius Bau-AG, Vakuumkonsolidierung: Menard Soltraitement
Bauzeit: 2001–2004
Halle 14
Ingenieur: 2. Teil (West): Sellhorn Ing.-GmbH, Hugo Rieger (Donges Stahlbau GmbH)
Architekt: 1. Teil: MBB-Bauabteilung; 2. Teil (West): Bauabteilung Deutsche Aerospace Airbus GmbH (K. D. Köpcke)
Baufirma: 1. Teil: Dyckerhoff & Widmann AG, Carl Schütt, Stahlbau: Schmitz & Riehemann; 2. Teil (West): Donges Stahlbau GmbH
Bauzeit: um 1978/1989/1990/um 1992
Tower auf Betriebsfläche Neß
Ingenieur: Manfred Kunze, Horst Jörss
Architekt: Bodo Jäger
Bauzeit: 1999

Auslieferungscenter Neß (Gebäude 100)
Ingenieur: Manfred Kunze, F. und B. Hufnagel
Architekt: Bodo Jäger
Bauzeit: 1997–1999 in drei Bauabschnitten
Flugzeughalle Neß (Halle 102)
Ingenieur: Reinhold Lünser, Horst Jörss
Architekt: Bodo Jäger
Bauzeit: 1999 fertig
Halle 9
Ingenieur: Büro F. + B. Hufnagel
Architekt: R. Hagermann und Partner
Baufirma: Köster AG
Stahlbau: Gebr. Corniels GmbH
Bauzeit: 2002
Lackierhalle A 380 (Hallen 221/222)
Ingenieur: Büro Weber – Poll,
Baugrundgutachten: Steinfeld und Partner
Lichtplanung: Peter Andres
Haustechnik: Büro Poggensee
Architekt: PSP Architekten Ingenieure
Bauzeit: 2003–2005
Ausstattungsmontagehalle A 380 (Hallen 241-244)
Ingenieur: Büro Dr. Binnewies (Gründung, Rohbau), Büro Schlaich, Bergermann und Partner (Stahlbau)
Architekt: Büro von Gerkan, Marg und Partner
Baufirma: Müller-Altvater, Donges Stahlbau GmbH, Erdbau: Eggers Tiefbau GmbH
Bauzeit: 2003/04
Sektionsbauhallen A 380 (Hallen 260/261)
Ingenieur: Büro Dr. Binnewies (Gründung, Rohbau), Büro Schlaich, Bergermann und Partner (Stahlbau)
Architekt: von Gerkan, Marg und Partner
Baufirma: Strabag AG, Donges Stahlbau GmbH
Bauzeit: 2001–2003/um 2005
Wartungshallen A 380 (Hallen 211/212)
Ingenieur: Büro Dr. Binnewies
Architekt: Reinhard Hagemann
Bauzeit: 2004/05
Wartungshallen A 380 (Hallen 213/214)
Ingenieur: Büro Dr. Binnewies
Architekt: Reinhard Hagemann
Bauzeit: 2012/13
Entladehallen für Transportflugzeuge
Ingenieur: Büro Dr. Binnewies
Architekt: ABJ Architekten und Ingenieure
Bauzeit: 2013–2017

Als Getreidesilo seiner Zeit voraus
Kaispeicher B
→ 20

Der Kaispeicher B ist ein frühes Dokument des mechanisierten Massengutumschlags. Doch den Getreidehändlern behagte die Lagerung in Silozellen nicht. Deshalb wurde der kraftvoll gegliederte Backsteinbau 1884 raffiniert umgerüstet. Seit 2006 ist er Maritimes Museum.

Ort Hafencity, Koreastraße 1
Bauherr Silospeicher Kommandit-Gesellschaft J. W. Boutin, Umbau Museum: Peter Tamm sen. Stiftung
Ingenieur Alexander Schäffer (Umbau Bodenspeicher), Körting Ingenieure GmbH (Umbau Museum), Haustechnik (Umbau): Feimann Engineering mit Tibor Rakoczy
Architekt Hanssen & Meerwein, Umbau Museum: Markovic Ronai Lütjen Voss (MRLV)
Baufirma Otto Wulff Baugesellschaft (Umbau Museum)
Bauzeit 1878/79, Umbau Bodenspeicher: 1884, Umbau Museum: 2005/06

Die Keimzelle von Hamburgs modernem Hafen ist der 1866 eröffnete Sandtorhafen. Sechs Jahre später folgte der Grasbrookhafen. Auf der Landzunge dazwischen entstand 1875 der Kaispeicher A (heute Elbphilharmonie). Dieses Lagerhaus mit mehreren Geschossen bot mit der Lage am seeschifftiefen Wasser sowie Eisenbahnanschluss etwas ganz Neues. Die Hafenschuppen auf den Kais dagegen dienten nur als Zwischenlager. Bald darauf – ein Jahrzehnt vor der Speicherstadt – entstanden östlich davon mit Magdeburger Hafen und Brooktorhafen zudem Anlagen für die Binnenschifffahrt. An der Ecke dieser Hafenbecken ließ die Silospeicher Kommandit-Gesellschaft J. W. Boutin 1878/79 einen Getreidespeicher bauen, später als Kaispeicher B bezeichnet.

Mit diesem Bau waren die Besitzer ihrer Zeit weit voraus. Nur ein Drittel des Lagerhauses diente als konventioneller Bodenspeicher. Hier wurde Sackware oder loses Getreide auf Schüttböden gelagert. Die anderen beiden Drittel im östlichen Gebäudeteil hatten Silos. Die deutschen Müller benutzten kleinere Silos schon seit Jahrzehnten, doch die im Kaispeicher B eingebauten Dimensionen »nach amerikanischem Muster« behagten den Getreidehändlern nicht. Das Getreide werde dort dumpf, weil der Luftzutritt erschwert sei, hieß es. Außerdem sei es für Käufer schlecht zu begutachten. Schließlich würde ein maschinelles Umschichten das Getreide von Hülsen und Staub befreien und damit ein Gewichtsverlust entstehen – aus Sicht der Händler ein wirtschaftlicher Schaden, tatsächlich eine sonst in den Mühlen vollzogene Vorreinigung.

Der Schornsteinstumpf an der Nordwestecke des Speichers verweist noch heute auf den maschinenbetriebenen Umschlag. Mit den Kesseln im Maschinenhaus darunter wurde die Dampfmaschine versorgt, welche Elevatoren und andere Anlagen antrieb. Elevatoren förderten das Getreide direkt aus dem Schiff und im Speicher zum Dachgeschoss, wo es mit weiteren Förderanlagen zu den Silozellen transportiert wurde. Die Vorteile dieses Silosystems hätten sich schon in Nordamerika durchgesetzt, »weil sich dort mehr als in Europa das Verständnis für die Handhabung des maschinellen Betriebes entwickelt findet und weil auch außerdem mehr als bei uns auf Ersparniss theurer Handarbeit gesehen werden muss«, hieß es damals. In den 1880er Jahren wurden dann auch am Rhein Getreidesilos gebaut.

Dennoch konnte sich die Silospeicher-KG mit ihren Argumenten nicht durchsetzen: Die Hamburger Silos wurden wenig benutzt. 1884 übernahm die Stadt den Speicher und ließ den Siloteil zu einem Bodenspeicher umbauen. Dabei benötigt diese Form der Getreidelagerung nicht nur deutlich mehr Platz. Das zwischen Schüttbrettern etwa einen Meter hoch liegende Getreide konnte auch nur per Hand bewegt werden. Insbesondere leicht feuchtes Getreide aber musste mehrfach mit der Schaufel umgeworfen werden, um es zu belüften.

Nach dem Umbau standen im Speicher 11.000 Quadratmeter Lagerfläche mit einer Tragfähigkeit von – je nach Geschoss – 1,5 bis 3 Tonnen je Quadratmeter zur Verfügung. Der schwere Bau steht im moorigen Baugrund auf einer Gründung mit dicht gesetzten Holzpfählen, die in eine zwei Meter dicke

Platte mit fettem Beton eingreifen. Der fünf Meter hohe Keller darüber bekam beim Museumsumbau eine neue Betonwanne mit dicken Wänden, auf denen das tragende Innenskelett des Speichers ruht; außen tragen die dicken Mauern des Speichers die Böden. Während der westliche Teil mit dem Bodenspeicher von gusseisernen Stützen geprägt wird, sind es im umgebauten Siloteil schmiedeeiserne Fachwerkstützen.

Die im Grundriss quadratischen Silozellen waren 2,86 Meter breit und 18 Meter hoch. Sie bestanden aus gestapelten und miteinander vernagelten Holzbohlen. Die Bohlen waren doppelt so lang wie eine Silozelle breit. Versetzt eingebaut wirkten sie wie ein Mauerwerksverband. Bei dem Umbau wurde sukzessive von oben nach unten ein System von schmiedeeisernen Stützen und Unterzügen eingebracht und die Holzsilos zerlegt. Dabei passte jeweils eine alte, bis zu 15 Zentimeter dicke Zellenwand genau auf zwei neue Unterzüge. Damit die da-

↓ *An der Ecke von Brooktorhafen und Magdeburger Hafen steht der mit neuer Zugangsbrücke (vorn) zum Maritimen Museum umgebaute Kaispeicher B. Der Schornstein (rechts) verweist auf die einst für den Getreideumschlag wichtigen Anlagen mit Dampfmaschine. (2008)*

→ *Schmiedeeiserne Fachwerkstützen mit kreuzförmigen Grundriss prägen den 1884 umgebauten Siloteil. In die Nuten der (heute nicht mehr vorhandenen) Betonfüße wurden die für Bodenspeicherung typischen Schüttbretter eingesetzt. (2003)*

↓ *Der westliche Speicherteil (links) mit seinen gusseisernen Stützen hat acht Böden; der ehemalige Siloteil mit seinen schmiedeeisernen Stützen neun Böden. In letzteren wurden bei dem Umbau zum Maritimen Museum vier Atrien eingebaut.*

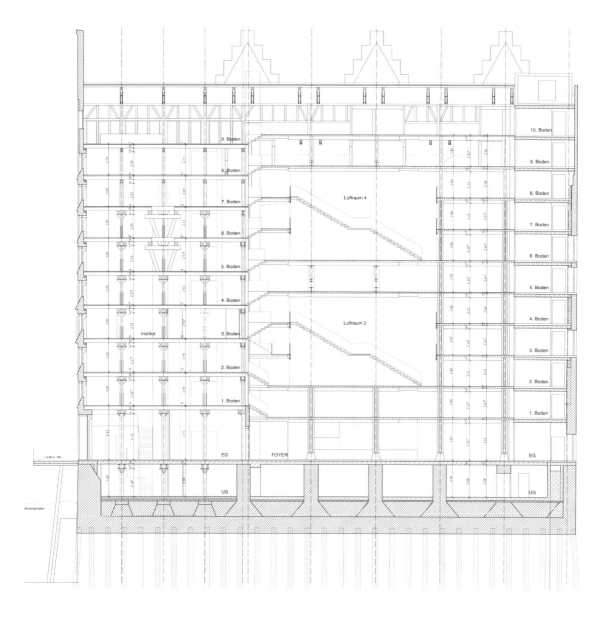

für vorgesehenen Doppel-T-Träger die nötige Auflagefläche bekamen, wurden längs auf beiden Seiten Bohlen angeschraubt. Und um die Stützen bereits vor dem Entfernen der Zellenwände einsetzen zu können, bekamen sie einen an den Achsen offenen Kreuzquerschnitt. Anschließend wurde das Holz der Zellen tafelförmig zerschnitten und als tragender Boden weiterverwendet. Einziger Schönheitsfehler sind die unterschiedlichen Geschosshöhen mit neun Böden im Siloteil und acht Böden im Westen. Dazwischen quert eine schmale Halle das Erdgeschoss, die heute als Eingangspassage dient. Hier wurden einst von einem hochgelegten Zwischengeschoss aus Fuhrwerke und Waggons beladen, welche die Halle durch ein Tor auf der Südseite erreichten.

Als Lagerhaus für Stückgut war der seit 1894 von der Hamburger Hafen- und Lagerhaus-Aktiengesellschaft gepachtete Kaispeicher B bis 2003 in Betrieb. Seit 2008 dient er dem Internationalen Maritimen Museum. Bei der Sanierung und dem Umbau zum Museum gelang den Architekten unter der Regie von Mirjana Markovic ein respektvoller Umgang mit dem Bestand. Um die niedrigen und breiten Lagergeschosse etwas offener zu gestalten, wurden die Böden im dunkleren Mittelbereich des Speichers in vier Fällen für einen dreigeschossigen Lichthof geöffnet, der auch Platz für Treppen und größere Exponate bietet. Unter anderem von innen gegen die Außenmauern gesetzte Bohlenwände und eine Frischluftzufuhr über die Windenluken sind Bestandteile der einfachen, zurückhaltend eingesetzten und doch effektiven Haustechnik.

Den Zugang zum Museum markiert eine nach dem Entwurf von WTM Engineers GmbH und Feichtinger Architekten im Grundriss geknickte Brücke. Eine gerade Form war hier nicht möglich, weil das im Nordufer verlaufende Kuhmühlenstammsiel keinen Raum für ein Widerlager ließ. Und eine Stütze im Brooktorhafen wäre fehl am Platz gewesen. Damit der geknickte Überbau nicht kippt, wurde er auf einer Seite fest verankert. Schwingungsdämpfer verhindern ein Aufschaukeln der Konstruktion.

Quellen: db (1884, S. 555 f.), AIV (1914), Berndt (2004), Architektur HH (2008, S. 58 ff.), Lange (2010), Bardua (2012), Angaben MRLV Architekten (2017)

↖ *Die Wände der Silozellen dienen seit 1884 als Böden und stützen sich über Bohlen auf den Doppel-T-Trägern der Unterzüge ab.*
↓ *Oberhalb der Waggonzufahrt im Erdgeschoss gab es im Kaispeicher B ursprünglich einen Teil mit Silos (rechts) und einen Bodenspeicherteil. (2003)*

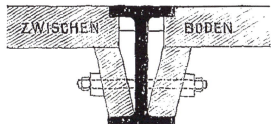

Frühe Eisenskelette – und der Brandschutz
Speicherstadt
→ 21

Für den Zollanschluss 1888 musste Hamburg in wenigen Jahren einen großen Komplex mit Lagerhäusern errichten. Mehrere Brände stellten das Konzept in Frage. Später wurde die Speicherstadt zweimal erweitert. Bautechnisch war sie jeweils auf der Höhe der Zeit.

Lange Reihen von Lagerhäusern mit bis zu sechs Geschossen, neogotische Backsteinwände und mit Kupfer gedeckte Walmdächer, begleitet von Kanälen und Straßen: Das ist die Hamburger Speicherstadt. Drinnen halten Tragwerke aus Schmiede- und Gusseisen, Holz oder Stahlbeton das Ganze zusammen. Die etwa 20 bis 25 Meter breiten, die Speicher begleitenden Längs- und Querkanäle sind mit dem Zollkanal und der Elbe verbunden. Bei mittlerem

Ort Hafencity mit Kehrwieder, Brook, Neuer Wandrahm, Alter Wandrahm, Am Sandtorkai, Brooktorkai und benachbarten Straßen
Bauherr Stadt Hamburg, Hamburger Freihafen-Lagerhaus-Gesellschaft (HFLG) und andere
Ingenieure Franz Andreas Meyer, Eduard Vermehren, Curt Merckel, Oscar Roeper und Ingenieur Sander für die Stadt Hamburg, das Büro Gustav Schrader sowie Heinrich Hagn mit dem Technischen Büro der HFLG (Leitung seit etwa 1906: Paul Raywood)
Architekten Georg Thielen, Hanssen & Meerwein, Stammann & Zinnow, Johannes Grotjan, Gustav Schrader, Puttfacken & Janda sowie Heinrich Wulff (Stadt Hamburg) und das Technische Büro der HFLG (Leitung seit etwa 1906: Paul Raywood)
Baufirmen Philipp Holzmann & Co., Stahlbau: Maschinenbau-AG Nürnberg (Werk Gustavsburg), Aktiengesellschaft für Eisenindustrie und Brückenbau (vormals Johann Caspar Harkort) und andere
Bauzeit: 1885–1889/1890–1898/1899–1913/1925–1927

→ Die Luftaufnahme macht deutlich, wie kompakt die Speicherstadt mit ihren charakteristischen Kanälen und Brücken bebaut ist – hier der Blick auf den zweiten und dritten Bauabschnitt. Links vom breiten Zollkanal entstand das Kontorhausviertel – der 1885/86 errichtete Dovenhof als erstes Kontorhaus wurde zugunsten des Spiegel-Hochhauses (Mitte links) 1967 abgerissen. Hinter der Turmspitze der Katharinenkirche steht der Neue Dovenhof (siehe S. 80). (2013)

Niedrigwasser waren sie 2,25 Meter tief; die Straßen lagen etwa sechs Meter über der Kanalsohle, im Süden hatten sie auch Eisenbahngleise.

Der Bau dieses kompakten Komplexes geht auf eine Vorgabe des Deutschen Reiches zurück: Die Stadt sollte endlich in das deutsche Zollgebiet eingegliedert werden. Doch mit der Speicherstadt ließ sich das Privileg der örtlichen Kaufleute, Importgüter zollfrei zu lagern und zu verarbeiten, in einen neuen Freihafenbezirk retten. Denn ein großer Teil der von See eingehenden Waren verließ den Hamburger Hafen auch wieder seewärts. Traditionell konnten Speicher und Fabriken in der gesamten Stadt sie zollfrei lagern und verarbeiten. Nun wurden die Speicher an einer Stelle im Freihafen konzentriert: Hamburg wählte dafür den Nordrand seines neuen Hafengebietes – westlich der Bahnhöfe in Zentrumsnähe.

Einst waren erhebliche Teile von Hamburg mit Speichern bebaut. Vor allem an den Wasserläufen standen lange Reihen von meistens schmucklosen Bauten mit etlichen Lagerböden und einem Tragwerk aus Holz, die sich äußerlich mit ihren Luken und Winden von anderen Häusern unterschieden. 1882 soll es in Hamburg 627 Speicher und etwa ebenso viele teilweise dafür genutzte Häuser mit einer Lagerfläche von fast einer halben Million Quadratmeter gegeben haben.

Zum Zollanschluss-Projekt gehörten auch die erste Brücke über die Norderelbe und weitere Hafenbecken für See- und Binnenschiffe im neuen Freihafen auf beiden Seiten des Stroms. Der bereits 1875 eingeweihte Kaispeicher A (heute Elbphilharmonie) blieb aber der einzige am seeschifftiefen Wasser. Den Verkehr zwischen den übrigen Speichern und den Seeschiffen beziehungsweise Kaischuppen bewältigten Schuten in Binnenschiffgröße. Doch musste bei dieser Logistik jede Fracht öfter umgeladen werden. Andererseits konnten die Kanäle in der Speicherstadt dank der Schuten flach und schmal gehalten werden. Auch waren keine beweglichen Brücken für große Schiffe erforderlich. Zudem hätten auch große Speicher nur mit viel Aufwand eine kleinteilige Stückgutverteilung übernehmen können, wie der Seeschiffsverkehr es erforderte. Dafür waren in Hamburg die Kaischuppen da (siehe S. 132).

Im Februar 1883 genehmigte die Stadt den Bau der Zollanschluss-Bauten und setzte den ersten Bauabschnitt unter erheblichem Zeitdruck bis zum Oktober 1888 um. Dabei arbeiteten Bauingenieure und Architekten der städtischen Baudeputation, der Hamburger Freihafen-Lagerhaus-Gesellschaft (HFLG) mit dem technischen Direktor H. W. Schaefer (Nachfolger ab 1888: Emil Hübener) sowie Freiberufler zusammen. 1888 gehörten allein zu dem von Heinrich Hagn geleiteten Technischen Büro der HFLG 15 Ingenieure, 24 Architekten und 23 Bauaufseher. Es entwickelte auch die Tragwerke. Der Ingenieur Franz Andreas Meyer als Leiter des städtischen Ingenieurwesens entwarf Grundstruktur sowie Musterblöcke für die Anlage und begutachtete die fertigen Entwürfe.

Die Architektur galt als unspektakulär: Die langen Speicherreihen sollten aus Sicht der Stadt lediglich vor »nüchterner Kahlheit« bewahrt werden, wenn auch im Ganzen nur auf eine »günstige Massenwir-

kung« hingearbeitet werden konnte, ohne – abgesehen von Vorbauten für Kontore – auf architektonischen Schmuck besonderen Wert zu legen. Der örtlichen Witterung Rechnung tragend, sind es Ziegelrohbauten. Dennoch lobte die Deutsche Bauzeitung 1888 die bis ins kleinste durchdachte und mit Liebe durchgeführte Plan-Gestaltung und Formgebung, welche »überall der Ingenieur mit dem Künstler gepaart geschaffen hat«.

Als Bauplatz dienten 448 Grundstücke auf den Brooksinseln Kehrwieder und Wandrahm. Die Stadt kaufte sie auf, siedelte etwa 18.500 Bewohnern um und ließ etwa 1.000 Häuser abreißen. Damit ging hier auch ein lebendiges Stück Alt-Hamburg unter. Es wurden neue Kanäle ausgehoben und Zehntausende von Pfählen in den Boden gerammt. Eine wichtige Funktion übernahm der 45 Meter breite Zollkanal, der zusammen mit dem aufgeweiteten Binnenhafen im Westen auf ganzer Länge zwischen Altstadt und Speicherstadt verläuft. Er diente als nasse Zollgrenze und bot an beiden Seiten Umschlagplätze. Und sein Nordufer nahm ein Stück der neuen städtischen Ringstraße auf.

Dominierendes Lagergut war Kaffee, außerdem Tee, Kakao, Gewürze, Schalen- und Trockenfrüchte, Tabak, Wein, Kautschuk, eine große Vielfalt von Industriewaren sowie Material und Proviant der Schiffsausrüster. Baumwolle und Zucker wurden dagegen in den Lagerhäusern südlich der Norderelbe

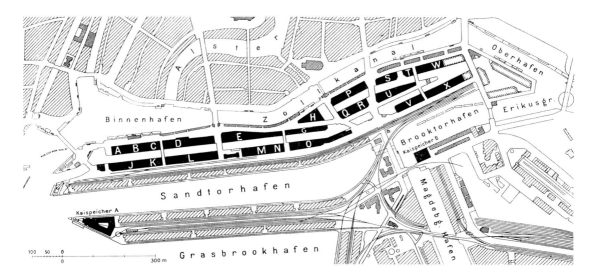

untergebracht. Zudem boten die Speicher Platz für Handelskontore. Pächter der Lagerhäuser war die HFLG (seit 1939 Hamburger Hafen- und Lagerhaus-Aktiengesellschaft – HHLA): Die Stadt hatte dieses Unternehmen 1885 gegründet, um den Bau der Speicherstadt privat finanzieren zu können. Die HFLG vermietete den größten Teil der Flächen an Quartiersleute, welche die Importgüter auf fremde Rechnung lagerten, ihre Qualität prüften, sie bemusterten und auch veredelten. Es gab außerdem zwei von der Stadt am Kehrwieder und am Sandtorkai betriebene Staatsspeicher sowie drei kleine Privatspeicher (Teile der Blöcke B und R).

1888 wurde der erste Bauabschnitt der Speicherstadt mit etwa 200.000 Quadratmetern Lagerfläche eingeweiht; gleichzeitig fand der Zollanschluss statt. Der Abschnitt umfasste die Blöcke A bis O mit jeweils zwei bis acht Speichern. Es folgte der bis 1898 errichtete zweite Abschnitt mit den Blöcken P, Q und R und bis 1913 im Osten der dritte Teil mit den Blöcken S bis X (erst 2002 vollendet). Bis 1927 wurde die östliche Hälfte von Block W realisiert, doch für die geplanten Blöcke Y und Z auf der Ericusspitze gab es keinen Bedarf mehr. Damit bot die Speicherstadt 22 Blöcke mit etwa 330.000 Quadratmetern Lagerfläche.

↖ *Fünf Jahrzehnte blickte man vom Meßberghof nach Süden auf die Große Wandrahmsbrücke mit dem Zollkanal und die Speicherstadt. Die 1909 erbaute Brücke wurde 1961/62 durch eine Fußgängerbrücke ersetzt. (um 1960)*
↑ *Die Speicherstadt liegt zwischen der Altstadt (im Norden) und den modernen Hafenanlagen mit dem Sandtor- und dem Grasbrookhafen. Sie wuchs von West nach Ost in drei Bauabschnitten: Zum ersten Teil gehören die Blöcke A bis O, zum zweiten Teil die Blöcke P, Q und R, die Blöcke S bis X machen den dritten Teil aus. Die Kaispeicher A (links) und B (rechts) waren schon vorher errichtet worden. Über den Hannoverschen Bahnhof (ganz rechts) war die Speicherstadt an die Eisenbahn angeschlossen. Binnenhafen, Zollkanal und Oberhafen markierten die nasse Grenze zur Altstadt. (Planstand 1913)*

Heute sind es 18 Blöcke. Denn im Zweiten Weltkrieg wurde die Speicherstadt zu mehr als der Hälfte zerstört. Die Blöcke A, B, C, J, K, M und T waren Totalverluste. Zum Teil wurde die Speicherstadt nach dem Konzept des freiberuflichen Architekten Werner Kallmorgen wieder aufgebaut. Die Blöcke D, E, L und P sowie M wurden ganz oder teilweise rekonstruiert. Neu gebaut wurden das Freihafenamt (Bei St. Annen 1, 1952/53 errichtet) und die Bürohäuser in Block G (1954/55) und Block T (1967) mit Rasterfassaden aus Ziegeln sowie Block O (1955/56) mit seinem auch außen gezeigten Stahlbetonskelett. Die Speicher im westlichen Teil von Block O wurden 2005 durch ein Parkhaus ersetzt.

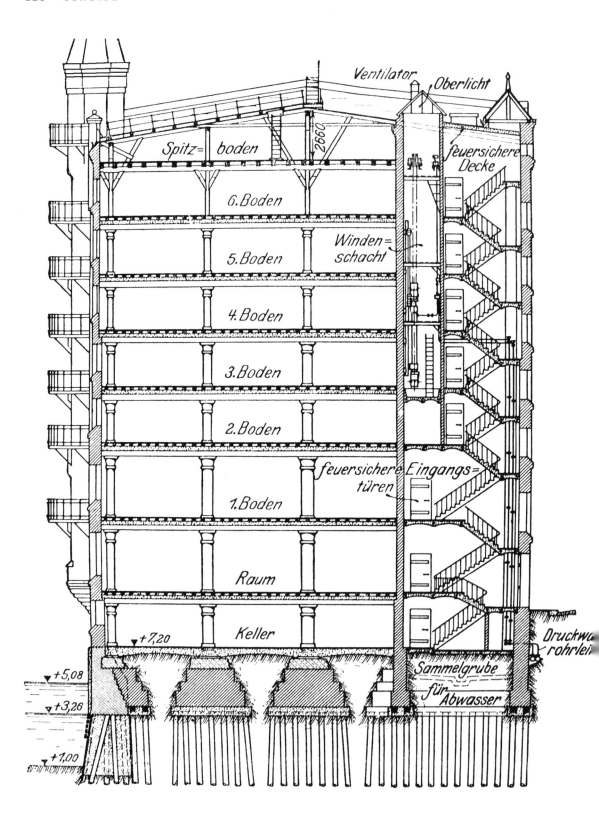

Die Speicher sind im Regelfall 28 Meter tief (24 Meter bei den Blöcken V, W und X), haben Keller, Erdgeschoss sowie vier oder fünf Böden. Die zulässige Belastung beträgt im Erdgeschoss 1,8 Tonnen je Quadratmeter und verringert sich in den Obergeschossen schrittweise auf 0,5 Tonnen je Quadratmeter. Die Treppenhäuser sind mit Brandmauern umschlossen und haben steinerne (mit Holz belegte) Stufen. Alle Speicher haben eine Pfahlrostgründung mit etwa zwölf Meter langen Kiefernholzstämmen. Auf einer Pfahlkopfplatte aus Beton wurden jeweils Klinkerpfeiler bis an die Kellersohle gemauert und mit einer Granitplatte abgedeckt. Auf dieser liegt eine schmiedeeiserne Unterlegplatte zur Aufnahme der Stützen.

Stützen, die zum Teil gelenkigen Unterzüge und Querträger bestehen im ersten Bauabschnitt der Speicherstadt aus vernieteten Schmiedeeisen-Profilen. Verwendet wurde dafür das bewährte Schweißeisen, weil Erfahrungen mit Flusseisen noch fehlten, wie Franz Andreas Meyer 1888 bedauerte. Allerdings wurden beim 1887/88 errichteten Block H, der wegen seiner vielen Kontore auffällt, für die Decken Flusseisenträger statt Holzbalken verwendet. In einem Speicher wurden sogar Decken des Systems Monier, also aus Eisenbeton, eingebaut. Üblich aber waren Balken oder Holzroste mit Holzböden. Die Kellerräume besitzen Gewölbe aus Backstein, die Kontore haben Rabitz- oder Putzdecken, manchmal sind sie auch gewölbt. Für die nutzbar ausgebauten Dachböden wurden Tragwerke aus Holz oder Schmiedeeisen verwendet, die Dächer einst mit Ziegeln oder Schiefer gedeckt.

Die Pfeiler unter den Kellern und die Speichermauern nehmen die Last der Eisenskelette auf. Erst später erbaute Speicher bekamen dafür Säulen vor die Wände gestellt. Nun konnten »bei einem Feuer die zusammenstürzenden Eisenträger nicht die Mauern umreißen«, wie 1914 argumentiert wurde. Zuvor hatten nämlich drei Speicherbrände in Hamburg die Fachwelt aufgeschreckt. Am 20. April 1891 brannte der Staatsspeicher am Sandtorkai (mit Maschinenhaus, heute Teil von Block M), am 2. April 1892 der mit Gusseisensäulen ausgestattete Kaispeicher A am Sandtorhafen und am 11. Juli 1894 Teile des Blocks D am Kehrwieder. Die erheblichen Schäden lösten eine rege Diskussion zum Brandschutz aus. In Versuchsreihen mit verschiedenen Materialkombinationen wurde die Feuerfestigkeit der Tragwerke untersucht, auch andere Großbrände wurden genauer betrachtet.

Denn die Nichtbrennbarkeit des Eisens hatte zu dem Trugschluss geführt, das Material sei feuersicher. Dabei büßt es in der Hitze schnell seine Tragfähigkeit ein. Außerdem führten die recht großen Speicherräume zu hohen Schäden. Die Versicherungen forderten deshalb die Begrenzung auf bis zu 400 Quadratmeter große Räume. Und die Ingenieure verwendeten alternative Materialien, zunächst das lange bewährte Holz. So wurde der Kaffeespeicher der Firma Hanssen & Studt (heute Teil von Block R) 1891/92 mit Stützen und Kopfbändern aus gehobeltem Eichenholz errichtet. Balken und Belag sind hier

← Im dritten Bauabschnitt wurden die Speicher mit nach oben kleiner werdenden, ummantelten Gusseisensäulen errichtet; für den 6. Boden und den Spitzboden wurde Holz verwendet. Charakteristisch sind zudem die Westphalentürme an der Kanalseite.
↑ Ein Skelett aus Schmiedeeisen und gewölbten Decken bestimmen auch den Charakter in der Maschinenhalle der 1888 eingeweihten Zentralstation, hier der Hallenteil für die Stromerzeugung mit den Maschinenfundamenten. (2021)

aus Kiefernholz (in Pitchpine-Qualität). Brennendes Holz verliert nur langsam seine Tragfähigkeit. Zusätzlich führte man hier die Giebelmauern 1,50 Meter über das Dach hinaus.

Schließlich brachte man im zweiten Bauabschnitt der Speicherstadt ab 1894 auf den Rückseiten eiserne Treppen an, um einen zweiten Fluchtweg zu haben. Die Treppenhäuser auf der Landseite mit ihren Aufzügen, Versorgungsleitungen und Toiletten waren ohnehin feuersicher gestaltet. Im dritten Bauabschnitt wurden die Feuertreppen perfektioniert: Auf der Wasserseite gibt es vor den Brandmauern Treppentürme aus Mauerwerk mit eisernen Balkonen vor den Geschossen. Nach dem Leiter der städtischen Feuerwehr werden sie Westphalentürme genannt. Flüchtende gelangen so aus den Böden über die Balkone und Nottreppenhäuser in den Keller und durch einen Gang zur Straße nach draußen.

Die Speicherstadt war eben auch technisches Laboratorium. Die Größe ihres Technischen Büros begründete die HFLG nicht nur mit dem erheblichen Zeitdruck beim Bau, sondern auch mit den in vielen Details vom Üblichen abweichenden Ausführungen, um neueste Errungenschaften einzusetzen. So gab es im Hinblick auf den Brandschutz sogar Wände mit innerer Berieselung, für die Gründung wurden Pressversuche mit Langhölzern unternommen.

Eichenholz für die Tragwerke aber war knapp, und Holzkonstruktionen nahmen auf den Böden mehr Platz weg. Deshalb bekamen der erste Teil von Block W und der Block V, seit 1903 errichtet, ein Tragwerk aus gusseisernen Säulen mit schmiedeeisernen Unterzügen (im 6. Stockwerk und im Spitzboden wurde weiter Holz verwendet). Für den Brandschutz spannte man dazwischen Koenen'sche Voutendecken (aus Eisenbeton) ein, welche die Unterzüge umhüllen. Und die Säulen wurden mit Korksteinplatten (Gemisch aus Korkschrot, Ton und Bindemittel) verblendet, die Zwischenräume mit Zementmörtel ausgegossen. Außen wurde der Korkstein mit Zementputz und einem Blechmantel (gegen mechanische Beschädigungen) umhüllt.

Doch mit dem Gusseisen gab es Qualitätsprobleme: Die gleichmäßige Wandstärke jeder Stütze musste geprüft werden. Für den 1908/09 errichteten ersten Teil des Blockes X wurde deshalb wieder ein schmiedeeisernes Skelett verwendet – nun aber einbetoniert, mit einem Putz aus Zementmörtel und Drahteinlage umgeben und dann mit Blech verkleidet. Schließlich bekam der 1927 vollendete Abschnitt von Block W ein Stahlbetonskelett.

Dabei waren die Eisenskelette des ersten Bauabschnitts durchaus innovativ gewesen, auch wenn hier die Umfassungsmauern noch Teil des Haupttragwerkes waren. Vorher gab es in hiesigen Speichern nur gusseiserne Säulen. Als erster echter Stahlskelettbau in Deutschland gilt das 1890/91 von der Aktiengesellschaft für Eisenindustrie und Brückenbau in Duisburg (vormals Johann Caspar Harkort) erbaute Elblagerhaus in Magdeburg. Dieser Entwurf geht auf Erfahrungen zurück, die Harkort in Hamburg beim Speicherbau gesammelt hatte. Doch international war man zum Teil schon weiter, vor allem mit Mischbauweisen: (Guss-)Eiserne Stützen und Balken sowie gemauerte Außenwände beherrschten bereits den Industriebau. Etwa 1865 zogen sie, vor allem in London und Paris, auch in den übrigen Hochbau ein.

Bei einem viergeschossigen Bootshaus im südenglischen Sheerness setzte man schon 1860 schmiedeeiserne Träger auf Gusseisensäulen und verkleidete dieses Skelett nur mit Glas und Wellblech. Als Inkunabeln des Stahlskelettbaus, wie die schmiedeeisernen Tragwerke später genannt wurden, aber gelten die Wolkenkratzer. Mit einer Höhe von 40 Metern wird das 1870 in New York errichtete Equitable Building als erster Wolkenkratzer der Welt angesehen. Chicago verstärkte den Trend, weil der Stadtbrand 1871 hier einen Bauboom auslöste. Als erstes Bürohaus mit einem Skelett aus Schmiedeeisen gilt das 1885 hier eingeweihte Home Insurance Building.

Nur noch Reste gibt es von der sehr fortschrittlichen Energieversorgung in der Speicherstadt. Mit dem Kesselhaus und der Maschinenhalle (im benachbarten Staatsspeicher, heute Teil von Block M) hatte die HFLG am 3. März 1888 das erste Dampf-

↗ *Der erste Bauabschnitt der Speicherstadt hat schmiedeeiserne Stützen.*
↗↗ *Seit 1891 verwendete man Tragwerke aus Holz.*
→ *Seit 1903 wurden gusseiserne Säulen mit schmiedeeisernen Unterzügen eingebaut.*
→→ *Seit 1908 war Schmiedeeisen wieder aktuell – dieses Mal aber unter anderem mit Beton ummantelt.*

LAGER

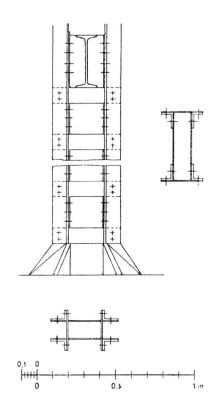
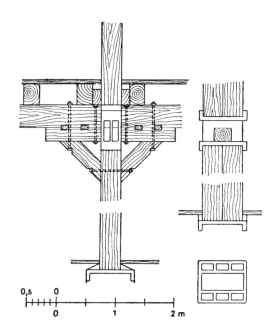
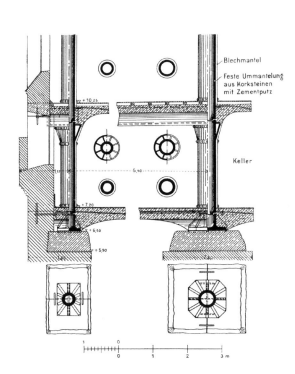

Blechmantel
Feste Ummantelung aus Korksteinen mit Zementputz
Keller

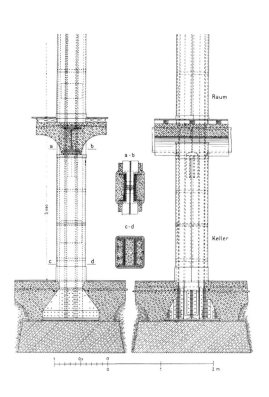

Raum
Keller

kraftwerk Hamburgs in Betrieb genommen – ein Dreivierteljahr bevor das städtische Kraftwerk Poststraße am 18. Dezember 1888 eingeweiht wurde (später HEW). Die Zentralstation erzeugte Strom und Druckwasser für die Hebezeuge der Speicherstadt sowie die Kaispeicher A und B, wurde mehrfach modernisiert und war bis 1937 in Betrieb. 1921 war die Speicherstadt auch an das öffentliche Stromnetz angeschlossen worden. Das auffallend niedrige Kesselhaus wurde im Jahr 2000 restauriert und umgebaut, die beiden schon lange verlorenen Schornsteine durch Gitterröhren aus Stahl ersetzt. Das im Krieg zur Hälfte zerstörte Maschinenhaus daneben, der untere Teil des Speicherblocks M, wird seit 2021 saniert und umgebaut.

Bei der frühen Einführung der Elektrizität in der Speicherstadt ging es sowohl um eine fortschrittliche Kraftübertragung wie auch um den Brandschutz. Denn vorher war Gaslicht üblich gewesen. Auch die Kontore, große Teile der Außenflächen, die Zollgrenze und sogar die Fleete wurden elektrisch beleuchtet. Mit zentral erzeugtem und in Zwischenstationen gespeichertem Druckwasser wurden vor allem Hunderte von Winden vor den Lukenreihen betrieben, aber auch Kaikrane, Hebebühnen und Aufzüge. Einige Aufzüge wurden von Beginn an elektrisch bewegt. Schon seit 1895 wurden die hydraulischen Anlagen auf Elektroantrieb umgerüstet. Bis 1953 schaffte man die Druckwasserantriebe endgültig ab.

Zur Speicherstadt gehören noch weitere Sonderbauten. So steht östlich des Blocks U eine 1901 in Betrieb genommene Unterstation, in der zusätzlicher Strom von einem Gasmotor erzeugt und in Akkumulatoren gespeichert wurde. Auf einer Landspitze an der Dienerreihe 4 befindet sich das 1908 mit Werkstatt, Sozialräumen, Wohnung und Büros erbaute Gebäude für den Kranwärter und seine Mitarbeiter. Das Häuschen am Brooktorkai 17 unmittelbar am Wasser war eine Zollkontrollstelle, nahm später im Keller Toiletten und oben eine Feuermeldestation auf, ehe es für die Gastronomie umgenutzt wurde. Auch Zollämter gehörten dazu. Das Hauptzollamt St. Annen musste dem 1902 bis 1904 errichteten Verwaltungsgebäude der HFLG weichen (Bei St. Annen 2). Vorher saß die HFLG-Verwaltung schräg gegenüber im Kopfbau von Block O (Am Sandtorkai 1).

Bis Mitte der 1990er Jahre wanderten fast alle Lagerfirmen aus der Speicherstadt ab. Seitdem repräsentieren nur noch Teppichhändler die traditionelle Nutzung. Um das Jahr 2000 begann die Umwandlung der Blöcke zu Büroflächen, durchmischt mit Gastronomie, Einzelhandel und kulturtouristischem Gewerbe. 2003 fiel die Zollgrenze. Heute gibt es hier sogar Wohnungen, ein Parkhaus und seit 2014 auch ein Hotel.

Quellen: db (1884, S. 97 ff.), db (1887, S. 489 f., 501 f. und 583), db (1888, S. 129 f., S. 160 und S. 535 f.), Stahleisen (1888, S. 650 ff.), VDI-Z (1890, S. 869 ff.), db (1891, S. 313 f.), VDI-Z (1910, S. 2081 ff.), AIV (1914), Stahlbau (1931, S. 186 ff.), Hart (1982), Maak (1985), Larson (1987), Architektur HH (1989, S. 110 ff.), Dicleli (2002), Lawrenz (2008), Lange (2010), Hesse (2012), Lange (2019)

← Das Kranwärterhaus (Mitte), die Blöcke V und X (links) sowie die Blöcke S, T und W ebenfalls mit Westphalentürmen bestimmen das Bild in der östlichen Speicherstadt. (2016)
→ Von der Sandbrücke aus blickt man nach Osten auf das Kehrwiederfleet mit Block E (links) und das am 3. März 1888 in Betrieb genommene Kraftwerk der Speicherstadt. Hinter dem niedrigen Kesselhaus (rechts) erhebt sich der Staatsspeicher mit der darin integrierten Maschinenhalle. Seine Obergeschosse wurden 1891 bei einem Großbrand zerstört; erhalten blieb nur die Maschinenhalle – heute Teil von Block M. (1888)

Vergleichsbeispiele
Lagerhäuser D/E, H, F und G, Kleiner Grasbrook, Melniker Ufer / Dessauer Ufer; Bj. 1958 (Lagerhäuser D/E) / um 1960 und 2008 (H) / 1958 und 1961 (F) / 1903 und 1907 (G); Rest eines mit der Speicherstadt angelegten, zum Teil zerstörten und modernisierten Ensembles mit fünf ein- und drei dreigeschossigen Lagerhäusern für die Langfristlagerung an den Binnenschiffshafenbecken des südlichen Norderelbufers, Tragwerke aus Holz und Stahlbeton; Architekt: HFLG (Lagerhaus G), HFLG / Hans-Georg Münchau (Lagerhaus F); Lagerhaus H zum Parkhaus umgebaut

Kaispeicher D (früher Schuppen F), Altona-Altstadt, Große Elbstraße 277-279; Bj. 1923/24, Hafenlagerhaus der Altonaer Quai- und Lagerhaus-Gesellschaft, Eisenbetonskelett mit drei Speicherböden, mangels Platz eine Mischform von Speicher und Kaischuppen, seit 1985 Büronutzung; Quelle: Deutsches Nationalkomitee (1990)

GEWERBE

Leichte Dächer über Sortiertischen
Kaischuppen – Lagerhallen
→ 22

Lagerhallen und Kaischuppen für den schnellen Umschlag sind eine Spezialität des Hamburger Hafens. Bemerkenswert ist die Vielfalt der zweckgebundenen Konstruktionen.

Schuppen 50 bis 52
Ort: Kleiner Grasbrook, Australiastraße/ Hansa- und Indiahafen
Bauherr und Ingenieur: Stadt Hamburg, Amt für Strom- und Hafenbau
Bauzeit: 1910–1912

Schuppen 59
Ort: Kleiner Grasbrook, Veddeler Damm / Südwesthafen
Bauherr: Stadt Hamburg, Amt für Strom- und Hafenbau
Ingenieur: Dyckerhoff & Widmann AG (Franz Dischinger, Ulrich Finsterwalder)
Bauzeit: 1930/31

Schuppen 29
Ort: Hafencity, Baakenhöft (Afrikaterminal)
Bauherr: Stadt Hamburg, Amt für Strom- und Hafenbau
Bauzeit: 1969–1971

Reisschuppen
Ort: Veddel, Oberwerder Damm/Peutestraße
Bauherr: Reismühle A. Lüthke & Co. (heute Euryza)
Ingenieur: Kurt Schmelter und H. C. E. Eggers & Co.
Baufirma: H. C. E. Eggers & Co. (Stahlbau), Neugebauer & Schybilski (Beton- und Maurerarbeiten)
Bauzeit: 1925

Umschlaganlage und Lager Kalikai
Ort: Wilhelmsburg (Hohe Schaar), Blumensand 23–27
Bauherr: Kali-Transport Gesellschaft mbH (heute K+S Transport GmbH)
Ingenieur: Wasserbauamt Harburg-Wilhelmsburg
Architekt: Hermann Muthesius
Baufirma: Philipp Holzmann AG
Bauzeit: 1926–1928, 1953/54 (Wiederaufbau Schuppen E/F), 1971/72 (neue Salzlagerhalle), 1981 (Silo)

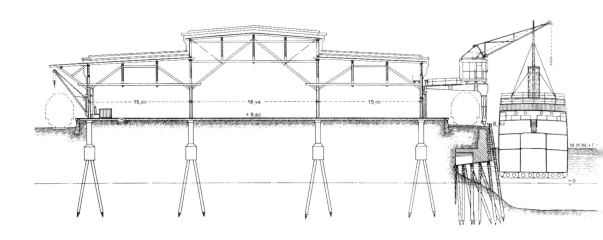

Die Urahnen moderner Logistikhallen finden sich vor allem in Seehäfen: Denn Schiffe transportieren große Frachtmengen, entsprechend rationell ist bei ihnen der Umschlag ausgerichtet. In Hamburg ging 1866 mit dem Sandtorhafen die erste modern gestaltete, von Johann Christian Nehls und Max Jürgen Buchheister entworfene Hafenanlage in Betrieb. Fortan säumten Straßen und Eisenbahngleise, Krane und Güterschuppen die kilometerlangen Kais der Stadt für einen schnellen Umschlag zwischen Schiff, Eisenbahn und Fuhrwerk.

In den Kaischuppen wurde Stückgut kurzfristig zwischengelagert, bevor andere Verkehrsmittel es zu den Empfängern brachten. Oder das Ganze geschah in umgekehrter Richtung. Der Schuppen musste also so groß sein, dass eine volle Schiffsladung Platz hatte. Und er sollte vor dem Wetter und unberechtigtem Zutritt schützen. Auf diesem überdachten Sortiertisch wurden die Kolli (Frachtstücke / Units) übersichtlich ausgebreitet, um die Ware besichtigen und für den Weitertransport disponieren zu können. Die Schuppen dienten damit auch als Puffer zwischen den großen Schiffen und den Landtransportmitteln. In der Speicherstadt und anderen Lagerhäusern wurde die Fracht für längere Zeit aufbewahrt. So konnte der teure Seeschiffskai intensiver genutzt werden.

Den Maßstab für die Schuppen gaben das Schiff, der Mensch und die Sackkarre vor. Somit hatten alle Hamburger Kaischuppen bis nach dem Zweiten Weltkrieg einen 1,10 Meter über dem Gelände liegenden Fußboden mit Rampe. So ließ sich die Fracht bequem in Waggons oder auf Fuhrwerke verladen. Auskragende Vordächer schützten vor dem Wetter, waren aber später den größeren Kranen im Weg. Fensterreihen über den Toren und Fensterbänder in den Obergaden des erhöhten Mittelschiffs ließen Tageslicht hinein. Die Wände bestanden aus Mauer- oder Fachwerk, zum Teil verbrettert. Einige waren zum Wasser hin sogar offen.

Wenige Schuppen hatten auch eiserne Konstruktionen, ehe sich hier für lange Zeit Holz durchsetzte. Die Schuppen 50 bis 52 haben den Querschnitt einer Basilika (erhöhtes Mittelschiff); ihre vier Stützenreihen tragen das Dach mit einer Kombination von Hänge- und Sprengwerken. Bis zur regelmäßigen Verwendung von eisernen Dachträgern um 1880 war das Hängewerk aus Holz die bevorzugte Konstruktion für Spannweiten bis etwa 20 Meter. Bis in

↖ *Ein Holztragwerk, viele Schiebetore mit Fenstern darüber sowie Fensterbänder in den Obergaden des Mittelschiffs prägen das Innere der alten Hafenschuppen, hier bei Bauarbeiten. (um 1955)*
← *Der klassische Hamburger Hafenschuppen (hier der Schuppen 53) hat den Querschnitt einer Basilika und wird von einer Kombination von Hänge- und Sprengwerken getragen.*
→ *Die im Grundriss fingerförmigen Kaianlagen, jeweils etwa vier Schuppen, waren typisch für den Hamburger Hafen. Längst wurde der Indiahafen (links) zugeschüttet; die Schuppen 50 bis 52 blieben aber erhalten. (2018)*

das 20. Jahrhundert hinein wurde es wegen seiner Robustheit noch häufig gebaut. Sein Nachteil war der Bedarf an geraden, langen und dicken Balken. Hängewerke aus Holz sind in Hamburg außerdem in den Turnhallen der Schulen Karl-Theodor-Straße (Ottensen, Bj. um 1888) und Altonaer Straße (Sternschanze, Bj. 1884) zu sehen.

Die Fachwerkbinder und damit das Schuppendach wurden bei den Schuppen 50 bis 52 schon von Walzeisenstützen getragen. Sie stecken in Betonklötzen (Pfahlkopfplatten), die auf Pfählen gegründet sind. Der Fußboden selbst aber ruht unmittelbar auf dem Erdboden. Damit ließ sich hier eine Gründung einsparen. Denn er musste ein Gewicht von bis zu zehn Tonnen je Quadratmeter aushalten. Entstehende Bodensenkungen von bis zu 0,20 Meter kalkulierten die Baumeister ein: Die mit Wellblech beplankten und an Torträgern aufgehängten Schiebetore erhielten als unteren Abschluss ein verstellbares Blech. Dank dieser Bauweise ließ sich der Aufwand für das Fundament klein halten. Wegen des geringen Gewichts der Konstruktionen hielt Hamburg, im Gegensatz zu anderen Städten, auch an eingeschossigen Kaischuppen fest.

Mit den Schiffen wuchs im Laufe der Jahrzehnte die Grundfläche. Die Schuppen von 1866 waren nur 14,80 Meter breit, zehn Jahre später waren es bereits 26 Meter. Die 1912 an der Australiastraße eingeweihten Schuppen 50 bis 52 sind sogar 48,45 Meter breit und 271 Meter lang – und waren damit für je zwei Seeschiffe konzipiert (der Indiahafen vor dem Schuppen 52 wurde bis 1997 zugeschüttet). Zu allen Schuppen gehörten repräsentativ gestaltete Kopfbauten für Kontore, Sozialräume und Dienstwohnungen. Die in den 1920er Jahren errichteten Schuppen hatten Tragwerke aus Stahlfachwerk, jedoch eine ähnliche Struktur.

Etwas ganz Neues war der 1930/31 erbaute Schuppen 59 am (heute zugeschütteten) Südwesthafen. Die von der Dyckerhoff & Widmann AG (Dywidag) als Sondervorschlag angebotene Konstruktion mit Stahlbetonschalen des Systems Zeiss-Dywidag war günstiger als das billigste Angebot mit Holz. Dank der relativ leichten Schalen hat der 48,75 Meter breite und 331,30 Meter lange Schuppen mit einer lichten Höhe von 7 Metern nur eine Stützenreihe in der Mitte, was »betriebliche Vorteile« brachte. Dabei war sogar die klassische Einteilung des Schuppens in jeweils 9,16 Meter breite Abschnitte beibehalten worden. Allerdings musste das Bauwerk auf mehr als 400, bis zu 15 Meter langen Pfählen tiefgegründet werden.

Das Betontragwerk galt als pflegeleicht und feuersicher, auch wenn die Holzbauart eine bedeutend schnellere Wiederherstellung nach einem Feuer gestattete, wie es damals hieß. Eisenkonstruktionen waren aus Brandschutzgründen ohnehin nicht zugelassen. Der Schuppen 59 war zudem der erste mit Oberlichtern (beim Wiederaufbau nach dem Krieg durch Lichtbänder über den Schuppentoren ersetzt). Außerdem befindet sich das Betriebsgebäude in der Mitte, weil die Wege zu den Kopfbauten in diesem Schuppen zu weit geworden wären.

Die von Walther Bauersfeld (Carl Zeiss AG) und Franz Dischinger (Dywidag) 1926 öffentlich vorgestellten, dann mit Hilfe von Ulrich Finsterwalder zur Marktreife gebrachten tonnenförmigen Zeiss-Dywidag-Schalen sind beim Schuppen 59 nur 5,5 Zentimeter dick, lediglich an den Randgliedern 8 Zentimeter. An den Enden nehmen aufgelöste Binderscheiben mit Zugband den Bogenschub auf. Die Schalen haben einen Stich von 1,62 Meter, drei Bewehrungslagen aus Stahl der Qualität St 48. Sie folgen dem Konzept der 1930 vollendeten (kleineren) Großmarkthalle in Budapest. Im Vergleich zur Frankfurter Großmarkthalle hat sie flachere Schalen. Dank der zigfachen Wiederholung ließ sich der Bauvorgang beim Schuppen 59 mechanisieren. Die Gerüste und Schalungen für die 36 Schalen wurde sechsmal wiederverwendet: Nach dem Aushärten des Betons ließen sich Schaltung und Rüstung der ersten Schale bei der siebten wiederverwenden. Eingesetzt wurden Krane ebenso wie eine verfahrbare Betonierungsanlage.

Nach dem Zweiten Weltkrieg waren 90 Prozent der Hamburger Kaischuppen zerstört. Als erster wurde der Schuppen 75 am Kaiser-Wilhelm-Hafen von 1946 bis 1948 wiederaufgebaut (Architekt: Werner Kallmorgen): ebenfalls mit tonnenförmigen Schalen der Dywidag. Denn Holz und Stahl waren damals knapp. Später wurden beim Wiederaufbau auch Stahl- und Holzkonstruktionen verwendet.

Immer stärker folgten die Pläne nun modernen Gesichtspunkten. Denn Gabelstapler und leistungsfähige Lkw wurden selbstverständlich. Außer Paletten setzten sich auch andere genormte Units durch. Ältere Schuppen wurden in den 1960er Jahren

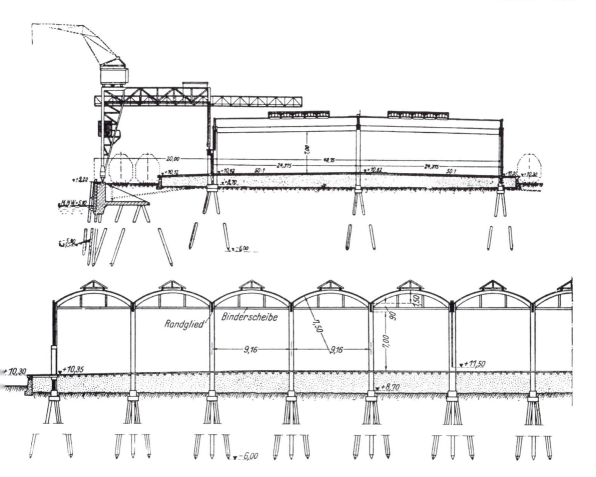

↑ Dünne, seriell hergestellte Betonschalen mit einer Spannweite von 9,16 Meter, einem Stich von 1,62 Meter und einer Länge von 24,375 Meter prägen den Schuppen 59.
→ Die Kontore und Sozialräume des Schuppens 59 liegen in der Mitte; für Kopfbauten wären die Wege in dem 331,30 Meter langen Schuppen zu weit gewesen. (2015)

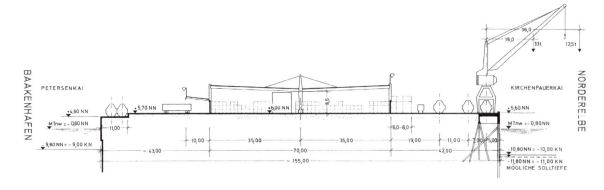

sukzessive umgebaut. So wurden die Schuppenrampen abgebrochen, die Tore vergrößert, die Kaiflächen klar für den Straßen- und Schienenverkehr getrennt, die Schienen in die Kais eingelassen und die Halbportalkrane durch Vollportalkrane ersetzt. Doch der Strukturwandel vom Stückgut- zum Containerverkehr machte die Schuppen seit den 1970er Jahren ohnehin überflüssig.

Unterdessen weihte die städtische Hamburger Hafen- und Lagerhaus-AG (HHLA) 1967 auf dem Kleinen Grasbrook am Prager Ufer das Überseezentrum ein. Im Herbst 2021 abgerissen (siehe S. 38), diente es für den gesamten Hafen als Verteilschuppen zwischen Lkw, Bahn und den zu den Seeschiffen eingesetzten Schuten. Einen kleineren derartigen Schuppen hatte es seit 1930 am Holthusenkai gegeben. Mit 110.000 Quadratmetern überdachter Fläche und seinem über 25,90 Meter weit auskragenden Vordach war das Überseezentrum gewaltig: Die Fachwerkbinder aus Stahlrohren überspannten bis zu 37 Meter. Ein Novum waren die aus drei Ebenen kommenden, an einem Punkt ohne Knotenbleche miteinander verschweißten Rohre.

Der Trend zu größeren Schiffen und größeren Units – Schwergut, Trailer und Container – verlangte größere, stufenlose und belastbare Hallen- und Freiflächen. Vor diesem Hintergrund nahm die Deutsche Afrika-Linien GmbH & Co. KG (DAL) als Pächterin 1971 am Baakenhöft ein Terminal mit dem »Großraum«-Hafenschuppen 29 als »Mehrzweckanlage« in Betrieb. Der Bau zwischen Baakenhafen und Norderelbe fällt mit einer Breite von 70 Metern auf. Trotzdem hat er nur eine Stützenreihe mit Pylonen, an denen das aus Leichtmetall bestehende Dachtragwerk mit Schrägbändern hängt.

Die 18.000 Quadratmeter große, heute verkürzte Halle hat eine lichte Höhe von 8,50 Meter. Die Wände bestehen aus fünf Meter hohen Stahlbeton-Fertigteilen und Kunststoff-Lichtplatten darüber, das Tragwerk dahinter ist aus Stahl. Wenige große Tore und ein 14 Meter weit auskragendes Vordach am Baakenhafen sowie eine Vorkaibreite von 43 Metern waren weitere Merkmale. Die großen Freiflächen waren mit Stahlbeton-Fertigplatten ausgelegt, die Halle mit einem durchgehenden Betonfußboden. Ähnliche Anlagen entstanden mit den Schuppen 80/81 und 91 noch bis 1972/73 – dann veränderte der Container den Hafen radikal. 1968 hatte in Hamburg das erste Vollcontainerschiff festgemacht.

Zu den speziellen Lagerhallen zählt der für die Reismühle A. Lüthke & Co. (heute Euryza GmbH) 1925 am Peutekanal errichtete Reisschuppen. Bei einer Stapelhöhe von elf Meter lassen sich hier 20.000 Tonnen Reis in Säcken lagern. Die gesamte Konstruktion ist für eine Bodenlast von acht Tonnen je Quadratmeter ausgelegt. Damit wurden bei dem schlecht tragfähigen Baugrund trotz einer Tiefgründung auf elf Meter langen Betonpfählen Verschiebungen erwartet. So gab der Boden zwischen den Gängen bei der ersten Stapelung um bis zu 0,40 Meter nach. Ein starres Hallentragwerk wäre daran zerbrochen. Deshalb entschieden sich die Planer nach einem Vorschlag des Berliner Bauingenieurs Kurt Schmelter für eine Stahlfachwerkkonstruktion, welche Setzungen mitmacht und relativ leicht ist.

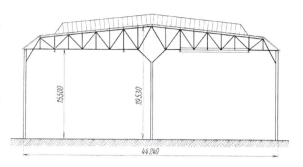

↖ Nur eine Stützenreihe mit Pylonen und Schrägbändern trägt das Dach vom Schuppen 29.
← Der 70 Meter breite Schuppen 29 besetzt einen großen Teil der bis zu 155 Meter breiten Kaianlage zwischen Baakenhafen und Norderelbe. (2014)
↗ Dach und Förderanlagen im Inneren des Reisschuppens werden von Stahlfachwerkbindern getragen, die in der Mitte auf Pendelstützen und an den Seiten auf Wandkonsolen ruhen.
→ Für den Schiffsumschlag hat der Reislagerschuppen zum Peutekanal hin einen halboffenen Abschnitt. (2016)
↓ Am 23. November 1925 ist das Stahlgerüst des Reisschuppens fast fertig; 1914 war die Brücke über dem Peutekanal gebaut worden.

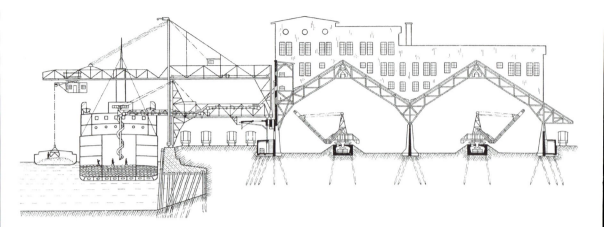

⬆ 1929 ging die Kaliumschlaganlage in Betrieb: Statt der Kranbrücken gibt es heute eine moderne Greiferanlage sowie Halbportalkrane mit rüsselförmigen Beladern, im Inneren sind statt der Kratzer heute Radlader im Einsatz.
⬅ Salz kann Holz wenig anhaben, weshalb die Dachtragwerke der Kaliumschlaganlage auf der Hohne Schaar aus dem Naturbaustoff bestehen. (2005)
⬇ Trapezbleche und über die Straße Blumensand zum Silo führende Förderbänder prägen heute die Landseite der von Hermann Muthesius entworfenen Architektur. (2015)

Die 44,24 Meter langen, durchlaufenden Fachwerkbinder ruhen mit – bedingt elastischen – Gelenkvierecken auf einer Pendelstützenreihe in der Mitte und beweglich auf Konsolen der Wände. Das bis zu etwa zwei Meter hohe Dachtragwerk der Halle nimmt Windlasten auf und gibt sie an die Wände ab. Daran aufgehängt ist zudem die Laufkatzenanlage für den Transport. Dafür dienen auch im Boden eingelassene Förderbänder. In Richtung Kanal kragt die 80,39 Meter lange Halle mit einer lichten Höhe von 15,50 Meter um 14,08 Meter aus.

An der Rethe auf der Hohen Schaar werden seit 1927 auch Schüttgüter unter Dächern gelagert: Kalisalze aus Mitteldeutschland und Steinsalz aus dem Rheinland. Die Anlage der heutigen K+S Transport GmbH (Kali + Salz AG) am 500 Meter langen Kalikai bietet in zwölf Hallen und sechs Silozellen Platz für etwa 405.000 Tonnen Salze. Zuvor war ihre Qualität bei offenem Umschlag erheblich beeinträchtigt worden: Es staubte, oder die Salze backten im feuchten Seeklima zusammen. In der vollmechanisch arbeitenden Umschlaganlage, einst ein hafentechnisches Novum, werden die Salze in nahezu geschlossenen Systemen zu Bahn, Schiff sowie Beladeanlagen für Säcke und Container transportiert.

Der älteste Anlagenteil bestand aus einem 280 Meter langen Kai sowie den Schuppen A bis F mit einer Gesamtlänge von 228 Metern für etwa 100.000 Tonnen Kalisalze. Zwischen den drei Doppelschuppen gibt es jeweils 16 Meter breite, qualitätvoll gestaltete Klinkerbauten für die zentralen Förder- und Verteilanlagen. Diese Stationen und die Schuppen werden bis zum 2. Boden von Stahlbetonkonstruktionen getragen. Darüber bestimmt Holz das Innere der Bauwerke, weil Eisen hier wegen der durch Salz verursachten Rostgefahr vermieden wird. 32 Meter weit gespannte Holzfachwerkbinder tragen die Dächer der alten Schuppen. Als Zweigelenkbögen verkraften sie durch das schwere Salz verursachte Setzungen. Auch hier wurden die Hochbauten wegen des weichen Baugrunds auf bis zu 9 Meter langen Rammpfählen tiefgegründet.

Die Anlage wurde mehrfach umgebaut und ergänzt: So wurde die gesamte Fördertechnik Anfang der 1970er Jahre erneuert. Außerdem kam 1972 östlich davon eine 23,90 Meter hohe Salzlagerhalle für 40.000 Kubikmeter mit 60 Meter weit spannenden Leimholzbindern dazu. 1981 folgte das Silo südlich davon: mit Silozellen aus Stahlbeton und einer darangesetzten halbkegelförmigen Halle.

Quellen: db (1877, S. 468 ff.), AIV (1914), Bauingenieur (1927, S. 795 ff.), Bautechnik (1928, S. 248, S. 595 ff. und S. 626 ff.), ZdBv (1928, S. 777 ff.), ZdBv (1929, S. 23 ff.), Bautechnik (1932, S. 200 ff.), Beton (1932, S. 149 ff.), Stahlbau (1934, S. 100 ff.), Bautechnik (1937, S. 253 ff.), HTG (1953, S. 65 ff.), Beton (1955, S. 227 ff.), Stahlbau (1967, S. 257 ff.), Hafenbau (1973, S. 86 ff.), Specht (1987), Hipp (1989), Lange (2008), Schilling (2013), Tasche (2016), Angaben K+S Transport GmbH (2021)

Vergleichsbeispiele:
Kohlenlager und Gasreinigung des Gaswerkes Altona in Bahrenfeld, Beim Alten Gaswerk/Gasstraße; Bj. 1892–1895, Eisenfachwerk; Architekt: Schaar; heute Gewerbehof Otto-von-Bahrenpark; Quelle: Schneider (1997)

Fasslagerhalle der Großeinkaufs-Gesellschaft Deutscher Konsumvereine mbH (GEG) in Veddel, Peutestraße 51/53; Bj. 1931, Zeiss-Dywidag-Tonnenschalen; Ingenieur: Dyckerhoff & Widmann AG (Franz Dischinger, Ulrich Finsterwalder); Quelle: Petry (1932)

Werkhalle Vereinigte Jutespinnereien und -webereien AG, Harburg, Nöldekestraße 4; Bj. 1948, 5.000 Quadratmeter großes Dach mit randträgerlosen Tonnenschalen aus Stahlbeton (System Zeiss-Dywidag); Ingenieur und Baufirma: Dyckerhoff & Widmann AG (Ulrich Finsterwalder); Architekt: H. M. Hübner; Quellen: Beton (1951, S. 1 ff.), von Klass (1955)

Werkhalle Phoenix AG, Harburg, Hannoversche Straße 100; Bj. 1955, 1957 und 1960, 5.900 Quadratmeter großes Schalen-Sheddach aus Spannbeton; Ingenieur und Baufirma: Dyckerhoff & Widmann AG (Ulrich Finsterwalder, Hubert Rüsch); Quelle: Beton (1960, S. 145 ff.)

Feine Betonzellen für gewaltige Massen
Rethespeicher
→ 23

Bei der Getreidelagerung geht es um gewaltige Massen: Etwa 250.000 Tonnen kann das Getreide-Terminal Hamburg (GTH) an Agrarprodukten einlagern. Dahinter stecken feinsinnig gestaltete Tragwerke, abgestimmt auf die Kosten für Bau und Betrieb.

Ort Wilhelmsburg (Hohe Schaar), Eversween 1-5
Bauherr C. Mackprang jr. GmbH & Co. KG, seit 1990 Getreide-Terminal Hamburg (GTH)
Bauzeit 1937–1975

Rethespeicher (heute Silo 2),
Bj. 1937/38, für 9.500 Tonnen Getreide; Ingenieur: Bernhard Siebert mit Suka-Silo-Bau; Grundbauwerk 1952 saniert
Turmspeicher (heute Silo 4),
Bj. 1937/38, für 9.500 Tonnen Getreide; Ingenieur: Bernhard Siebert mit Suka-Silo-Bau; Grundbauwerk 1952 saniert
Mittelspeicher (heute Silo 3),
Bj. 1954/55, für 25.000 Tonnen Getreide; Ingenieur: Büro für Ingenieurbau (Siebert und Peters); Baufirma: Dyckerhoff & Widmann KG
Ostspeicher (heute Silo 5),
Bj. 1956/57; Ingenieur: Büro für Ingenieurbau (Siebert und Peters); Baufirma: Dyckerhoff & Widmann KG
Silo 1 (Westspeicher), Bj. 1967/68; Ingenieur: Büro Peters Windels
Silo 6 (östlich der Altbauten),
Bj. 1978, für 27.900 Tonnen Getreide; Ingenieur: Büro Peters Windels Timm; Architekt: Schramm + Pempelfort; Baufirma: Industrie-Bau Nord KG

↓ *Aus Gründen des Luftschutzes war in den 1930er Jahren ein Mindestabstand zwischen den Silobauten vorgeschrieben, hier die vier Siloblöcke östlich der Rethehubbrücke. (um 1952)*
→ *Bei der ersten Generation der Silobauten an der Rethe befanden sich die Silozellen und das Maschinenhaus mit seinem Turmaufsatz unter einem Dach.*

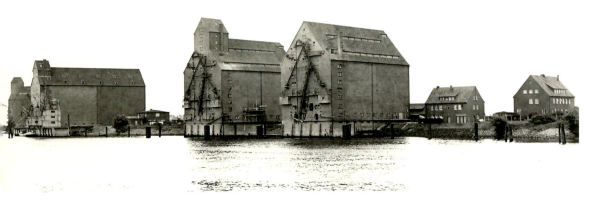

Getreide und andere Schüttgüter wurden einst in Bodenspeichern gelagert, zum Teil in Säcken, zu einem erheblichen Teil aber auch lose auf den Böden. Doch der damit zusammenhängende Umschlag war aufwendig, meistens von Handarbeit geprägt. Deshalb begann man Getreide in hölzerne Silozellen einzulagern, wie beim Kaispeicher B (siehe S. 118): Diese vertikal ausgerichteten Speicher benötigen viel weniger Raum und lassen sich mit Hilfe der Schwerkraft gut füllen und leeren. Den Durchbruch für den Silobau brachte der 1898 bei einem Speicher in Straßburg verwendete Eisenbeton. Damit ließen sich auch große Silos preiswert und weitgehend feuersicher bauen. Zudem sind sie sparsam im Betrieb.

Silos werden durch die Schüttgüter sehr unterschiedlich belastet – je nach Raumgewicht und innerer Reibung, die von der Korngröße und den Oberflächen bestimmt wird. Grobkörniges Schüttgut hat meistens eine geringe Haftfestigkeit, teilverarbeitete Produkte wie Schrote sind eher klebrig, bilden zum Beispiel Brücken in den Silozellen. Sie bringen dann konzentrierte Lasten auf die Wände und brechen mit Wucht zusammen. Auch beim Entleeren, wenn sich das gesamte Schüttgut in Bewegung setzt, verändern sich die Lastverhältnisse. Zu diesem komplizierten Spannungsfeld der Kräfte kommen die alltäglichen unregelmäßigen Belastungen, weil nur der Betrieb darüber entscheidet, ob Zellen

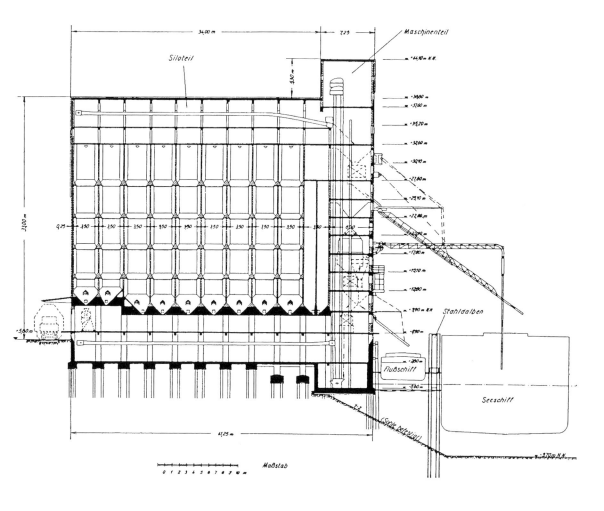

Vergleichsbeispiele
Silo in Wilhelmsburg, Blumensand 31/33;
Bj. um 1941, für 10.500 Tonnen Getreide;
Ingenieur: Wucherpfennig-Hering,
Büro für Ingenieurbau (Siebert und
Peters); nach Kriegsschäden um 1950
von der Frankipfahl Baugesellschaft
mbH aufwendig mit Pressrohrpfählen
vom Wasser aus unterfangen, Anlage in
den 1960/70er Jahren um Silos ergänzt,
heute Silo P. Kruse; Quelle: Bautechnik
(1951, S. 201 ff.)
Silo in Wilhelmsburg, Eversween 7;
Bj. um 1940 für Firma Michaelis,
später Mackprang Silo 7, heute GTH;
Ingenieur: Klotz & Co.
Silo in Wilhelmsburg, Eversween 11;
Bj. um 1940 für Hansa Lagerhaus Ströh,
für 14.000 Tonnen Getreide, heute GTH;
Ingenieur: Max Giese
Silo in Hammerbrook, Wendenstraße 147; Bj. um 1925, für 900 Tonnen
Getreide, für Großbäckerei Julius Busch
KG; Baufirma: Paul Kossel & Cie.; 1936
umgebaut, von 1954 bis etwa 1970 von
Johannes Ströh Mühlenwerke genutzt;
Quelle: Angaben Unter Hamburg e.V.
(2017)
Silo in Wilhelmsburg (Neuhof), Nippoldstraße 121; Bj. 1966/67 (1. Bauabschnitt) mit 60.000 Tonnen, später
zweimal auf insgesamt 187.000 Tonnen
erweitert, für Neuhof Hafengesellschaft
mbH (NHG); Ingenieur: Fr. Holst Hoch-
und Tiefbau; Baufirmen: Fr. Holst und
Philipp Holzmann AG (1. BA); Quellen:
AIV (1969), Hafenbau (1969, S. 98 ff.)

→ Bei den Lüftungssilos des Systems »Suka«
wurde unter den eingebauten Rippen frische Luft
in die Silozellen eingeblasen. Das Obergeschoss
eines Silobaus dient traditionell als Rohrboden,
die unteren Geschosse zum Entleeren der Zellen
und als Sacklager.
→→ Zwischen den heutigen Siloblöcken 2 (rechts)
und 4 (Mitte) entstanden bis 1957 die Siloblöcke 3
und 5. (um 1957)

leer oder gefüllt sind. Und pro Silozelle werden oft mehrere Hundert Tonnen gelagert.

Trotz der schon früh bekannten Vorteile von Eisen- beziehungsweise Stahlbeton sind Silozellen auch aus bewehrtem Ziegelmauerwerk hergestellt worden: einen halben Stein dick, mit glattem Zementputz verkleidet. Derartige »Steineisenwände« haben die beiden ersten Siloblöcke an der Rethe: von dem Hamburger Ingenieur Bernhard Siebert in Verbindung mit der Suka-Silo-Bau Heinrich Kling (München) entworfen und 1937/38 als »Rethespeicher« und als »Turmspeicher« erbaut. Ersterer dient längst als Name für die gesamte Speichergruppe des GTH entlang der seeschifftiefen Rethe und dem benachbarten Reiherstieg mitten im Hamburger Hafen. Bei gemauerten Silozellen konnte auf eine Schalung verzichtet werden, außerdem ließen sich damit gut

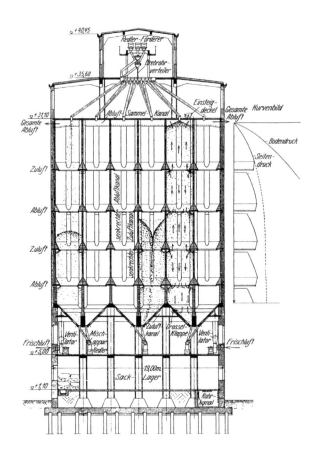

unregelmäßige Konstruktionen herstellen, wie die Getreidesilos mit Zellenlüftung des seit 1923 gebauten Systems »Suka«.

Bei diesen Lüftungssilos wurde in verschiedenen Höhen mit geringem Druck frische Luft eingeblasen. An den Einblasstellen gab es ringförmige, dachartige Rippen aus Stahlbeton in der Zelle, unter denen sich das Getreide böschte. Gleichzeitig versteiften die Rippen die Wände. Mit dieser Belüftung ließ sich das eingelagerte Getreide nachbehandeln, in dem es vor allem kühl gehalten wurde. Denn nur das Inlandsgetreide sehr trockener Jahre gilt mit einem Wassergehalt von bis zu 14 Prozent als trocken und lagerfest. Getreide normaler Ernten in Deutschland hat 16 bis 18 Prozent Wassergehalt. Doch leicht feuchtes Getreide »atmet«, wird warm und verdirbt allmählich, wenn es nicht kühl gehalten wird. Nennenswerte Veränderungen gibt es bei einer Temperatur von mehr als zehn Grad Celsius. Dank der Lüftung kann Getreide auch besser nachreifen: Denn das Getreidekorn stößt Wasser ab, das der Luftstrom entfernt. Auch der schädliche Kornkäfer reagiert empfindlich auf frische Luft. In konventionellen Siloanlagen wird das Getreide dagegen durch eine Trocknungsanlage befördert oder zum Belüften und Trocknen zwischen Silozellen umgefüllt – was in beiden Fällen mit hohem Energieaufwand verbunden ist. Auf den Bodenspeichern musste es einst umgeschaufelt werden.

Im Zuge der nationalsozialistischen Autarkiebestrebungen entstanden auf Grundlage des »Reichsspeicherprogramms« nach dem Konzept des Reichsnährstands seit 1935 in Deutschland viele von der Reichsgetreidestelle geförderte Silobauten mit

Eisenbahn- oder Wasserstraßenanschluss. Die Silozellen bestanden aus Stahl, Stahlbeton oder einer Stahlsteinkonstruktion. Sie wurden mit einer Luftschicht hinter der gemeinsamen Außenwand gegen Wärme und Frost isoliert. Dabei sollten sie mit ihrer Architektur den Landschafts- oder Stadtbildern angepasst werden; das Gesims durfte höchstens 20 Meter über dem Boden liegen. Typischerweise wurden sie in Norddeutschland mit Ziegelfassaden und hohen, pfannengedeckten Satteldächern errichtet. Dazu gehören auch die fünf zwischen 1937 und etwa 1942 an Rethe und Reiherstieg erbauten Siloblöcke.

Aus Gründen des Luftschutzes wurde ein Mindestabstand von 30 Metern zwischen den Silobauten gewahrt und die Kapazität auf 10.000 Tonnen Getreide (Angaben beziehen sich auf Schwergetreide, zum Beispiel Weizen) je Block begrenzt. Die Hamburger Freihafen-Lagerhaus-Gesellschaft setzte dagegen später ein Fassungsvermögen von 25.000 Tonnen je Block durch und plante drei Silobauten und zwei Hallen zwischen Rethehafen und Rethestieg, äußerlich von dem Architekten Konstanty Gutschow gestaltet. 1939 begann der Bau der Anlage, wurde jedoch später eingestellt. Heute befindet sich dort ein Tanklager.

Wegen ihrer Stahlbetonbauweise waren die kriegsbedingten Verluste unter den Silobauten im Vergleich zu Getreidespeichern mit Böden oder Silozellen aus Holz gering. Siloblöcke bestehen vor allem aus zusammengefassten langen Reihen von Silozellen. Einen kleinen Teil nimmt das mehr oder weniger in den Bau integrierte Maschinenhaus ein. Lange Rohre an der Maschinenhausfront dienen dem Umschlag zwischen dem Siloblock und der Eisenbahn oder dem Schiff. Traditionell wird das

Füllgut mit Becherwerken in der Vertikalen sowie mit Schnecken- oder Trogkettenförderern (Redler) in der Horizontalen bewegt. Die Becherwerke ragen zum Beispiel wegen der Umlenkstationen oft in einem Turmaufsatz über den Siloteil hinaus. Zum Ausspeichern dienen auch Schüttrohre. Seit den 1930er Jahren wird das Getreide zudem mit pneumatisch arbeitenden Förderanlagen bewegt. Im Block selbst müssen die Förderanlagen sämtliche Zellen erreichen sowie mit einer automatischen Waage und einer Getreidereinigung in Verbindung stehen. Oft gibt es noch eine Trocknungsanlage und einen gasdichten Speicherteil, um Kornkäfer zu bekämpfen.

Zu den Rethespeichern gehören auch die Hafenanlagen für Seeschiffe, Straßen- und Eisenbahnanlagen sowie Betriebsgebäude für Büros, Werkstätten und Wohnungen. Die Gründung hat einen erheblichen Einfluss auf die Kosten dieser schweren Bauten. Mit Rücksicht auf die vorhandenen Bodenverhältnisse stehen die Rethespeicher alle auf Stahlbetonpfählen. Um die zwischen kreisrunden Zellen verbleibenden Zwickel zu vermeiden, werden die Zellen mit rechteckigem Grundriss angeordnet. Es gibt aber auch polygonale oder rechteckige Zellen mit voutenförmigen Ecken: Diese Form verbessert die Steifigkeit des Baus, und Schüttgutreste setzen sich nicht so schnell fest. Wenn genug Platz da ist, sind die Zellen sogar kreisrund. Unabhängig von der Form werden Silozellen aus Stahlbeton längst in der Kletter- oder der besonders schnellen Gleitschalung hergestellt.

Nach Kriegsende entstanden in den Lücken zwischen den alten Blöcken von Hamburgs »Kornkammer« zahlreiche neue Silos. So wurden die für Mackprang gebauten Altbauten in den 1950er Jahren um den Ostspeicher und den Mittelspeicher ergänzt und zu der Rethespeicher-Gruppe zusammengefügt, ehe 1968 und um 1975 an beiden Seiten turmartige Blöcke folgten: Das Silo 1 mit seiner Maschinenhausfront am Wasser hat dahinter neun achteckige Silozellen, während das Silo 6 neun frei stehende Silozellen mit kreisförmigem Grundriss hat. Bei Letzterem hat das zwischen den Zellen am Wasser stehende Maschinenhaus eine Kanzel auf dem Dach. Sie war für eine nie in Betrieb genommene Kantine vorgesehen.

All' diese Siloblöcke sowie etliche Um- und Nebenbauten haben meistens die Ingenieure Bernhard Siebert und Karl Peters sowie ihre Büronachfolger (heute WTM Engineers GmbH) geplant. 1990 schloss sich die Firma Mackprang mit dem benachbarten Hansa Lagerhaus Ströh zum Getreide-Terminal Hamburg zusammen. Das GTH lagert in den Silos 1 bis 5 heute Rohkaffee. Denn die alten Silos gelten inzwischen für die Getreidelagerung als zu klein.

Quellen: Bauingenieur (1933, S. 382 ff.), Bauingenieur (1939, S. 133 ff.), Bautechnik (1950, S. 137 ff.), AIV (1953), Höhns (1991), Ingenieurbaukunst (2012, S. 98 ff.), Angaben GTH (2017), Angaben WTM Engineers (2017)

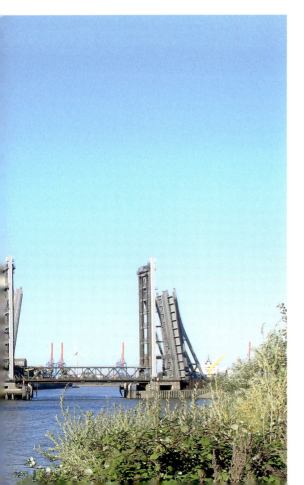

← *Die heutige Gruppe der Rethespeicher besteht aus sechs Siloblöcken: Das weiße Silo 1 in der Bildmitte ist von 1968, das Silo 6 (links) von etwa 1975. Rechs befinden sich die Rethebrücken und dahinter die Anlage von Silo P. Kruse. (2015)*

Bildung, Forschung, Kultur

24 **Botanische Staatsinstitute** 148
Ovale Schwedler-Kuppel

25 **Hauptgebäude der Universität** 150
Komplexer Betonbau aus einem Guss

26 **Universität – Auditorium Maximum** 154
Großzügig, leicht und offen

27 **Helmut-Schmidt-Universität** 157
Ambitioniertes Baukastensystem

28 **Hofdach des Museums für
Hamburgische Geschichte** 160
Luftige, leichte Gitterschale

29 **Hamburgische Schiffbau-Versuchsanstalt** 162
Praxistests in großen Wasserbecken

30 **Großforschungszentren Desy und XFEL** 165
Lange, äußerst präzise Tunnel

31 **Schilleroper** 168
Ein Zirkusbau aus Eisen

32 **Hamburgische Staatsoper** 170
Freie Sicht für alle

33 **Bieberhaus und Ohnsorg-Theater** 173
Altes Betonskelett mit neuem Theatersaal

34 **Elbphilharmonie** 175
Konzerte und Wohnen unter einem Dach

Kirchen

35 **Kirche St. Nikolai** 180
Näher bei Gott

36 **Kirche St. Petri** 184
Ein kleiner Eiffelturm

37 **Kirche St. Michaelis** 188
Unter der Fassade Eisen und Beton

38 **Kirche St. Jacobi** 192
Filigraner Dachstuhl aus Stahl

39 **Auferstehungskirche Barmbek-Nord** 196
Zwei Kuppeln aus Eisenbeton

Luftschutz

40 **Zombeck-Bunker Moorweide** 198
»Bombensicherer« Wehrturm

41 **Energiebunker Wilhelmsburg** 201
Trutzburg mit Geschützen

Märkte

42 **Fischauktionshalle Altona** 204
Preiswerte Eisenbasilika

43 **Deichtorhallen** 207
Unverhüllter Ingenieurbau

44 **Rindermarkthalle St. Pauli** 211
Für 2.500 Rinder oder 30.000 Menschen

45 **Großmarkthalle Hamburg** 214
Geschickt konzipierte Riesenwelle

Sport

46 **Haupttribüne Horner Rennbahn** 218
Frühe und elegante Betonkonstruktion

47 **Alsterschwimmhalle** 220
Schwungvolle Schale auf drei Pfeilern

48 **Dach über der Wolfgang-Meyer-Sportanlage** 223
Viel Zelt für wenig Geld

49 **Dach über der Tennisarena Rothenbaum** 225
Ein asymmetrischer Regenschirm

50 **Volksparkstadion** 227
Ein Speichenrad mit Membran als Dach

Bauten für die Öffentlichkeit

Bildung, Forschung, Kultur

Kirchen

Luftschutz

Märkte

Sport

Ovale Schwedler-Kuppel
Botanische Staatsinstitute
→ 24

Das markante Eckgebäude der Botanischen Staatsinstitute, heute Bucerius Law School, wird von einer Spielart der Schwedler-Kuppel gekrönt. Vorbild für den neobarocken Bau mit moderner Kuppelschale aus Stahl war das Bode-Museum in Berlin.

Ort St. Pauli, Jungiusstraße 6-8 / Marseiller Straße 7
Bauherr Freie und Hansestadt Hamburg, Umbau: Zeit-Stiftung Ebelin und Gerd Bucerius (Bucerius Law School)
Architekt Ernst Trog (Hochbauwesen), Umbau: MOW Olschok Westenberger & Partner
Bauzeit 1905–1907, Anbauten: 1913–1915, Umbau: 2000–2002

Die Botanischen Staatsinstitute an der Jungiusstraße bieten ein interessantes Innenleben. Das Tragwerk unter der Kuppel geht auf ein Prinzip von Johann Wilhelm Schwedler (1823–1894) zurück. Der preußische Baubeamte machte damit einen großen Schritt vom Dachbinder zum räumlich tragenden Schalentragwerk, ordnete also statisch bestimmte Fachwerkbinder rotationssymmetrisch an und schuf so den Urtyp moderner Stabschalen und Netzkuppeln. Denn zuvor ragten die tragenden Fachwerkbinder mehr oder weniger stark in den Raum hinein. Bei der Schwedler-Kuppel liegen alle Elemente in der Mantelfläche. Die Sparren sind radial gekrümmt und werden in mehreren Ebenen von horizontalen Ringen gequert: An den Knotenpunkten zwischen Sparren und Ringen ansetzende Andreaskreuze versteifen das Ganze.

Erstmals umgesetzt wurde das Prinzip 1863 bei einem Gasbehälter in Berlin. Doch die Kuppel war ihrer Zeit weit voraus. Schwedler hatte sie noch nicht räumlich berechnen können, sondern als ebenes Fachwerk mit Scheitelgelenk entwickelt. Sie ist materialsparend und damit leicht. Und sie ließ sich als selbsttragendes Bauteil am Boden montieren und als Ganzes hochheben. Damit entfielen aufwendige Gerüste. Da die Kuppel anderen Dachkonstruktionen auch wirtschaftlich überlegen war, verbreitete sie sich rasch.

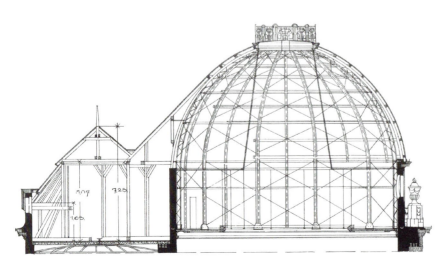

Heute sind Schwedler-Kuppeln selten. In Berlin gibt es eine im 1903/04 erbauten, vom Bauingenieur Ludwig Mann entworfenen Kaiser-Friedrich-Museum. Das heutige Bode-Museum diente vermutlich als Vorbild für die mit Eisenbetondecken errichteten Botanischen Staatsinstitute. Doch im Vergleich zu Berlin wurden die neobarocken Formen in Hamburg zurückhaltender eingesetzt und im Dekor durch den Einfluss des Jugendstils modernisiert. Lediglich der Kuppelbau an der Straßenecke ist aufwendiger als der in Berlin gestaltet und weist eine Halbsäulengliederung aus Sandstein sowie einen Tambour mit Ochsenaugen auf.

Ähnlich sind sich zudem die Kuppeltragwerke, wenn auch das an der Elbe deutlich kleiner ist. Doch sie unterscheiden sich in einem wichtigen Detail: Während die Berliner Schwedler-Kuppel einen kreisrunden Grundriss mit einem Durchmesser von 28,40 Metern aufweist, hat die etwa 11,50 Meter hohe Kuppel in Hamburg einen ovalen Grundriss mit Durchmessern zwischen etwa 14 und 16 Metern. Deshalb sind die zwölf Hauptträger in Hamburg im unteren Drittel gerade und dann nach oben leicht zunehmend gekrümmt. Für diese Spielart ist kein Vorbild bekannt.

»Die bisher aufbereitete Baugeschichte weist zahlreiche Lücken und Widersprüche auf«, schreibt Klaus Weber in seiner Masterarbeit über den in der Nordwestecke des (Alten) Botanischen Gartens errichteten Bau. So hat der Baurat Ernst Trog (1854–1907) die Pläne für das Gebäude unterschrieben. Er stand seit 1891 im Dienst der Stadt Hamburg, zuletzt als Vorstand der 3. Hochbauabteilung. Doch Trog starb jung – noch bevor die Botanischen Staatsinstitute am 7. Oktober 1907 eingeweiht wurden. Seitdem wird der Entwurf Albert Erbe, 1906 zum Leiter der Entwurfsabteilung des Hochbauwesens aufgestiegen, zugeschrieben. Aber Erbe wird in den Bauakten kaum erwähnt, nennt das Gebäude in Aufsätzen kein einziges Mal. Ebenfalls unbekannt ist der für die Tragwerkskonzeption notwendige Bauingenieur.

Leider passt die heutige Gestaltung im Inneren nicht mehr zu der ursprünglichen Architektur. Der markante ovale Mittelbau mit Kuppel an der Straßenecke diente einst vor allem der zweigeschossigen Halle des Botanischen Museums, mit einer Lichtdecke darüber. Von 1913 bis 1915 wurde das Haus entlang der Straßen um zwei Flügel erweitert. Damit hatten die Institute für Allgemeine Botanik sowie für Angewandte Botanik (mit Museum) dort mehr Platz. Damals bekam der Kuppelbau ein tiefer gelegtes Erdgeschoss mit Hörsaal; das Museum zog in das Obergeschoss mit Galerie darüber – unter die Lichtdecke.

Im Jahr 2000 verkaufte die Universität den Bau an die zwei Jahre später dort eingeweihte Bucerius Law School. Dabei blieb im Inneren kaum Originalsubstanz erhalten. Statt dem tiefgelegten Hörsaal gibt es eine Empfangshalle, statt der ovalen Museumshalle einen eckigen Hörsaal. Darüber befindet sich bis heute die alte Lichtdecke mit einem durch die Schwedler-Kuppel führenden Schacht zum Oberlicht – leider nur mit Aufwand zugänglich.

Quellen: AIV (1914), Werner (1992), Weber (2010), Prokop (2012), Momentum Magazin (31.1.2013), Angaben Denkmalschutzamt (2016)

← ← *Die zwölf Hauptträger der Kuppel verlaufen etwa im unteren Drittel gerade und dann leicht zunehmend gekrümmt.*
← *Durch die Schwedler-Kuppel hindurch verläuft ein um 1914 entstandener Schacht (links) zum Oberlicht. (2016)*
↑ *In einem Winkel von 100 Grad stehen die Botanischen Staatsinstitute an der Ecke Marseiller Straße/Jungiusstraße. (2016)*

Komplexer Betonbau aus einem Guss
Hauptgebäude der Universität
→ 25

Das Hauptgebäude der Universität fällt mit seinen für Hamburg untypischen Putzfassaden auf. Unter der Reformarchitektur steckt ein aufwendig konstruierter Kern: Stützen, Decken, Kuppel und die Hörsaal-Unterbauten – alles ist aus dem damals noch neuen Baustoff Beton.

Ort Rotherbaum, Edmund-Siemers-Allee 1
Bauherr Edmund J. A. Siemers, Sanierung: Freie und Hansestadt Hamburg, Universität Hamburg
Ingenieur Siegfried C. Drach mit O. Schreier (Betonbau) sowie Speckbötel und Buchwald, Sanierung: WTM Engineers GmbH
Architekt Hermann Distel & August Grubitz, Sanierung und Neugestaltung des Inneren: Büro Dinse, Feest, Zurl
Baufirma Carl Brandt (Betonbau), J. F. M. Blatt & Söhne (Erd- und Maurerarbeiten)
Bauzeit 1909–1911, Sanierung: 2002–2005

Vergleichsbeispiele
Museum für Völkerkunde, Rotherbaum, Rothenbaumchaussee 64; Bj. 1908–1912, Decken in Eisenbeton; Ingenieur: Artur Langweil; Baufirma: H.C. Hagemann GmbH; Quelle: Beton (1911, S. 219 ff.)
Erweiterung der Kunsthalle, Altstadt, Glockengießerwall 1; Bj. 1912–1919, pantheonartiger Saal mit zweischaliger Kuppel aus Beton (Durchmesser: 19/20,50 Meter, jeweils 0,12 Meter stark) und 10.000 Quadratmeter Eisenbetondecken; Ingenieur und Baufirma: Dyckerhoff & Widmann AG; Architekt: Fritz Schumacher; Quellen: ZdBv (1921, S. 178 ff.), Stegmann (2014)

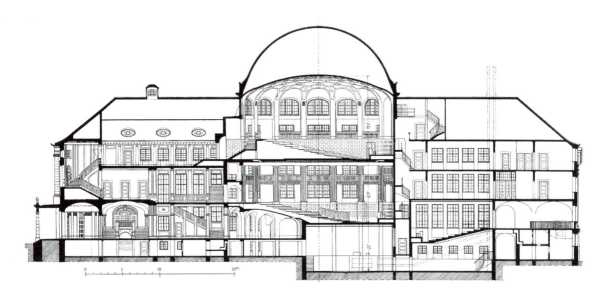

Schon im letzten Drittel des 19. Jahrhunderts gab es in Hamburg ein reges wissenschaftliches »Vorlesungswesen«. Doch es fehlten Räume. Schließlich wünschte man sich eine Universität. Deshalb gründete Senator Werner von Melle die Hamburgische Wissenschaftliche Stiftung, und der Reeder Edmund J. A. Siemers sprang ihm 1907 mit einem von ihm finanzierten Vorlesungsgebäude zur Seite. Doch Siemers bestand – zum Verdruss der Stadt – auf der Moorweide als Bauplatz: für alle deutlich sichtbar, verkehrsgünstig auf einer großen Grünfläche gelegen. Einst stand dort das Ausstellungsgebäude »vor dem Dammtor« – eine schon 1889 abgetragene Eisenskeletthalle (siehe S. 30).

Den Wettbewerb für den Bau des Vorlesungsgebäudes mit 86 Teilnehmern gewann 1908 das Büro der Architekten Hermann Distel und August Grubitz, beide Anfang dreißig. Der leitende Tragwerksplaner Siegfried C. Drach war sogar erst 27 Jahre alt. Laut Preisgericht sollte sich das Haus in das Stadtbild eingliedern, sich nicht an Vorhandenes anlehnen und »den Charakter eines besonderen Zielen dienenden Schulbaues zum Ausdruck« bringen. Mit der Kuppel setzt der eher pavillonartige Bau einen deutlichen Akzent. Er wirkt mit seinem gediegenen Äußeren in alle Richtungen und wurde Hauptgebäude der 1919 gegründeten Universität.

Das Gebäude hat einen nahezu quadratischen Grundriss. Der Kuppelbau wurde zentral mit vier Flügeln so platziert, dass sich dazwischen vier Höfe ergeben, die dem Inneren Licht und Luft geben. Die überwiegend zweigeschossige Bauweise mit Hörsälen, Garderoben und großzügigen Gängen sowie kleinen Räumen für Verwaltung und Mitarbeiter bietet auf den ersten Blick nichts Besonderes. Doch schon der Bauplatz machte die Planung anspruchsvoll.

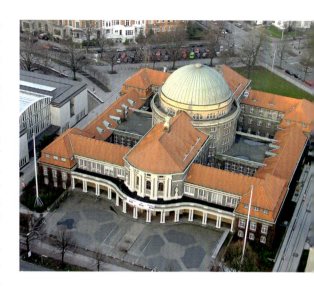

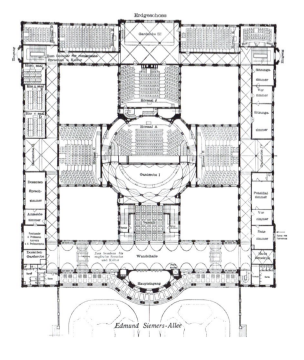

← *Die beiden großen Hörsäle unter der zweischaligen Kuppel prägen auch den Schnitt des Vorlesungsgebäudes.*
↗ *Die Kuppel über den beiden großen Hörsälen ist der Blickfang des Hauptgebäudes der Universität Hamburg. (2005)*
→ *Die Wandelhalle am Eingang, unterschiedlich große Hörsäle und die Verwaltung prägen den Erdgeschossgrundriss.*

Kurz vorher hatte die Reichspost einen Tunnel für Telefonkabel zwischen der Innenstadt und dem neuen Fernsprechamt an der Schlüterstraße (siehe S. 37) in zu geringer Tiefe quer durch das Grundstück verlegt. Ein Neubau der Kabeltrasse wäre zu aufwendig gewesen. Deshalb wurde das Vorlesungsgebäude auf dem Papier um sechs Meter nach Westen verschoben und über dem Tunnel eine unterirdische, von der Oberpostdirektion bezahlte Brücke gebaut. Da die Fundamente des Vorlesungsgebäudes auf dem Kabelkanal sitzen und ein Betontragwerk zu viel Höhe eingenommen hätte, besteht der obere Teil dieser Brücke aus Differdinger Flusseisen-Trägern (Vorläufer der Peiner Träger). Ansonsten sind die relevanten Teile des Gebäudetragwerks aus Eisenbeton.

Auch der übrige Baugrund – ein Mix aus Moor, Schlick und zugeschüttetem Festungsgraben – bereitete Schwierigkeiten. Die Gründung besteht aus einer verbundenen Pfeiler- und Ringplattenkonstruktion, wobei die Pfeiler in den wechselnden Bodenschichten stellenweise bis zu zehn Meter tief reichen. Der Kuppelbau ruht wegen seines Gewichts auf einer separaten Eisenbetonplatte. Während des Baus wurde hier nachgebessert, weil ein Segment der Platte wenig tragfähig war. An dieser Stelle wurden Holzkerne in den Boden gerammt und die nach dem Herausziehen entstandenen Löcher ausbetoniert.

Elf der einst 13 Hörsäle waren für bis zu 200 Personen ausgelegt. Die beiden großen Hörsäle befinden sich im Kuppelbau übereinander: unten der Saal A für 700 Personen, darüber der Saal B für 500 Personen. Die schwierigste Konstruktion des Bauwerkes war die kreisrunde Decke dazwischen, welche den Stufenaufbau des oberen Hörsaals aufnehmen muss. Die für eine Nutzlast von 400 Kilogramm je Quadratmeter berechnete Decke ruht mit einer Spannweite von 20 Metern auf 16 Stützen. Doch ihre Lage stand fest, und die Konstruktionshöhe am Auflager war aus architektonischen Gründen auf 0,45 Meter beschränkt. Die ohnehin stark belasteten Stützen sind zudem hohl, weil sie die Zuluftkanäle der Lüftung aufnahmen. Die Lösung bot eine Kragkonstruktion: Die Decke des 1,70 Meter breiten, außerhalb der 16 Saalstützen verlaufenden Umgangs dient dafür als Kragarm, welch über Ankerstützen vom Fundament gehalten wird. Nur im vorderen Segment, wo die auskragende Decke fehlt, wurde unter dem Podium ein Unterzug angebracht und die Konstruktion etwas anders ausgebildet.

Stufenaufbauten in Hörsälen waren einst üblicherweise aus Holz. Beim Vorlesungsgebäude sind sie wegen der dort eingebauten Lüftungskanäle ebenfalls hohl – doch ihre massive Bauweise mit einem System von Eisenbetonrippen hält Schallreflexe und Resonanzen im Gegensatz zum Holz sehr klein. Zudem bekamen die Fußböden – bevor Linoleum verlegt wurde – eine Schicht aus Bimsbeton und Korkplatten. Schallschluckend wirkten auch die unter Beigabe von Korkschrot rau geputzten Wände, die hohlen, aber mit doppelter Leinwand und Rauputz überzogenen Stützen sowie die kassettierten Decken der großen Hörsäle.

Eine flache Bimsbetonkuppel von 20 Metern lichter Weite und 2,50 Metern Stich überspannt den oberen Hörsaal. Sie wird von direkt im Beton gestampften Kassetten gegliedert. Darüber erhebt sich – in einem Abstand von bis zu 9,40 Metern – die äußere, mit Kupferblech belegte Kuppel. Beides sind einfache geschlossene Flächenkuppeln mit einem gemeinsamen Fußring.

Der komplexe und vor allem kreative Einsatz des damals noch neuartigen Baustoffes Eisenbeton im Vorlesungsgebäude ist bemerkenswert. So enthält das Erdgeschoss hinter dem Haupteingang über dem großen Wandelgang ein Tonnengewölbe, welches mit frei aufliegenden oberen Tragrippen konstruiert werden musste, weil die verfügbaren geringen Säulenquerschnitte die Ausbildung von Rahmen nicht zuließen. Teilweise wurden Konstruktionen zwischen Architekturprofile »hineingezwängt«. Auch die für den Bau charakteristischen Kreuzgewölbe über den Gängen sind tragende Eisenbetonelemente.

Über dem Hörsaal J (im Erdgeschoss, nördlich vom Hörsaal A) war eine schwere Abfangkonstruk-

tion mit einem Eisenbeton-Fachwerkträger von rund 15,40 Metern Spannweite erforderlich. Sie nimmt die Last der Trennwände und Decken der beiden Obergeschosse und des Dachs auf. Auch die Dachstühle sind aus Eisenbeton. Die relativ dicht – in nur 2,38 Meter Abstand – gesetzten Dreiecksbinder haben 14,30 Meter Spannweite und wegen eines darunter angeordneten Gewölbes teilweise eine hoch liegende Zugstange.

Fortschrittlich war auch die Haustechnik mit Aufzug sowie einer leistungsfähigen Heizung und Lüftung der Firma Rud. Otto Meyer. Zudem wurde eine Entstaubungsanlage der Gebr. Körting eingebaut, mit der alle Räume und Ventilationskanäle gereinigt werden konnten.

Quellen: Beton (1911, S. 209 ff. und S. 253 ff.), db (1911, S. 413 ff.), Distel (1911), Emperger (1915), Emperger (1920), Lüthje (2002), Lüthje (2004), AIV (2015)

↖ Im Herbst 1909 entstehen die tragenden Gewölbe für das Erdgeschoss.
↖ Die Kassettendecke über dem unteren Hörsaal ist im Bau. (1910)
↗ Der obere Hörsaal wird von einer flachen Bimsbetonkuppel mit 20 Meter lichter Weite und 2,50 Meter Stich überdeckt. (1911)

Großzügig, leicht und offen
Universität – Auditorium Maximum
→ 26

Mit Schwung überspannt eine dünne Spannbetonschale den großen Hörsaal der Hamburger Universität und endet über der Glasfassade des Foyers. Meisterlich auf seine wesentlichen Funktionen reduziert, zeigt dieses Auditorium Maximum: Es ist offen für alle.

Ort Rotherbaum, Von-Melle-Park 4
Bauherr: Freie und Hansestadt Hamburg, Universität Hamburg
Ingenieur Dyckerhoff & Widmann KG (Herbert Kupfer), Akustik: Lothar Cremer, Trennwand: MAN AG, Instandsetzung: H. Wiemer
Architekt Bernhard Hermkes, Modernisierung: Klaus Sill, Instandsetzung: Trapez Architektur
Baufirma Arbeitsgemeinschaft Wayss & Freytag AG, Dyckerhoff & Widmann KG
Bauzeit 1957–1959, Modernisierung 2002/03, Instandsetzung: 2007–2009

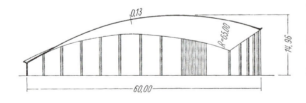

Das Audimax ist das Zentrum der heterogen in die Stadt hineinkomponierten Gebäude der Universität Hamburg. Ein Vorbild war das 1955 eingeweihte Kresge Auditorium des Architekten Eero Saarinen des Massachusetts Institute of Technology in Cambridge (USA). Doch für das Hamburger Audimax haben sich die Planer um Bernhard Hermkes von der in Amerika radikal umgesetzten Geometrie des Reuleaux-Dreiecks gelöst und eine funktionsgerechtere Architektur geschaffen.

Der Grundriss ist ein leicht in die Länge gezogenes Reuleaux-Dreieck, von dem eine Ecke abgeschnitten ist. An der Schlüterstraße, hinter der stumpfen und niedrigen Ecke des Baus, befindet sich das etwa 25 Meter breite Podium mit Platz für etwa 140 Menschen. Von dort steigt das leicht bogenförmig angeordnete Gestühl an und wird an den Seiten von fensterlosen Wänden begleitet. Den Abschluss bildet das über drei Geschosse reichende Foyer mit den Hörsaalzugängen und der zum Campus vorgewölbten Glasfront.

Der Saal bietet Platz für knapp 1.700 Hörer (ehemals 1.757), wobei sich das obere Drittel als Hörsaal mit etwa 500 Plätzen abteilen lässt. Dafür wird eine gebogene Trennwand aus einem Schacht im Keller nach oben gefahren. Diese etwa 200 Quadratmeter große und 85 Tonnen schwere Wand besteht aus einem 0,625 Meter dicken, mit Beton ausgefachtem Stahlskelett und ist damit schalldicht. So lassen sich die nach Bedarf geteilten Hörsäle auch akustisch voneinander trennen. Die Wand wird in etwa 20 Minuten gehoben oder gesenkt: über vier zwölf Zentimeter dicke Spindeln, die von einem Elektromotor über Zahnkränze bewegt werden. Das Konzept dafür stammt von der Maschinenfabrik MAN.

↖ Das Dach des Audimax ist 60 Meter lang, der Bau 14,96 Meter hoch.
← Die Spannbetonschale des Audimax ruht auf den vor die Fassade gestellten Stützen, der Bühnenrückwand und zwei kurzen Stücken der Außenwände. (2016)
→ Mit einer versenkbaren Trennwand (Mitte) lässt sich das Auditorium in einen kleinen und einen großen Hörsaal teilen. (um 1960)

Die bewegliche Trennwand war ebenso neu wie die nur 0,13 Meter dicke und 60 Meter weit spannende Spannbetonschale, welche das Audimax mit einer Fläche von 2.450 Quadratmetern freitragend überwölbt. Das schwungvolle Dach ist ein Kugelsegment mit 65 Meter Radius. Ihr Rand entspricht einer räumlichen Kurve, die aus der Verschneidung der Kugelkalotte mit den zylindrisch geformten Außenwänden entsteht. Entlang des Randes gibt es eine vorgespannte Zone wechselnder Breite: Als steifer Ringanker nimmt sie die Kämpferdrücke der Kalotte auf. Entsprechend vergrößert sich die Schalendicke in den Ecken erheblich.

Der Tragwerksplaner Herbert Kupfer, junger Oberingenieur bei der Baufirma Dyckerhoff & Widmann, entwickelte für die Berechnung dieser Kuppelschale über eckigem Grundriss ein neuartiges Verfahren. Er soll dabei von dem Berliner Professor Werner Koepcke unterstützt worden sein. Kupfers Lehrer an der Technischen Universität München, Hubert Rüsch, führte zudem an einem Acrylglasmodell der Kuppel Belastungsversuche durch, insbesondere, um die Beullast zu bestimmen. 1990 schrieb Kupfer stolz: »Es gelang, die Schale trotz der sehr schwierigen Randbedingungen, dank der Vorspannung – im Gegensatz zu der ähnlichen Schalenkuppel

des Architekten Eero Saarinen (...) – völlig rissefrei herzustellen.« Dank der selbsttragenden Schale müssen die schmalen, vor die Fassade gestellten Stützen nur senkrechte Kräfte aufnehmen. Und zur Aussteifung der Konstruktion gegen Winddruck genügen drei Wandscheiben: die Bühnenrückwand sowie zwei Seitenwände jeweils zwischen der 2. und 3. Stütze (vom Campus gezählt). Alle anderen Wände haben keine tragende Funktion.

Damit konnte das Foyer mit den schwerelos wirkenden Treppen und der geschwungenen Empore großzügig gestaltet werden. Zusammen mit den gekrümmten Flächen von Wänden, Glasfront und Dach bestechen sie mit ihrer optischen Leichtigkeit. Ebenfalls neu war damals der für die Akustik betriebene Aufwand. Auch sie wurde in einem Modell getestet. Damit ist das Audimax für vielerlei Großveranstaltungen geeignet – weithin offen, als Ort der Begegnung und der freien Wissenschaft eine Einladung an alle.

Quellen: Poley (1961), Joedicke (1962), Rühle (1969), Kupfer (1990), Lange (2008), Holtmann (2009), AIV (2015)

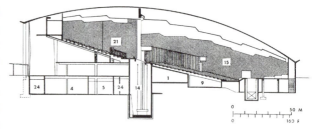

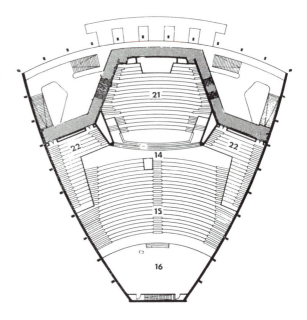

← *Die Innenwände zwischen kleinem und großem Hörsaal haben nur eine akustische, keine tragende Funktion. (um 1960)*
↑↑ *Der Längsschnitt zeigt das Audimax als gleichmäßig ansteigenden Raum mit einem Tiefkeller (Mitte) für die versenkbare Trennwand.*
↑ *Der Grundriss entspricht einem leicht in die Länge gezogenen Reuleaux-Dreieck, von dem eine Ecke (unten) abgeschnitten ist.*

Ambitioniertes Baukastensystem
Helmut-Schmidt-Universität
→ 27

Mit der Helmut-Schmidt-Universität begann für die Bundeswehr inhaltlich und formal ein neuer Abschnitt. Transparent und flexibel sollten die Bauten deshalb sein. Entstanden ist ein Pavillonsystem mit abgehängten Geschossen und einem ringförmigen Versorgungstunnel.

Ort Jenfeld, Holstenhofweg 85
Bauherr Bundesverteidigungsministerium, vertreten durch die Baubehörde Hamburg
Ingenieur Leonhardt und Andrä (Jörg Schlaich); Statik des 2. Bauteils, Prüfung des 1. Bauteils und Bauüberwachung: Büro Peters Windels Timm
Architekt Heinle, Wischer und Partner (Helmut Goecke, Klaus D. Hüttner)
Baufirma Arge Bilfinger + Berger Bau-AG, Kriegeris Söhne GmbH, Beton- und Monierbau AG, Firma Nipp, Erwin Kalinna Fassadenbau, DSD Dillinger Stahlbau GmbH
Bauzeit 1974–1978 und 1978–1981

1973 nahmen in München und Hamburg zwei Hochschulen der Bundeswehr ihre Arbeit auf. Mit der wissenschaftlichen Ausbildung der Offiziere während des militärischen Dienstes wollte das Verteidigungsministerium den Beruf attraktiver machen. Dieses Studium findet allerdings in Trimestern statt, weshalb es nur eingeschränkt mit dem Studium an einer Länderhochschule kompatibel ist. Deshalb wurden neue Anlagen gebaut. Die Bundeswehrhochschule in Hamburg (heute Helmut-Schmidt-Universität) entstand auf dem Gelände der Douaumont-Kaserne in Jenfeld.

Hier wurden die Gebäude der Heeresoffiziersschule II zu einem Studentenwohnheim umgebaut. Daneben entstand nach Abbruch von Altbauten auf etwa 26 Hektar begrüntem Gelände eine Universität für 2.100 Studenten: Der große Teil ging 1978 in Betrieb; bis 1981 folgte die Werkhalle mit den Labors des »warmen Maschinenbaus«. Die Universität besteht aus 16 Pavillons, die zum Teil aneinandergekoppelt sind, aber selbstständige Einheiten in der

↓ Transparent und flexibel sollten die Bauten der Bundeswehr-Hochschule sein. (um 1979)

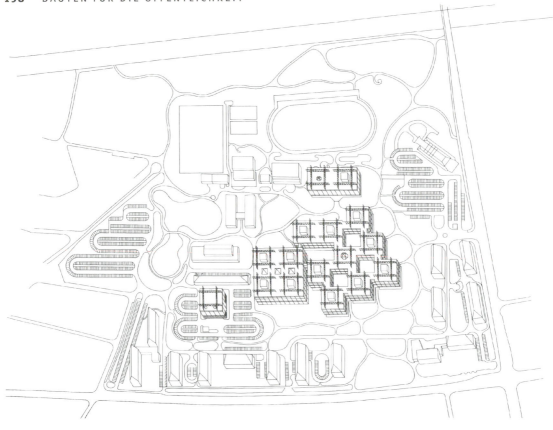

Kasernenlandschaft bilden. Über einen 1,2 Kilometer langen Ringtunnel für die Leitungen der Haustechnik und der Labors sind sie mit der Versorgungszentrale verbunden.

Die anspruchsvollen Rahmenbedingungen stellten die Bauweise etwas »auf den Kopf« . Denn die Fachbereiche mit den Räumen für Professoren, Studenten, Kleingruppen, Seminare und Bibliotheken sollten jeweils eng verflochten werden, gleichzeitig aber erweiterbar sein und Umbauten möglich machen. Für das Erdgeschoss wurden große Stützenfreiheit und hohe Räume verlangt, um hier Einrichtungen mit Öffentlichkeitsbezug, wie Zentralbibliothek und Hörsäle, unterbringen zu können. Doch zu Beginn der Planung war nicht klar, welcher Bau welche Funktionen übernimmt. So entschieden sich Architekten und Ingenieure für ein dezentrales Pavillonsystem, dessen Tragwerke flexibel nutzbar sind. Zeitersparnis und einheitliche Konstruktionen sollten die höheren Kosten dafür auffangen.

Es entstanden 16 Pavillons (die Hälfte davon unterkellert): neun für das Lehrgebäude mit vier Innenhöfen, daran anschließend der Block der Werkhalle mit vier Pavillons sowie etwas abseits die Versorgungszentrale (ein Pavillon) und die Mensa (zwei

↑ *Für die Hochschule der Bundeswehr entstanden neun Pavillons mit Innenhöfen für das Lehrgebäude, ein Block mit vier Pavillons für die Werkhalle sowie allein stehende Pavillons für die Versorgungszentrale (links) und die Mensa (oben).*
↗ *Das Tragwerk der Pavillons besteht jeweils aus vier Stützen, vier Fachwerkträgern über dem Dach und – daran abgehängt – einem Trägerrost unter dem Dach.*
→ *Nach dem Aufstellen der Stützen und des oberen Tragwerks wurden die Pavillons von oben nach unten gebaut. (um 1976)*
→→ *Auch die Mensa »schwebt« ein wenig über dem Boden. (2016)*

Pavillons). Die Kuben haben grundsätzlich drei Geschosse. Bei der Mensa, der Werkhalle und der Technikzentrale wurden die Obergeschosse wegen der größeren Raumhöhe zusammengefasst. Bei den Dreigeschossern und der Mensa kragen die Obergeschosse über das Erdgeschoss aus. So scheinen die transparenten Bauten ein wenig zu schweben und signalisieren Offenheit.

Das Haupttragwerk der Pavillons besteht jeweils aus vier Stützen, vier Fachwerkträgern über dem Dach und – daran abgehängt – einem Trägerrost als Unterdach. Die Stützen sind geschweißte Kastenprofile und stehen im Abstand von 21,60 mal 21,60 Metern. Sie bieten für den Hochbau eine relativ große Spannweite. Die auf die Stützen gesetzten Fachwerkträger, ebenfalls geschweißte Kastenprofile, kragen beiderseits 7,20 Meter über die Stützen aus; so ergibt sich das Pavillonmaß von 36 mal 36 Meter. Der Abstand zwischen den einzeln gegründeten Pavillons beträgt ebenfalls 7,20 Meter.

Das Erdgeschoss wird also von nur vier Stützen durchstoßen, welche die Last des ganzen Gebäudes tragen. Die Geschossdecken sind an den Knotenpunkten des Trägerrostes im 7,20-Meter-Raster an schlanken Hängern (Querschnitt 0,12 Meter im Quadrat) befestigt. Damit stören in den Fassaden keine Stützen den Blick. Dank der biegesteifen Verbindung der Tragstützen mit den Fachwerkträgern und den Trägern des Rostes haben die Tragwerke eine relativ große Steifigkeit, sodass hier auf zusätzliche Bauteile verzichtet werden konnte. Die Geschossdecken bestehen aus Stahlzellen. Ihre Unterkonstruktion, die an die Hänger angeschlossen ist, besteht aus einem Walzträgerrost.

Doch dann hagelte es an Kritik: Es gebe Probleme wie in Großraumbüros mit gegenseitigen Störungen, diffusem Raumgefühl, künstlicher Belichtung und totaler Klimatisierung. Die Anlage wird als technoid beschrieben, zudem unter anderem wegen der Gleichartigkeit und der vielen Diagonalen in den Erdgeschossen (hier haben die meisten Räume einen achteckigen Grundriss) als unübersichtlich. Es würden kleine Büros fehlen, und die Hörsäle seien für große Vorlesungen zu klein. Nach zwei Bauabschnitten wurde das System nicht weiterverfolgt: Spätere Erweiterungen wurden neu konzipiert.

Quellen: B+W (1978, S. 73 ff.), Hochschule der Bundeswehr Hamburg (1979), Architekt (1980, S. 581 ff.), Hart (1982)

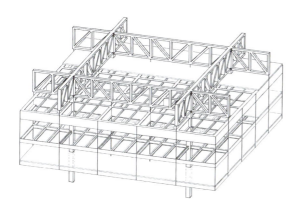

Luftige, leichte Gitterschale
Hofdach des Museums für Hamburgische Geschichte
→ 28

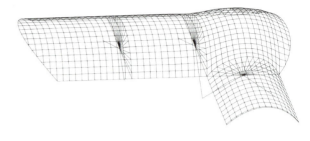

Erst nach fast sieben Jahrzehnten bekam der Innenhof des Museums für Hamburgische Geschichte ein Dach: mit geringem Gewicht, kaum sichtbar und doch stabil. Möglich machte dies die erste unregelmäßige Gitterschale in Deutschland.

Ort Neustadt, Holstenwall 24
Bauherr Verein der Freunde des Museums für Hamburgische Geschichte
Ingenieur Schlaich, Bergermann und Partner (Jörg Schlaich mit Karl Friedrich)
Architekt Büro von Gerkan, Marg und Partner (Volkwin Marg mit Klaus Lübbert)
Baufirma Helmut Fischer GmbH
Bauzeit 1989

Nach den Vorgaben des Oberbaudirektors Fritz Schumacher entstand von 1914 bis 1922 mit dem Museum für Hamburgische Geschichte das größte stadthistorische Museum des Landes. Das in einem Stil zwischen Heimatschutz und Reformbewegung gestaltete Haus zeichnet in den Wallanlagen ein wenig die Bastion Henricus der Stadtbefestigung von 1626 nach. Der wuchtig wirkende Eisenbetonbau wurde mit Handstrichziegeln verkleidet und mit Fragmenten zerstörter Gebäude geschmückt. Verschiedene Raumgruppen des asymmetrischen Baus umschließen einen etwa 900 Quadratmeter großen Hof.

Den Hof hatte Schumacher als Ausstellungsreserve vorgesehen, in die Fassade aus Abbruchhäusern gerettete Spolien integriert. Nun sollte er auch für Veranstaltungen genutzt und die Fassade besser vor Luftschadstoffen geschützt werden, dabei die historische Gestalt möglichst wenig beeinträchtigt werden. Das 1989 errichtete Hofdach verläuft unter den Firsten der Gebäudeflügel und ist damit von außen unsichtbar. Zudem passt es zu dem L-förmigen Hofgrundriss und den aus dem Altbau-Dach ragenden Giebeln.

← Die Gitterschale besteht aus Stahlstäben, die an den Knotenpunkten diagonal von je zwei Edelstahlseilen gehalten werden, sodass unverschiebliche Dreiecke entstehen. (2010)
↑ Das neue Dach besteht aus zwei Zylinderschalen und einer frei geformten Eckkuppel.
→ Über dem ungleichmäßig gestalteten Hof fällt das neue Dach kaum auf. (2010)

Die Lösung bot eine von dem Ingenieur Jörg Schlaich entwickelte Netzschale: eine minimale Konstruktion bei höchster Effizienz und großer Schönheit. Ihre Durchsichtigkeit lässt einen fast freien Blick auf den Himmel und den Baukörper des Museums zu. Die Leichtigkeit des Tragwerkes wird zur Essenz der Architektur. Der Prototyp für diese selbsttragende Konstruktion war die regelmäßige Kugelkalotte des Schwimmbads Aquatoll in Neckarsulm; kurz darauf wurde auch das unregelmäßige Dach in Hamburg fertig.

Die Glas-Stahl-Konstruktion besteht aus zwei Zylinderschalen, die sich in der Ecke zu einer frei geformten, flachen Kuppel aufbauschen. Diese am Computer entwickelte Geometrie mit fließenden Übergängen ist das Ergebnis eines Optimierungsprozesses. Denn die Dachlasten sollten weitgehend über Schalenmembrandruck abgetragen und Biegebeanspruchungen vermieden werden. Zudem sollten gleiche Bauelemente die Herstellung vereinfachen.

Die orthogonale Tragstruktur besteht aus einem Raster von 1,17 Metern im Quadrat, das aus Stahlstäben mit einem Querschnitt von 60 mal 40 Millimetern gebildet wird. Sie sind an den Knotenpunkten über eine Schraube drehbar miteinander verbunden. Die Kuppel zwischen den Zylinderschalen hat Rhomben mit wechselnden Winkeln statt ebener Quadrate. Da sich die Maschen bei drehbaren Kreuzen leicht verformen lassen, braucht es Diagonalen, die aus den Vierecken unverschiebliche Dreiecke machen. Dies übernehmen zwei parallel durchlaufende, an den Knoten eingeklemmte und vorgespannte Edelstahlseile. Damit kann immer eine der beiden Diagonalen auf Zug wirken. Die filigranen Seile verwandeln den Trägerrost in eine Netzschale. So werden die Lasten biegungsfrei allein über Membrankräfte abgetragen.

Die Scheiben aus zehn Millimeter dickem Glas liegen auf den Stahlmaschen und werden von Tellern an den Knoten punktförmig gehalten. Bei der Übergangskuppel sind die Maschen leicht schiefwinklig. Dennoch genügten für den Ausgleich in fast allen Fällen die Biegsamkeit der Verbundglasscheiben und eine leichte Verschieblichkeit. Nur drei Scheiben mussten extra angefertigt werden.

Dieses Gitterschalentragwerk mit bis zu 18 Metern Spannweite fängt die üblichen Schnee- und Windlasten auf. Damit es auch bei einseitigen Lasten stabil ist, wurden die etwas weicheren Zylinderschalen an drei Stellen durch radial zusammenlaufende Seile ausgesteift. Die Bildung von Kondenswasser vermeiden Heizdrähte zwischen Glasauflagern und Stahlprofilen.

Im Hof sollte ein ähnliches Raumklima wie draußen herrschen, das neue Dach also nicht luftdicht abschließen. So kann auf der Schale niedergehender Regen über das alte Dach abfließen. Ein steifer Träger bildet den Rand des Glasdaches. Er verläuft etwa 0,70 bis 0,90 Meter oberhalb des alten Daches und stützt sich, vom Hof kaum wahrnehmbar, punktförmig durch dieses hindurch auf dem Eisenbetontragwerk des Museums ab. Aufgrund des geringen Gewichts von etwa 50 Tonnen musste der Altbau für das neue Dach nicht ertüchtigt werden.

Quellen: ZdBv (1923, S. 253 ff.), db (1/90, S. 10 f.), db (7/90, S. 32 ff.), Glasforum (2/90, S. 15 ff.), Bögle (2005)

Praxistests in großen Wasserbecken
Hamburgische Schiffbau-Versuchsanstalt
→ 29

In der Hamburgischen Schiffbau-Versuchsanstalt (HSVA) fahren präzise hergestellte Schiffsmodelle »zur See«. Dabei werden sie genau beobachtet. Als Testanlage dient unter anderem ein 300 Meter langer Schlepptank mit zwei Wellengeneratoren.

Ort Barmbek-Nord, Bramfelder Straße 164
Bauherr Hamburgische Schiffbau-Versuchsanstalt GmbH
Ingenieur Werner Matthies (Ursprungsbau und Ausbau), Helmut Kramer (Hykat), Büro Luetkens Staak (Umbau 2010/11)
Architekt Rudolf Lodders mit Erwin Strebel (Ursprungsbau und Ausbau), Lehmann & Partner (Umbau 2010/11)
Baufirma Georg Dittmer & Co. (Ursprungsbau), Wayss & Freytag AG (Ausbau)
Bauzeit 1952–1957, 1965/66 (Ausbau), 1989/90 (Hykat), 2010/11 (Umbau)

Seeschiffe sind groß und teuer. Damit sie lange Zeit mit wenig Aufwand durch die Meere kreuzen können, werden Rümpfe, Propeller, Ruder und andere Antriebsteile vor dem Bau getestet: als Modelle in Schiffbau-Versuchsanstalten. In Hamburg ging die erste derartige Forschungseinrichtung 1915 am Schlicksweg in Betrieb. Der ursprünglich 316 Meter lange und 1943 auf 450 Meter verlängerte Schlepptank dort reichte mit dem Manövrierteich bis fast zum Elligersweg. Ungleiche Tankquerschnitte und ein heterogener Untergrund machten den Ingenieuren beim Bau zu schaffen. Die Technik dieser ersten HSVA wurde nach dem Zweiten Weltkrieg demontiert, die Bauten 2019 abgerissen.

Da hatten es die Planer der neuen HSVA südöstlich davon mit ihren Hallen, Werkstätten und der Verwaltung einfacher. Die seit 1952 aufgestellten Tanks liegen auf dem drei Hektar großen Gelände an der Bramfelder Straße getrennt voneinander mit einheitlichen Querschnitten flach im Baugrund. Auch der 1957 eingeweihte Große Schlepptank, eine Betonwanne mit abgedichteten Fugen und rippenverstärkten Seitenwänden, ist selbsttragend. Auf der Suche nach der günstigsten Form werden hier Schiffe jeder Art als Modelle eingesetzt, um sie mit verschiedenen Geschwindigkeiten, in rauer See oder in separaten Tanks im Eis zu testen. Der Kundenkreis der von Werften und Reedern getragenen HSVA ist international.

Die auf das Wesentliche reduzierten Rumpfmodelle sind motorisiert und werden ferngesteuert oder von Schleppwagen durch das Wasser gelenkt. Im Großen Schlepptank stehen dafür zwei dieser etwa 40 Tonnen schweren und bis zu zehn Meter pro Sekunde schnellen, wie Portalkrane aussehenden Fahrzeuge zur Verfügung. Um durch Flachwasser verursachte Störungen auszuschließen, haben selbst große Holzmodelle in diesem Becken viel Platz: Es

← Im Großen Schlepptank haben Schiffsmodelle reichlich Platz. Im Trimmtank vorn rechts wird das Modell mit Ballast versehen und so auf die vom Schleppwagen – quasi ein schneller Portalkran – gesteuerte Fahrt ausgerichtet. (2016)
↗ 1957 nahm die HSVA ihren Großen Schlepptank mit einem von Rahmenbindern und Pfetten aus Ortbeton gestützten Dach in Betrieb. (um 1957)

ist 300 Meter lang, 18 Meter breit und sechs Meter tief. Die Arbeit ist dabei äußerst präzise: So folgen die Schleppwagenschienen der Erdkrümmung, damit die Modelle an jeder Stelle gleich tief in das Wasser eintauchen.

Geschützt wird der Große Schlepptank von einem Dach mit Zweigelenkbindern, Pfetten sowie einer Dachhaut aus Betonhohlplatten (2017–2019 durch isolierte Metallprofile ersetzt) beziehungsweise Ortbeton an den Enden. Das Dach wurde 1965 bei der Verlängerung des Beckens von 200 auf 300 Meter um Fertigteilbinder ergänzt. So markiert es einen Wendepunkt im Bauwesen: Vor Ort aus Stahlbeton hergestellte Rahmen waren wegen des hohen Schalungsaufwands seit den 1930er Jahren überholt, erlebten aber aufgrund des Stahlmangels im und nach dem Zweiten Weltkrieg erneut einen Aufschwung, bevor die monolithische Bauweise durch im Betonwerk hergestellte Fertigteile verdrängt wurde.

Die Versuchsanlagen der HSVA wurden immer wieder ergänzt und modernisiert. Außer dem Großen und dem 80 Meter langen Kleinen Schlepptank (mit Doppelhülle auch beheizbar) gibt es unter anderem seit 1984 den Großen Eistank. Er ist 78 Meter lang, zehn Meter breit und fünf Meter tief. Und mit dem Hykat ging 1989 der vierte Hydrodynamik- und Kavitationstunnel der HSVA in Betrieb. Dieser von Wasser durchströmte Stahltank bietet für die darin fixierten Modelle eine elf Meter lange Teststrecke mit einem Querschnitt von 2,80 mal 1,60 Metern. Hier wird insbesondere die Kavitation von Propellern und Rudern untersucht. Dafür werden in dem Bauwerk 1.500 Kubikmeter Wasser mit einer Geschwindigkeit von bis zu 45 Kilometern pro Stunde umgewälzt. Der 50 Meter lange, durch Außenrippen verstärkte Stahltank ruht in einem speziell entwickelten Betontrog, der mit seinen Lagern die innen auftretenden Schwingungen genauso wie Einflüsse von außen dämpft.

Auch der Große Schlepptank wuchs mit den Ansprüchen. 1960 bekam er am Kopf einen ersten Wellengenerator (beim Ausbau 1966 verlegt), der 1980 durch einen Doppelklappen-Wellenerzeuger ersetzt wurde. Damit lassen sich regelmäßige und unregelmäßige Wellen mit einer Höhe von bis zu 0,50 Meter erzeugen. 2011 folgte dann ein Seitenwellengenerator mit 80 einzeln ansteuerbaren Klappen. Mit diesen beiden Wellenerzeugern lassen sich nun kurze, lange und sich kreuzende Wellen in fast allen erdenklichen Varianten simulieren.

Da der aufgefüllte Boden neben dem Schlepptank nur bedingt standsicher ist, wurde der zwischen fünf Hallenjochen auf etwa 32 Meter Länge eingebaute Seitenwellengenerator tiefgegründet. Eine auf dem Pfahlrost sitzende Sohlplatte ist mit der Seitenwand des Schlepptanks verbunden und nimmt so die starken Schwingungen der Wellenklappen auf, gibt also die an- und abschwellenden Horizontal- sowie Zug- und Druckkräfte an die Pfähle weiter. Obwohl die Anlage nachträglich eingebaut wurde, verkraftet der Trog sie gut.

Quellen: Emperger (1922), Hattendorff (1989), Kramer (1996), Hamburgische Schiffbau-Versuchsanstalt (2013), Stegmann (2014), Angaben Lehmann & Partner (2021), Angaben Luetkens Staak (2021)

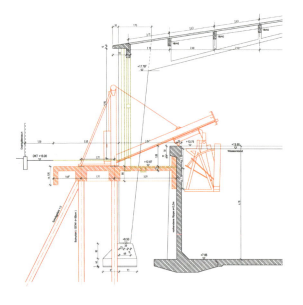

↑ Eine auf einem Pfahlrost gegründete Sohlplatte leitet die dynamischen Lasten des Seitenwellengenerators im Großen Schlepptank ab.
↓ Eine Halle mit Zweigelenk-Rahmenbindern aus Stahlbeton schützt den 18 Meter breiten Großen Schlepptank.

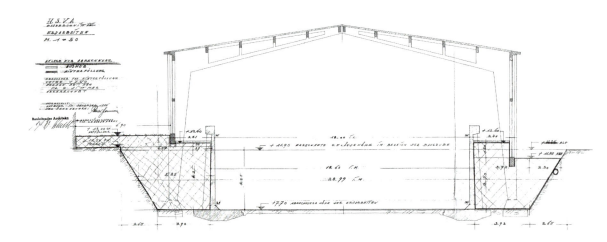

Lange, äußerst präzise Tunnel
Großforschungszentren Desy und XFEL
→ 30

Äußerst präzise gebaute Anlagen und viele Kilometer lange Tunnel kennzeichnen das 1964 in Bahrenfeld in Betrieb genommene Großforschungszentrum Desy. Der 1990 dort eingeweihte Hera-Beschleuniger markiert zudem einen Technologiesprung im weltweiten Tunnelbau.

Ort Bahrenfeld, Notkestraße 85, sowie: Holzkoppel 4, 22869 Schenefeld
Bauherr Stiftung Deutsches Elektronen-Synchrotron / European X-Ray Free-Electron Laser Facility GmbH
Ingenieur Leonhardt und Andrä (Desy), Büro Windels Timm Morgen (Doris, Petra, Hera), Steinfeld und Partner (Baugrundgutachten Hera), WTM Engineers GmbH (Flash II / XFEL) und Amberg Engineering (XFEL)
Architekt Büro Schramm, von Bassewitz, Hupertz (Hera), Büro Renner Hainke Wirth (Flash II)
Baufirma Wayss & Freytag AG und andere (Desy), Philipp Holzmann AG (Petra), Wayss & Freytag AG mit Dyckerhoff & Widmann AG, Hochtief AG, Philipp Holzmann AG und August Prien GmbH (Hera), Hochtief AG mit Bilfinger Berger AG (Tunnel, Schächte, Experimentierhalle XFEL), Ed. Züblin AG mit Züblin Spezialtiefbau GmbH und Aug. Prien Bauunternehmung GmbH & Co. KG (Injektorkomplex XFEL)
Inbetriebnahme 1964 (Desy), 1974 (Doris), 1976/1987/2010 (Petra I–III), 1990 (Hera), 2005/2014 (Flash I und II), 2017 (XFEL)

Die technisch komplizierten Anlagen des Deutschen Elektronen-Synchrotrons (Desy) in Hamburg stehen in einem eigenartigen Kontrast zur geringen Größe der Untersuchungsobjekte. Die gewaltigen Beschleuniger sind quasi Supermikroskope: Je größer sie sind, umso genauer lassen sich kleinste Teilchen und die Abläufe in der Nanowelt erforschen. Der Aufwand für hohe Geschwindigkeiten und äußerst kurze Wellen ist enorm.

Schon der Desy-Ring, der erste auf dem ehemaligen Flugplatz Altona-Bahrenfeld an der Luruper Chaussee errichtete Kreisbeschleuniger, forderte die Bauingenieure heraus. Die Anlage bestand aus einem zweigeschossigen Ringtunnel mit einem äußeren Durchmesser von 106 Metern und zwei Experimentierhallen. Dort wurden Elektronen in einer luftleeren Röhre fast auf Lichtgeschwindigkeit beschleunigt und so gesteuert, dass sie auf ein Ziel stießen und neue Teilchen erzeugten. Deshalb durfte der auf 0,1 Millimeter genau ausgerichtete Magnetring seine Lage nicht verändern – obwohl die sehr schweren Bauteile den Baugrund unterschiedlich belasteten und damit Verschiebungen provozierten.

Seitdem sind die Ansprüche erheblich gestiegen. Beim Röntgenlaser European XFEL darf sich die Sohle der Experimentierhalle in etwa 40 Metern Tiefe innerhalb von einer Stunde um nicht mehr als 0,001 Millimeter heben oder senken. Damit sie stabil bleibt, gibt es Schlitzwände unter den Achsen der Experimentierstrecken. Sie wirken zusammen mit der Hallensohle wie ein tief in den Baugrund eingebundener Plattenbalken. Tatsächlich bewegen

→ Für den Injektorkomplex des Röntgenlasers XFEL in Bahrenfeld wurde ein Bauwerk mit sechs beziehungsweise acht Untergeschossen errichtet.

sie sich langsam mit diesem. Denn der jahreszeitlich um zwei Meter schwankende Grundwasserspiegel sorgt in den Tunnelfirsten für ein Auf und Ab um etwa 1,3 Millimeter.

Die Teilchenbeschleuniger liegen zu einem großen Teil unter der Erde. Denn hier sind sie gut abgeschirmt, und es gibt – unbeeinflusst von anderen Bauten oder Leitungen – genug Platz für einen optimalen Aufbau. Inzwischen entstanden bei Desy und XFEL sieben Tunnelanlagen mit einer Länge von fast 16 Kilometern. Der erste große Tunnel gehörte zu der 2,3 Kilometer langen Positron-Elektron-Tandem-Ring-Beschleuniger-Anlage (Petra). In das 1978 eingeweihte System wurden die alte Desy-Anlage und der etwa 300 Meter lange Doppel-Ring-Speicher (Doris) von 1974 integriert. 2005 kam ein 260 Meter langer Tunnel für den Freien-Elektronen-Laser Hamburg (Flash) hinzu, der 2014 um den 90 Meter langen Tunnel-Komplex Flash II ergänzt wurde.

Mit der 1990 in Betrieb genommenen und 2007 stillgelegten Hadron-Elektron-Ring-Anlage (Hera) baute das Forschungszentrum erstmals einen Tunnel weit außerhalb seines Geländes. Unter dem Desy-Areal, dem Altonaer Volkspark und der Trabrennbahn verläuft der 6,336 Kilometer lange Ring 10,20 bis 28,30 Meter unter der Oberfläche. Dazu gehören vier in bis zu 25 Meter tiefen Baugruben hergestellte unterirdische Experimentierhallen (65 Meter lang, 25 Meter breit und 16 Meter hoch) mit über Tage sichtbaren Beladehallen und zwei je 500 Meter lange Verbindungen zum modernisierten Vorbeschleuniger Petra II.

Den Hera-Ring mit einem Innendurchmesser von 5,20 Metern fuhr die Tunnelbohrmaschine Herakles auf und steifte sie mit Stahlbeton-Tübbings aus. Nach 28 Monaten erreichte sie am 19. August 1987 wieder ihren Startschacht – mit einer Abweichung von zwei Zentimetern. Zehn hätten es sein dürfen. Dafür hatte die Wayss & Freytag AG mit dem Ma-

↖↖ *Beim Röntgenlaser XFEL fuhr die Tunnelbohrmaschine Tula die Röhren auf. (2010)*
↑ *So sieht der ausgerüstete Tunnel der XFEL-Beschleunigerstrecke aus.*
↖ *In einem beengten Baufeld neben Heliumtanks (links) entstand auf dem Desy-Gelände in Bahrenfeld die etwa 40 Meter tiefe Baugrube für den XFEL-Injektorkomplex. (2010)*
→ *Der Röntgenlaser XFEL erstreckt sich von den Experimentierhallen südöstlich der Stadt Schenefeld (links) bis zum Injektor auf dem Desy-Gelände in Hamburg-Bahrenfeld.*

schinenbauer Martin Herrenknecht (Schwanau) seit 1984 das erste Mixschild für große Tunneldurchmesser in weichem Gestein unterhalb des Grundwasserspiegels (mit flüssigkeitsgestützter Ortsbrust) entwickelt. Es war Vorbild für zahllose weltweit seitdem vor allem von der Herrenknecht AG konstruierte Tunnelbohrmaschinen. Die wichtigste Innovation aus Schwanau war ein peripherer Antrieb, bei dem am Rand angeordnete Motoren das Schneidrad drehten. So bekam der Bohrer mehr Kraft als mit dem sonst üblichen Antrieb über eine zentrale Welle.

Am 1. September 2017 wurde dann mit dem Röntgenlaser European XFEL eine internationale Großforschungsanlage eingeweiht. Damit lassen sich atomare Prozesse in Echtzeit filmen: wie mit einer Kamera mit extrem hoher Auflösung im Nanometerbereich und einer extrem kurzen Bildfolge im Femtosekundenbereich (eine Milliardstel Millisekunde beziehungsweise 10 – 12 Sekunden). Dafür entstand von 2009 bis 2016 eine Tunnelanlage zwischen Hamburg-Bahrenfeld und Schenefeld im Kreis Pinneberg. Sie besteht aus Schächten, etwa 3,4 Kilometer langen, mit Tunnelbohrmaschinen aufgefahrenen Röhren (5,30 Meter Innendurchmesser) und Experimentierhallen sowie fünf kleineren Tunneln mit 4,60 Meter Innendurchmesser. Insgesamt sind die XFEL-Tunnel 5,777 Kilometer lang.

Bei dem Röntgenlaser schießt ein Injektor in Bahrenfeld die Elektronen in die etwa 2,1 Kilometer lange Beschleunigerstrecke, aus der sie in derzeit drei fächerförmig angeordnete, je etwa 100 Meter lange Undulatorstrecken geleitet werden. Hier werden die Elektronen des Strahls in Schwingungen versetzt und so zur Aussendung von Röntgen-Synchrotronstrahlung angeregt, die in die unterirdische, 4.500 Quadratmeter große Experimentierhalle in Schenefeld geleitet wird.

Die erforderliche hohe Steifigkeit der Bauwerke, die als schnurgerade Tangenten in die gebogene Erdkruste gelegten Tunnel, der Brandschutz und die Fluchtwege für das Wartungspersonal boten besondere Herausforderungen. Auch der Strahlenschutz sowie ein spezielles Erdungskonzept zur Ausbildung Faraday'scher Käfige waren zu berücksichtigen. Ein beengtes Baufeld, setzungsempfindliche Anlagen in unmittelbarer Nähe der bis zu 40 Meter tiefen Baugrube des Injektors, Bauen im Grundwasser und das Queren von drei Trassen mit 110-Kilovolt-Stromleitungen boten weitere Schwierigkeiten. Die unterirdischen Hallen wurden in Schlitzwandbauweise mit Unterwasser-Betonsohle hergestellt, das sechsgeschossige Injektorbauwerk entstand an einem abgeteuften Schacht.

Schon seit 2010 liefert der erneut modernisierte Speicherring Petra III zudem besonders starke und helle Röntgenstrahlung für inzwischen 45 Messstationen. Der Fußboden seiner ersten, knapp 300 Meter langen Experimentierhalle besteht aus der längsten Betonplatte, die bis dahin in einem Stück geschüttet wurde, damit präzise und erschütterungsarme Versuche möglich sind. Wegen des hohen Bedarfs hat Desy den Ring jüngst mit zwei neuen Hallen für zusätzliche Messplätze ausgebaut.

Quellen: VDI-Z (1962, S. 100 ff.), Wayss & Freytag (1962, S. 59 ff.), Morgen (2009), Bardua (2011), Ingenieurbaukunst (2018, S. 62 ff.)

Ein Zirkusbau aus Eisen
Schilleroper
→ 31

Die Schilleroper in St. Pauli ist im Kern ein 1891 eingeweihter Zirkusbau. Phänomenal ist ihre äußerst filigrane Eisenkonstruktion. Etwa 3.000 Menschen hatten in dem zwölfeckigen Bau mit etwa 40 Meter Durchmesser Platz. Seit Jahrzehnten wird um seine Zukunft gestritten.

Ort St. Pauli, Bei der Schilleroper 14-20 / Lerchenstraße
Bauherr Zirkus Paul Busch
Ingenieur AG Hein, Lehmann & Co. (Anton Lehmann), Umbau 1984: Tamm Ingenieure
Architekt Ernst Friedrich Michaelis (Umbauten 1904/05 und 1913), Heinrich Esselmann, Max Gerntke (Umbau 1932)
Baufirma AG Hein, Lehmann & Co.
Bauzeit 1889–1891, Umbauten: 1904/05, 1913, 1931/32, 1984, um 1995

Eine Oper ist die Bühne im Norden von St. Pauli nie gewesen. 1932, nach dem dritten Umbau, nannte der neue Besitzer das vormalige Schiller-Theater so, um es aufzuwerten. Seit 1905 waren dort Revuen, Operetten und auch Boxkämpfe zu sehen – stets auf Spektakel abgestimmte Massenunterhaltung. Am Silvestertag 1939 fiel der Vorhang zum letzten Mal. Seitdem diente der Bau als Kriegsgefangenenlager, Großgarage und Lager, die Anbauten für Gastronomie und ein Wohnheim. Seit 2006 steht der auffällige Kuppelbau leer. Schon seit 1975 streiten sich Stadt, Bürger und Besitzer um seine Zukunft.

Er dokumentiert ein wertvolles Stück Unterhaltungskultur. Vor allem aber ist der Bautyp äußerst selten geworden. Vorbilder für die faszinierend einfache Konstruktion waren Zirkus- und Panoramabauten. Sie zählten mit Gasbehältern und Rundlokschuppen zu den typischen runden Eisenkonstruktionen des 19. Jahrhunderts. Doch Letztere hatten meistens flach gewölbte Schwedler-Kuppeln (siehe S. 148). Ein Zirkusbau dagegen brauchte ein hoch aufragendes Zeltdach für die Außenwirkung. Das galt auch für die Panoramen, die mit ihren riesigen Rundgemälden einst ein Massenmedium waren. Sie brachten dem Publikum berühmte Schlachten oder ferne Kulturen nahe, bevor der Siegeszug des Kinos begann. In Deutschland blieben kein Panorama- und kein Zirkusbau erhalten – außer der Schilleroper.

Diesen »Circus mit Stallgebäuden und Restauration« hatte Paul Busch an der Lerchenstraße (damals Stadt Altona) bauen lassen, um den Zirkusbetrieben am Zirkusweg in St. Pauli Konkurrenz zu machen. Den Auftrag dafür bekam die Aktiengesellschaft Hein, Lehmann & Co. in Berlin. Die von dem Kaufmann Max Hein und dem Ingenieur Anton Lehmann 1878 gegründete »Trägerwellblech-Fabrik u. Signalbau-Anstalt« war die erste in Deutschland, die in Lizenz Wellblech herstellte. Mit diesem hochmodernen Baustoff kleideten sie den Zirkusbau ein, versteiften damit im Inneren auch die Unterbauten der wohl für 3.000 Besucher ausgelegten Tribünen. Das Wellblech und die modularen Teile aus Schweißeisen für das leichte, auffallend filigrane Fachwerk wurden in der Fabrik vorgefertigt und auf dem Bauplatz nur noch vernietet. Der damals relativ neue Baustoff Eisen bot in den Tragwerken ein günstiges Verhältnis von Eigen- zu Nutzlast. Damit wurden Hallen in bis dahin unbekannter Größe möglich.

Konzeptionelles Vorbild war das klassische Zirkuszelt mit einer Manege und steil aufsteigenden

Zuschauerrängen. Firmeninhaber Anton Lehmann entwarf für den Zirkus Busch einen zwölfeckigen Bau mit etwa 40 Metern Durchmesser. Zwölf kreisförmig angeordnete Stützen und daran anschließende Fachwerkbinder tragen das Zeltdach mit einem Durchmesser von etwa 29 Metern. Diese Träger laufen am Fuße der Dachlaterne zu einem Druckring zusammen. Zwischen Bindern und Stützen steifen Stäbe die Konstruktion aus. Drum herum schließt sich die Konstruktion des niedrigeren Pultdaches an. Eine wichtige aussteifende Funktion für die Dachstützen und damit für das gesamte Tragwerk übernimmt der eiserne Unterbau. Als Tribünenträger fungierende Walzprofile laufen von den äußeren Pultdachstützen schräg nach unten zur Manege und treffen sich an einem Ringfundament.

Dieses Tragwerk blieb auch nach etlichen Umbauten im Kern erhalten. Denn schon 1899 übernahm Paul Busch den Zirkus Renz in St. Pauli und verkaufte seinen Zirkus an der Lerchenstraße 1904 an den Architekten Ernst Friedrich Michaelis, der ihn zu einem Theater umbauen ließ. Dafür wurden einige Ränge für die Bühne entfernt. 1913 bekam der Bau sogar ein in die Rotunde eingesetztes Bühnenhaus, das im Zweiten Weltkrieg zerstört wurde. An der Stelle wurde der Bau 1984 und um 1995 um eine dem Ursprungsbau nachempfundene Neukonstruktion (mit aufgeklebten Nieten) ergänzt.

Quellen: db (1887, S. 193 ff.), Bauwelt (1933, Heft 23, S. 1 ff.), Lorenz (2007), Prokop (2012), Rees (2010), Rees (2016), Angaben Denkmalschutzamt Hamburg (2016), Architektur HH (2017, S. 162 ff.), Industriekultur (4.20, S. 20 ff.)

← *An Stelle des im Krieg zerstörten Bühnenhauses bekam die Schilleroper eine neue, dem Original angepasste Stahlkonstruktion in Weiß. (2009)*
↓ *Das Foto von etwa 1889 zeigt die Schweißeisenkonstruktion und ihre Erbauer.*

Freie Sicht für alle
Hamburgische Staatsoper
→ 32

Das Zuschauerhaus der Staatsoper bot im Theaterbau etwas Neues: eine glasklare Form sowie schubladenartige Logen für eine gute Sicht. Dabei war der Platz ziemlich knapp. Mit speziellen Stahlbetonkonstruktionen wurde die Aufgabe gelöst.

Ort Neustadt, Dammtorstraße 28
Bauherr Freie und Hansestadt Hamburg
Ingenieur Adolf Linnebach (Bühnentechnik), Wilhelm Bültmann und Fritz Grebner (Zuschauerhaus)
Architekt Distel und Grubitz (Bühnenhaus), Gerhard Weber (Zuschauerhaus)
Baufirma Wayss & Freytag AG, Bauhütte »Bauwohl«, Stahlbau: Flender AG (Bühnenhaus); Lenz-Bau AG, Stahlbau: H.C.E. Eggers & Co. (Zuschauerhaus)
Bauzeit 1925/26 (Bühnenhaus), 1953–1955 (Zuschauerhaus)

Vergleichsbeispiel
Neue Flora in Altona-Nord, Alsenstraße 2; Bj. 1989/90, Musical-Theater mit 2.000 Sitzplätzen (Zuschauerraum Spannweite 34 Meter) mit Randbebauung für Büros, Läden, Gastronomie und Tiefgarage; Ingenieure: Büro Windels – Timm – Morgen; Architekt: Büro Kleffel, Köhnholdt, Grundermann; Quelle: AIV (1994)

↗ Damit sie drinnen größer erscheinen, wurden die beiden unteren Foyers der Staatsoper großflächig verglast. (um 1955)
→ Die quasi »schwebend« in den Zuschauersaal ragenden Logen hängen an vertikal verlaufenden Rahmenstielen. (um 1955)

Zehn Jahre nach dem Zweiten Weltkrieg leistete sich die Stadt einen unerhört modernen Neubau für die Hamburgische Staatsoper. Die beiden nahezu stützenfrei wirkenden Glasfoyers an der Dammtorstraße und die steil über vier Etagen angeordneten Logenschlitten im Zuschauerraum waren in aller Munde. Es war ein schickes Ranglogen-Theater entstanden, das klare Kanten zeigte und funktional überzeugte – abgesehen von den knappen Verkehrsflächen. Sie sind auch dem zu kleinen Bauplatz geschuldet. Nun endlich war dem Publikum die gute Sicht zur Bühne wichtiger als die gesellschaftliche Selbstdarstellung in geschlossenen Balkonen. Allerdings blieben die aus höfischer Tradition entstandenen Logen in einer modernen Variante bestehen.

Das vom eisernen Vorhang geschützte Bühnenhaus war im Zweiten Weltkrieg erhalten geblieben. Es war 1925/26 mit einer statisch übersichtlichen Konstruktion aus Stahlskelettrahmen als Ersatz für einen Vorgängerbau errichtet worden. Der Brandschutz und eine Doppelstockbühne waren für diesen Neubau treibend gewesen. Doch das Zuschauerhaus wurde im Krieg zerstört, in die Ruine wurden nach 1945 nacheinander zwei Provisorien eingebaut. Damit standen Bühnenöffnung und Grundstücksgröße auch für den Nachkriegsbau fest. Außerdem wurden eine gute Akustik und eine freie Sicht für alle Zuschauer erwartet. Deshalb musste »ein möglichst günstiger Kompromiss gefunden werden«, schrieb Bauingenieur Wilhelm Bültmann zum Konzept des Architekten Gerhard Weber. Eine Kommission hatte Webers Entwurf wegen dessen klarer und selbstständiger Form zur Ausführung empfohlen.

Das neue Haus wurde ein etwa 30 Meter hoher Stahlbetonbau mit zwei vollwertigen Untergeschossen. Um möglichst viel Raum zu schaffen, befinden sich die unscheinbaren Eingänge an den Seiten. Und die beiden unteren Foyers (das obere liegt in der Bauflucht) kragen zu drei Seiten aus: um 3,50 Meter als Laubengang über den Bürgersteig der Dammtorstraße sowie 2,40 Meter über die Gehwege der Großen und der Kleinen Theaterstraße. Dennoch sind die Foyers schmal. Damit sie größer erscheinen, wurden sie flächig verglast. Getragen werden sie von dünnen, gut sichtbaren Betonstützen mit Stahlrohrmantel. Unter dem Bürgersteig liegende Strebewerke leiten die Lasten der äußeren Stützenreihe in das Fundament ab.

Der für 1.649 Besucher konzipierte Zuschauerraum – bis zu 28,40 Meter breit und bis zu etwa 16 Meter hoch – ist im Grundriss ein Sechseck. Die leicht gekrümmte Rückwand aus Stahlbeton ist zweischalig und wurde durch Rippen ausgesteift, aus denen die Träger der freitragenden Ränge auskragen. Die Hohlräume in der Wand und die Zwischenböden unter dem Parkett nehmen Klimakanäle auf. Die Seitenwände des Zuschauerraums werden ebenfalls durch Querwände, Decken und Treppen ausgesteift. Trotzdem vermochte diese Konstruktion nicht die Kragmomente der Logen aufzunehmen. Sie ragen nämlich weiter in den Raum hinein als beim Vorbild, der 1951 eingeweihten Royal Festival Hall in London.

Dennoch sollte die Stützenfreiheit im Parkett gewährleistet sein. Die Lasten mussten also an anderer Stelle abgeleitet werden: Die 20 Logen pro Seite, auf vier Ränge verteilt, wurden mit ihren Wangenträgern an Rahmenstiele gehängt, welche als Teil der Trennwand hinter den Logen von der Dachkonstruktion bis zur Unterkante des 1. Ranges führen. Über Stahlbetonriegel sind sie biegesteif mit der Seitenwand des Zuschauerraums verbunden. Da die hier für die Lastübertragung zur Verfügung stehenden Querschnitte begrenzt sind, wurden die Rahmen-

stiele zusätzlich an die Binder der Dachkonstruktion gehängt.

Die Stahlfachwerkbinder unter dem Dach liegen auf den Seitenwänden des Zuschauerraums auf und tragen außer dem Teilgewicht der Rahmenstiele für die Logen auch das Dach, die Decke und die Laufstege für die obere Bühnenbeleuchtung. Dafür wurde die Saaldecke unkonventionell ausgeformt. Ohnehin wurde der trichterförmig ausgebildete Zuschauerraum auf eine gute Akustik ausgerichtet. Die gleichmäßig verteilten Logen und Ränge mit ihren kantigen Formen, die schräg gestellten Proszeniumswände und die stark profilierte Decke bewirken aus Sicht des Architekten eine vorteilhafte Schallstreuung.

Quellen: db (1927, S. 57 ff.), Stahlbau (1929, S. 85 ff.), Baukunst (11/1952, S. 28 ff.), Beton (1955, S. 299 ff.), Krieger (1995), Architektur HH (1996, S. 122 ff.)

↑ Das Zuschauerhaus der Staatsoper kragt auf drei Seiten über die Bürgersteige aus. (2019)
↓ Der Platz ist knapp und doch passt alles hinein: Foyers, Garderobe und Zuschauersaal für 1649 Besucher.

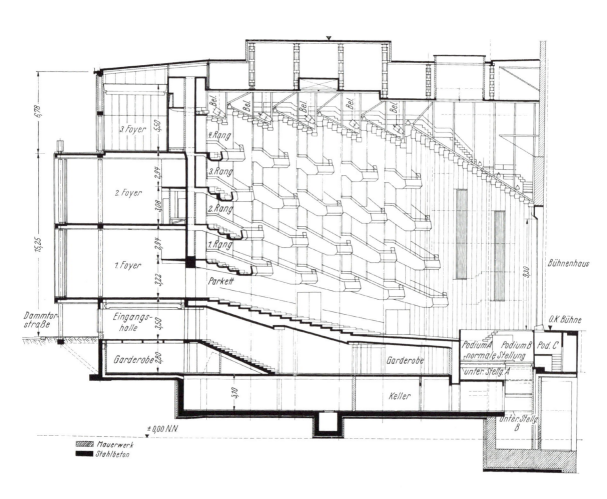

Altes Betonskelett mit neuem Theatersaal
Bieberhaus und Ohnsorg-Theater
→ 33

Gleichmäßige Stützenreihen prägen das Innere des Bieberhauses am Hauptbahnhof, ein 1909 eingeweihter Betonskelettbau. 2011 zog das Ohnsorg-Theater in das Kontorhaus ein. Für dessen neuen, vibrationsarm gelagerten Saal musste das alte Tragwerk verändert werden.

Ort St. Georg, Heidi-Kabel-Platz 1 / Ernst-Merck-Straße 9
Bauherr Konsortium Bieberhaus, Umbau: Alstria Office Reit AG
Ingenieur / Baufirma Sachs & Pohlmann (Ingenieur Neubauer), Umbau und Sanierung: Büro Wetzel & von Seht
Architekt Rambatz & Jolasse, Umbau und Sanierung: Büro Dinse, Feest, Zurl
Bauzeit 1908/09, Umbau: 2010/11, Sanierung Ostseite: 2017/18

Mit zwei Innenhöfen füllt das 33,70 Meter breite und 85,30 Meter lange Bieberhaus seit 1909 einen trapezförmigen Straßenblock. Der nach dem Leiter der einst dort stehenden Schule benannte Bau besticht mit einer fast schnörkellosen Modernität. Dabei waren die Architekten damit nicht glücklich. Hier war zunächst ein Hotel geplant, ehe sich die Investoren für ein Kontorhaus entschieden. Mit Rücksicht auf den Hauptmieter, das mit eigenen Eingängen sowie einer Galerie ausgestattete Bieber-Café, wurde das Hochparterre des neungeschossigen Gebäudes (mit Keller) höher ausgeführt als zuerst beabsichtigt. Und die Fassade habe sehr darunter gelitten, dass die Behörde alle Vorsprünge im Grundriss unter Hinweis auf Verkehrsrücksichten ablehnte, bedauerte Architekt Johann Gottlieb Rambatz.

Zudem wurde das zunächst geplante Schmiedeeisenskelett durch ein Eisenbetonskelett ersetzt, dies auf Einzelfundamenten gegründet und eine Fassade aus (Beton-)Kunststein davorgesetzt. Das Tragwerk aus Eisenbeton erwies sich als billiger. Wenige Reihen von Stützen mit Deckenspannweiten von bis zu 14,35 Metern prägen es. Auch das zweigeschossige Mansarddach wird von Rahmen aus Eisenbeton gehalten. Doch das historische Tragwerk ließ sich für eine veränderte Nutzung des östlichen Hausteils ab 2018 kaum berechnen. Deshalb ermittelte das Ingenieurbüro Wetzel & von Seht die Tragfähigkeit der Decken experimentell. Sie erwies sich als relativ gut.

Zum Bieberhaus gehörten auch Kinos. Das 1910 eröffnete »City-Theater« befand sich im Erdgeschoss an der Ecke Ernst-Merck-Straße und Kirchenallee. Wegen des knappen Platzes hatte man es zwischen die Stützen über Eck in das Haus gesetzt: Von den beiden rechtwinklig zueinander angeordneten Rängen konnten die Zuschauer so nur im 45-Grad-Winkel auf die in der Hausecke angebrachte Leinwand sehen. Spätestens 1934 wurden das Kino sowie das Bieber-Café geschlossen. Im westlichen Innenhof gab es von 1979 bis 2006 ein weiteres Kino. Dort zog nun das Ohnsorg-Theater ein – allerdings mit viel höherem Raumbedarf.

← Wegen des unterirdischen S-Bahn-Verkehrs auf der Nordseite des Hauptbahnhofs wurde der neue Theatersaal im Bieberhaus vibrationsarm gelagert. (2016)

↑ Wenige Stützen mit Deckenspannweiten von bis zu 14,35 Metern prägen das Tragwerk aus Eisenbeton. (2016)
↓ Das Theater mit Bühne und Zuschauerraum ist etwas größer als der alte Innenhof des Bieberhauses: Deshalb wurden Lasten umgelagert sowie neue Decken und Stützen eingebaut.

Dafür wurden über vier Stockwerke verteilt fünf verschränkte, sich zum Teil überlagernde Nutzungsbereiche eingebaut. Dazu gehörten ein Theatersaal mit Bühne und ein Zuschauerraum (mit Rang) für 412 Plätze. Auch eine Studiobühne und das Foyer, Treppen und Aufzüge sowie Lüftung, Büros und Betriebsräume sind Teil des Theaters. Die Werkstätten zogen auf die andere Seite in den östlichen Innenhof: die zweite große stützenfreie Fläche des Hauses.

Der westliche Innenhof reichte für den neuen Theatersaal nicht aus. Deshalb wurden zwei alte Stützen an der Wand zum Hof und zwei in der Ecke des Hauses (im Bühnenbereich) abgeschnitten und deren Last über Stahlbetonscheiben beziehungsweise Unterzüge aus Stahl auf neue Stahlstützen umgelagert. Im Zuschauerraum dagegen wurde eine alte Stütze wegen der nun größeren Knicklänge durch eine (gleichzeitig dünnere) Verbundstütze ersetzt. Schließlich mussten die Decken der unteren drei Geschosse verstärkt werden, um größere Lasten aufzunehmen.

Das Bieberhaus steht zudem über der Einfahrt in den Alstertunnel der S-Bahn. Da selbst geringe Geräusche im Theater stören, wurde der Saal zweischalig aus Stahlbeton neu gebaut. Er lagert – bis auf den Zuschauerrang – nun vibrationsarm auf 35 Stahlfedern. Dem Grundriss des Saals folgend, verläuft ein großzügiger Zwischenraum für Eingang und Foyer mal weit, mal schmal über zwei Ebenen, durch eine Freitreppe miteinander verbunden, die Hausfassade entlang. Seine Fensterreihen bieten einen reizvollen Ausblick auf die Stadt.

Mit diesen Umbauten wurde das Haus zehn Prozent schwerer. Deshalb wurden die alten Fundamente im Düsenstrahlverfahren unterfangen. Und die Außenwand des Theatersaals sowie die abgefangenen Stützen bekamen extra Mikropfähle als neues Fundament. Ausgeführt wurden die Arbeiten behutsam im Bestand und während des alltäglichen Betriebs: Dabei konnte in den Büros und Läden im Ostteil des Hauses normal weitergearbeitet werden.
Quellen: db (1910, S. 132), Töteberg (2008), Architektur HH (2012, S. 72 ff.), Angaben Wetzel & von Seht (2017)

Konzerte und Wohnen unter einem Dach
Elbphilharmonie
→ 34

Die Elbphilharmonie ist ein stattliches Hochhaus mit zwei Konzertsälen im Glasaufsatz. Doch daneben gibt es Wohnungen und ein Hotel. Nur mit viel bautechnischem Aufwand ließen sich diese Ansprüche unter einem Dach zusammenbringen.

Ort Hafencity, Platz der Deutschen Einheit 1 (Am Kaiserkai)
Bauherr Elbphilharmonie Hamburg Bau GmbH & Co. KG der Stadt Hamburg
Ingenieur Schnetzer Puskas International AG
Architekt Herzog & de Meuron Architekten AG
Baufirma Hochtief Solutions AG
Bauzeit 2007–2016

↓ Anstelle des Kaiserspeichers von 1875, der in einfacher Form 1966 als Kaispeicher A neu gebaut wurde, markiert die Elbphilharmonie den Eingang zu den älteren Hafenteilen (rechts) mit der Speicherstadt. (2016)

Die 2003 vorgestellte Idee war bestechend. An prominenter Stelle im Hamburger Hafen, auf dem Dach eines alten Schwergutspeichers, sollte ein doppelt so hoher Glaskörper mit Konzertsaal den Wandel der Hafenstadt symbolisieren: zwischen Himmel und Elbe schillernd, mit einem wie Meereswellen geformten Dach. Im Speicher selbst sollten Technik und Parkplätze Platz finden. Doch im Detail erwies sich das Konzept als schwierig umsetzbar. Und dann kamen als weitere Funktionen Wohnungen und das als Einnahmequelle für das Projekt deklarierte Hotel ins Spiel. Die Kritik daran: Vieles sei vorher nicht bedacht worden, »weil man anfing, ohne genau zu wissen, was man will – und wer das bezahlt«.

Technisch war das Ganze durchaus lösbar. Aber der Aufwand wurde im Laufe der Planung immer größer, der über dem Wasser bis zu 110 Meter hohe Bau damit schwerer – und schließlich viel teurer als gedacht: Statt zunächst geschätzter 77 Millionen Euro kostete die Elbphilharmonie 865 Millionen Euro. Und statt im Jahr 2010 wurde sie am 11. Januar 2017 eröffnet.

Mit 26 Geschossen und einer Bruttogeschossfläche von etwa 120.000 Quadratmetern hat der Stahlbetonbau ein Gewicht von etwa 200.000 Tonnen. Dank seiner relativ hohen Tragfähigkeit hätte der alte Speicher viel ausgehalten – das doppelte Gewicht obendrauf war dann aber doch zu viel. Deshalb wurde er entkernt und an der Stelle neu gebaut.

Ursachen dafür waren der gestiegene Flächenbedarf sowie der Schallschutz. Wohnungen und Hotel vertragen sich eben nicht ohne Weiteres mit Konzertsälen und Parkhaus daneben.

Das Backsteinkleid im unteren Teil gehört noch zu dem vom Architekten Werner Kallmorgen entworfenen Kaispeicher A: Nachfolger für den im Bombenhagel 1943 größtenteils zerstörten Kaiserspeicher. Der hatte seit 1875 auf der Spitze zwischen Sandtor- und Grasbrookhafen die Einfahrt des damals hochmodernen Hafens markiert und war das erste große Lagerhaus der Stadt. Ihm folgte 1966 die moderne Variante eines Stückgut-Lagerhauses mit 25.000 Quadratmetern Fläche. Dieser Stahlbetonskelettbau mit fünf Geschossen konnte bis zu zwei Tonnen je Quadratmeter tragen. Eingelagert wurden dort über Wochen oder auch Jahre vor allem Kakao, aber auch Kaffee und andere Sackware. Obwohl der Kaispeicher A am seeschifftiefen Wasser stand, war er für das Löschen von ganzen Schiffsladungen schon bald zu klein. Und dann machte ihn der Container, also der Wandel in der Stückgut-Logistik, überflüssig.

Charakteristisch für den Kaispeicher A ist sein monumentales Äußeres mit großflächigen Ziegelwänden und trapezförmigem Grundriss. Im Osten ist der Bau 85 Meter, im Westen nur 21 Meter breit, die Fronten sind 108 Meter (Süden) und 126 Meter lang. Auch die Elbphilharmonie ruht auf den 1.111 Ortbeton-Rammpfählen des alten Speichers. Zwischen 15 und 19 Meter lang, stehen sie auf dicht gelagertem Sand. Ihre Tragfähigkeit nahm seit seinem Bau um mindestens 30 Prozent zu. Zum einen führte das beträchtliche Pfahlvolumen zu einer Verdichtung des Untergrundes, zum anderen verdichtete die Tide mit ihrem ewigen Auf und Ab den Sandboden.

Somit musste für die Gründung weniger Aufwand betrieben werden als gedacht. Wegen der hohen Gewichtszunahme der Elbphilharmonie wurden dennoch 620 neue Betonpfähle zwischen die alten in den Untergrund getrieben.

Auf den Pfählen ruht nun eine neue Pfahlkopfplatte, welche die Lasten des Gebäudes verteilt. Denn das Konzept des Altbaus mit seinem Stützenraster von 4,00 mal 5,50 Metern passte nicht zum Neubau mit seinen konzentrierten Punktlasten. Zwei Drittel des Raumes im Sockel nimmt ein Parkhaus mit mehr als 500 Autostellplätzen ein. Eine halb offene Spirale erschließt es zwischen seinem Untergeschoss und dem fünften Obergeschoss.

Hochhäuser lassen sich preiswert bauen, wenn ihr Tragwerk in jedem Geschoss gleich ist. Wegen der spektakulären Architektur und der stützenfreien Konzertsäle gelang eine gleichförmige Lastverteilung in der Elbphilharmonie aber nur zum Teil. So stehen schief stehende Stützen, geschwungene Treppen, eher organisch geformte Räume, mehrere Voids (Lichthöfe) und die wellenförmige Dachlandschaft dem durchgängigen Raster entgegen. Die Horizontalkräfte des Windes fangen drei aussteifende Treppenhauskerne aus Stahlbeton auf. Außerdem nehmen regelmäßige Stützenreihen und unregelmäßig verteilte Pfeiler die vertikalen Lasten auf. Gegen einen Schiffsanprall gesichert, liegen tragende Teile zudem weit im Inneren.

Fußgänger gelangen über eine 82 Meter lange, durch den Sockel führende Rolltreppe nach oben und fahren mit einer zweiten Rolltreppe (20 Meter lang) zur umlaufenden Gebäudefuge. Die Fuge trennt die Oberkante des alten Kaispeichers in 37 Metern Höhe von dem doppelt so hohen Glasaufbau. Die dortige Plaza bietet Panoramablicke über den Ha-

↖ *Wegen ihrer Höhe von 110 Metern ist die Elbphilharmonie weithin sichtbar, wie hier von Steinwerder aus. (2016)*
↗ *Zwischen den Wohnungen (links) und dem Hotel befindet sich im Glasaufsatz der Große Saal.*
→ *Große Teile des Tragwerkes der Elbphilharmonie bestehen aus – heute nicht mehr sichtbarem – Stahl, hier ein Blick während des Baus in den Großen Saal. (2008)*

BILDUNG, FORSCHUNG, KULTUR   177

1 Haupteingang
2 Rolltreppen
3 Parken
4 Kaistudios
5 Konferenzbereich
6 Restaurant
7 Aussicht
8 Plaza
9 Void Plaza
10 Kleiner Saal
11 Foyer
12 Großer Saal
13 Reflektor
14 Ansaugbauwerk
15 Konstruktionsraum
16 Hotel
17 Void Hotel
18 Wohnen
19 Void Wohnen

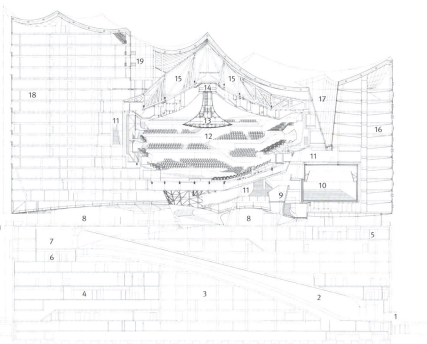

fen und dient als Zugang für die Hotellobby sowie das weiträumige Foyer der beiden Konzertsäle. Als Mantelbebauung der Konzertsäle dienen 45 großzügige Appartements auf der Westseite und ein Hotel mit 243 Zimmern auf 14 Ebenen im Osten.

Stützen würden die optische Wirkung der Gebäudefuge stören. Die Vertikalkräfte der darüberliegenden Geschossränder wurden deshalb mittels geneigter, durch drei Geschosse verlaufende Stützen auf die dahinterliegende Stützenreihe geführt. Die Ränder dieser drei Geschosse hängen quasi an den Geschossen darüber. Wegen der schmalen Westseite des Gebäudes aber drohte die vertikale Last für wenige Stützen zu groß zu werden. Deshalb gibt es hier über der Fuge einen um die Hausecken verlaufenden, zum Teil vorgespannten Fachwerkträger, der die Kräfte mit Diagonalen auf die hintere Stützenreihe einleitet.

Eine geometrische wie konstruktive Ausnahme ist der Große Saal. Wie ein Riesenei sitzt der mit seiner Akustik und skulpturalen Gestalt wohl spektakulärste Konzertsaal des Landes mitten im Glasaufsatz in einer Schale. Über Foyer und Plaza erstreckt er sich über zehn Geschosse und hat es in sich: Einerseits müssen Spannweiten von mehr als 50 Metern gemeistert werden, andererseits benötigt die hervorragende Akustik viel Masse als Schwingungsdämpfung. Somit ist dieses Ei 12.500 Tonnen schwer geworden. Konstruiert wurde es wie ein Schiff mit Spanten, welche die akustisch erforderliche dicke Betonschale tragen.

Drinnen steigen die unregelmäßig geformten Ränge um das Orchesterpodium herum auf fünf Ebenen steil an. Der höchste Platz liegt 17 Meter über dem Parkett. Jeder der bis zu 2.100 Zuschauer soll maximal 30 Meter vom Dirigenten entfernt sein. Gleichzeitig musste der Saal schalltechnisch vom Gebäude entkoppelt werden, damit die Besucher nicht von Schiffssirenen gestört werden und die Hotelgäste nichts von den Konzerten merken. Der Konzertsaal wurde deshalb als »Box in der Box« konzipiert: Die innere Struktur ruht auf 342 Stahlfederpaketen – und wird im Dachbereich von weiteren 34 Federn in der Waage gehalten.

Für die Akustik des Großen Saals sind Raumgeometrie und Materialien sowie die Oberflächenstruktur entscheidend. Denn mit ihr lässt sich der Schall relativ gezielt streuen. Dafür wurde der Spritzbeton-Unterbau aller Flächen mit einer »weißen Haut« überzogen: Eingebaut wurden 10.000 strahlend helle Gipsfaserplatten – etwa 60 mal 70 Zentimeter groß und bis zu 125 Kilogramm schwer. Jede hat eine individuell gefräste Oberfläche und schluckt oder reflektiert den Schall ganz unterschiedlich. In der Nähe gibt es noch den Kleinen Konzertsaal mit 550 Plätzen und im Sockel das Kaistudio für bis zu 170 Besucher.

Die Außenschale über dem Großen Saal wird von einem Stahlverbund-Raumfachwerk mit Konstruktionshöhen zwischen zwei und neun Metern und einer aufgelagerten Betonschale gebildet. Es muss Lasten aus dem Gebäudedach, der Technikebene und der Innenschale aufnehmen. Darüber erhebt sich das aus acht wellenförmig angeordneten Kugelteilflächen gebildete Dach: Sein tiefster Punkt liegt bei 79,10 Metern über dem Wasser, der höchste bei 110 Metern. Gehalten wird es von 1.000 gekrümmten Dachträgern – jeder ein Unikat. Darüber hält eine Rohrkonstruktion die runden Aluminiumlochbleche der Dachlandschaft fest: Etwa 5.800 dieser Pailletten mit Durchmessern zwischen 0,90 und 1,10 Metern verleihen der fünften Fassade ihr ikonisches Muster.

Die kristallin wirkende Glasfassade des Aufsatzes reagiert empfindlich auf Verformungen. Deshalb musste das stählerne, an die Geschossdecken gehängte Tragwerk der Fassade bei der Montage der jeweils etwa 1,2 Tonnen schweren Glassegmente mit Hilfe von Hydraulikzylindern dem Baufortschritt entsprechend vorgespannt werden. Jedes dieser 1.089 Fassadenteile, 4,30 Meter breit und 3,35 Meter hoch (es gibt einige noch größere), ist ein Unikat. Denn jede Scheibe hat ein anderes Raster aus basaltgrauen Punkten für den Sonnenschutz sowie Chrompunkten für einen Spiegeleffekt. Diese fünf Zentimeter starke Glashaut war auch fertigungstechnisches Neuland. Sie setzt sich aus jeweils zwei miteinander verbackenen Scheiben zusammen, die man zuvor

↗ *Das Schema zeigt die Bauphasen mit den vielen Stützen im Sockelbau, den drei das Ganze aussteifenden Ireppenhauskernen und dem dazwischen im Glasaufbau eingesetzten Großen Saal.*
→ *Unregelmäßig geformte Räume und schief gestellte Stützen prägen das Innere der Elbphilharmonie. (2010)*

BILDUNG, FORSCHUNG, KULTUR 179

bedruckt, beschichtet und gebogen hat. Knapp ein Viertel der Fassadenelemente ist verformt, einige lassen sich von Hotelgästen öffnen, andere bilden Loggien für die Bewohner. Noch nie zuvor war Glas entlang einer Achse derartig gebogen, bedruckt und in einer Fassade verbaut worden.

Quellen: Bautechnik (2006, S. 157 ff., S. 167 ff.), Ingenieurbaukunst (2010, S. 40 ff.), Beton (2011, S. A14 ff.), Stahlbau (2014, S. 3 ff.), Architektur HH (2016, S. 18 ff.), db (5/17, S. 32 ff.), Architektur HH (2017, S. 116 ff.), Ingenieurbaukunst (2018, S. 46 ff.)

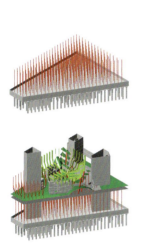

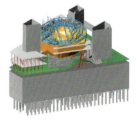

Näher bei Gott
Kirche St. Nikolai
→ 35

Der Turm von St. Nikolai ist der vierthöchste Kirchturm der Welt. Obwohl das 147,88 Meter hohe Bauwerk mitten in der weichen Hamburger Mudde steht, rührt es sich nicht. Dafür sorgen eine gute Lastenverteilung sowie eine Fundamentplatte aus »Hamburger Concrete«.

Ort Altstadt, Hopfenmarkt / Willy-Brandt-Straße 60
Bauherr Kirchengemeinde St. Nikolai, später: Freie und Hansestadt Hamburg
Ingenieur Herman Adriaan van den Wall Bake (Beratung Ursprungsbau), Klaus Pieper (Sanierung 1960), WTM Engineers GmbH (Umbau Keller 2013)
Architekt George Gilbert Scott, Bauführer: Henry Green Mortimer († 29.9.1849 auf der Baustelle), John Burlison, Isaiah Wood (seit 1852), John Little (Taufkapelle), Hopp und Jäger (Sanierung 1953–1962), Richard und Gerhart Laage (1962–1967), Gerhard Hirschfeld mit AC-Architekten (Umbau Keller 2013), Brüggemann – Friedrichsen – Reimers (Sanierung 2013–2017)
Bauzeit 1845–1863, Turm 1874 fertig, 1878–1882 (Taufkapelle), 1943 Kriegszerstörungen, 1951 Kirchenschiff gesprengt, Sanierungen: 1953–1967, ab 1974, 1990–2000, 2013 (Umbau Keller für Museum), 2013–2017

↗ Der Turm ist trotz seiner massiven Wirkung eine hohle Nadel, wiegt aber mit dem Fundament 26.700 Tonnen.
→ Die 1874 weitgehend vollendete Kirche St. Nikolai beherrscht den Hopfenmarkt. 1882 kam die Taufkapelle (rechts vom Turm) hinzu. Die 1846 (im Vordergrund) erbaute Markthalle (siehe S. 28) stand dagegen seit 1889 nicht mehr. (um 1900)

Die Nikolaikirche mit den vielen Figuren und der reichen Werksteingliederung in hochgotischen Formen wirkt in Hamburg befremdlich. Sie passt nicht so richtig in die Stadt der nüchternen Kaufleute. Der Vorgängerbau war 1842 beim Großen Brand zerstört worden. Den Wettbewerb für einen Neubau gewann der Architekt Gottfried Semper 1844 mit einem kuppelbekrönten Zentralbau im Rundbogenstil. Dennoch ließ die Kirchengemeinde den drittplatzierten Entwurf des erst 33 Jahre alten englischen Architekten George Gilbert Scott bauen. Dies war ganz im Sinne des Publikums, das den Bau mit Spenden stark unterstützte.

Zum ersten Mal waren Bürger hier in einen demokratischen Planungsprozess einbezogen. Scott hatte eine konventionelle Wegkirche mit Einturm und Basilika entworfen. Die Gemeinde war eine Hochburg der Erweckungsbewegung, die an die Stelle des lutherischen Rationalismus fromme Empfindung setzen

KIRCHEN 181

wollte. Außer diesen Pietisten dürfte ein verbreitetes romantisch-nationales Gefühl bei der Entscheidung eine Rolle gespielt haben.

Ursache für die in die Höhe strebende Gestaltung der Kirchen war das Bedürfnis der Menschen, näher bei Gott zu sein. Die Sehnsucht geht auf die Gotik zurück: Hoch aufragende Räume triumphierten über die Schwere der Mauersteine. In einem Taumel der Begeisterung entstanden quasi im Wettbewerb außer St. Nikolai in Hamburg der weiter gebaute Kölner Dom und das Ulmer Münster. Für drei Jahre bot die 1874 vollendete Nikolaikirche mit 147,88 Metern den höchsten Kirchturm der Welt. Dann überragten sie die Kathedrale im französischen Rouen (1877 fertig, 151 Meter hoch), der Kölner Dom (1880, 157,38 Meter) und das Ulmer Münster (1890, 161,53 Meter).

Im Gegensatz zu drei anderen Hauptkirchen der Stadt, die auf dem stabilen Sandboden der Geest ruhen, steht St. Nikolai im Schlick der Marsch. Doch lange Pfähle rammen konnte man noch nicht. Deshalb steht der Turm der Hauptkirche St. Katharinen aus dem 13. Jahrhundert auf einer Pallung: kreuzweise verlegten Baumstämmen. Denn der tragfähige Mergel liegt hier mindestens zehn Meter tief. Obwohl der Turm der Katharinenkirche nur 116,70 Meter hoch ist, gab es dort mehrfach Probleme mit Setzungen.

Der Turm von St. Nikolai wurde auf einer 16 mal 16 Meter großen und mehr als drei Meter dicken Sohlplatte flachgegründet. Die Platte wurde in einer etwa 8,50 Meter tiefen, mit Pumpen grundwasserfrei gehaltenen Baugrube schichtweise zwischen Pfahlwände geschüttet. Sie besteht aus »Hamburger Concrete«. Der schon aus dem Mittelalter bekannte Baustoff bestand in diesem Fall aus Kies, geschlagenen Ziegeln und einer Mischung aus pulverisiertem Lüneburger Kalk, Elbsand und Trass. Für den Bau hatte sich Scott, der als breit gebildeter Baumeister auch technisches Wissen besaß, von dem Niederländer Herman Adriaan van den Wall Bake (1809–1874) beraten lassen. Bake erläuterte ihm 1845 detailliert, worauf bei den Mörtelmischungen für den Bau unter Wasser zu achten ist, schrieb die Historikerin Antje Fehrmann. Der in Utrecht ansässige Bake war seit 1842 Ingenieur bei der Rhein-Eisenbahn Amsterdam–Arnheim.

Zwischen den Concrete-Schichten der Platte wurden zudem in einer Entfernung von etwa 0,60 Metern »durchlaufende diagonale Streifen von sehr dünnem Bandeisen parallel neben einander gelegt«, schrieb die Allgemeine Bauzeitung 1848. Sie stießen ohne feste Verbindung nur stumpf zusammen, lagen kreuz und quer, waren an beiden Enden gekrümmt. »Dieses Verfahren soll in England öfters angewendet werden«, hieß es. Damit wurde bei St. Nikolai schon 1846 mit einer Art armiertem Beton gearbeitet – 21 Jahre bevor Joseph Monier seine Pflanzkübel aus Eisenbeton zum Patent anmeldete.

Doch während des Baus neigte sich der mit dem Fundament 26.700 Tonnen schwere Kirchturm von St. Nikolai etwas. Offensichtlich waren die Lasten auf der Sohlplatte nicht ausreichend zentriert worden, sodass die Gründung etwas verkippte. Sodann wurden die Fundamente verstärkt. Mit dem Bau war im Oktober 1845 begonnen worden. Das Richtfest fand am 18. Oktober 1859 statt, der erste Gottesdienst am 24. September 1863. Beim Bau wurden schwere Werkstücke bereits mit Loren verschoben. Zudem wurde 1864 eine Dampfwinde für den Turmbau angeschafft. Der Turm galt am 26. August 1874 als fertiggestellt, die letzten Gerüste wurden aber erst 1876 abgenommen.

Allerdings neigte sich der Turm weiter: bis 1883 an der Spitze insgesamt um 0,11 Meter nach Süden. Es gab auch Risse im Mauerwerk. Deshalb bekam der Turm schon 1877/78 auf der Südseite einen Strebepfeiler vorgesetzt; zusätzlich wurden im Keller Stützen eingebaut und die Gurtbögen der beiden dem Turm zugewandten Gewölbe mit Mauerwerk unterfüttert. Um den nachträglich errichteten Pfeiler zu verkleiden, entstand bis 1882 die Taufkapelle. Seitdem steht das Bauwerk fest.

Im weichen Marschboden waren die Baumeister darauf bedacht, die Lasten gut zu verteilen, um unterschiedliche Setzungen zu vermeiden. Beim Bau wurden seit Langem bekannte Techniken miteinander kombiniert. Statt massiver Mauern gibt es vielfach ein filigranes Skelett aus Strebewerken, Rippen, Bögen und Gewölben. Dazu gehören Contrebögen (umgekehrte Bögen, mit dem Rücken nach unten) unter den Außenwänden des Langhauses. Eine strenge Vertikaldominanz bestimmt die Turmkonstruktion. Der Querschnitt des Turmquadrats bleibt bis zu einer Höhe von fast 100 Metern nahezu konstant. Dann beginnt die konisch zulaufende, durchbrochene, 50,60 Meter hohe Turmspitze.

Ursprünglich strahlte die Kirche hell-gelb. Denn ihr Mauerwerk besteht außen aus dem harten Osterwalder und Obernkirchener Sandstein, im Inneren wurde der weichere Postelwitzer Elbsandstein verwendet. Mit dem Naturstein harmonieren die bis zum mächtigen Hauptgesims eingebauten gelben Verblendziegel aus Kellinghusen an der Stör und aus Pahlhude (Eider). Das Hintermauerwerk, die Grundmauern und der Keller bestehen aus roten Ziegeln aus dem Raum Rathenow (Havel).

Vorwiegend bronzene Klammern und Ringanker aus Schmiedeeisen halten das mit Mörtel verfugte Mauerwerk zusammen. Wie beim mittelalterlichen Dombau stabilisieren diese zugfesten Metallglieder die überwiegend auf Druck tragenden Steine. Der technische Fortschritt während der Bauzeit lässt sich an den verwendeten Mörteln ablesen: Es kam immer mehr Zement statt Kalk (zum Teil mit Schlackezusatz) zum Einsatz. Ohnehin wurde für belastete Bauteile schon früh hochwertiger Mörtel mit dem teureren Romanzement verwendet. Welche Rolle dabei Scotts Freund in Hamburg, der Kaufmann Emil Müller, spielte, ist unklar. Müller vertrat laut Fehrmann die englische Firma Maude & Co., die auch Zement nach Hamburg lieferte.

Bei den Bombenangriffen 1943 wurde St. Nikolai nur zum Teil zerstört. Dennoch wurde das – bis auf die eingestürzten Gewölbe gut erhaltene – Kirchenschiff 1951 gesprengt. Nur Reste der Außenwände und der noch während des Krieges gesicherte Keller blieben stehen: Statt der eingestürzten Gewölbe gibt es dort eine Kappendecke aus Beton zwischen Stahlträgern, die aus zerstörten Gebäuden geborgen wurden. 1953 beschloss die Stadt, aus der Ruine ein Mahnmal für die Opfer von Krieg und Gewaltherrschaft zu machen. Mehrere Anläufe zur Umgestaltung brachten keine greifbaren Ergebnisse.

Unterdessen hat die Stadt die Ruine, vor allem den Turm, viermal instand setzen lassen, zuletzt von 2013 bis 2017. Dabei wurden Witterungsschäden, aber auch durch Sanierungen verursachte Bauschäden behoben. Die den hohlen Turm aussteifenden Holzbalkendecken ersetzte die Firma Heilmann & Littmann AG etwa 1960 durch sechs Decken aus Stahlbeton. Seit 2005 fährt ein Panoramalift Besucher auf eine Aussichtsplattform in 76 Metern Höhe. Außerdem richtete der Förderverein »Mahnmal St. Nikolai« 1998 ein Museum zur Gedenkstätte im Keller ein, das 2013 vergrößert wurde.

Quellen: AB (1848, S. 123 ff.), db (1887, S. 541 ff.), Singer (1932), Plagemann (1984), Fischer (1992), Brüggemann – Friedrichsen – Reimers: Gutachten Mahnmal St. Nikolai (2013), AIV (2015), Hauptkirche St. Michaelis (2016), Fehrmann (2019)

← *Von der im Krieg zerstörten und 1951 zum Teil gesprengten Kirche blieb der Turm neben der Willy-Brandt-Straße als Mahnmal erhalten. (2019)*

Ein kleiner Eiffelturm
Kirche St. Petri
→ 36

Mehr als drei Jahrzehnte dauerte der Wiederaufbau der Hauptkirche St. Petri nach dem Großen Brand 1842. Die Turmspitze ist ein klar gestaltetes Tragwerk aus Schmiedeeisen, quasi ein kleiner Eiffelturm. Sie war ihrer Zeit weit voraus und Vorbild für Funktürme.

Ort Altstadt, Bei der Petrikirche 2
Bauherr Kirchengemeinde St. Petri
Ingenieur Johann Hermann Maack (Kirchenbau), Johann Wilhelm Schwedler mit Ingenieur C. Reimann (Turmspitze)
Architekt Hermann Peter Fersenfeldt, Alexis de Chateauneuf (Kirchenschiff), Friedrich Adler (Turmspitze), Hopp & Jäger (Wiederaufbau Chor)
Baufirma C. Heinrich Martin Bauer (Turmsockel), AG für Eisenindustrie und Brückenbau, vorm. Joh. Caspar Harkort (Turmspitze)
Bauzeit 1844–1849, 1866–1878 (Turm), 1958/59 (Wiederaufbau Chor)

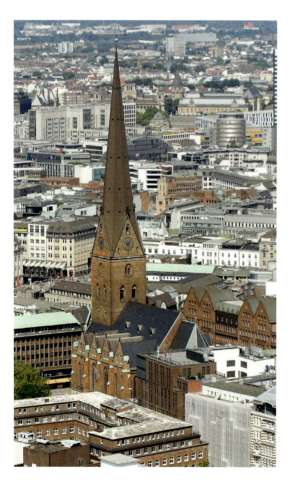

Im 19. Jahrhundert zeigten die Ingenieure, welche großartigen Brücken sie mit Guss- und Schmiedeeisen errichten konnten. Damit war es nur noch ein kleiner Schritt zu einem alten Traum: Türme in den Himmel zu bauen. Denn im Vergleich zu Stein und Holz waren die neuen Baustoffe leichter und leistungsfähiger. So planten die Ingenieure Thomas Curtis Clarke und David Reeves für die Weltausstellung 1876 im amerikanischen Philadelphia den Centennial Tower: einen 1.000 Fuß (305 Meter) hohen Turm aus Schmiedeeisen. Gebaut wurde er nicht. Zudem wäre er wohl wegen der Windschwingungen eingestürzt.

Dann gelang Gustave Eiffel die Sensation zur Weltausstellung 1889 in Paris: Der Eiffelturm war mit seiner Höhe von schließlich 324,82 Metern für lange Zeit das höchste Bauwerk der Erde. Dafür gab es nur wenige und wesentlich kleinere Vorbilder, auch weil der Bedarf fehlte. In Deutschland wurden seit etwa 1840 schmiedeeiserne Turmspitzen errichtet. Die 33,60 Meter hohe Turmspitze der Petrikirche in Berlin von 1853 und der 38,20 Meter hohe Turmhelm der 1890 vollendeten Marienkirche von Hannover zählten bereits zu den großen Exemplaren. Beide wurden im Zweiten Weltkrieg zerstört.

← Der 132 Meter hohe, mitten im Stadtzentrum stehende Turm von St. Petri dient auch als Aussichtsturm. (2013)
→ Der obere Teil der Turmspitze (links) wurde vormontiert, im Inneren der Konstruktion nach oben gehoben und auf den Unterbau (rechts) gesetzt.

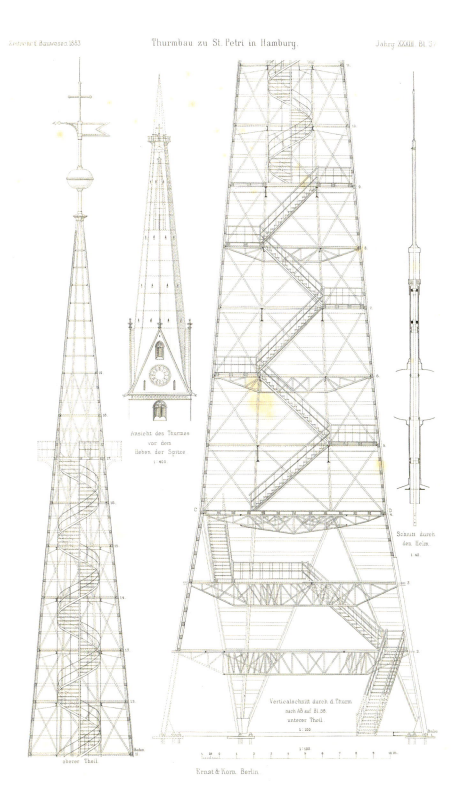

In der Substanz den Krieg überstand der 1860/61 über der Vierung erbaute Mittelturm des Kölner Doms. Mit seiner Höhe von 62,75 Metern und einem lichten Durchmesser von 7,85 Metern im oberen Teil war er damals auch technisch herausragend. Doch im Gegensatz zu der ebenfalls bis heute erhaltenen Turmspitze von St. Petri in Hamburg hat der schmiedeeiserne Kölner Turm einen klobigen Unterbau aus Gusseisen. Damit ist die Kölner Konstruktion 214 Tonnen schwer. Die 71 Meter hohe Turmspitze von St. Petri wiegt dagegen – mit ihren 7,7 Tonnen schweren Treppen – nur 98,74 Tonnen.

Die alte St. Petri war eine vierschiffige Hallenkirche aus dem 14. und 16. Jahrhundert. Nach dem Großen Hamburger Brand 1842 konnten nur Teile der Nordwand und der untere Teil des Turms gerettet werden. Der Wiederaufbau orientierte sich in neogotischen Formen stark am Vorgängerbau und zog sich wegen finanzieller Schwierigkeiten lange hin. 1849 war das Kirchenschiff fertig. Entworfen haben den Bau der künstlerisch orientierte Architekt Alexis de Chateauneuf und der Kollege Hermann Peter Fersenfeldt, der eher die konstruktiven Aufgaben übernahm. Letzteren begleitete der unter anderem für Brücken und Schleusen der Stadt zuständige Bauinspektor Johann Hermann Maack.

Nach dem Tod beider Architekten im Jahre 1853 leitete Maack den Wiederaufbau des Turms alleine. 1866/67 errichtete die Maurerfirma C. Heinrich Martin Bauer den Turm aus Ziegelsteinen neu. Dafür wurden das alte Mauerwerk bis etwa sechs Meter unterhalb des Kirchendachfirstes abgetragen, das Fundament verstärkt und in die Südwestecke des Turms eine Wendeltreppe aus Sandstein eingebaut. Für den Turmhelm entwarfen Maack und der Ingenieur Th. Nagel Eisenskelette, die schlanker waren als die Holzkonstruktion des Vorgängerbaus. Doch dann starb auch Maack 1868. Carl Heinrich Remé und Friedrich Christian Heylmann übernahmen die Bauleitung für den Turm von St. Petri.

Außerdem holten sich die Hamburger externen Rat bei Hermann Lohse in Köln und bei Johann Wilhelm Schwedler in Berlin. Der preußische Baubeamte Schwedler hatte außer Brücken und Hallen eine Vielzahl ambitionierter Dachkonstruktionen entworfen. Sie zählten zu den modernsten schmiedeeisernen Konstruktionen während der Etablierungsphase der Baustatik. Schwedler machte aus der Bautechnik eine Wissenschaft und ebnete dem konstruktiven Ingenieurbau seines Landes den Weg zur Weltspitze, ein Meister des strukturalen Komponierens von eisernen Tragwerken.

Maack dagegen hatte kaum Erfahrung mit schmiedeeisernen Fachwerken. Sein Entwurf beruhte auf dem Muster der früheren Holzpyramide, erläuterte Schwedler 1883. Statt des bei der Holzkonstruktion üblichen Kaiserstiels bestand die Eisenkonstruktion bei Maack aus einer mittleren Blechröhre. Gegen diese wurde die Mantelfläche der Spitze abgesteift. Das Ganze sei jedoch billiger und solider herzustellen, wenn auf den Stiel in der Mitte verzichtet und die tragenden Teile ausschließlich in den Mantel verlegt würden, betonte Schwedler und arbeitete die Konstruktion 1873/74 entsprechend um. Sein Konzept bearbeitete der Ingenieur C. Reimann (Berlin/Wittenberge), in ästhetischen Fragen beriet der Berliner Architektur-Professor Friedrich Adler.

So entstand ab Ende 1875 eine materialsparende Konstruktion, deren klare Form statischen Erkenntnissen zum Trägheitsmoment folgte und damit überaus modern war. Im oberen Teil (58 Meter) ist es eine Achteck-Pyramide, die im unteren Teil – zwischen den vier gemauerten Dreiecksgiebeln – in ein Quadrat mit einer Seitenlänge von 11,50 Metern übergeht. An den Fußpunkten treffen je ein Gratsowie zwei Giebelsparren zusammen. So sitzt die schlanke Pyramide auf den Umfassungsmauern des Ziegelsteinturms, festgehalten von vier acht Zentimeter dicken Mauerankern je Ecke. Die Anker ragen sechs Meter in die Wände hinab und nehmen damit abhebende Kräfte aus Windlasten auf. Zwischendecken und Fachwerkträger im unteren Teil steifen die Konstruktion aus.

Bei der Montage wurden die Teile mit einer Dampfwinde nach oben gezogen und miteinander vernietet, jeder fertige Abschnitt gleich mit Kupfer gedeckt. Die Spitze, etwa ein Drittel der Pyramide, wurde unten im Turm vormontiert und als Ganzes innen hochgezogen und aufgesetzt. Damit benötigte man kein äußeres Gerüst, sondern nur eine Hilfsgalerie. Die Arbeiten dauerten bis zum Sommer 1877 etwa 19 Monate. Kugel, Wetterfahne und Kreuz wurden erst bei der Turmweihe am 7. Mai 1878 aufgesetzt. Seitdem markiert der 132 Meter die Straße überragende Kirchturm auch den höchsten Punkt der Altstadt (9,48 Meter über Normalnull).

Über 544 Treppenstufen lässt er sich auf 123 Metern Höhe besteigen.

Der Turmhelm von St. Petri war konstruktives Vorbild für deutlich kleinere Aussichtstürme wie das 38 Meter hohe Josephskreuz bei Stolberg im Harz (1896 errichtet) sowie die seit den 1920er Jahren errichteten Funktürme und Hochspannungsmasten. Mit der Funktechnik erschloss sich diese Form des Stahlbaus ein großes Anwendungsgebiet. Höhepunkte waren die großen Stahlgittermasten in Köln (63 Meter hoch), Stuttgart (85 Meter) und Wien (100 Meter) sowie 1926 der Berliner Funkturm (146,78 Meter hoch) – in einer Abwandlung aus Holz auch der 118 Meter hohe, 1935 errichtete Sendeturm im oberschlesischen Gleiwitz.

Schwierig war später der U-Bahn-Bau unmittelbar vor dem 11.500 Tonnen schweren Turm von St. Petri: Die 1956 ausgehobene Baugrube in der Bergstraße zwischen den Stationen Jungfernstieg und Meßberg war etwa 15 Meter tief und nur sieben Meter von der südwestlichen Turmecke entfernt. Diese Arbeiten gelangen dank eines schichtweisen Aushubs mit ständig nachgezogener Baugrubenaussteifung, deren Bewegungen permanent überwacht wurden. Das Grundwerk des Turms mit Findlingen, deren Zwischenräume nur mit Ziegelbrocken und -mehl ausgefüllt sind, hielt dem aber stand.

Quellen: Bauakten (StaHH 512-2 A X b 21, 22, 23 und 24), ZfBw (1883, Sp. 165 ff.), Breymann (1890), Königer (1902), Foerster (1906), SBZ (1959, S. 705 ff.), Klée Gobert (1968), Wolff (1984), Werner (1992), Momentum Magazin (31.1.2013)

↑ *Kräftige Fachwerkträger steifen den unteren Teil der schmiedeeisernen Turmspitze aus. Sie ist für Besucher weitgehend begehbar. (2017)*

Unter der Fassade Eisen und Beton
Kirche St. Michaelis
→ 37

Im Sommer 1906 brannte die Hauptkirche St. Michaelis nieder. Sie wurde äußerlich fast originalgetreu wieder aufgebaut. Doch das Anpassen der modernen Konstruktion aus Schmiedeeisen und Stampfbeton an die differenzierte Architektur war eine Herausforderung.

Ort Neustadt, Englische Planke 1a
Bauherr Kirchengemeinde St. Michaelis
Ingenieur Ernst Georg Sonnin, Wiederaufbau: Benno Hennicke, Sanierung: Büro Weber – Poll, Sellhorn Ingenieurgesellschaft
Architekt Johann Leonhard Prey, Wiederaufbau: Julius Faulwasser, Wilhelm Emil Meerwein, Hermann Geissler, Wiederherstellung: Gerhard Langmaack, Turminstandsetzung: Schweger + Partner, Sanierung: Plan-R Architekturbüro Joachim Reinig
Baufirma H. C. E. Eggers & Co. (Stahlbau Dach, Wiederaufbau), MAN – Maschinenfabrik Augsburg-Nürnberg AG Werk Gustavsburg (Stahlbau Turm, Wiederaufbau)
Bauzeit 1751–1762, Turm: 1777–1786, Wiederaufbau: 1907–1912, Wiederherstellung: 1947–1952, Turminstandsetzung: 1983–1996, Sanierung Kirchenschiff: 2001–2011

Schon 1750 zerstörte das Feuer nach einem Blitzschlag die 1661/68 errichtete Kirche St. Michaelis. Auf ihren Grundmauern entstand von 1751 bis 1762 in spätbarocker Gestalt eine der bedeutendsten Kirchen des Protestantismus. Entworfen hatte sie der erfahrene Baumeister Johann Leonhard Prey zusammen mit dem ingenieurtechnisch begabten Baumeister Ernst Georg Sonnin. Nach Preys Tod ergänzte Sonnin die Kirche bis 1786 um den frühklassizistischen Turmaufbau. Die markante Gestalt, ihre Höhe und die Lage des »Michel« auf dem Geestrücken über dem Hafen machten sie zum Wahrzeichen der Stadt.

Am Nachmittag des 3. Juli 1906, einem warmen Sommertag, brannte St. Michaelis zum zweiten Mal ab. Auslöser war eine Reparatur oberhalb vom Turmgesims. Handwerker hatten die Kupferplatten der Fassade mit einer Lötlampe erhitzt, um sie biegen zu können. Dabei entzündete sich der Teer der Dachpappe darunter und tropfte auf unzugängliche Stellen der Holzkonstruktion, so dass sich das Großfeuer ungehindert entwickeln konnte. Dabei starben zwei Menschen; etwa 50 Häuser wurden beschädigt.

Übrig blieben von der Kirche die Fundamente und Krypta, die Mauern des Kirchenschiffs und der Turmstumpf – von ihnen wurden die Sandsteingesimse und zwei Drittel der Vormauerschale ersetzt; alle anderen Bauteile ließen sich für den Wiederaufbau verwenden. Nach dem Brand traten Architekten und Denkmalpfleger aus ganz Deutschland für einen modern gestalteten Neubau ein. Doch die Hamburger entschieden sich für die Rekonstruktion der vertrauten Gestalt und ein modernes und nicht brennbares Tragwerk aus Schmiedeeisen und Beton.

Unter dem gesamten Kirchenschiff erstreckt sich die unter Sonnin entstandene Krypta, um innerhalb der Kirche Bestattungen vornehmen zu können. Das auf Stützen und den Fundamenten der Außenmauern ruhende Kreuzgratgewölbe der Krypta hat eine Fläche von 400 Quadratmetern. Sie wurde vollflächig mit Gräbern in etwa vier Meter tiefen Kammern belegt. Seit 1806 – seitdem gilt ein Bestattungsverbot für die Innenstadt – diente die Krypta als Abstellraum und Luftschutzkeller. Seit den 1990er Jahren ist sie öffentlich zugänglich.

Backstein für die Flächen, Sandstein für die Gliederungen und Kupfer für die Dächer und den Turmaufsatz bestimmen das spätbarocke Äußere. Auf dem aus Granitfindlingen bestehenden Fundament stehen kräftige Ziegelsteinmauern. Die Hauptgesimse des Kirchenschiffs und des Turms, einst aus Holz konstruiert, bestehen mit ihren bis zu zwei Meter weiten Auskragungen seit dem Wiederaufbau aus Stampfbeton.

Der ehemals hölzerne Dachstuhl wurde durch etwa 350 Tonnen Eisenfachwerk ersetzt. Die Binder bestehen fast ausschließlich aus U-Profilen und haben im Langschiff eine Spannweite von bis zu 28

← *Seit fast 250 Jahren prägen Spätbarock und Frühklassizismus die Architektur der Hauptkirche St. Michaelis mit ihrem Mansardwalmdach auf kreuzförmigem Grundriss. (2013)*
↓ *Eine 1908 aufgestellte Eisenskelettkonstruktion trägt das Dach; unter dem Kirchenschiff befindet sich die Krypta mit ihren Kreuzgratgewölben von 1762.*

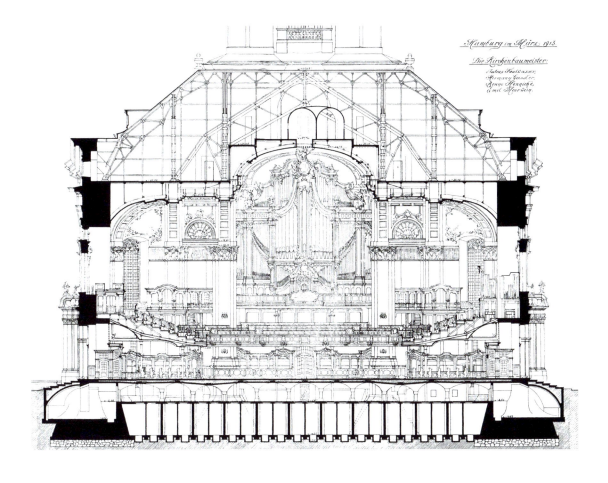

Metern. Das Dach besteht aus armierten Bimsbetonplatten (von MAN entwickelt), die mit Drahtgewebe unterspannt und verputzt wurden. Darauf kamen ein teerhaltiger Anstrich und mit Haftennägeln befestigte Kupferplatten. Auch für die Außenflächen des Turmaufsatzes sowie den feuersicheren Abschluss des Kirchenraumes gegen den Dachboden wurden Bimsbetonplatten verwendet. Das sichtbare Tonnengewölbe über dem Kirchenraum hängt als Holz-Gips-Konstruktion an der Dachkonstruktion.

Der 132,14 Meter über das Gelände ragende Turm war nach dem 1912 abgeschlossenen Wiederaufbau 27.361 Tonnen schwer. Allein das alte Mauerwerk des 38,89 Meter hohen Turmstumpfes wog 24.800 Tonnen, während der 93,25 Meter hohe Aufsatz nur etwa 1.400 Tonnen wog. Hinzu kamen das Gewicht des Hauptgesimses, ein verstärktes Fundament, das neue Westportal und Zwischendecken. Der in lehmigem Sand gegründete Turm reicht mit seinem Fundament aus Findlingen und Ziegelmauerwerk bis zu neun Meter unter das Gelände. Im Turmsockel blieb der Rest der Ruine von 1750 stehen und wurde verstärkt; die Mauer ist hier nun etwa sechs Meter dick. Außerdem wurde die Turmsohle ausbetoniert.

Die Pilaster, Balkone und Gesimse sowie das gesamte Ornament oberhalb des massiv gemauerten Turmsockels sind eine Fassade aus Kupfer – bis hinauf zu der Halle mit den acht Säulen, welche Kuppel und Spitze tragen. Dahinter steckt eine mehr als 570 Tonnen schwere Konstruktion aus schmiedeeisernen Profilen, welche den eigenartigen Aufbau des Turmes mit Zwischendecken und Einbauten trägt. Der Entwurf und die statischen Berechnungen dafür waren, wie der Ingenieur Benno Hennicke resümierte, deshalb »eine mühselige Arbeit«.

Sorgfältig wurde außerdem darauf geachtet, dass alle Eisenteile des Turms von allen Seiten zugänglich sind, um sie zuverlässig pflegen zu können. So haben die innen mit Steigeisen versehenen Säulen unten und oben Mannlöcher. Deshalb hat die Konstruktion auch möglichst viele glatte Flächen und wenig Bauteile. Eine Gewichtsersparnis stand dagegen beim Entwurf nicht im Vordergrund. Außerdem sollte der Turm ohne Außenrüstung montiert werden können. Der Bau in großen Höhen galt als bemerkenswert. Gebaut wurde der Kirchturm mit Hilfe eines doppelarmigen Drehkrans, der mit dem Fortgang der Arbeiten in drei Schritten nach oben versetzt wurde.

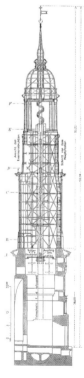

Ein ebenfalls elektrisch angetriebener Bockkran diente als Materialaufzug. 40 Arbeiter montierten die Turmkonstruktion in gut vier Monaten.

Das auf dem Mauerwerk des massiven Sockels lagernde Tragwerk des Turmaufsatzes besteht aus schweren Blechträgern. Zur Aussteifung des Eisenfachwerkes und für die Unterkonstruktionen wurden vorzugsweise U-Profile verwendet. Das Tragwerk wird bis zur Säulenplattform vor allem von acht sich nach oben verjüngenden Hauptpfosten, die im unteren Teil 1,40 Meter breit sind, sowie vier Zwischendecken aus Eisenbeton gehalten. Zusätzlich gibt es ein von unten nach oben bis zur Fahnenstange verlaufendes Mittelrohr. Die acht Säulen auf der Plattform, sich leicht nach oben verjüngende Rohre mit 1,10 Meter Durchmesser an der Basis, werden oben durch den Fußring der Kuppel (Durchmesser: 11,30 Meter) gehalten, die mit ihren acht gebogenen Trägern den Ring der Fahnenstange hält.

Um Brände zu vermeiden, bekam der wiederaufgebaute Michel eine Dampfheizung mit Kesseln in einem der Gemeindehäuser, außerdem etwa 500 elektrische Lampen. Mit einem Aufzug können Besucher seitdem die Säulenhalle 84 Meter über dem Boden erreichen. Die Schäden des Zweiten Weltkriegs hielten sich in Grenzen: Am 18. Juni 1944 und am 11. März 1945 zerstörten Sprengbomben Teile des Daches, des Gewölbes und der Logen. Aber der Michel brannte nicht. Beim Wiederaufbau wurde der für 2.400 Menschen konzipierte Innenraum zum Teil neu interpretiert.

Bauschäden, unzureichende Instandsetzungen und ein Reparaturstau machten eine 1983 begonnene Sanierung erforderlich. So gab es Risse im Mauerwerk des Kirchenschiffes, unter anderem wegen temperaturbedingter Spannungen und weil der für das Betonfundament verwendete, gipshaltige Mörtel unter der Halbstein-Vorsatzschale ausgewaschen wurde. Um sie zu stabilisieren, wurde sie vernadelt. Auf dem Dach hatten die Kupfernägel nicht genug Halt in den Bimsbetonplatten, weshalb sich die Dachhaut löste. Im Hinblick auf einen modernen Brandschutz und wegen der giftigen Teerschicht auf den Betonplatten wurden sie durch eine traditionelle Holzschalung ersetzt und mit Rauchmeldern ergänzt. Auch die gesamte Haustechnik wurde erneuert.

Quellen: db (1906, S. 644 f., S. 726), db (1907, S. 45 ff., S. 100, S. 102, S. 229 ff., S. 291, S. 431 f.), db (1908, S. 127, S. 226), db (1909, S. 254, S. 696 f.), db (1910, S. 110 ff.), ZdBv (1912, S. 561 ff.), AIV (1914), Hipp (1989), Frank (2006), Architektur HH (2012, S. 80 ff.), Hauptkirche St. Michaelis (2016)

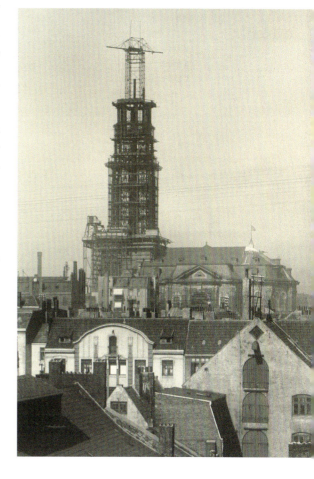

⇐⇐ Der Dachstuhl wird mit einer 350 Tonnen schweren Eisenkonstruktion neugebaut. (2. März 1908)
⇐ Der steinerne Turmstumpf wiegt etwa 24.800 Tonnen, während der mit Schmiedeeisen konstruierte Aufsatz mit etwa 1.400 Tonnen relativ leicht ist.
→ Der beim Wiederaufbau des Turms eingesetzte Drehkran überragte am 29. August 1909 die Szenerie.

Filigraner Dachstuhl aus Stahl
Kirche St. Jacobi
→ 38

Seit dem Wiederaufbau nach dem Zweiten Weltkrieg präsentiert sich die im Mittelalter entstandene Kirche St. Jacobi zum Teil in moderner Form: mit einem filigranen Stahlfaltwerk des Systems Noell unter dem Dach und einer Turmkonstruktion aus Stahlbeton.

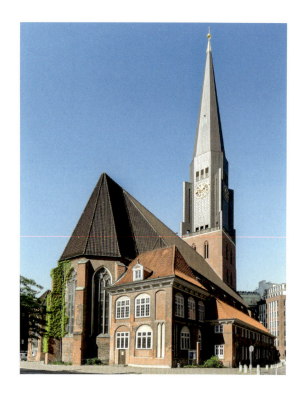

Ort Altstadt, Jacobikirchhof 22
Bauherr Kirchengemeinde St. Jacobi
Ingenieur Kuball & Kölling (Wiederaufbau), Gg. Noell & Co. (Wiederaufbau Dach)
Architekt Johann Nicolaus Kuhn (Westfassade), Isaiah Wood (südliche Eingangshalle und Renovierung), Hopp und Jäger (Wiederaufbau)
Baufirma Wiederaufbau Dach: Heilmann & Littmann AG, Stahlbau: Gg. Noell & Co., Wiederaufbau Turm: Heilmann & Littmann AG und Montagebau Trautsch GmbH
Bauzeit etwa 1340–1360, etwa 1380–1420 nach Westen erweitert, zweites südliches Seitenschiff: 1493–1508, Turm: etwa 1582–1588, Westfassade: 1737–1743, Turmhelm: 1826–1829, südliche Eingangshalle: 1859–1869, Wiederaufbau 1951–1963

Vergleichsbeispiel
Jerusalemkirche in Eimsbüttel, Schäferkampsallee 36; Bj. 1911/1912, 1953 Wiederaufbau des kriegszerstörten Kirchendachs mit Fertigteilen aus Stahlbeton; Architekt: Kurt Schrieber und Wülfken; Baufirma: Rudolf Seeland KG; Quelle: Beton (1957, S. 55 ff.)

1255 wird St. Jacobi als Kapelle erstmals erwähnt. Möglicherweise werden ihre Reste beim Bau der Mitte des 14. Jahrhunderts entstehenden Hauptkirche verwendet: eine großzügige Hallenkirche mit drei Schiffen und Chorgruppe. Etwa von 1380 bis 1420 wird sie nach Westen um das fünfte Langhausjoch und den durch Seitenkapellen eingebundenen und mit einem Satteldach abgedeckten Turmstumpf verlängert. Zwischen 1493 und 1508 entsteht im Süden ein viertes Schiff.

Es folgen von etwa 1582 bis 1588 der Bau des Turms, die Neugestaltung der Westfassade und der Bau der südlichen Eingangshalle. Doch der etwa 110 Meter hohe Turmhelm sorgte für Bauschäden. Deshalb wurde der Turm etliche Male repariert und verstärkt – der Helm dann aber 1810 abgebrochen und nach einem Entwurf von Hermann Peter Fersenfeldt 1826–1829 neu gebaut. Gegründet ist der Kirchenbau auf Feldsteinen. Beim Turm reicht das Mauerwerk gut 1,50 Meter in die Tiefe und sitzt auf einem etwa 2,50 Meter starken Feldsteinfundament.

Das bei einem Luftangriff am 18. Juni 1944 verursachte Feuer zerstört das Innere der Kirche. In der Folge stürzt der neogotische Turmhelm am 28. Juli ein und zertrümmert das Gewölbe des Kirchenschiffs. Für die Architekten Bernhard Hopp und Rudolf Jäger sind der Wiederaufbau der kriegszerstörten Hauptkirchen St. Katharinen und St. Jacobi die Höhepunkte ihres Schaffens. Doch während sie bei Ersterer die alte Gestalt wiederherstellen, gelingt ihnen bei St. Jacobi eine sinnfällige Kombination von Alt und Neu. So werden die in der Form leicht veränderten Gewölbe in handwerklicher Technik hergestellt. Und das gewaltige Kirchendach bekommt die alte Anmutung. Doch zwischen Gewölbe und Dach halten Beton und Stahl alles zusammen.

Im September 1952 waren noch Pläne für einen Wiederaufbau des Dachstuhls in moderner Form aus Holz vorgelegt worden. Offensichtlich aber überzeugte das von dem Würzburger Stahlbauer Gg. (Georg) Noell & Co. entwickelte Stahlfaltwerk, welches die Ingenieure des Büros Kuball & Kölling für den Dachstuhl verwendeten. Das Richtfest fand am 16. Mai 1953 statt; im Juli war das Dach gedeckt. Ein auf die Wände gesetzter Stahlbeton-Balkenrost stabilisiert das Kirchenschiff und hält den Dachstuhl mit Zugstangen fest. Darunter gab es vorläufig nur eine Notdecke, weil die Reparatur der schwer beschädigten Rundpfeiler und der Wiederaufbau der Gewölbe sich bis Anfang 1958 hinzogen, im zweiten südlichen Seitenschiff sogar bis 1963.

Das Stahlfaltdach System Noell wurde, wie andere für die Nachkriegszeit typische Stahlleichtkonstruktionen, für öffentliche Bauten ebenso wie im Gewerbebau verwendet. Auch der Dom in Minden hat eines. Die Konstruktion von Noell bestach durch ihren geringen Materialeinsatz und damit ihre Gewichtsersparnis, die niedrige Bauhöhe sowie die

↖ Der Bau von St. Jacobi changiert zwischen Gotik und Nachkriegsmoderne. (2015)
↗ Unter der langen Dachseite im Süden trägt zwischen dem dritten und vierten Kirchenschiff als Pfette ein extra Fachwerkträger das Faltdach. (1953)
→ Unter dem Kupferdach des Kirchturms verbirgt sich eine moderne Stahlbetonkonstruktion. (28. Juli 1960)

einfache und schnelle Montage. Geschützt wurde sie mit Asphaltlack, der rissüberbrückend dynamische Beanspruchungen mitmacht. Es ist eine Weiterentwicklung einer von Ludwig Kroher erfundenen, erstmals 1939 erbauten Dachkonstruktion aus Holz.

Das Faltdach besteht aus nebeneinander gesetzten, wechselweise bis zu 45 Grad gegen die Dachfläche geneigten Stahlfachwerkbindern. Diese sparsam konstruierten Strebefachwerke wurden mittels einfacher Scharniere auf der Baustelle an ihren Ober- beziehungsweise Untergurten zusammengeschlossen, als Paket auf die Umfassungswände gehoben und dort auseinandergefaltet. Wind- und Montageverbände konnten entfallen. Normalerweise reichen die Fachwerkbinder in einem Stück von der Traufe bis zum First. Doch bei St. Jacobi bekam die lange Dachseite im Süden eine Konstruktion mit zwei übereinander platzierten Binderreihen. Sie werden von einem extra aufgesetzten Fachwerkträger als Pfette unterstützt, die auf der Wand zwischen dem dritten und dem vierten (niedrigeren) Kirchenschiff ruht.

Am 24. Mai 1959 wurde die zum größten Teil wiederaufgebaute Kirche geweiht. Doch von dem Turm ragte noch der 42 Meter hohe Stumpf in den Himmel. Nach einer langen Planungsphase mit drei zur Diskussion gestellten Entwürfen begann 1959 der Bau des Turmhelms. Die Architekten Hopp und Jäger hatten eine formale Paraphrase des alten Oktogons mit einer achtseitigen Pyramidenspitze als Bekrönung entworfen, dessen straffe Form mit vier hohen Eckstreben die Erinnerung an den Helm von 1828 wachhielt. Er ähnelt dem etwa gleichzeitig errichteten Turmaufsatz derselben Architekten von St. Nicolai in Bielefeld.

Die Form hat, wie bei den Vorgängerbauwerken, auch statische Gründe: Denn die Spitze sitzt auf dem inneren Turmmauerwerk auf, sodass die anfällige äußere Mauerschale entlastet wird. Für den Neubau wurde im Turmstumpf der um 1940 eingebaute Bunker abgebrochen, außerdem dessen Verblendmauerwerk 1958 erneuert. Anschließend wurde der Stumpf mit drei neu eingezogenen Stahlbetondecken und einem Stahlbeton-Ringbalken am oberen Ende stabilisiert. Darüber erhebt sich die mit Kupfer verkleidete Betonkonstruktion des Helms. Der Schaft des insgesamt 125 Meter hohen Turms entstand konventionell in Ortbeton. Die 50 Meter hohe Spitze besteht vor allem aus zwischen Stahlbetonsäulen gesetzten Betonhohlsteinen des Systems Trautsch-Pieper – damals ein moderner Baustoff.

Quellen: Baumeister (1939, Beilage, S. 7 ff.), Baumeister (1950, S. 539 ff.), Klée Gobert (1968), Fischer (2000), Angaben Denkmalschutzamt (2017)

↖ *Beim Wiederaufbau werden die Gewölbe konventionell gemauert. (um 1957)*
↙ *Über dem wiederaufgebauten Gewölbe erhebt sich ein von Zugstangen gehaltenes Stahlfaltdach. (2014)*
↗ *Ein auf die Wände gesetzter Stahlbeton-Balkenrost stabilisiert das Kirchenschiff und hält den Dachstuhl. (1953)*
→ *Statt eines schweren Dachstuhls aus Holz trägt ein Stahlfaltwerk das Dach. (1953)*

KIRCHEN 195

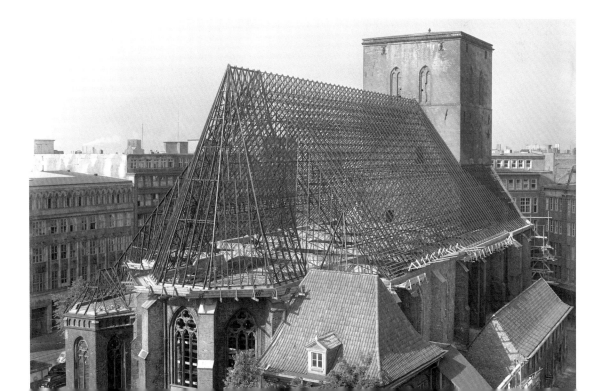

Zwei Kuppeln aus Eisenbeton
Auferstehungskirche Barmbek-Nord
→ 39

Die Auferstehungskirche in Barmbek-Nord fällt als runder Zentralbau mit einem Glockenstuhl auf der Kuppel auf. Doch Ziegelsteine, Schiefer und Kupfer sind hier nur Fassade: Der 1913 entworfene Bau mit der zweischaligen Kuppel ist aus Eisenbeton.

Ort Barmbek-Nord, Tieloh 22-26
Bauherr Evangelisch-lutherische Heiligengeistgemeinde (Barmbek)
Ingenieur Büro Kell & Löser
Architekt Camillo Günther
Baufirma Otto Schultz, Betonbau: Kell & Löser
Bauzeit 1916–1920

↓ Bei der Auferstehungskirche sitzt der Glockenturm auf dem Dach des runden Kirchenraums. (2020)
↗ Unter der hohen Rippenkuppel führen Treppen auf der inneren Schale zur Läuter-Plattform. (2020)
↘ Die Kirche ist im Kern ein Eisenbetonbau. (1916)

Vergleichsbeispiel
Kirche St. Nikolai in Billwerder, Billwerder Billdeich 138; Wiederaufbau 1912 nach einem Brand mit Decken und Dachstuhl in Eisenbeton; Ingenieur: Büro Hermann Deimling (K. Clauss); Architekt: Fernando Lorenzen; Baufirma: M. Czarnikow & Co.; Quelle: Beton (1914, S. 45 ff.)

Zentralbauten mit überragenden Kuppeln sind bei protestantischen Kirchen ein wiederkehrendes Motiv. Mit dem 1890–1894 für den Kirchenbau entwickelten Wiesbadener Programm drängte sich der gleichberechtigte Grundriss eines Zentralbaus erneut auf. Beim reformatorisch gestalteten Inneren sollten Altar, Kanzel und Orgel in den Gemeinderaum integriert werden.

Nach dieser Idee entwarf der Architekt Oskar Hoßfeld die Genezarethkirche in Bentschen (Provinz Posen) als Rundbau mit drei Flügeln. Diese 1905 eingeweihte Kirche ist der Auferstehungskirche in Barmbek-Nord ziemlich ähnlich. Allerdings hat sie noch einen Dachstuhl aus Schmiedeeisen und eine von Holzbohlensparren getragene Innenkuppel. Die dafür zunächst vorgesehene Betonkonstruktion verwarf man in Bentschen wegen zu hoher Kosten. In Hamburg dagegen setzte sich die Firma Kell & Löser für den Betonbau ein.

So stammt auch die platzsparende Konstruktion der Ränge im Thalia Theater in Hamburg, 1911/12 aus Eisenbeton errichtet, von der »Kell & Löser Ingenieure Unternehmung für Eisenbeton im Hoch-, Tief- und Wasserbau«. Die Leipziger Firma betrieb hier eine im Slomanhaus von Max Eckhardt geleitete Filiale. Noch vor dem Architektenwettbewerb bewarb sich Kell & Löser im Dezember 1912 für den Bau der Auferstehungskirche. Fast gleichzeitig errichtete sie – als Subunternehmer der Firma Rudolf Wolle – für die Internationale Baufachausstellung in Leipzig die wegweisende Rippenkuppel der Betonhalle (später Messehalle 16).

Rippenkuppeln waren damals für die Ingenieure gut zu handhaben, weil sie als winkelversetzte ebene Bögen behandelt werden konnten. Bei schalenartigen Kuppeln gab es dagegen nur wenige Projekte, weil der theoretische Unterbau zur gleichzeitigen

Berücksichtigung von Ringkräften fehlte. Zu den frühen Schalenkuppeln aus Eisenbeton zählen die des Vorlesungsgebäudes in Hamburg (siehe S. 150). Bei der Auferstehungskirche gibt es sogar beides: eine Rippen- und eine Schalenkuppel.

Die 10,80 Meter hohe Rippenkuppel trägt die aus Holz konstruierte Laterne mit dem schmiedeeisernen Glockenstuhl. Die wegen der Raumproportionen in die Rippenkuppel eingesetzte Innenkuppel ist eine etwa 20 Zentimeter dicke Eisenbetonschale. Sie trägt auch die Plattform für den Läuter und hat bei einem Stich von etwa 2,20 Metern einen Durchmesser von 16,06 Metern. Ein um den Kirchenraum (728 Sitzplätze) gestellter Kranz von Eisenbetonpfeilern trägt die Kuppeln. Nur beim Eingang und beim Altar gibt es stützenfreie Durchgänge. Hier übernehmen in den Dächern der Vorbauten verankerte Balken aus Eisenbeton die Funktion als Unterzug.

Den Architekturwettbewerb hatte 1914 der aus Sachsen stammende, erst 33 Jahre alte Camillo Günther gewonnen. Mit der Kirche als Teil einer Baugruppe (Pfarrhaus, Gemeindehaus, Wohnungen) und den vom Werkbund geprägten klaren Formen löste sich der Architekt von der gängigen historistischen Kirchenbaupraxis. Gewürdigt wurde seine neue Monumentalität: Auch an der Straßenkreuzung gelang es dem Architekten, »die Kirche trotz ihrer verhältnismäßigen Kleinheit in großer Form in Erscheinung zu bringen«, so die Jury.

Probleme mit der Finanzierung, der Erste Weltkrieg und der damit einhergehende Fachkräftemangel bei der Baupolizei für die Prüfung des innovativen Eisenbetonbaus verzögerten das Projekt erheblich: Von Januar bis Juli 1916 wurde nur der Rohbau hergestellt; dann wurde die Baustelle vorerst stillgelegt. Geweiht wurde die Kirche erst am 16. Mai 1920. »Die Erfahrungen in der Ausführung eines so schwierigen Kuppelbaues in Eisenbeton sind noch sehr gering, die Prüfung nahm daher ausserordentlich lange Zeit in Anspruch«, schrieb der Maurermeister Otto Schultz im April 1916 dazu. Schultz hatte den Bauauftrag übernommen und Kell & Löser als Subunternehmen eingesetzt.

Quellen: ZfBw (1907, Sp. 33 ff.), A-Beton (1913, S. 286 ff.), A-Beton (1915, S. 85 ff.), ZdBv (1915, S. 612 ff.), Gutachten Denkmalschutzamt (1999), Lange (2008), Schöne (2011), Bauakten Kirchengemeinde Nord-Barmbek (2016)

»Bombensicherer« Wehrturm
Zombeck-Bunker Moorweide
→ 40

Am Hafen, an den Norderelbbrücken und an zentrumsnahen Bahnhöfen wurden von 1939 bis 1941 Bunker des Systems Zombeck gebaut. Sie haben ein spiralförmiges Innentragwerk und galten als »bombensicher«. Relativ aufwendig gestaltet ist das Exemplar auf der Moorweide.

Ort Rotherbaum, Rothenbaumchaussee 2 (Moorweide)
Bauherr Freie und Hansestadt Hamburg im Auftrag des Deutschen Reiches
Ingenieur Paul Zombeck
Architekt Wolfgang Rudhard (Hochbauamt)
Baufirma Johannes Reif
Bauzeit 1939/40

Zu Beginn des Zweiten Weltkrieges gab es in Hamburg größere Luftschutzräume nur vereinzelt in öffentlichen Gebäuden. Der Bau von weiteren begann deshalb Ende 1939 – zum Teil überstürzt. Dabei wurden überwiegend Hauskeller umgestaltet, vor allem splittersicher gemacht. Außerdem entstanden die ersten »richtigen« Bunker: elf Rundtürme des Systems Zombeck. 1937 hatte der Dortmunder Ingenieur Paul Zombeck (1887– nach 1952) diese Bauform zum Patent angemeldet. Für weitere Patente modifizierte er die Bunker noch.

Seine Bunkertürme erinnern an mittelalterliche Wehrtürme wie das Hamburger Steintor. Sie sollten Sicherheit suggerieren und wirkten als Teil einer alten Stadtbefestigung, waren damit für Fliegerangriffe »getarnt«. Die Form hatte zudem eine praktische Funktion: Bomben sollten an der Turmspitze und dem sich nach oben verjüngenden Schaft abgleiten, Volltreffer so verhindert werden. Tatsächlich wurden die Hamburger Zombeck-Türme im Krieg nur leicht beschädigt. Allerdings gab es in sämtlichen Hochbunkern der Stadt während des Zweiten Weltkriegs nur zwei Kriegsopfer! Die Idee für die Kegelform war schon älter: Der Italiener Alessandro Romani hatte sie in den 1920er Jahren entwickelt. Auch der Duisburger Konstrukteur Leo Winkel (1885–1981) verwendete sie für seinen 1934 zum Patent angemeldeten Luftschutzturm.

Im Vergleich zu Winkel-Türmen sind die Zombeck-Bauten deutlich größer. Offiziell waren sie für 600 Personen ausgelegt, in der Praxis fanden dreimal so viele Schutz. Die Türme haben zwei auf Pfahlrosten ruhende Ringfundamente: für den Kern und für die Außenmauern. Die daraufgesetzten Wände wurden ohne Eiseneinlagen aus Stampfbeton hergestellt, nur der Dachkegel und die Decken bestehen aus Stahlbeton. Die Wände sind zwischen 2,00 Meter (am Fuß) und 1,50 Meter (oben) dick, die Decke ist 1,40 Meter stark. Damit galten die Bunker damals als

← Der Bunker Moorweide steht gegenüber vom Dammtorbahnhof.
→ Die Luftschutzbunker des Systems Zombeck – hier das Exemplar an der Brockesstraße in der Nähe vom Hauptbahnhof – hatten eine spiralförmige Innenrampe, die als Verkehrsweg und als Aufenthaltsraum diente.

LUFTSCHUTZ

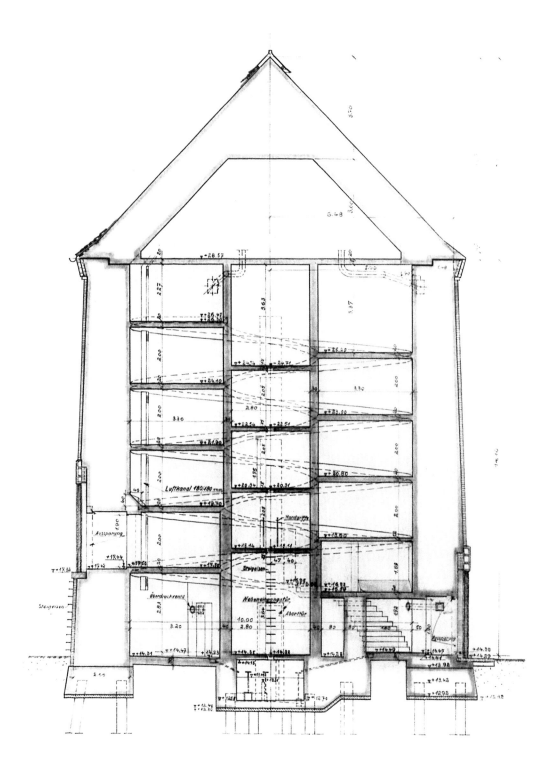

bombensicher. Ein Eingang befand sich auf Geländeniveau, mindestens ein weiterer als Notausgang einige Meter höher (mit Außentreppe oder Balkon versehen). So konnten die Menschen den Bunker trotz Trümmern vor dem Eingang verlassen.

Stockwerke gab es nicht: Die Schutzsuchenden gelangten, wie in einer Schnecke, auf einer schiefen Ebene nach oben, die gleichzeitig als Aufenthaltsraum diente. Der Zylinder im Zentrum des Turms nahm Waschräume und Toiletten auf, die Dachspitze die Lüftungs- und Filteranlage. Dank der spiralförmigen Rampe konnte man auf Treppenhäuser verzichten, denn deren beschränkte Aufnahmefähigkeit wäre bei hereinströmenden Menschenmassen ein Problem gewesen. Die Türme waren nicht für längeren Aufenthalt gedacht, sondern sollten Passanten Schutz bei Fliegerangriffen bieten.

Ihre äußere Gestalt mit Klinker und Werkstein erhielten die Hamburger Zombeck-Türme nach einem Wettbewerb unter den Architekten der Baubehörde. Der Bau an der Rothenbaumchaussee, gegenüber dem repräsentativ gestalteten Dammtorbahnhof, fällt mit seinem aufwendigen Bauschmuck auf. Denn die Moorweide daneben diente den Nationalsozialisten als Aufmarschplatz. Eine ausdrucksstarke Sockelzone, ein Fries mit Kassetten und eingelegten Scheiben sowie ein profiliertes Gesims unter der Traufe geben dem Typenbau ebenso ein besonderes Gepräge wie die Lüftungsstutzen als gerahmte Okuli am Sockel oder rechteckig und rhythmisierend am Schaft. Das Kegeldach ist mit Biberschwänzen gedeckt. Später fehlten für aufwendige Bunkerfassaden Arbeitskräfte und Material. Außerdem galten Zombeck-Bunker bald hinsichtlich der Größe als eher rückständig. Zwar mussten Bunker für ausreichend viele Nutzer erreichbar sein, doch größere Bunker benötigten pro Nutzer am wenigsten Material – und wurden deshalb bevorzugt.

Der Turm auf der Moorweide wurde lange von der »Galerie Schnecke« (Gastronomie mit Galerie) genutzt. Inzwischen ist hier die »Turmbar« ansässig. Der Zombeck-Turm in der Ottenser Hauptstraße am Bahnhof Altona wurde schon 1951 abgerissen, 2002 der Turm an der Brockesstraße am Hauptbahnhof. Er war Teil des 1953 in Betrieb genommenen Zentralen Omnibus-Bahnhofes (ZOB) gewesen und musste für dessen Neubau weichen.

Quellen: Spiegel (2.1.1952, S. 20 ff.), AIV (1953), Schmal (2001), Grube (2016)

Vergleichsbeispiele für Zombeck-Bunker
Bahnhof Barmbek, Wiesendamm 7,
Bj. 1939/40, Baufirma: Johannes Reif
Bahnhof Hasselbrook, Eilbek, Hasselbrookstraße 174, Bj. 1939/40, Baufirma: Paul Thiele AG
Bahnhof Berliner Tor, St. Georg, Bj. 1939/40, Architekt: Braun (Hochbauamt), Baufirma: Paul Thiele AG
Bahnhof Sternschanze, Sternschanze 7, Bj. 1939/40, Baufirma: Paul Thiele AG
Altstadt-Hafenrand, Vorsetzen 70, Bj. 1939/40, Architekt: Hinrichsen (Hochbauamt), Baufirma: Wayss & Freytag AG
Veddeler Marktplatz, Peutestraße 1, Bj. 1939/40, Architekt: Wolfgang Rudhard (Hochbauamt), Baufirma: Wayss & Freytag AG
Freihafen-Übergang Veddel, Prielstraße 9, Bj. 1939–1941, Architekt: Wolfgang Rudhard (Hochbauamt), Baufirma: Wayss & Freytag AG
Nordrampe Rothenburgsort, Billhorner Brückenstraße 41, Bj. 1940/41, Baufirma: Heinrich Höpner

← Der Bunker Vorsetzen steht an den St. Pauli Landungsbrücken. (2014)

Trutzburg mit Geschützen
Energiebunker Wilhelmsburg
→ 41

Hochbunker aus meterdickem Stahlbeton waren Trutzburgen des Luftschutzes. Hülle und Innenstruktur waren hier statisch voneinander getrennt. So wurden die Geschosse des heutigen Energiebunkers Wilhelmsburg 1947 gesprengt, ohne das Äußere zu gefährden.

Ort Wilhelmsburg, Neuhöfer Straße 7
Bauherr Reichsminister für Bewaffnung und Munition, Abteilung Rüstungsbau, Umbau: IBA Hamburg GmbH
Ingenieur Peter Bartram und Partner (Umbau Tragwerk), Pinck Ingenieure Consulting GmbH (Umbau Haustechnik), Hamburg Energie GmbH und Averdung Ingenieure (Energieplanung)
Architekt Friedrich Tamms, Umbau: Büro Hegger Hegger Schleiff
Bauzeit 1942/43, Umbau: 2011–2013

Vergleichsbeispiel
Hochbunker Heiligengeistfeld,
St. Pauli, Feldstraße 66; Bj. 1942; Grundfläche 70,50 mal 70,50 Meter, 47 Meter hoch, Deckenstärke: 3,80 Meter, Außenwand 2,00 bis 2,60 Meter dick, bis zu 60.000 Schutzplätze; Architekt: Friedrich Tamms

Die mitten im Zweiten Weltkrieg erbauten Flakbunker sind auf ihre Funktionen reduzierte Bauten, die mit ihrer symbolisch aufgeladenen Großform archaisch wirken. Damit sollte auch optisch die Wehrhaftigkeit der Heimatfront demonstriert werden, nachdem Berlin im August 1940 erstmals aus der Luft angegriffen worden war. Reichskanzler Adolf Hitler ordnete daraufhin den Bau von mächtigen Stellungen mit Flak (Flugabwehrkanonen) in der Hauptstadt an. Sie bestanden jeweils aus einem mit Flak und leichten Geschützen bestückten Gefechtsturm sowie einem kleineren Leitturm zur Ortung der Ziele.

Mitten in der städtischen Bebauung mussten diese Türme zudem hoch sein. Deshalb bot sich eine Doppelfunktion für Flugabwehr und Luftschutz an. Tatsächlich taugten sie kaum für die Flugabwehr, weil der Feind die großen Bauten schnell identifizierte; für den Luftschutz aber waren sie ein Erfolg. In Berlin und Wien entstanden von 1941 bis 1945 je drei Turmpaare; in Hamburg waren es zwei Paare in St. Pauli und in Wilhelmsburg.

Erhalten blieben in Hamburg nur die beiden Gefechtstürme. Der in Wilhelmsburg war bereits moderner als der in St. Pauli. Er war stärker befestigt, kompakter und benötigte mit etwa 42.000 Kubikmetern ein Drittel weniger Stahlbeton. Eine platzsparende Geschützaufstellung, die Verlagerung der Eingänge in einen umlaufenden Vorbau und der Verzicht auf zweckwidrige Fenster machten dies möglich. Statt sechs Geschossen in St. Pauli besaß der mit 44 Metern Höhe etwas niedrigere Turm in Wilhelmsburg neun Geschosse. Der mächtige Aufbau der quadratischen Dachplatte besteht aus zwei Geschossen mit vier Rundtürmen für die Geschütze. Unter der Grundfläche von 57 mal 57 Metern dient

↑ *Der (abgebildete) Bunker Heiligengeistfeld war viel großzügiger geplant als der kompakte und stärker befestigte Bunker Wilhelmsburg. (1990)*

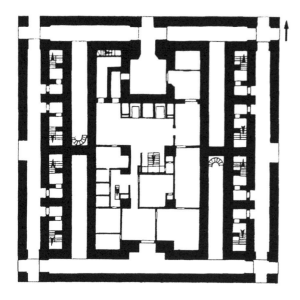

eine mehr als zwei Meter dicke Stahlbetonplatte als Fundament und außerdem als Zerschellplatte gegen Unterschießen. Deshalb steht sie rundherum auch um etwa 2,50 Meter über.

Die mit Gasschleusen, Belüftung und anderer Haustechnik ausgerüsteten Bunker schützten die Menschen vor Sprengbomben und chemischen Kampfstoffen. Zu Beginn des Krieges galten oberirdische Bunker mit einer Wandstärke von 1,10 Metern (unbewehrt: 2,00 Meter) und einer Deckenstärke von 1,40 Metern als ausreichend gegen Bombenvolltreffer. Wegen immer schwererer Bomben sahen Vorschriften vom Juli 1941 je nach Bunkertyp Wand- und Deckenstärken zwischen zwei und drei Metern sowie einen Bewehrungsgehalt von 30 Kilogramm Stahl je Kubikmeter Beton vor. Geplant wurde je nach Bauart sogar mit bis zu 84 Kilogramm Stahl; beim Gefechtsturm in Wilhelmsburg waren es 50 Kilogramm. Allerdings wurden viele Bunker wegen Materialmangels schwächer ausgeführt als vorgeschrieben.

Verantwortlich für die enorme Stabilität der Geschütztürme sind ihre dicke Hülle und der statisch davon getrennte Innenausbau aus Pfeilern, Unterzügen und Decken. Bei Zerstörung der Schutzhülle oder dem Einsturz der Stockwerke infolge Erschütterung sollte das jeweils andere System stehen bleiben. Deshalb konnten die britischen Alliierten das Innere des Wilhelmsburger Bunkers 1947 sprengen, ohne die benachbarten Wohnhäuser zu gefährden. Bei dem Gefechtsturm in St. Pauli sorgen die runden Treppenhäuser in den Ecken für zusätzliche Stabilität; bei dem Typ in Wilhelmsburg ist es der als Sammlungsraum dienende eingeschossige Umgang.

Nach sechs Jahrzehnten Leerstand wurde der Wilhelmsburger Koloss für die Internationale Bauausstellung 2013 zum Herz eines dezentralen Versorgungssystems umgebaut: dem Energiebunker. Das erwies sich als schwierig, weil die Briten bei der Sprengung von sechs Etagen und dem Erdgeschoss auch die Wandvorlagen zerstört hatten. Vor dem Innenausbau mussten die Etagen 7 und 8 gesichert sowie das durchhängende 6. Geschoss und 25.000 Tonnen Schutt entfernt werden. Dafür wurde ein etwa 15 mal 7 Meter großes Loch in die Westfassade gebrochen, das sich heute als Fensterfront präsentiert. Um die maroden Außenwände zu sichern, wurden Betonmatten und acht Zentimeter Spritzbeton aufgebracht.

↑↑ *Dicke Pfeiler und Unterzüge stabilisierten auch das statisch von den Außenwänden getrennte Innere des Hochbunkers Wilhelmsburg.*
↑ *Auf dem Dach gibt es vier Geschützstände, die heute die Pfeiler für das Solardach aufnehmen. (2013)*
↗↗ *Das innere Tragwerk des Energiebunkers wurde 1947 weitgehend zerstört und bot nun Platz für den Warmwasserspeicher.*
→ *Die schadhafte Außenhülle des Bunkers wurde mit Betonmatten gesichert und Spritzbeton überzogen. Einige Wandausschnitte blieben original erhalten. (2013)*

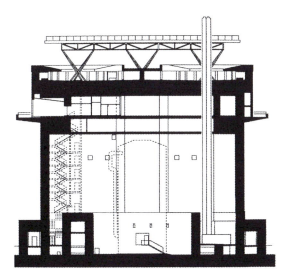

Zwischen den im alten Maßstab neu betonierten Pfeilern steht heute ein 2.000 Kubikmeter fassender Wärmespeicher, der als Puffer Lastspitzen bei der Energieversorgung ausgleicht. Die von dort für das Reiherstiegviertel abgegebene Fernwärme stammt aus einem Blockheizkraftwerk, einem mit Holzhackschnitzeln befeuerten Heizkessel für die Spitzenlast und einer solarthermischen Anlage auf dem Dach. Außerdem liefert eine benachbarte Ölmühle Abwärme, und es wird hier Windstrom in Wärme verwandelt. Zudem produzieren die an der Südwand des Bunkers angebrachten Solarzellen Strom. Ein Café mit Dachterrasse bietet einen unkonventionellen Ausblick.
Quellen: Angerer (2000), Schmal (2001), DAB (2013, Nr. 2, S. 18-23), Ingenieurbaukunst (2015, S. 52 ff.), Bauportal (1-2/2014, S. 2 ff.)

Preiswerte Eisenbasilika
Fischauktionshalle Altona
→ 42

In Konkurrenz zu Hamburg profitierte Altona in den 1880er Jahren vom Aufschwung der Fischerei. Als Wetterschutz für Ware und Händler ließ man eine Fischauktionshalle errichten. Ihre faszinierende Konstruktion aus Schweißeisen war vor allem preiswert.

Ort Altona-Altstadt, Große Elbstraße 9
Bauherr Stadt Altona,
Restaurierung: Freie und Hansestadt Hamburg, Bezirksamt Altona
Ingenieur Stadtbauamt (Moritz Musset),
Restaurierung: Eckert Warnholz
Architekt Stadtbauamt (Brandt),
Restaurierung: Günter Talkenberg
Bauzeit 1895/96, Restaurierung: 1982–1984

↓ Mit der Verlegung des Fähranlegers »Altona« zur Fischauktionshalle wurde das alte Stadtbild auch auf der Elbe wiederhergestellt. (1999)
→ Im Erdgeschoss wurden die Fischwaren in Kisten präsentiert; die Galerien dienten vor allem als Lager. (1905)

Beim Anschluss von Hamburg und Altona an das Zollgebiet des Deutschen Reiches 1888 modernisierten beide Städte ihre Häfen. Altona investierte in den Bau eines neuen Fischereihafens mit Fischmarkt, der vom Aufschwung der Hochseefischerei mit Dampfschiffen profitierte. Denn im Gegensatz zu dem benachbarten St. Pauli Fischmarkt in Hamburg besaß Altona dank des 1876 eingeweihten Hafenbahntunnels einen Anschluss an die Eisenbahn. So konnte die leicht verderbliche Ware rasch abtransportiert werden. Damit schwang sich Altona zu einem Hauptanlandeplatz für die deutsche Fischereiflotte auf.

Der rasch wachsende Fischgroßhandel erforderte eine bessere Infrastruktur. Deshalb begann Altona 1894 an der Grenze zu St. Pauli mit dem Bau eines neuen Fischereihafens. Als krönender Abschluss entstand 1895/96 eine Auktionshalle, die einen provisorischen Bau von 1887 ersetzte. Doch wegen des knappen Platzes am alten Fischmarkt baute Altona nach dem Ersten Weltkrieg dann seine westlichen Hafenteile zu großzügigen Anlagen für Fischhandel und -verarbeitung um. So wurde die alte Fischauktionshalle entbehrlich: Seit 1922 fanden die Auktionen in der Neuen Fischhalle statt, die einem Hafenschuppen ähnlich war.

Die alte Fischauktionshalle, im Krieg beschädigt und später umgebaut, sollte in den 1970er Jahren abgebrochen werden. Doch dann wurde sie nach alten Plänen mit dekorativen Details rekonstruiert.

Seitdem dient sie als Veranstaltungshalle unter anderem für den sonntagmorgens stattfindenden Wochenmarkt, Fischmarkt genannt. Dafür bekam die Halle ihre alte Anmutung mit der einst von Kähnen genutzten Pontonanlage zurück, indem der Altonaer Fähranleger 1995 vom Holzhafen hierher verlegt wurde. Zu den neu gebauten Pontons vor der Halle gehört eine Zugangsbrücke von 1907, die vom 1986 abgebauten Anleger Roßhöft stammt. Abgerissen dagegen wurden ihre Nachbargebäude, wie die Fischmarkthalle St. Pauli (siehe S. 29).

Die Altonaer Fischauktionshalle ist typisch für Markthallen des 19. Jahrhunderts: eine übersichtliche Basilika mit mittlerer Vierung und gut sichtbarer Kuppel. Ein durch Obergaden belichtetes Hauptschiff wird von zwei großzügig verglasten Seitenschiffen begleitet. Die Giebel des kurzen Querschiffs sind ebenso wie die Kuppel mit Glas repräsentativ gestaltet. Es ging darum, eine geräumige, von allen Seiten leicht zugängliche und gut belichtete Halle zu schaffen, die sich problemlos reinigen und lüften ließ, außerdem Sonnenwärme abhielt. Denn im Erd-

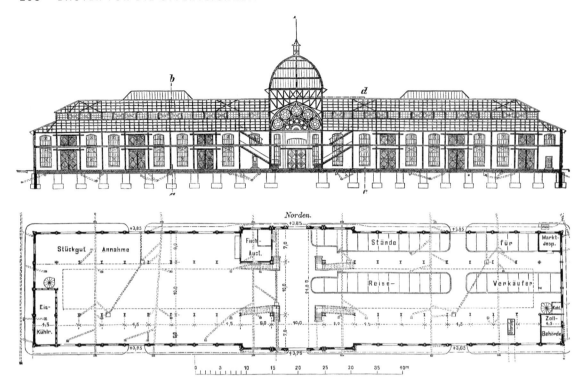

geschoss wurden die sortierten Fischwaren in offenen Kisten präsentiert. Die Halle diente öffentlichen Versteigerungen, dem Verkauf von Großhändlern und dem Verpacken der Fische zum Versand ebenso wie dem Verteilen von Eis. Auf den Galerien arbeiteten die Netzflicker, dort stapelten sich Fischkisten und Ausrüstungsteile. Außerdem gab es in dem Bau Diensträume, Gerätekammern und Aborte.

Das einfach aufgebaute Tragwerk besteht aus Schweißeisen, weil sich das modernere, kohlenstoffärmere Flusseisen auf dem Bau erst zögerlich durchsetzte, obwohl es seit 1893 auch dafür einschlägige Vorschriften gab. Die auf Einzelfundamenten aus Stampfbeton ruhenden Säulen aus Walzträgern (im Zentrum bestehen die Säulen aus kastenförmigem Fachwerk) tragen bogenförmige Gitterträger des Hauptschiffes ebenso wie Teile der Galerien mit den dreieckigen Dachträgern der Seitenschiffe. Weitere Lasten übernehmen in den Wänden stehende Stützen. Dabei strahlt der 103 Meter lange und im First bis zu 14 Meter hohe Bau auch wegen der fehlenden Innenwände eine gewisse Leichtigkeit aus. Unter dem Fußboden zwischen den Hauptstützen verlegte

Fachwerkträger bilden mit der übrigen Konstruktion geschlossene Rahmen. Damit kann der so versteifte Bau auch Windkräfte aufnehmen, und es ließen sich sichtbare Diagonalkreuze im Tragwerk vermeiden.

Nach funktionalen Aspekten so sparsam wie möglich konstruiert, brachten derartige Markthallen kaum statisch anspruchsvolle Systeme hervor, zumal für sie keine großen, freitragenden Räume gefordert wurden. Damit konnte man auf weit gespannte Bögen verzichten und stattdessen Gitterträger nehmen. Sie ließen sich einfacher fertigen und montieren – vor allem aber auch berechnen. Denn bei derartigen Fachwerken, statisch bestimmter Systeme, blieb der manuelle Rechenaufwand überschaubar.

Quellen: db (1893, S. 234 ff.), Brix (1896), ZdBv (1896, S. 349 ff.), Hoffmann (1929), Ellermeyer (1986), Museum der Arbeit (1993), Prokop (2012)

↑ *Die großen Stützen der Fischauktionshalle ruhen auf Einzelfundamenten aus Stampfbeton.*

Unverhüllter Ingenieurbau
Deichtorhallen
→ 43

Seit 1911 war der Großhandel für Obst und Gemüse verkehrsgünstig zwischen Hauptbahnhof und Oberhafenkanal ansässig. Doch wie zuvor fand der Handel vor allem unter freiem Himmel statt. Die Deichtorhallen nahmen nur ein Viertel des neuen Zentralmarktes ein.

Ort Altstadt, Deichtorstraße 1-2
Bauherr Freie und Hansestadt Hamburg
Ingenieur Breest & Co. (Hans Schmuckler), Amt für Ingenieurwesen (Erik Unger-Nyborg), Umbau: Hans-Georg Franke
Architekt Josef Paul Kleihues (Umbau), Jan Störmer & Partner (Umbau südliche Halle), Sunder-Plassmann (Sanierung nördliche Halle)
Baufirma Stahlbau: Breest & Co.
Bauzeit 1911/12, 1913/14 nördliche Halle verlängert, 1987–1989 beide Hallen umgebaut, 2004/05 südliche Halle umgebaut, 2014/15 nördliche Halle saniert

Die wichtigsten Marktplätze im alten Hamburg waren der Pferdemarkt (heute Gerhart-Hauptmann-Platz), der Hopfenmarkt, der Berg, der Alte Fischmarkt und der Meßberg. Im Gegensatz zu anderen Städten in Europa duldete Hamburg auf diesen zentral gelegenen Plätzen schon seit Ende des 18. Jahrhunderts einen Zwischenhandel: Diese ursprünglich für den Detailhandel bestimmten Wochenmärkte wandelten sich also allmählich zu Großmärkten vor allem für Obst und Gemüse sowie Fisch und Fleisch.

Nach dem Großen Brand ließ die Stadt nach den Plänen des Bauinspektors Franz Gustav Forsmann 1845/46 am Pferdemarkt sowie am Hopfenmarkt sogar Markthallen errichten (siehe S. 28). Sie zählten zu den ersten in Deutschland und zeichneten sich vor allem durch ihr Hygienekonzept aus. Belüftung, Kühlung und Licht waren ebenso wichtig wie Übersichtlichkeit und eine einfache Reinigung. Zudem gab es frisches Wasser aus einem Brunnen und die ersten in Deutschland betriebenen öffentlichen »Water-Closets«.

Die etwa 190 mal 70 Meter große Halle am Hopfenmarkt war vor allem für den Handel mit Fisch und Fleisch bestimmt. Bald darauf dominierte hier aber das Geschäft mit Obst und Gemüse so sehr, dass die Halle 1889 abgerissen wurde. Der verkehrsgünstig am Nikolaifleet gelegene Hopfenmarkt entwickelte sich so zu einem überregional bedeutenden Großhandelsplatz für Gemüse, Obst und Blumen, während der abseits der Wasserwege gelegene Pferdemarkt in seiner Bedeutung zurückfiel. Um den stark beanspruchten Hopfenmarkt zu entlasten, wurde noch 1907 ein zusätzlicher Marktplatz mit Landungsanlagen zwischen Meßberg und Deichtor in Betrieb genommen, ehe die beiden alten Märkte 1911 auf den neu gestalteten Deichtorplatz zogen. Drei Jahre später ging daneben am Klosterwall die ebenfalls für den Großhandel bestimmte Blumenhalle in Betrieb.

Die zentral gelegene Fläche am Deichtor war nach der Neuordnung der Hamburger Bahnanlagen mit dem 1906 eingeweihten Hauptbahnhof frei geworden. Viele Anbieter und Kunden des Großmarktes kamen aus der Provinz. Die per Bahn kommenden

→ Die Nordhalle (links) und die auf kreuzförmigem Grundriss aufgebaute Südhalle wirken durch ihre Großformen und wenige architektonische Details. (2017)

Güter wurden zu den Gleisen am Marktbahnsteig gebracht, der über den als Lager genutzten Bahngewölben gebaut worden war. Die Waggons wurden mit elektrisch angetriebenen Winden und einer Schiebebühne rangiert. Ihre Fracht brachte man mit Aufzügen und über Rampen auf das Marktplatzniveau. Außerdem führte ein Gleis zum Obergeschoss des Fruchtschuppens am Oberhafen. Dieses für die Einfuhr von ausländischen Früchten sowie Frühgemüse errichtete Zwischenlagerhaus machte einen Umschlag zwischen Schiff und Bahn möglich. Zwischen Oberhafenbrücke und Fruchtschuppen stand zudem ein Drehscheibenturm, mit dem Bahnwaggons auf Straßenniveau gehoben wurden.

Am Oberhafen stand der Schifffahrt eine 515 Meter lange Pontonanlage zur Verfügung. Darüber lieferten die Bauern aus den Elbmarschen pro Jahr auf etwa 7.000 Schiffen cirka 37.000 Tonnen Obst und Gemüse an.

Westlich der Bahngewölbe erstreckte sich auf 28.000 Quadratmetern der neue Zentralmarkt mit 2.266 Ständen. Die Freiflächen waren mit Granit auf Betonunterlage gepflastert, das Ganze elektrisch beleuchtet. Mitten durch das Gelände verlief die Straße Deichtor: Über drei darunterliegende Unterführungen wurden Nord- und Südteil sowie die großen Marktkeller direkt miteinander verbunden. Der östliche Tunnel führte sogar bis zur Pontonanlage am Oberhafen.

Unter der Marktfläche befanden sich 11.470 Quadratmeter große Kasematten, die den Händlern als Lager dienten. Das neuartige Eisenbetontragwerk dieser Keller besteht aus einer Fundamentplatte, auf denen Stützen mit Unterzügen stehen, zwischen denen die Decke eingespannt ist. Ein Teil dieser Keller stürzte am 4. November 1910 ein, während die Marktfläche darüber gepflastert wurde: Die Arbeiter konnten sich aber in Sicherheit bringen; die Keller entstanden neu. Als Ursache für den Einsturz vermutete die Baudeputation zu trocken angemischten Beton.

Aber nur ein Viertel der dann 1911 in Betrieb genommenen Marktfläche war überdacht. Denn die

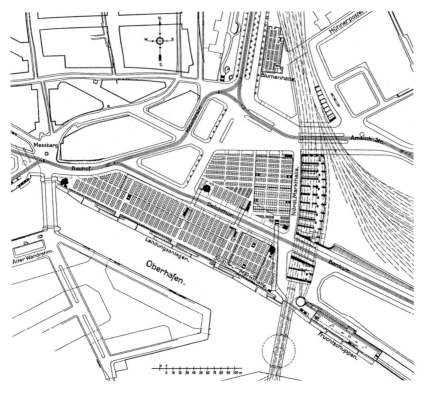

← Lageplan der Marktanlagen am Deichtor mit Ständen, nördlicher und südlicher Markthalle, drei Tunneln unter der Straße »Deichthor«, Kasematten im Bahndamm und Marktbahnsteig darüber, Drehbühne und Fruchtschuppen neben der Oberhafenbrücke.

↑ Die etwa 1928 gemachte Luftaufnahme zeigt, dass die Hallen nur einen kleinen Teil der Marktfläche einnehmen. Vorne rechts befindet sich der Marktbahnsteig über den Bahngewölben.

Stadt scheute die Kosten für eine große Markthalle, weil der Nutzen aus ihrer Sicht nicht gegeben war. Zudem hatten Händler Angst vor höheren Gebühren. Um empfindlichen Früchten einen Schutz bieten zu können, wurden 1911/12 die 1.800 Quadratmeter große Nordhalle und die 2.370 Quadratmeter große Südhalle gebaut. Doch dann waren die Hallen sehr beliebt. Deshalb wurde die Nordhalle schon 1913/14 auf eine Fläche von 4.365 Quadratmeter mehr als verdoppelt. Eine geplante, auf etwa 12.000 Quadratmeter vergrößerte Südhalle wurde allerdings im Ersten Weltkrieg nicht mehr errichtet. Auch der 1928 vorgeschlagene Bau einer neuen Halle am Oberhafen mit zwei Unter- und sechs Obergeschossen blieb ein Projekt. Tatsächlich zogen der Obst- und Gemüsemarkt 1963 in die Großmarkthalle in Hammerbrook (siehe S. 214). Seitdem dienten die Deichtorhallen dem Blumengroßmarkt, ehe auch der 1984 zur neuen Großmarkthalle verlegt wurde.

Nach einem grundlegenden Umbau dienen die Deichtorhallen seit 1989 als Ausstellungsort für Fotografie und zeitgenössische Kunst. Seit 2005, nach einem weiteren Umbau, sitzt in der südlichen Halle das Haus der Photographie. Mit den Umbauten veränderte sich das innere Erscheinungsbild der Deichtorhallen: Aus den einst über etliche Tore gut zugänglichen und belüfteten Kalthallen entstanden klimatisierte Ausstellungshallen.

Ihr altes Konzept aber blieb erkennbar. Zunächst eher als Provisorien gedacht, wurden die Deichtormarkthallen im Verlauf der Planung aufgewertet und schließlich anspruchsvoll und dauerhaft ausgeführt. Ohne Beteiligung des Hochbauamtes entwarf allein das Ingenieurwesen der Baudeputation zwei unverhüllte Nutzbauten. Ihre Reformarchitektur wirkt durch die Großformen als gestaffelte Baugruppen und durch wenige architektonische Details. Als besonders reizvoll gilt die Südhalle mit ihren über Kreuz verbundenen Hauptbindern.

Die Architektur der großzügigen Hallen mit ihrer schlichten Konstruktion aus Flusseisen ist bis heute weitgehend sichtbar. So wurden sie in einem Maße

↓ 1986, unmittelbar vor dem Umbau, präsentiert sich die nördliche Halle als unverhüllter Nutzbau.
↓↓ Die einst gut durchlüfteten Hallen wurden zu klimatisierten Ausstellungsbauten umgestaltet, hier die Nordhalle. (2015)

Vergleichsbeispiel
Blumengroßmarkthalle, Altstadt, Klosterwall 23; Bj. 1913/14 als Eisenbetonskelett, obere Halle mit Stahlvollwandrahmen, Untergeschoss mit Ladegleisen, Erd- und Obergeschoss für Marktfläche, heute Veranstaltungszentrum; Ingenieur: Amt für Ingenieurwesen (Erik Unger-Nyborg); Architekt: Hochbauamt (Fritz Schumacher), Baufirma: Paul Kossel & Cie.;
Anbau von 1951 als Stahlbetonskelett mit Tonnenschalendach, System Zeiss-Dywidag; Ingenieur: Tiefbauamt (Konrad Havemann); Architekt: Hochbauamt (Otto Meyer-Ottens, Wolfgang Rudhard); Baufirma: Dyckerhoff & Widmann KG; Umbau des Anbaus 1990–1993: Ingenieur Assmann Beraten + Planen GmbH; Architekt: Jan Störmer & Partner, Floder & Simons; Quellen: Bauwelt (1950, S. 202 ff.), Beton (1951, S. 1 ff.), Aschenbeck (2003)

mit Backsteinen ausgefacht, dass auf den ersten Blick der Eindruck eines Steinbaus hervorgerufen wird. Vor allem die hohen Giebelfenster ließen viel Licht in das Innere; belüftet wurden die Hallen über drehbare Fensterscheiben sowie Dachreiter mit Lüftungseinsätzen.

Zentrale Elemente des Tragwerkes sind die weitgehend stützenfreien Konstruktionen. In der Nordhalle haben die Rahmenbinder etwa 32 Meter Spannweite, in der Südhalle sind es etwa 34 Meter. Die Zweigelenkrahmen bestehen aus genieteten Flach- und Winkelprofilen und sind auf jeder Seite zweifach geknickt, sodass die Form eines Mansarddaches entsteht. Die Halbrahmen der Seitenschiffe schließen gelenkig an die großen Rahmen an. Diese Tragwerke ähneln dem des etwas älteren Hauptbahnhofes. Sie sind im Detail aber stringenter konstruiert und dokumentieren damit einen Entwicklungsschritt hin zum Vollwandrahmen.
Quellen: db (1909, S. 138), Beton (1910, S. 382 f.), A-Beton (1911, S. 292 ff.), Industriebau (1912, S. 106 ff.), AIV (1914), Sigrist (2011), Sigrist (2012), Stahncke (2020)

Für 2.500 Rinder oder 30.000 Menschen
Rindermarkthalle St. Pauli
→ 44

Bedeutende Teile der fleischverarbeitenden Industrie arbeiten seit mehr als 150 Jahren im Norden von St. Pauli. Größter Einzelbau dieser Branche ist die Rindermarkthalle. Im Krieg zerstört, ging sie schon 1951 als größte freitragende Stahlhalle Europas wieder in Betrieb.

Ort St. Pauli, Neuer Kamp 31
Bauherr Freie und Hansestadt Hamburg (Sprinkenhof GmbH)
Ingenieur/Architekt Tiefbauamt (Konrad Havemann), Architekt Umbau: Geert Köster, Dieter Stübbing, Ingenieur Sanierung: BIG Bringe Ingenieurgesellschaft, Architekten Sanierung: Jedrkowiak und pbr Planungsbüro Rohling
Baufirma Randbauten: Wayss & Freytag AG (Hermann Bay)
Bauzeit 1950/51, Umbau: 1972/73, Sanierung: 2014

Der Neue Pferdemarkt in Hamburg-St. Pauli, an der Grenze zur einstigen Stadt Altona gelegen, diente lange dem Viehhandel. Seit 1862 gab es daneben auf dem Heiligengeistfeld für beide Städte einen Zentralviehmarkt. Mit der Inbetriebnahme der Verbindungsbahn zwischen Altona und Hamburg 1866 nahm das Geschäft einen großen Aufschwung. Denn das Vieh konnte nun per Eisenbahn nach St. Pauli

↓ *Etwa 2.500 Rinder hatten in der Rindermarkthalle Platz. (1967)*

gebracht werden. Zwischen dem Güterbahnhof Sternschanze und dem Heiligengeistfeld wurden Anschlussgleise gebaut. Daneben ließ die Stadt Hamburg Ställe, Marktanlagen und einen Schlachthof nach modernen hygienischen Anforderungen bauen. Außerdem entstanden dazu passende Nebenbetriebe.

Der heute hier ansässige Fleischgroßmarkt ist nach eigenen Angaben der Kern für etwa 250 Betriebe der fleischverarbeitenden Industrie mit mehr als 4.000 Beschäftigten. Der Schlachthofbetrieb selbst aber wurde 1996 beendet: Seitdem gibt es kein Lebendvieh mehr in St. Pauli. Die Rindermarkthalle wurde dafür schon seit 1971 nicht mehr gebraucht, nachdem eine neue Halle in Betrieb gegangen war und sich der Handel verändert hatte. Die alte Rindermarkthalle wurde zu einem Verbrauchermarkt umgebaut und war so bis 2010 in Betrieb. Dann wurde sie erneut umgestaltet, dabei Fassaden und Dach aufwendig saniert (mit den Wandreliefs von Ernst Hanssen). Seit 2014 dient sie als Einkaufspassage und Stadtteilzentrum. Allerdings ist der alte Bau mit einer Innenhöhe von neun Metern schon seit 1972 nicht mehr erlebbar. Damals wurde für ein Parkdeck eine Zwischenebene eingezogen.

Die ursprüngliche Rindermarkthalle war mit dem Ausbau der Schlachthofanlagen 1888 am Nordwestrand des Heiligengeistfeldes in Betrieb genommen worden. Sie bestand aus elf konzentrisch nebeneinander gelegenen Hallenschiffen, deren Dächer sich auf Dutzende von Säulen abstützten, ähnlich denen in den etwa gleich alten Viehhofhallen am Bahnhof Sternschanze (heute Schanzen-Höfe). Der durch den Grundstücksverlauf geprägte Grundriss der Rindermarkthalle entsprach einem Kreisringsegment. Deshalb ist die Front 155 Meter lang und die Rückseite nur 100 Meter, die Seiten sind 110 Meter lang. Diese Großform und die Lage haben die Planer vermutlich wegen der erhaltenen Fundamente übernommen, als sie den Neubau für die durch Bomben im Zweiten Weltkrieg zerstörte Halle entwarfen.

Der Wiederaufbau des Zentralviehmarktes mit der Halle hatte Priorität, um die Bevölkerung mit Fleisch versorgen zu können. So konnte der Neubau trotz Materialmangels im Juni 1950 beginnen. Bis Juni 1951 entstand eine moderne Halle, die als »St. Pauli Markthalle« nicht nur dem Viehhandel (Platz für etwa 2.500 Rinder), sondern auch für Veranstaltungen

mit bis zu 30.000 Menschen diente. Damit war sie noch größer als die im Zweiten Weltkrieg zerstörte Hanseatenhalle in Rothenburgsort (siehe S. 36). In wenigen Stunden wurde die Rindermarkthalle für diesen Zweck umgebaut: Dafür wurden das Gestänge zum Anbinden des Viehs herausgenommen und die eigens entwickelten Tröge in den Boden weggeklappt.

Für beide Funktionen war ein einheitlicher, weiter, lichter und stützenfreier Raum wichtig. Das Tiefbauamt der Stadt entwarf dafür im Sinne klassisch-moderner Architektur ein sorgfältig gestaltetes Ingenieurbauwerk mit fortschrittlichem Tragwerk. Das etwa 1.000 Tonnen schwere Dach der Mehrzweckhalle wird nur von den Randbauten und zwei von Nord nach Süd verlaufenden Vollwandträgern gehalten, die auf 100 Metern Länge die Halle queren und in der Mitte von vier Stahlstützen getragen werden.

↑ Bis 1971 wurde in und vor der St. Pauli Markthalle Vieh aufgetrieben, dann wurde sie umgebaut. (1967)
↗ Das riesige Stahldach ruht auf zwei langen Trägern, die in der Halle nur je zwei Stützen haben.
→ Der Grundriss der Rindermarkthalle St. Pauli entspricht der Form eines Kreisringausschnittes; der Bau ist 12,50 Meter hoch. (2014)

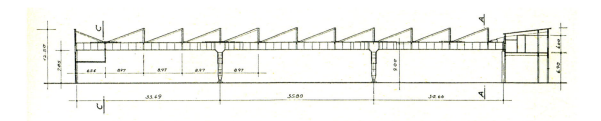

Die Spannweite der Vollwandträger zwischen den mittleren Stützen beträgt 35,88 Meter. Im (breiteren) Nordteil hat das Hallendach eine Spannweite von insgesamt 126,05 Metern, nur von den beiden Trägern in drei Felder geteilt. Die Halle galt damit zur Bauzeit als die größte freitragende Stahlhalle Europas.

Die etwa zehn Meter breiten Randbauten an der Vorderfront und den Seiten nahmen Büros, Lager, Sozial- und Betriebsräume auf. Sie haben zwei Geschosse und bestehen im Kern aus Stahlbeton. Für die auch hier feingliedrige Konstruktion wurden auch Fertigteile, einige davon vorgespannt, verwendet. Im Süden trägt statt eines Randbaus ein Stahlfachwerk das Dach. Das Stahltragwerk in der Halle ist vor allem geschweißt; nur die Montagestöße sind genietet. Das Dach ist als Sheddach mit zehn Feldern ausgebildet: Die nach Norden zeigenden, senkrecht gestellten Lichtbänder sind Vierendeel-Träger mit Glaseinsätzen, die keine Diagonalen, sondern nur horizontale Gurte und vertikale Pfosten mit biegesteifen Eckverbindungen erfordern. Konstruktiv ist der Bau die endgültige Abkehr von den zwar materialsparenden, aber in den Stabanschlüssen aufwendigen Fachwerkbindern.

Quellen: Bau-Rundschau (1951, S. 259 ff.), Industriekultur (4.14, S. 40), AIV (2015), Angaben Denkmalschutzamt (2016), Höfer (2017)

Geschickt konzipierte Riesenwelle
Großmarkthalle Hamburg
→ 45

Die Großmarkthalle ist der eindrucksvolle Schlussakkord für eine in Europa einst typische Bauaufgabe. In Hamburg schützt eine leicht wirkende Riesenwelle die gesamte Marktfläche. Es ist ein geschickt konzipiertes, zum Teil vorgespanntes Schalendach.

Ort Hammerbrook, Banksstraße 28
Bauherr Baubehörde Hamburg, Tiefbauamt
Ingenieur Ulrich Finsterwalder (Dywidag), Blumengroßmarkt: Ingenieurbüro Grassl GmbH
Architekt Bernhard Hermkes und Gerhart Becker (Halle und Blumengroßmarkt), Gottfried Schramm und Jürgen Elingius (Untergeschosse und funktionale Gliederung), Einbau Musical-Theater: F101 Architekten
Baufirma Dyckerhoff & Widmann KG (Dywidag) und Hermann Möller (Halle), Siemens Bauunion GmbH und Lenz-Bau AG (Untergeschosse)
Bauzeit 1958–1962, Anbau Blumengroßmarkt: 1982–1984, Einbau Theater: 2013–2015

↓ Die drei Wellen der Großmarkthalle sind tatsächlich drei Bögen mit eingehängten Traversen für die Wellentäler.
→ Kleintransporter beherrschen von Beginn an das Marktgeschehen. Nach Süden, zum Oberhafenkanal (nicht sichtbar, links) hat die Großmarkthalle einen zweigeschossigen Anbau für Büros. (1968)

Märkte sind als zentrale Orte des Handels für die Städte einst sehr wichtig gewesen. Dank weitgespannter Eisentragwerke konnte das Treiben im 19. Jahrhunderts unter einem großen Dach zusammengefasst werden. Die Hallen sollten übersichtlich sein und möglichst wenige Stützen aufweisen. Sie sollten Luft und Licht hineinlassen, Sonne und extreme Temperaturen aber draußen halten. Zudem waren die Nähe zu Verkehrswegen und eine einfache Reinigung wichtig. Mit Letzterem punkteten seit Beginn des 20. Jahrhunderts Hallen aus Stahlbeton. Sie lassen sich besser sauber halten als feingliedrige Stahlkonstruktionen. Die Großmarkthalle ist die zuletzt gebaute Vertreterin ihrer Art in Deutschland. Wegen veränderter Vertriebsströme werden derartige Hallen heute kaum noch gebraucht.

Als wirtschaftliche Basis dient dem Hamburger Großmarkt die traditionelle Vielfalt der Obst- und Gemüsebauern sowie -händler in der Region. Der Großhandel, der Detailmarkthandel ohnehin, fand in Hamburg lange unter freiem Himmel statt – auch auf dem 1911 eingeweihten Deichtormarkt, deren Hallen allerdings nur einen Bruchteil der Marktfläche einnahmen (siehe S. 207). Nach dem Zweiten Weltkrieg leistete sich auch Hamburg, später als andere Städte, einen Großmarkt unter einem Dach.

1954 wurde eine Fläche im kriegszerstörten Hammerbrook dafür vorbereitet, Trümmerschutt beseitigt und das Gelände erhöht. Das Areal liegt zentral zwischen Stadtzentrum und Elbbrücken, hat Anschlussgleise zum Hauptbahnhof und bot mit der Lage am Oberhafenkanal zusätzlich Schiffsliegeplätze. Als Ergebnis eines Wettbewerbs von Planer-

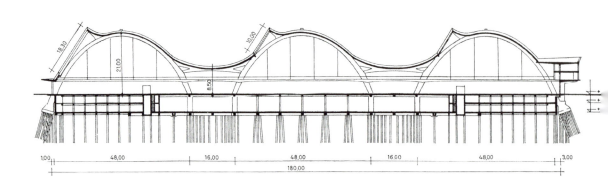

gruppen – Bauingenieure, Architekten und Baufirmen – wurde eine Fläche von etwa 250.000 Quadratmetern gestaltet. Zwischen großen Parkflächen und Ladestraßen entstanden die 40.000 Quadratmeter große Markthalle, ein Büro-Hochhaus mit 15 Etagen und Nebengebäude.

Die Halle ruht auf etwa 5.300 bis zu 16 Meter langen Pfählen aus Stahlbeton. Wegen des heterogenen Untergrundes mit Hausfundamenten, Trümmern und aufgefülltem Boden, schluffigem Ton, Torf und Schlick sowie – dann in der Tiefe – tragfähigem Sand wurden die meisten Pfähle gerammt. Längs durch das Grundstück verläuft beispielsweise das Bett des nach dem Krieg verfüllten Kammerkanals.

Die 220 Meter lange (in Ost-West-Richtung) und 180 Meter breite Halle hat ein sechs Meter hohes, als Lager dienendes Untergeschoss. Es wird mit zwei Lkw-Rampenstraßen an das Marktgelände angeschlossen und ist durch elf Nord-Süd-Straßen unterteilt. An seinen Rändern bietet der Keller für Reiferäume, Kühlräume, Ladestationen und anderes sogar zwei Geschosse. Die Schiffsliegeplätze am Oberhafenkanal wurden durch drei Tunnel mit dem Keller verbunden. Zwölf Aufzüge, acht Haupttreppen sowie vier Rampen verbinden Marktgeschoss und Keller miteinander. Auf der Kellersohle aus wasserdichtem Beton stehen Stahlbetonstützen, meistens in Abständen von sechs oder acht Metern. Sie und die Wände tragen die Kellerdecke mit ihren kreuzweise angeordneten Stahlbetonunterzügen.

Auch das Erdgeschoss der Halle ist klar geordnet. Elf Ost-West-Straßen und elf Nord-Süd-Straßen gliedern es in 160 Quadratmeter große Felder für je vier Verkaufsstände. 44 Tore öffnen den Markt nach draußen. Ein zweigeschossiger verglaster Anbau auf der Südseite nimmt Verwaltung, Gastronomie, Banken und Läden für Marktbedarf auf. Zwei davon abgehende Brücken, die in 5,25 Meter Höhe die Halle queren, dienen Fußgängern als zweite Verkehrsebene. Nördlich der Halle stand einst der Erzeugermarkt (mit einem Dach aus 188 vorgefertigten Hyparschalen). Er wurde 1984 durch den an die Großmarkthalle angefügten Blumengroßmarkt ersetzt: eine 180 Meter lange und 52 Meter breite, von einem Stahlfachwerk getragene Halle mit einem Kellergeschoss in Stahlbeton.

Eine annähernd sinusförmige Kurve prägt den Nord-Süd-Querschnitt der Großmarkthalle. Damit teilt die »zeltartig wirkende Überdeckung« den Markt in drei hohe, nach oben gewölbte Haupt- und zwei nach unten gewölbte Zwischenschiffe ein. Die gemauerten und außen mit Tessiner Granit verkleideten Giebelwände nehmen keine Lasten aus dem Dach auf. Gestützt wird es allein von zwölf Binderketten, deren Form zur wellenförmigen Dachschale passt – mit einem entscheidenden Unterschied: Die ellipsenförmigen Binder der Hauptschiffe reichen bis zum Boden; das hängende Dach der Seitenschiffe wird von Traversen getragen, welche zwischen die Hauptbinder gehängt sind. Damit setzte Bauingenieur Ulrich Finsterwalder die Dachwelle geschickt auf ein eher konventionelles Tragwerk. Denn eine echte Wellenkonstruktion mit hoch belasteten Auflagerpunkten am Boden hätte mehr Aufwand bedeutet.

Finsterwalder hatte 1930 über freitragende Kreiszylindersegmentschalen promoviert und für die Dywidag etliche Hallen entworfen. So entwickelte er die mit einem halbelliptischen Querschnitt geplanten Stahlbetonschalen der Großmarkthalle Frankfurt am Main aus wirtschaftlichen Gründen zu einem Kreissegment weiter. Doch zwei 1934 in Cottbus eingestürzte Hangars ließen Zweifel an seiner Bauweise aufkommen. Ursache dafür war eine damals unbekannte Werkstoffeigenschaft: Beton kriecht unter Beanspruchung. Seitdem wurden, um die Knicksicherheit zu verbessern, einfach gekrümmte Schalen mit kleinem Stich durch Rippen ausgesteift. So entstanden größere Tonnenschalen, wie 1940 Finsterwalders Großmarkthalle in Köln.

Dagegen hat Hamburg eine doppelt gekrümmte Dachschale. Sie geht an den Kämpfern von der nach oben gewölbten Schale in eine hängende über. »Diese Form bietet gegenüber der zylindrischen Form keine statischen Vorteile, sondern entspricht einem Wunsch des Architekten nach einer reicheren und flüssigeren Bauform«, resümierte Finsterwalder später. In seinem Wettbewerbsentwurf hatte der Architekt Hermkes noch einen länglicheren Hallenzuschnitt vorgesehen. Da seine Großform aber auf dem Untergeschoss von Schramm & Elingius verwirklicht werden musste, verlängerte Hermkes die Zwischenräume der drei großen Bögen zu Wellentälern und schuf so die charakteristische Gestalt. Auch diese neuartige Schale ließ sich kostensparend bauen: als Ortbetonkonstruktion auf einem fahrbaren Lehrgerüst im Taktverfahren. So wurden die elf, je 20 Meter langen Abschnitte zwischen den Bindern jeweils in ganzer Wellenlänge hergestellt.

Die zunächst von Franz Dischinger und dann seinem Schüler Finsterwalder konzipierten Stahlbetonschalen – Raumabschluss und Dachtragwerk in einem – waren seit den 1920er Jahren immer dünner und damit leichter geworden. Um sie leicht zu halten, wurden sie immer besser dem Kraftfluss angepasst. Eine Schale trägt ihre Flächenlasten zwar überwiegend über Membranspannungen ab, und zwar umso besser, je dünner sie ist. Dennoch entstehen Biegemomente, wenn der Schalenöffnungswinkel, der -stich und die Steifigkeit etwaiger Randträger nicht genau dazu passen. So wird die Schale der Großmarkthalle unter anderem durch nach Norden ausgerichtete, feldweise vorgewölbte Fenster-

↖↖ Das Dach wurde kostensparend in ganzer Wellenlänge taktweise auf einem fahrbaren Lehrgerüst hergestellt. (5. November 1959)
↖ Nach Norden hin öffnen sich die Wellen der Großmarkthalle mit leicht gewölbten Fensterbändern. (7. Oktober 1960)
↑ Zwischen großen Parkflächen und Ladestraßen entstand die 40.000 Quadratmeter große Markthalle. (8. Mai 1962)
↓ Die auf zahlreichen Bindern gestützte und durch Rippen verstärkte Stahlbetonschale des Daches ist zwischen 0,08 und 0,13 Meter dick. (um 1962)

bänder mit 0,60 Meter Stich unterbrochen. Auf der Innenseite der Schale parallel zu den Bindern im Abstand von 3,30 Meter angeordnete Rippen nehmen Vertikalkräfte auf. Außerdem wurde die Schale an den durch Biegung besonders beanspruchten Dachkuppen vorgespannt. An diesen Stellen ist die von außen gedämmte und gedichtete Stahlbetonschale 0,13 Meter dick; sonst nur 0,08 Meter. Auch die Binder mit ihrer Stützweite von 48 Metern bestehen im oberen Teil aus Spannbeton.

Unter der Dachwelle liegt die lichte Raumhöhe zwischen 8,50 und 21 Metern. Mit dem etwa 50.000 Quadratmeter großen Dach werden so 40.000 Quadratmeter Marktfläche überspannt. Die für jedermann beeindruckende Konstruktion bildet seit 2015 auch den Rahmen für ein Musical-Theater mit etwa 2.000 Plätzen. Dafür wurde im mittleren Hallenschiff etwa ein Zehntel der Marktfläche umgebaut.

Quellen: Finsterwalder (1958), Bauwelt (1962, S. 1311 ff.), Joedicke (1962), SBU (8/1962, S. 5 ff.), Werk (1963, S. 86 ff.), Zfl (1964, S. 518 ff.), Glasforum (3/1967, S. 29 ff.), AIV (1969), Rühle (1969), AIV (1984), Krieger (1995), Sigrist (2012), Calandra di Roccolino (2017)

Frühe und elegante Betonkonstruktion
Haupttribüne Horner Rennbahn
→ 46

Die 1912 eingeweihte Haupttribüne der Horner Rennbahn lohnt einen zweiten Blick. Dem Architekten Otto March und der Baufirma M. Czarnikow & Co. gelang hier, was ihnen drei Jahre zuvor in Berlin noch verwehrt war: ein eleganter Bau aus Eisenbeton.

Ort Horn, Rennbahnstraße 96
Bauherr Hamburger Renn-Club e.V.
Ingenieur/Baufirma M. Czarnikow & Co.
Architekt Otto March, Sanierung: Architekten Gössler (GKKK)
Bauzeit 1911/12, Sanierung: 1997–1999

↓ Eine neoklassizistische Front prägt die Ansicht an der Rennbahnstraße. (um 1914)
↗ Im Frühjahr 1912 weihte der Hamburger Renn-Club e.V. seine neuen Anlagen mit der Haupttribüne ein.
→ Die Dachträger der Haupttribüne kragen um etwa 8,80 Meter aus. (2016)

Beim Pferderennen trifft Eleganz auf Kraft. Hier kommen Sport, Geld und Glamour zusammen. Am Geläuf zu stehen und zu sehen, zu hören und zu spüren, wie der Pulk der Vollblüter im Galopp dem Ziel entgegendonnert, lässt niemanden kalt. Auch beim Zocken sind große Emotionen im Spiel. Der Pferderennplatz in Bad Doberan war 1822 der erste in Deutschland. Vor allem im letzten Drittel des 19. Jahrhunderts entstanden viele weitere. Als das wichtigste Pferderennen hierzulande gilt das Deutsche Derby in Hamburg, das auf der Horner Rennbahn ausgetragen wird.

Von dem Berliner Architekten Otto March (1845–1913) stammen die Tribünen der Pferderennbahnen in Mannheim, Breslau und Köln-Weidenpesch. Sein 1912 erbautes Deutsches Stadion in Berlin-Grunewald (für die 1916 ausgefallene Olympiade) galt als richtungsweisend. Schon drei Jahre zuvor war um das Stadion herum eine nach seinen Plänen gestaltete Galopprennbahn mit drei Tribünen (konstruiert vom Ingenieurbüro Redlich & Krämer) eingeweiht worden. Vorbild dafür war wohl die etwa 1906 errichtete Rennbahn Tremblay in Champigny-sur-Marne bei Paris. Doch schon 1934 mussten die Rennbahn und das Deutsche Stadion im Grunewald wieder weichen: Hier entstand das von Otto Marchs Sohn Werner entworfene Stadion für die Olympiade 1936.

Die Tribünen in Tremblay und Grunewald waren konventionell gebaut: Ihre Dächer wurden von auskragenden Fachwerkträgern aus Schmiedeeisen gehalten, die Wandflächen aus Ziegeln errichtet. Doch schon der Unterbau der drei Grunewald-Tribünen bestand aus Beton; ausgeführt von M. Czarnikow & Co. Diese Berliner Firma errichtete drei Jahre später auch die Haupttribüne in Hamburg-Horn. An den Planungen hier war möglicherweise auch der Bauingenieur Hermann Deimling beteiligt, der eine Vertretung für die Firma in Hamburg unterhielt.

Es überrascht die Konsequenz, mit der Otto March die sachlich gestaltete Tribüne in Horn aus ihrer Funktion und Bauweise heraus entwickelt hat. An der Rennbahnstraße bietet sie eine neoklassizistische Fassade aus mit Spritzbeton belegtem Mauerwerk, während die Ränge und das zum Geläuf um etwa 8,80 Meter auskragende Dach eine filigrane Eisenbetonkonstruktion sind. Dieses Betonskelett besteht aus dreimal 15 Feldern. An den Kreuzungspunkten werden die Lasten aus den Längs- und Querunterzügen in Stützen abgetragen, während die Lasten der Endfelder direkt in das einschalige Fassadenmauerwerk eingeleitet werden.

Vieles an der Baugeschichte ist unklar. Fest steht, dass Otto March bei den Grunewald-Tribünen »alle frei sichtbar bleibenden Konstruktionen« in Schmiedeeisen ausführen musste, während er die Stufen sowie einen Teil der verdeckten Unterzüge in Eisenbeton herstellen konnte, wie er 1909 in der Deutschen Bauzeitung schrieb. Und: »Für die getrennte Wahl dieser beiden Bauweisen waren größtenteils die Rücksichten auf ein elegantes, gefälliges Aussehen maßgebend.« Drei Jahre später konnte er die Eleganz der Hamburger Tribüne mit einer modern gestalteten Betonkonstruktion noch betonen – entstanden mit Unterstützung eines innovativen Bauunternehmens.

Die Rennbahn in Hamburg-Horn stammt von 1869. Mit dem Frühjahrsrennen 1912 weihte der Hamburger Renn-Club hier neue Anlagen ein. Dazu gehörten außer zwei Tribünen auch ein Musikpavillon, Sattelboxen, das Betriebsgebäude und ein Tunnel unter dem Geläuf. Außer der Haupttribüne blieben von damals das Betriebsgebäude und der (umgebaute) Tunnel erhalten, Letztere von dem Bauingenieur Stein aus Köln entworfen.

Die viergeschossige Haupttribüne ist 83 Meter lang und 17 Meter breit. Sie bietet 3.526 Plätze, davon 2.482 Sitzplätze auf den zwei Rängen. Das Innere wird unter anderem als Eingangshalle und als Totohalle, für Café und Clubräume genutzt.

Die begrenzten Möglichkeiten des frühen Betonbaus und vor allem unsachgemäße Reparaturen führten an der Tribüne zu erheblichen Bauschäden, stellten die Architekten Gössler zu Beginn ihrer bis 1999 durchgeführten Sanierung fest. Große Teile des Tragwerkes waren zerstört: viele Bauteile hohl, Bewehrungseisen korrodiert und ihr Verlauf »sehr ungewöhnlich«, hieß es. Unter anderem war der Beton wohl einst nicht genug verdichtet worden, die Überdeckung der Bewehrung gering. Dennoch sei das ursprüngliche Erscheinungsbild dann bei den aufwendigen Arbeiten weitgehend wiederhergestellt worden.

Quellen: db (1909, S. 575 ff.), Mitteilungen Berlin (3/1984, S. 211 ff.), Lange (2008), Angaben Architekten Gössler (2016)

Schwungvolle Schale auf drei Pfeilern
Alsterschwimmhalle
→ 47

Ein weit auskragendes Schalendach ist das Markenzeichen der Alsterschwimmhalle. Doch der Entwurf galt zunächst als unrealisierbar. Der damals 30 Jahre alte Bauingenieur Jörg Schlaich aber war fasziniert – und löste die technischen Probleme.

Ort St. Georg, Sechslingspforte/Ifflandstraße 21
Bauherr Hamburger Wasserwerke GmbH
Ingenieur Büro Leonhardt und Andrä, Mitarbeiter: Jörg Schlaich (Entwurf), K. Horstkötter, P. Schulze
Architekt Horst Niessen und Rolf Störmer, Walter Neuhäusser, Erweiterung: Büro von Gerkan, Marg und Partner
Baufirma Paul Hammers AG, Beton- und Monierbau AG, Kriegeris Söhne GmbH
Bauzeit 1968 – 1973, Erweiterung ab 2020

↓ Das Dach der Alsterschwimmhalle besteht aus zwei Hyparschalen, die spiegelbildlich gegeneinander gesetzt sind.
↓↓ Die Stahlfachwerk-Stützen der Alsterschwimmhalle halten nur die Fassade und nicht das Dach.
↘ Nach dem Entfernen der Lehrgerüste stand das Dach der Alsterschwimmhalle völlig frei, ehe die Becken, Tribünen und Glasfassaden eingebaut wurden. (um 1969)

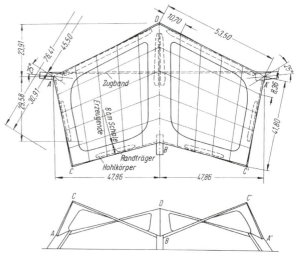

Die bautechnische Sensation der Alsterschwimmhalle ist nur auf den zweiten Blick zu erkennen. Ihr freitragendes Stahlbetondach wird von nur drei kräftigen Pfeilern gehalten. Die unter den Randträgern stehenden, fachwerkartigen Stahlstützen steifen lediglich die Wände und Glasfassaden gegen Wind aus. Das Ganze hätte sich billiger bauen lassen, wenn man diese Stützen zum Tragen der schweren Dachrandträger herangezogen hätte, räumte Jörg Schlaich später ein. Bei anderen Bauten, wie dem Audimax (siehe S. 154), war dies auch üblich. Allerdings gab Schlaich, damals junger Mitarbeiter im Ingenieurbüro Leonhardt und Andrä, auch zu: »Das technische Problem faszinierte uns so sehr, dass wir das Überzogene des Entwurfs nicht sehen wollten und deshalb von vornherein mit verfehlten Mitteln arbeiteten.«

1961 hatten die Architekten Horst Niessen und Rolf Störmer mit ihrem Entwurf für das Hallenbad einen Wettbewerb gewonnen. Eine transparente, schwungvolle Architektur sollte auf die wettkampfgerechte Vorzeigeschwimmhalle hinweisen. Doch die anschließend hinzugezogenen Bauingenieure hielten den Entwurf für nicht realisierbar. Jörg Schlaich fühlte sich herausgefordert und entwickelte dafür seit 1964 eine neuartige Konstruktion, an der auch der Architekt Walter Neuhäusser mitwirkte.

Entscheidend dafür waren ein Gleichgewicht der Kräfte und das Vermeiden von örtlichen Spannungsspitzen. Schlaich koppelte die gegenüberliegenden, relativ schweren Randträger über die Schale. Mit ihren gleich großen Gewichten halten sie sich in der Waage. Und er modellierte die Übergänge von der Schale zu den Randträgern so geschickt, dass die Membranschnittkräfte der Schale nur unwesentlich gestört werden. Dies geschah intuitiv. Denn damals gab es keine Unterlagen über das Tragverhalten von hyperbolischen Paraboloiden (Hyparschalen) mit frei auskragenden Randträgern.

Zwei Hyparschalen wurden hier spiegelbildlich gegeneinander gelehnt. Mit ihrem rhombischen Grundriss haben sie eine Spannweite von 96 Metern. Ihre drei in die Luft gedrückten Spitzen kragen von den Widerlagern 53,50 und 41,80 Meter weit aus. Die Ecken »schweben« 13,50 und 16,70 Meter über den Pfeilern. Und trotz zweilagiger Vorspannung sowie zusätzlich noch schlaffer Bewehrung innen und außen ist die doppelt gekrümmte Spannbetonschale in der Fläche nur acht Zentimeter dick.

Schlaich modellierte sie entlang der Kanten in einem etwa fünf Meter breiten Streifen (und entlang der mittleren Kehle) in weichen Formen zu Randträgern mit dreieckigem, sich veränderndem Querschnitt aus. Sie sind an den Hochpunkten 70 Zentimeter und an den Widerlagern 2,40 Meter dick – und gehen monolithisch zu den drei Widerlagern über. Die Widerlager sind rechteckige Hohlkästen, die aus Platzgründen in Höhe des Geländes geknickt wur-

Vergleichsbeispiele
Tennishalle Horn, Derbyweg 20; Bj. 1960–1962, gewölbtes Sheddach aus Stahlbetonfertigteilen (Paul Thiele AG); Ingenieur/Baufirma: Lahmann & Co., Architekt: Sprotte und Neve; Quelle: Angaben Denkmalschutzamt Hamburg (2021)
Sporthalle Hamburg, Krochmannstraße 55; Bj. 1965–1968, durchbrochenes Dachtragwerk aus Spannbeton und Betonfertigteilen, Fläche von 64 x 64 Metern frei überspannt, Mehrzweckhalle für Sport- und andere Großveranstaltungen; Ingenieur/Baufirmen: Wayss & Freytag AG, Rudolf Seeland KG und andere, Architekt: Herbert Schmedje; Quelle: Wayss & Freytag (1967, S. 45 ff.)
Sporthalle Alsterdorf, Krochmannstraße 55; Bj. 2002–2006, über Pylone abgespanntes Stahltragwerk, Trainingshalle für Leichtathletik, 130 x 50 Meter große Halle frei überspannt; Ingenieur: WTM Engineers GmbH, Architekt: Markovic Ronai Lütjen Voss (MRLV); Quelle: Architektur HH (2007, S. 68 f.)

den. Ein zwischen den beiden gegenüberliegenden Widerlagern im Boden verlegtes Zugband verhindert ein Auseinanderdriften.

Die stetig geformten Querschnitte der Dachränder sind für das Zusammenwirken von Schale und Randträger wichtig. Bei der 1956 eingeweihten Kongresshalle in Berlin arbeiteten die leichte Schale und die abrupt mit einem Querschnittssprung ansetzenden Randträger und Ringbalken (über den Wänden des Auditoriums) nämlich gegeneinander. Dies sorgte für Risse in der Dachhaut und für Korrosion der Spannglieder. Einer der beiden Randträger stürzte deshalb im Mai 1980 ein. Zentrale Ursache war allerdings der laut Schlaich »verkrampfte« Tragwerksentwurf bei der Kongresshalle mit einer äußeren und einer inneren Schale, bei dem die Schalenwirkung nicht richtig zum Tragen kam. Schlaich hatte den Bau der Kongresshalle als Student des Prüfingenieurs Werner Koepcke begleitet.

Da aber die Spannungsverteilung auch in dem Dach der Alsterschwimmhalle nicht ohne Weiteres rechnerisch zu erfassen war, ermittelten die Ingenieure die zur Bemessung erforderlichen Größen in einem Modellversuch. 1968/69 wurde das Dach dann errichtet und stand lange ohne Wände und Einbauten da. Erst am 20. Januar 1973 wurde die Schwimmhalle eingeweiht.

Trotz ihrer Kurven werden Hyparschalen aus zahlreichen Geraden gebildet, sodass ihre Flächen auf geraden Schalbrettern betoniert werden können. Dennoch ist der Aufwand für das auf dem Boden stehende Gerüst und die kleinteilige Schalung personalintensiv und damit teuer. Die wegen der dünnen Querschnitte geringen Materialkosten wiegen das nicht auf. Somit konnten sich Stahlbetonschalen immer weniger gegen heute aktuelle Seilnetz- und Membrankonstruktionen behaupten.
Quellen: Beton (1970, S. 207 ff., S. 245 ff., S. 261 ff.), Bauingenieur (1986, S. 49 ff.), Bögle (2005), Ingenieurbaukunst (2015, S. 160 ff.)

← *Wegen ihrer einzigartigen Dachform wird die Alsterschwimmhalle auch mit einem Schmetterling verglichen, zudem als Schwimmoper bezeichnet. (um 1968)*

Viel Zelt für wenig Geld
Dach über der Wolfgang-Meyer-Sportanlage
→ 48

Das Dach der Kunsteis- und Radrennbahn in Stellingen bietet weit mehr als ein übliches Zelttragwerk. Dank unterspannter Luftstützen kommt die riesige Membran mit nur vier Masten aus. Preiswert und schnell ließ sich das Ganze auch noch herstellen.

Ort Stellingen, Hagenbeckstraße 124
Bauherr Freie und Hansestadt Hamburg, Bezirksamt Eimsbüttel
Ingenieur Schlaich, Bergermann und Partner
Architekt Büro Silcher, Werner + Redante
Baufirma Philipp Holzmann AG (Stahlbau), Pfeifer Seil- und Hebetechnik GmbH (Seilbau), Koit High-Tex (Membran), Fr. Holst (Fundament)
Bauzeit 1994

↓ Abspannböcke halten die Membran sowie die Unterspannseile des Zeltdachs. Die Böcke und die nach außen verlaufenden Abspannseile sind in fundamenten verankert. (2017)

Die Radrennbahn in Stellingen gibt es seit 1961. In ihrer Mitte wird im Winter eine Eissportfläche betrieben. 1994 bekam sie ihr spektakuläres Dach und ist nun der auffälligste Teil der Wolfgang-Meyer-Sportanlage. Das Dach schützt eine große Fläche vor Regen und Schnee, wertet aber auch die städtebauliche Ödnis dort auf. Ein Zelt als leichte Hülle für Fest und Spiel vermag die Freude am Sport am besten auszudrücken, meinten die Architekten. Tagsüber scheint es über der Radrennbahn zu schweben, im Dunkeln strahlt es dank des transluzenten Gewebes von innen wie ein mysteriöses Fabelwesen.

Für den Bau des Daches hatte das Bezirksamt Eimsbüttel einen Wettbewerb ausgelobt. Realisiert wurde der 3. Preis. Dahinter steckte der kostengünstigste Entwurf. Angesichts der konstruktiven Risiken bestanden Zweifel an dessen Ausführbarkeit, die aber ausgeräumt wurden. Ein großes Bauwerk mit leichtem Stoff war damals außergewöhnlich. Das in Stellingen verwendete Polyestergewebe (mit Polyvinylchlorid beschichtet) ist 1,1 Millimeter dick und wiegt 1,3 Kilogramm pro Quadratmeter. Allerdings ist seine Haltbarkeit begrenzt. In wenigen Jahren soll die Membran planmäßig erneuert, die übrige Konstruktion – die Fundamente und die insgesamt 77 Tonnen schweren Stahlteile und -seile – aber wiederverwendet werden.

↓ Das abgespannte Dach der Radrennbahn in der Wolfgang-Meyer-Sportanlage wird von vier Masten und acht Luftstützen getragen.

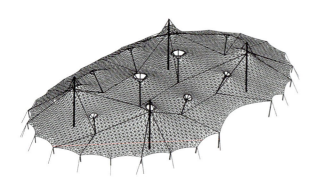

Die 250 Meter lange Radrennbahn verläuft ellipsenförmig unter dem 6.700 Quadratmeter großen Dach. An den Stirnseiten steigt sie zu fast 40 Grad schrägen, durch Erdwälle stabilisierten Steilwandkurven an. Der Dachrand folgt der geschwungenen Linie der Rennbahn mit gleichbleibender Öffnungshöhe – somit scheint das Dach zu schweben.

Im Inneren der Rennbahn tragen vier an die Ecken der Eissportfläche gesetzte, 20 Meter hohe Masten die Membran über abgehängte Ringe – wie in anderen Zelten auch. Die auf Druck beanspruchten Masten halten also die in alle Richtungen auf Zug beanspruchte Membran mit ebenfalls auf Zug beanspruchten Seilen in Form. Am Rand ist die Membran über Abspannböcke mit Seilen in Betonfundamenten verankert – wie ein Zeltdach mit Heringen. Mit bis zu 18 Meter langen, leicht gespreizt angeordneten Verpresspfählen wurden die Fundamente im Baugrund verankert. An vier Abspannböcken wurde zusätzlich ein tangentiales Spannseil angeordnet, um das Dach hinsichtlich Rotation zu stabilisieren.

Um die freie Spannweite der Membran auf 20 Meter zu begrenzen, wurde das Dach über acht Luftstützen unterspannt. Diese etliche Meter über der Sportanlage schwebenden, am Ende pilzförmig gespreizten Konstruktionen drücken die Membran mit Ringen nach oben und stützen sich dabei auf die Stahlseile ab, die zwischen den Hauptmasten und den Abspannböcken am Rand gespannt sind. Damit diese Luftstützen bei einer reißenden Membran nicht abstürzen, gibt es zusätzlich schlaffe Sicherungsseile an der Unterseite des Zeltdaches. Alle Druckelemente des Tragwerkes sind aus Stahlrohren hergestellt und gelenkig gelagert. Die Ringe an den Hochpunkten der Masten und Luftstützen mit Durchmessern von bis zu fünf Metern sind mit Stabholzkuppeln geschlossen und mit Klarsichtfolie bespannt.

Dunkle Nähte und aufgeschweißte Verstärkungen veranschaulichen den Kraftfluss im Zeltdach. Wegen der Elastizität von Membran und Seilen ist es viel beweglicher als ein konventionelles Dach. Dennoch müssen maximale Verformungen begrenzt werden. Sonst würde die Membran auf Seilen aufliegen oder Falten schlagen und so Schneesäcke begünstigen. Vor allem im Hinblick auf Schneelasten und Windsog wurde deshalb die geometrische Struktur optimiert. So spielt die Lage der miteinander verschweißten 2,50 Meter breiten Textilbahnen eine entscheidende Rolle, weil die Membran in Schuss- und in Kettrichtung unterschiedlich bruchfest ist.

Dank der geringen Zahl der Einzelteile und dem hohen Vorfertigungsgrad konnte das Dach in sieben Monaten hergestellt und montiert werden. Die Membran wurde in zwei Hälften angeliefert. In nur acht Wochen wurden alle Teile zusammengesetzt und dann am Stück in drei Tagen gehoben, fixiert und gespannt.

Quellen: db (7/1995, S. 112 ff.), Architektur HH (1995, S. 8 ff.), Angaben Bezirksamt Eimsbüttel (2017)

Vergleichsbeispiel
Musical-Theater im Hafen,
Steinwerder, Norderelbstraße 6;
Bj. 1994, fünf kabelverspannte
Dreigurtbinder in Form halbierter
Ellipsen (Spannweite: 55 Meter),
eingespannte Außen- und Innenmembran mit belüftetem Zwischenraum; Ingenieur: Sellhorn Ingenieurgesellschaft, Architekt: Klaus Latuske für Urban Project Raumdesign

Ein asymmetrischer Regenschirm
Dach über der Tennisarena Rothenbaum
→ 49

Bei wechselhaftem Wetter hilft ein Regenschirm. Doch wie soll er nachträglich über der Tennisarena Rothenbaum gespannt werden? Die Lösung bot ein aufgelegtes Rad. An deren unteren Speichen hängen zwei Polyestertücher, deren mittleres sich schließen lässt.

Ort Rotherbaum, Hallerstraße 89
Bauherr DTB-Rotherbaum Turnier GmbH
Ingenieur Tribünen und DTB-Hauptsitz: Bobeth + Sommer, Dach: Sobek + Rieger (Entwurf: Werner Sobek, Mitarbeiter: Alfred Rein, Josef Linder, Harald Mecklenburg, Anvar Sadykov, Jürgen Schreiber, Viktor Wilhelm) sowie Bobeth + Sommer
Architekt Rudolf Busekros (Tribünen), Büro Schramm, von Bassewitz, Hupertz (Südtribüne und DTB-Hauptsitz), Schweger + Partner (Dach)
Baufirma Dach: Philipp Holzmann AG, Magnus Müller GmbH & Co. KG
Bauzeit 1986 (Tribünen), 1990 (Südtribüne und DTB-Hauptsitz), 1997 (Dach), 2019 (Dachsanierung)

→ Hinter den Tribünen aufgestellte Stahlstützen halten das Membrandach. Es ist ein selbststabilisierendes System mit Druckring außen und Zugring innen, radialen und diagonalen Seilen sowie auseinander drückenden Luftstützen.
↓ Der Knotenpunkt im geöffneten Innendach liegt außerhalb des Spielfelds, womit Schattenwurf vermieden wird. (um 1998)

Mit Boris Becker und anderen Stars wurde der Tennissport seit den 1980er Jahren in Deutschland populär. Somit investierte der Deutsche Tennisbund (DTB) in den Ausbau seiner wichtigsten Anlage für Wettbewerbe: der Tennisarena in Hamburg am Rotherbaum. Im Westen, Norden und Osten des Hauptplatzes (Center Court) entstanden 1986 neue Tribünen. 1990 folgten auf der Südseite eine kleine Tribüne und der Hauptsitz des DTB, von einem gläsernen Oval bekrönt.

Doch bei Regen musste das Tennisturnier abgebrochen werden – ein beweglicher Schirm sollte her. Und so bekam die für 13.200 Besucher ausgelegte Arena 1997 ein leichtes Dach, dessen Mittelteil sich in etwa fünf Minuten öffnen oder schließen lässt. Damit bietet es den nötigen Schutz – und der Charakter einer Freiluftveranstaltung bleibt gewahrt. Dank des transluzenten Polyestergewebes lässt auch das geschlossene Dach viel Licht herein.

Die aus einem Speichenrad abgeleitete Stahlseilkonstruktion war mit einer freien Spannweite von 102 Metern zu seiner Zeit das größte Faltdach der Welt. Ein etwa 17 Meter breiter Ring über den Tribünen ist permanent bedeckt, in der Mitte über dem Tennisplatz gibt es einen beweglichen Teil mit etwa 63 Metern Durchmesser. Eine rundum hinter die Stahlbetonkonstruktionen der Tribünen gestellte Reihe mit 18 Stahlstützen trägt das Speichenrad mit den Membranen. Das in sich vorgespannte System mit Druckring, Zugring sowie auf Zug belasteten radialen und diagonalen Seilen ist selbststabilisierend und leitet vor allem Vertikallasten in die Außenstützen ein. Horizontal wirkende Lasten werden durch das Speichenrad auf drei vertikale Auskreuzungen geleitet.

Direkt auf den Stützen sitzt der auf Druck belastete Außenring: ein von 18 Kalottenlagern unterbrochenes Stahlrohr mit einem Durchmesser von einem Meter. An seinen Lagern zweigen jeweils zwei Paare mit acht Zentimeter dicken Stahlseilen ab, welche die als Zugring fungierende Hohlnabe in der Mitte sowie die beiden nächstgelegenen Luftstützen oben und unten halten. Mit den 18 Luftstützen, in der Konstruktion »schwebende« Pylone, wird das Stahlseilgeflecht auseinandergedrückt und lässt sich so abspannen. Oben und unten zwischen den Luftstützen gespannte Ringseile ebenso wie Auskreuzungen versteifen die Konstruktion.

Außerdem halten die Luftstützen das permanente, aus vielen kleinen Zelten aus Polyestergewebe gebildete Ringdach über den Tribünen. Auch an den unteren Speichen des Innenteils hängt ein solches mit PVC beschichtetes Polyestertuch, das zur Nabe hin gerafft wird. Mit 18 in der Konstruktion hängenden Motoren und Zugseilen lässt sich diese etwa 3.200 Quadratmeter groß Membran automatisch öffnen und schließen. Damit dies synchron passiert, arbeiten die Motoren mit unterschiedlichen Geschwindigkeiten. Denn die Nabe hängt deutlich abseits von der Mitte, um den Center Court von Schattenwurf frei zu halten.

Auftretendes Regenwasser läuft mit den Dachneigungen zu den Rändern der beiden Membranen. Hier, neben den Fußpunkten der Luftstützen, gibt es eine ringförmige Regenrinne, deren Inhalt nach außen abgepumpt wird.

Doch schließlich funktionierte das bewegliche Dach als Folge einer unzureichenden Wartung nicht mehr und wurde 2019 saniert. Die Innenmembran besteht nun aus 0,8 Millimeter dünnem Material (bisher 1,2 Millimeter dick), außerdem wurden Antriebsseile erneuert und die Technik überholt.

Quellen: Bautechnik (1998, S. 390), AIV (1999), Schulitz (1999), Bauen mit Stahl e.V. (2002), Angaben Werner Sobek Group GmbH (2021)

↑ Mit in der Konstruktion hängenden Motoren und Zugseilen lässt sich das Innendach in etwa fünf Minuten öffnen oder schließen. (um 1998)

Ein Speichenrad mit Membran als Dach
Volksparkstadion
→ 50

Innerhalb von zwei Jahren entstand aus dem alten Volksparkstadion etappenweise eine moderne Fußballarena. Das Membrandach auf gespannter Seilkonstruktion ließ sich nachträglich einfügen. Denn ursprünglich war ein anderer Witterungsschutz geplant.

Ort Bahrenfeld, Sylvesterallee 7
Bauherr HSV-Stadion HSV-Vermögensverwaltung GmbH & Co.
Ingenieur Büros Günter Timm (a) (Tribünen), Schlaich, Bergermann und Partner (Dach), Steinfeld und Partner (Baugrundgutachten)
Architekt Manfred O. Steuerwald
Baufirma DDP Deuteron Development Gesellschaft für Projektentwicklung und Consulting mbH (unter anderem mit Eggers Tiefbau GmbH) und der Arbeitsgemeinschaft Überdachung (Stahlbau Plauen GmbH, Pfeifer Seil- und Hebetechnik GmbH und Birdair Inc., Leitung: Florian Weller)
Bauzeit 1998–2000

Seit 1925 gab es am Altonaer Volkspark ein Spielfeld mit Tribüne. Mit Trümmerschutt vom Zweiten Weltkrieg unter den Rängen entstand dort 1952/53 das Volksparkstadion. Zu dem klassischen Stadion für 75.000 Zuschauer gehörten ein Fußballfeld und Leichtathletikanlagen im Inneren. Die wie Amphitheater angelegten West- und Ostkurven boten nur Stehplätze. Seit 1961 gab es Flutlicht. Zur Fußballweltmeisterschaft 1974 kam eine neue Südtribüne hinzu (siehe S. 22). Seitdem passten 61.200 Zuschauer hinein, 28.400 davon hatten Sitzplätze.

Das Stadion bot viel Atmosphäre. Doch die Laufbahn um den Rasen und die flach geneigten Ränge sorgten für große Abstände zwischen Zuschauern und Spielfeld. Außerdem waren nur 17.600 Sitzplätze leidlich überdacht. Deshalb wurde das Sportstadion – als erstes dieser Art in Deutschland – zu einer Fußballarena für den Hamburger Sportverein (HSV) umgebaut. Dafür wurde das Spielfeld um 90 Grad gedreht und die Tribünen mit 55.000 überdachten Sitzplätzen abschnittsweise neu errichtet. Da die

↓ *Statt des zunächst geplanten Daches mit Kragträgern bekam das Volksparkstadion ein von Masten abgehängtes Membrandach. (2019)*

alten Stadionwälle mit neuen Aufschüttungen in den Neubau integriert wurden, bekamen die oberen Tribünenränge und die Masten der Dachkonstruktion ein Fundament mit etwa 1.000 Ortbetonpfählen. Der heterogene Boden ließ eine Flachgründung nur beim unteren Rang zu.

Die neuen Tribünen reichen bis an das Spielfeld heran. Die Zuschauer gelangen über eine durchgängige Erschließungsebene zu ihren Plätzen. Von dieser Ebene aus können sie in das Stadioninnere blicken, finden hier rasch Verkaufsstände, sanitäre Anlagen und Treppen zu den oberen Rängen. Letztere werden von Stahlrahmen getragen. Die Tribünen selbst bestehen aus Halbfertigteilen mit Ortbetonergänzung, ebenso die Treppenhäuser darunter, die das Tragwerk aussteifen. Dank dieser Bauweise konnte man beim abschnittsweisen Bauen unter laufendem Spielbetrieb auf aufwendige Fugen verzichten und bereits während des Aufrichtens des Dachs den Räumen unter den Tribünen einen Wetterschutz bieten.

Ende 1998 war die Osttribüne fertig – erst dann entschieden sich die Beteiligten für das jetzige Dach mit einer nahezu rechteckigen, an das Fußballfeld angepassten Öffnung. Es war ein Paradigmenwechsel: Dank einer Membran mit hoher Zugfestigkeit, Lichtdurchlässigkeit und geringem Eigengewicht konnte ein leicht konstruiertes, transluzentes und räumlich abtragendes Tragwerk verwirklicht werden.

Üblich waren vorher Kragdächer ohne räumliche Tragwirkung – auch für das Volksparkstadion war dies vorgesehen. Entsprechend waren die bereits fertiggestellten Mastfundamente bemessen: Deren Fußpunkte konnten keine horizontal wirkenden Kräfte aufnehmen. Die Lösung boten eine Trennung des außen liegenden Druckrings und des Dachrandes sowie die zweifache Umlenkung der Abspannung. Dabei wird ein Teil der Umlenkkraft in den Druckring eingeleitet und kurzgeschlossen, der andere Teil in die Tribünen. Mit der Horizontalkomponente am Tribünenfuß gleicht sich diese Kraft aus.

Bei diesem nach dem Speichenrad-Prinzip funktionierenden Ringseildach werden Trag- und Sogseile (über vertikale Hänger miteinander verbunden) radial zwischen dem inneren Zugring – aus acht Seilen bestehend – und einem Rundrohr als äußerem Druckring gespannt. 40 hinter den Tribünen aufgestellte, zwischen 50 und 60 Meter hohe, gelenkig gelagerte Rundrohrmasten tragen dieses Dach. Es wird über die Tragseile am Kopf der Masten befestigt und über die auf Druck belasteten Spreizen am Fuß der Masten abgespannt. Die unteren Spreizen, je zwei pro Radialseil, drücken an den Masten vorbei gegen die dafür verstärkte Oberkante der Tribünen, die obere Spreize mit dem hier eingespannten Druckring an der Stelle gegen den Mast, wo das Sogseil angeschlossen ist. Masten und Tribünen sind über Zugbänder in der Bodenplatte verbunden.

Die Stahlbauteile wiegen 2.300 Tonnen, die Seile 460 Tonnen. Im Stadioninneren kragt diese Konstruktion bis zu 72 Meter weit aus. Auf den Sogseilen und über quer dazu befestigten Rundrohren liegt als doppelt gekrümmte Dacheindeckung mit einer Fläche von 35.400 Quadratmetern eine Membran aus beschichtetem Polyestergewebe. Ohne Krane und andere Maschinen – nur mit Industriekletterern – wurde die Seilkonstruktion montiert, indem sie im Stadion ausgelegt und dann behutsam hochgezogen wurde.

Quellen: Architektur HH (2001, S. 52 f.), Steinfeld (2002), Bauingenieur (2004, S. 205 ff.), Stahlbau (2005, S. 137 ff.)

← *Die Dachkonstruktion überdeckt alle 55.000 Sitzplätze des Stadions und bietet eine nahezu rechteckige Öffnung über dem Spielfeld. (2019)*

↑ 40 Masten tragen das Dach des Stadions: In der Mitte des jeweiligen Mastes stemmen sich die Spreizen mit dem Druckring dagegen, während die dünneren Diagonalspreizen sich gegen die Oberkante der Tribüne stemmen. (2019)
→ Zwischen dem Zugring über dem Spielfeldrand und dem von den Masten gehaltenen Druckring spannt sich ein System von Radial- und Diagonalseilen.
↓ Die Dachkonstruktion hängt über die Trag- und die Sogseile an den hinter den Tribünen aufgestellten Masten. Sie wird über Spreizen an den Mastfüßen abgespannt.

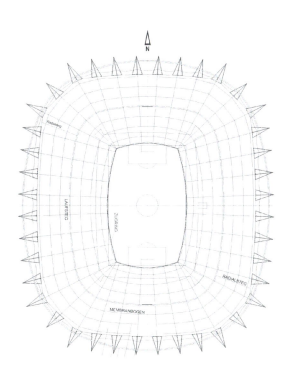

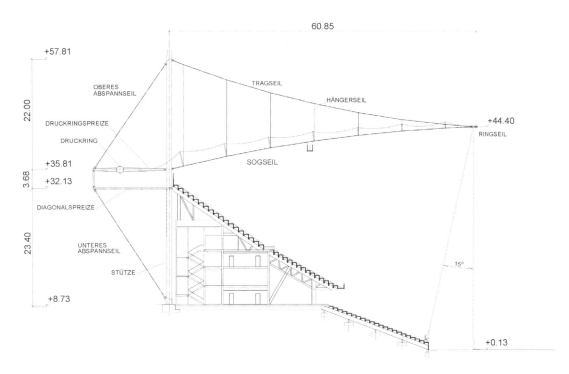

Holzhäuser

51 **Villa aus Holz**   232
Aushängeschild einer Fertighausfabrik

Stahlhäuser

52 **Stahlhäuser Fuhlsbüttel**   235
Nebenprodukt in Notzeiten

Bauten aus Stahlbeton

53 **Wohnbauten aus Schüttbeton**   238
mit stahlbetonkästen in die Höhe

54 **Hochhaus Habichtsplatz**   240
Wohnen im Gleitschnellbau

55 **Grindelhochhäuser**   243
Moderner Ingenieurhochbau

56 **Wohnhäuser des Montagebaus**   246
Ausgefeilte Systeme

57 **Punkthochhäuser Lohbrügge-Nord**   252
Wohnen über Blindkellern

Wohnen

Holzhäuser

Stahlhäuser

Bauten aus Stahlbeton

Aushängeschild einer Fertighausfabrik
Villa aus Holz
→ 51

Häuser aus Holz haben sich in Mitteleuropa nie richtig durchgesetzt. Aber sie hatten erfolgreiche Phasen, auch als Pioniere des Montagebaus. Ein Hersteller von Holzhäusern war die Gottfried Hagen AG in Hamburg – mit einer Holzvilla als Aushängeschild.

<u>Ort</u> Eppendorf, Arnold-Heise-Straße 27
<u>Bauherr</u> Walter Inden
<u>Architekt und Baufirma</u> Gottfried Hagen AG
<u>Bauzeit</u> 1922/23

»Landhaus in Holzbauweise« steht auf den Bauplänen für das repräsentative Wohnhaus an der Arnold-Heise-Straße in Eppendorf. 1922/23 hatte die Gottfried Hagen Aktien-Gesellschaft es für den norwegischen Konsul Walter Inden gebaut. Die Architektur geht wohl auf skandinavische oder russische Vorbilder zurück. Im nationalromantischen Design Norwegens (»Dragestil«) gestaltete Holzhäuser hatte Kaiser Wilhelm II. 1891/93 mit seinem Jagdhaus in Rominten (Ostpreußen) und der Matrosenstation Kongsnæs in Potsdam protegiert.

Bei der heute exotisch wirkenden Gestaltung mit den kräftigen Holzbohlen und dem feinen, zum Teil expressionistischen Schnitzwerk spielte die – inzwischen veränderte – Farbigkeit eine wichtige Rolle: Nach dem ursprünglichen Entwurf waren die Holzteile grün lasiert, die gedrehten Säulen und die Schnitzerei dunkelblau, die Fenstersprossen und Deckleisten von Giebelverschalungen sowie die Balkongeländer weiß. Das Kellergeschoss mit rotem Ziegelmauerwerk war weiß gefugt, die Regenrinnen dunkelblau oder violett gestrichen.

Die aus vorgefertigten Eichen- und Mahagoniteilen erbaute Villa, etwa 17 Meter lang und 10 Meter tief, dürfte der Firma Gottfried Hagen als Aushängeschild für ihre Produkte gedient haben. Die nach eigenen Angaben »älteste und größte Baracken- und Holzhäuser-Fabrik Norddeutschlands« ging aus einem von Gottfried Hagen betriebenen Zimmereigeschäft hervor. 1921 wurde der Betrieb in eine Aktiengesellschaft umgewandelt. Zu der Firma mit Sitz am Rathausmarkt 8 gehörte die Hobel- und Sägewerk Reiherstieg GmbH an der Lagerstraße 22 (heute Am Alten Schlachthof) in Wilhelmsburg.

Das Unternehmen arbeitete als Baugeschäft, Sägewerk und Hersteller für zerlegbare Holzhäuser. Bis 1926 wird es in Hamburger Adressbüchern erwähnt, dann verliert sich seine Spur. Als Grundlage für die Gründung einer Aktiengesellschaft könnte Hagen

← Vermutlich die einzige Holzvilla in Hamburg: das Haus Arnold-Heise-Straße 27 in Eppendorf. (2016)
→ Entwurf der Holz-Villa von 1922: Ansicht von der Arnold-Heise-Straße und Seitenansicht von der Loogestraße.

ein Auftrag des Wohnungsverbandes Groß-Berlin gedient haben: Der ließ während der Wohnungsnot 1919/20 neun Siedlungen mit 150 Doppelhäusern aus Holz bauen. Über den Holzbau-Industriellenverband war auch Gottfried Hagen mit einem Haustyp in Holztafelbauweise daran beteiligt. Den folgenden kurzen Holzhausboom aber haben viele Betriebe nicht überlebt: Als Ursachen gelten rasant gestiegene Holzpreise und ein kurzsichtiges Geschäftsgebaren.

Holz als Baustoff war im frühen 19. Jahrhundert weit verbreitet gewesen. Doch sank der Anteil der Häuser mit Holztragwerken in Preußen von 50 Prozent im Jahre 1816 auf nur noch zehn Prozent im Jahre 1883. Deutschland war ein Land des Steinhauses geworden. Dafür hatte auch die Verstädterung gesorgt, weil größere Bauten kaum aus Holz hergestellt wurden. Die Architektur aus Stein und Mörtel galt als modern. Holzbauten wurden dagegen als vergänglich, feuergefährdet und minderwertig angesehen. Sie waren Ausdruck sparsamen und landschaftstypischen Wirtschaftens. Auch die vielen einst üblichen Holztragwerke für Hallen oder Brücken wurden zunehmend durch Konstruktionen aus Stahl und später aus Stahlbeton verdrängt. So überlebte der Holzbau nur in Nischen, wie bei Lagerhallen für Salz. Deren Holztragwerke werden von dem hochkorrosiven Rohstoff nicht angegriffen (siehe S. 139).

Die industrielle Fertigung von Holzhäusern begann in Mitteleuropa zu Beginn des 20. Jahrhunderts. Die in großen Serien vor allem für militärische Zwecke eingesetzten Holzbaracken bildeten die Grundlage. Als Ursprung dieser Bauform gelten von der britischen Armee während des Krimkriegs (1853–1856) verwendete Baracken. Ab etwa 1919 wurden Holzhäuser in Bezug auf ihre Lebensdauer mit anderen Bauweisen gleichgestellt. Das Holzbaugewerbe investierte kräftig und wandelte sich zur Industrie, welche Fertigteile aus Holz für den Montagebau mit einfacher Verbindungstechnik entwickelte. Diese Firmen waren auch Pioniere für Fertighaussysteme. Die Holzbauteile waren leicht, gut zu transportieren sowie einfach und schnell zu montieren.

In beiden Weltkriegen und den jeweiligen Nachkriegszeiten propagierten Politik und Gewerbe zudem Ersatzbauweisen, um energieintensiv hergestellte Baustoffe wie Ziegel, Beton und Stahl zu vermeiden. Hohe Stückzahlen erreichten dann die seit 1933 entwickelten genormten Baracken des Reichsarbeitsdienstes. Die einschließlich der jewei-

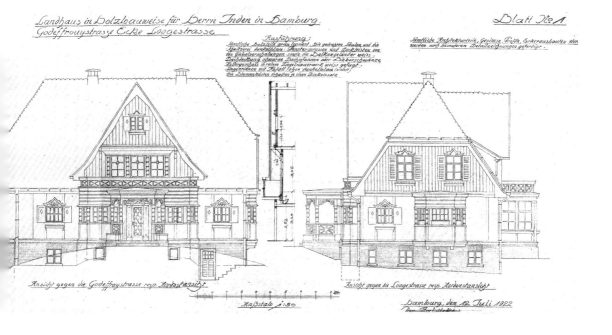

ligen Haustechnik nach einem Baukastensystem mit wenigen Segmenten aufgebauten Typen ließen sich preiswert herstellen und aufbauen, aber auch gut wieder zerlegen, transportieren und an anderer Stelle errichten. Etliche Holzwerke in Europa haben sie nach einheitlichen Vorgaben hergestellt.

Auch die als Typenbauten entwickelten, ab 1942 ebenfalls in Hamburg erbauten Reichs-Kartoffellagerhallen haben Tragwerke aus Holz. Bei der 1943 an der Großmannstraße 136 erbauten Fabrikhalle waren sogar die Wände daraus. In der vor wenigen Jahren abgerissenen Halle waren Behelfsunterkünfte in Serie hergestellt worden (siehe S. 40).

Dies waren vermutlich Ley-Buden (nach Robert Ley, dem Reichswohnungskommissar benannt): 1943 von dem Architekten Hans Spiegel vor allem aus Holz konzipierte Fertighäuser »Reichseinheitstyp 001«. Diese einfachen und kleinen Bauten konnten sich besser durchsetzen als der kurz zuvor von dem Architekten Ernst Neufert entwickelte »Kriegseinheitstyp«: eine zweigeschossige Baracke aus Holz und anderen Baustoffen mit vier Wohnungen. Außer diesen Schlichthäusern wurden im Zweiten Weltkrieg allerdings auch reguläre Wohnhäuser aus Holz gebaut, deren Fertigteile aus Finnland und Norwegen importiert wurden.

Quellen: Holzbau (1921, S. 92), Bautechnik (1938, S. 12 ff.), VDI-Z (1944, S. 381 ff.), Rug (2001), Bundesverband Fertigbau (2007), Archiv Denkmalschutzamt (2016), Kamp (2018), Rodenberg (2020)

Vergleichsbeispiele
Zwangsarbeiterbaracke am Flughafen Fuhlsbüttel, Wilhelm-Raabe-Weg 23; Bj. 1943, als Baracke des Reichsarbeitsdienstes vom Typ RL IV (»Mannschaftshaus«) in Segmentbauweise, nach dem Krieg bis 1997 Wohnhaus, heute Ausstellung der Willi-Bredel-Gesellschaft Geschichtswerkstatt e.V.
Norweger-Siedlungen in Ohlstedt, Ohlstedter Stieg, Stahmerstraße sowie sechs weitere Orte, vor allem rund um den Wohldorfer Wald; Bj. 1943/1944, 35 Block- und Doppelhäuser aus norwegischen Holzfertigteilen; Architekt: Werner Kallmorgen; Quellen: Bose (1986), Harms (1989)
Reichs-Kartoffellagerhallen Wilhelmsburg (Hohe Schaar), Blumensand 38, und Wandsbek, Jenfelder Straße; Bj. um 1942, Systembau mit Holzfachwerkbindern ohne Metallteile; Quellen: Bauwelt (1943, S. 199 ff.), Industriekultur (1.16, S. 35)
Ersatzbauten für kriegszerstörte Kirchen mit Fertigteil-Holzbrettbindern nach dem Konzept des Architekten Otto Bartning: 1. Adventskirche in Schnelsen, Kriegerdankweg 7 (Architekt: Hopp + Jäger); Bj. 1949; 2. Kirche St. Martinus in Eppendorf, Martinistraße 33 (Architekt: Gerhard Langmaack); 3. Kirche St. Markus in Hoheluft-Ost, Heider Straße 1 (Architekt: Gerhard Langmaack); Quelle: Lange (2008)

◤ *Die Zwangsarbeiterbaracke am Flughafen Fuhlsbüttel gehört zu dem vom Reichsarbeitsdienst entwickelten Typ RL IV. (2020)*

Nebenprodukt in Notzeiten
Stahlhäuser Fuhlsbüttel
→ 52

Auf den ersten Blick fallen sie kaum auf, auf den zweiten wirken sie auffällig modern, aber auch kurios: die vier Reihenhäuser aus Stahlblech in Fuhlsbüttel. Damit wollte sich die Hamburger Vulcan-Werft 1926/27 neue Absatzmärkte eröffnen.

Ort Fuhlsbüttel, Soltstücken 2-4/Olendörp 12-14
Bauherr Bau-Verein zu Hamburg AG
Ingenieur und Baufirma Deutsche Schiff- und Maschinenbau AG (Deschimag), Werk Vulcan, Hamburg
Architekten Elingius + Schramm
Bauzeit 1926/27

Wohnhäuser mit Wänden aus Stahl hat es schon seit den 1840er Jahren in England und Belgien gegeben, seit den 1880er Jahren auch in Deutschland. In veränderter Form wurde hier praktiziert, was im Schiff-, Waggon- und zum Teil im Gewerbebau ohnehin üblich ist. Nur als Wohnraum haben sich Fertighaussysteme aus Metall kaum durchgesetzt, abgesehen von massenhaft für Notunterkünfte aufgestellten Wohncontainern und schon vor dem Ersten Weltkrieg entwickelten Baracken aus Wellblech.

Viele Stahlhaustypen stammen aus den 1920er Jahren. Die Initiativen dafür gingen von der erzeugen-

↓ *Die Außenansicht der Stahlhäuser zeigt eine konsequent moderne Architektur. Im kleinen Eckbau zwischen den beiden Blöcken gibt es eine zum linken Haus gehörende Küche im Erdgeschoss, darüber eine Kammer. (1927)*

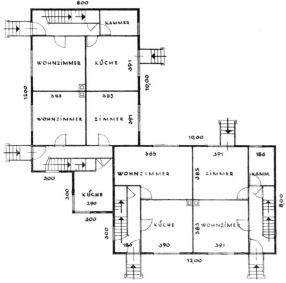

↑ In den Stahlhäusern gibt es vier Wohnungen mit drei oder vier Zimmern sowie ein oder zwei Kammern – jeweils bis zu 98 Quadratmeter groß.
↗ Leider haben die Stahlhäuser heute keine Sprossenfenster mehr. (2013)
→ Die geflanschten Stahlbleche wurden von innen miteinander verschraubt; nur an den Hausecken wurden sie vernietet.

den oder der verarbeitenden Industrie aus, die sich neue Märkte erschließen wollte. Die Wohnungsnot in den 1920er Jahren half dabei. Wie bei Fertighäusern aus Holz oder Stahlbeton werden die standardisierten Bauteile von Stahlhäusern rationell in einer Fabrik in Serie gefertigt und weitgehend unabhängig von der Witterung montiert. Der Transport der relativ leichten Bauteile und ihr Aufbau galten als einfach.

Allerdings gab es vielfach »innere Widerstände der Bewohner«. Zudem hätte es oft Probleme mit Schwitzwasser an den nicht atmenden Wänden gegeben, schreibt Ulrike Robeck in ihrem Buch über diesen Bautyp, benennt als Ursache aber eine unfachmännische Ausführung. Doch vor allem sei der Bau von Stahlhäusern zu teuer gewesen – eine wirklich kostensparende Massenproduktion habe es nie gegeben, meint Robeck. Die beispielsweise für die Hamburger Häuser errechnete Ersparnis von 30 Prozent der Rohbaukosten bezeichnet sie als Propaganda.

Die vier zweigeschossigen Reihenhäuser in Fuhlsbüttel mit Fassaden aus Stahlblech und konventionellen Flachdächern blieben die einzigen dieses Typs. Mit der zum Patent angemeldeten Bauweise »Vulcan« wollte sich die im Hamburger Hafenstadtteil Ross ansässige Großwerft ein neues Geschäftsfeld aufbauen. Denn 1926 hatte der Zweigbetrieb der Stettiner Vulcan kein Schiff mehr in den Auftragsbüchern. Damals schloss sich der Betrieb mit der AG »Weser« in Bremen und der Joh. C. Tecklenborg AG in Bremerhaven zur Deutschen Schiff- und Maschinenbau Aktiengesellschaft (Deschimag) zusammen und wurde 1929 Teil der Howaldtswerke in Kiel.

Gestaltet hatten die Prototypen in Fuhlsbüttel die Hamburger Architekten Erich Elingius und Gottfried Schramm. Im Vergleich zu anderen Stahlhäusern fällt ihre konsequente Durchbildung auf, welche die Häuser klassisch modern wirken lässt. Die Stahlplatte prägt ihre Gestalt, ihre rasterartigen Fassaden werden durch Öffnungen nur belebt, nicht unterbrochen. Denn die Fenster haben die Größe einer Stahlplatte, die Türen sind so groß wie zwei Platten.

Der Aufbau besteht im Wesentlichen aus senkrecht gestellten T-Profilen über einem konventionell aus Beton erbauten Keller. An den Stahlträgern wurden die Bleche aus Siemens-Martin-Stahl im Format 1,00 mal 1,00 Meter auf die innen liegenden Flansche montiert – insgesamt 372 Stück. Die 72 Bleche des Fundamentbereiches sind dagegen

nur 1,00 mal 0,244 Meter groß. Die Bleche wurden innen an den Flanschen miteinander verschraubt, nur an den Hausecken wurden sie vernietet. Bei den waagerechten Fugen steckt jeweils ein Futterblech zwischen den verschraubten Tafeln, bei den senkrechten Fugen dient dafür der Steg der T-Profile. Mit Ölspachtel wurden die Fugen von außen abgedichtet. Er würde sich gut den Mennigepackungen in den Fugen und dem äußeren Ölfarbenanstrich anpassen, hätte sich an den eisernen Deckshäusern von Schiffen gut bewährt, heißt es in dem Bauantrag.

Die insgesamt zehn Zentimeter dicken Außenwände bestehen aus drei Millimeter starkem Blech, einer Torfschicht, Leichtbetonplatten und Putz. Die Wärmespeicherung ist gering, die Wärmedämmung aber gilt als vorzüglich. Um Schwitzwasser zu vermeiden, sitzt das Isoliermaterial direkt hinter den Blechen. Das Flachdach mit zwei Lagen Dachpappe und einer Kiesschicht ist ebenso konventionell wie die Decken der Obergeschosse: Sie bestehen aus Deckenbalken mit Gipsdielen und Kokosfasereinlagen an der Unterseite.

Die Innenwände, auch die zwischen den Häusern, bestehen aus Stahlprofilen mit Leichtbetonplatten. Deshalb sind die Häuser relativ hellhörig. Der Radioempfang über Antenne sei schwierig, und der Stahl würde sich bei Sonneneinstrahlung aufheizen, so die Bewohner. Zumindest Fenster, Türen und Dachkanten wurden schon vor langer Zeit mal erneuert. Trotz aller Macken sind diese »Versuchshäuser« unverändert bewohnt.

Quellen: Baumeister (1928, S. B 228 f.), Spiegel (1928), Schramm (1985), Robeck (2000)

Vergleichsbeispiele
Wellblech-Hallen im Erdölfeld Reitbrook-Alt, südlich vom Neuengammer Hausdeich; Bj. um 1937; für die Erdölindustrie typische Hallen mit dem einst sehr innovativen Baustoff, etwa 1828 in London entwickelt und als verzinktes Eisenwellblech 1851 erstmals nach Deutschland eingeführt (siehe S. 168); Wellblechbauten sind preiswert, leicht und trotzdem stabil, zerlegbar und damit transportabel; Quelle: Industriekultur (4.20, S. 20 ff.)

Mit Stahlbetonkästen in die Höhe
Wohnbauten aus Schüttbeton
→ 53

Nach beiden Weltkriegen sorgte der Mangel an Baustoffen und Wohnraum für Furore beim Hausbau mit Schüttbeton. Doch das vordergründig einfache Verfahren birgt Tücken. Zur Kastenbauweise Feidner weiterentwickelt, entstanden dann damit sogar Hochhäuser.

Der Bau von Hochhäusern ist untrennbar mit Stahl und Beton verbunden, weil der reine Mauerwerksbau mit zunehmender Höhe unwirtschaftlicher wird. Da Beton meistens billiger zu haben war als Stahl, setzten die Wohnungsbauer vor allem auf diesen Baustoff: beim Montagebau (siehe S. 246), beim Gleitschnellbau (siehe S. 240) und beim Bauen mit Schüttbeton.

Das Verfahren wirkt zunächst recht simpel: Zwischen eine Schalung wird Beton gekippt, trocknet – und fertig ist die Wand. Doch die Trocknungszeit, die Feuchtigkeit in der Wand, die eingeschränkte Tragfähigkeit von unbewehrtem Beton und die – im Vergleich zum Ziegel – geringere Wärmeisolierung sorgen für Schwierigkeiten. Dennoch entstanden in Frankreich Betonhäuser schon im 19. Jahrhundert. Auch die Berliner Cementbau AG errichtete von 1872 bis 1875 in der Arbeiterkolonie Victoriastadt in Rummelsburg 60 Wohnbauten aus Schüttbeton. Doch das blieben Einzelfälle.

Nach dem Ersten Weltkrieg führten Wohnungsnot und schwierige Wirtschaftslage zu den als minderwertig angesehenen »Ersatzbauweisen« (Bauen ohne Ziegelsteine), wie dem Bauen mit Schüttbeton. Die seit 1919 errichteten »Gußhäuser System Zollbau« des Merseburger Stadtbaurats Friedrich Zollinger sind das bekanntere Verfahren. Das seit 1917 von Paul Kossel entwickelte Konzept »Schnellbau Kossel« war ebenfalls weit verbreitet. Der Bremer Bauunternehmer verwendete es 1918 für Kasernen in Lettland, ehe er die »fabrikmäßige Bauweise« 1919 an der Finkenau in Bremen im Wohnhausbau einführte. Benutzt wurden wiederverwendbare Schalungen, Feldbahnen und Betonfördertürme. Für die konstruktiven Teile – Decken, Unterzüge, Stützen und Fundamente – verwendete Kossel Kiesbeton, für die Wände wegen der Wärmedämmung einen Leichtbeton.

Nach dem System der Paul Kossel & Cie. entstanden in Hamburg Teile der Kleinhaussiedlung Langenhorn (heute Fritz-Schumacher-Siedlung). Zu der von 1919 bis 1922 entlang der Tangstedter Landstraße (Hausnummer 147 und folgende) errichteten Gartenstadt gehören 658 Häuser. Die von Baudirektor Fritz Schumacher entworfenen 484 Reihenhäuser dort stammen vor allem von Kossel. Als Zuschlagstoffe im Beton dienten hier Sand, Kies und Schlacke von Müllverbrennungsanlagen. Die von der stadteigenen Hamburger Heimstätten Gemeinschaft GmbH vermietete »Staatssiedlung« für kinderreiche Familien und Kriegsheimkehrer war die erste staatliche finanzierte Wohnungsbaumaßnahme in Hamburg.

Doch wegen der genannten Schwierigkeiten und dem nicht durchgreifend rationalisierten Bauablauf waren die Schüttbetonverfahren nicht dauerhaft konkurrenzfähig. Erst mit dem Wohnraum- und Materialmangel nach dem Zweiten Weltkrieg lebte die Bauweise wieder auf. Nun wurde vielfach Trümmersplit im Beton als Zuschlagstoff verwendet. So sollten Trümmer verwertet, Kohle gespart, die Bauzeit verkürzt und Kosten gesenkt werden. Zudem konnte der Arbeitsmarkt entlastet und dem Facharbeitermangel entgegengewirkt werden, weil dabei viele Ungelernte eingesetzt wurden. Allein die Freie Stadt GmbH baute damit in Hamburg mehr als 2.000 Wohnungen. Die ersten waren von 1951 bis 1954 errichtete Wohnblocks in der Amundsenstraße in Altona-Altstadt. Auch 1954/55 errichtete Zeilenbauten und winkelförmige Laubenganghäuser der Siedlung Washingtonallee/-ring in Horn (Architekt: Günther Marschall) sind aus Schüttbeton.

Seit 1949 entwickelte der Architekt und Regierungsbaumeister Erich Feidner aus Spielberg bei Karlsruhe die Schüttbetonbauweisen schrittweise zur Kastenbauart Feidner weiter. Hier wurden Wände und Decken über eine kreuzweise Bewehrung fest miteinander verbunden. Da Schwerbeton (mit Kies als Zuschlagstoff) im Vergleich zu Mauerwerk weniger Wärme zurückhält, muss er gedämmt werden. Bei der Kastenbauweise wurde er deshalb zwischen Platten aus Leichtbaustoffen gegossen: Sie dämmen und verbleiben als verlorene Schalung Teil der Wand. Damit konnten auch Arbeitsschritte eingespart werden.

Feidner verwendete für diese Mantelbauweise zunächst Holzwolleplatten, wie Heraklith, später aber Gipskarton. Denn der Gips nimmt die Feuchtigkeit aus dem frischen Beton auf. Dies führt zu einem Vakuumeffekt, der sogar die Festigkeit des Betons erhöht. Außerdem sorgt Gips wegen seiner verzögerten Feuchtigkeitsabgabe für ein besseres Raumklima. Erfolgreich war die Kastenbauweise auch dank geringer Wanddicken: Sie waren nur noch etwa halb so stark wie die 24 Zentimeter dicken Wände der Fritz-Schumacher-Siedlung.

Wirtschaftlich war das Verfahren allerdings nur bei hohen Stückzahlen. Hochhäuser waren dafür prädestiniert. Allein die Bauunternehmung Franz Glogner in Hamburg errichtete damit von 1956 bis 1974 mindestens 2.175 Wohnungen. Dazu zählt das Hochhaus Reeperbahn 157 am Nobistor. Der Turm wurde 1971 errichtet: mit einem dreigeschossigen Sockelbau für Gewerbe und Autostellplätze sowie 15 Normgeschossen mit je zehn 1 ½-Zimmer-Wohnungen. Er war einer der letzten Häuser in Feidner-Bauweise, denn der Wandel im Bauwesen machte sie obsolet.

Quellen: Freie Stadt (1959), Harms (1989), Lange (1994), Aschenbeck (2003), Hassler (2004), Schienbein (2017)

↖ *Die Reihenhäuser der Fritz-Schumacher-Siedlung in Langenhorn wurden zum Teil nach dem System »Schnellbau Kossel« errichtet. (2022)*

↓ *Das Hochhaus Reeperbahn 157 markiert das westliche Ende der Amüsiermeile. Über dem Sockel gibt es 15 Geschosse mit jeweils zehn, etwa 37 bis 57 Quadratmeter großen 1 ½-Zimmer-Wohnungen. (2022)*

Wohnen im Gleitschnellbau
Hochhaus Habichtsplatz
→ 54

Mit rationellen Bauweisen begegnete man nach dem Zweiten Weltkrieg der Wohnungsnot. So entstand der Rohbau des Hochhauses am Habichtsplatz mit 13 Geschossen im Gleitbauverfahren – in der Rekordzeit von zehn Tagen.

Ort Barmbek-Nord, Habichtsplatz 8
Bauherr Neue Heimat Gemeinnützige Wohnungs- und Siedlungsgesellschaft mbH
Architekt Neue Heimat (Richard Knerlich)
Baufirma Gleitschnellbau GmbH der AHI-Bau – Allgemeine Hoch- und Ingenieurbau-AG
Bauzeit 1953/54

Zum Abschluss des Wiederaufbaus der im Zweiten Weltkrieg zerstörten Wohnhäuser in Barmbek-Nord setzte die Siedlungsgesellschaft Neue Heimat ein Signal. Am Habichtsplatz sollte ein Wohnhochhaus Abwechslung in die Stadtlandschaft mit ihren vier- und fünfgeschossigen Bauten der klassischen Moderne bringen. Doch Hochhäuser waren aus Sicht der Neuen Heimat damals bis zu etwa 40 Prozent teurer, weil sie unter anderem Zentralheizung und Aufzug benötigten sowie beim Brandschutz mit einer Nottreppe höhere Auflagen erfüllen mussten. Eine bessere Ausnutzung des Grundstücks wirkte dagegen nicht kostensenkend, weil bei Hochhäusern im Vergleich zu Wohnblöcken mehr Freifläche verlangt wurde.

Also wurde der Bau rationalisiert. Verantwortlich für das Hochhaus Habichtsplatz war Walter Beyn, seit 1950 technischer Leiter der Neuen Heimat. Der 35 Meter hohe Wohnturm mit einer Grundfläche von

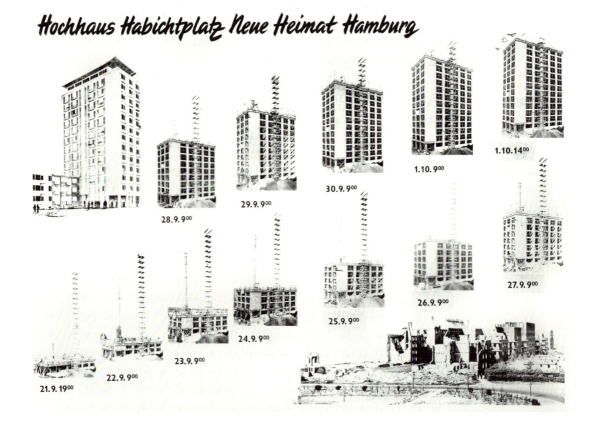

BAUTEN AUS STAHLBETON 241

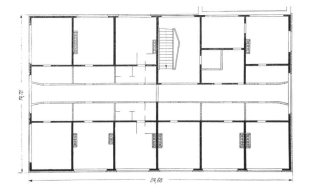

14,72 mal 24,86 Metern bekam 13 Geschosse und ein Staffelgeschoss. In ihm wurden überwiegend Einzimmerwohnungen untergebracht. Pro Normalgeschoss war Platz für das Treppenhaus mit Aufzug, einen Korridor und zehn Junggesellen-Wohnungen.

Der relativ simple und über eine große Höhe gleichbleibende Grundriss bot sich für das Gleitbauverfahren an: Dabei werden Rohbauten aus Stahlbeton Tag und Nacht ohne Unterbrechung mit gleitender Schalung errichtet, wie sonst Silos oder Fernmeldetürme. Im Vergleich zu denen ist das Gleitbauverfahren bei Wohnhäusern aufwendiger, weil der Grundriss unregelmäßiger ist und die Wände Fenster- und Türöffnungen haben. Außerdem müssen Geschossdecken konventionell betoniert werden. Sie werden über klappbare Bügel angeschlossen, die in die Wände eingelassen wurden.

Die »vollmechanisierte Gleitschnellbauweise« basiert auf »der Harmonie gleichmäßigen Gleitens«, berichtete die AHI-Bau stolz. Das Düsseldorfer Unternehmen hatte 1951 das aus Schweden stammende Concretor-Prometo-Verfahren übernommen und damit 1952 das Nibelungen-Hochhaus in Braunschweig und im Frühjahr 1953 das Atrium-Hochhaus in Berlin gebaut. Im Vergleich zu diesen Hochhäusern stellte der Hamburger Bau wegen der Gebäudehöhe und der feingliedrigen Fassade aber höhere Ansprüche. Im Spätsommer 1953 begann der Rohbau am Habichtsplatz.

Für den Bau gibt es nur eine Arbeitsbühne mit der von einem Stahlrahmen getragenen Schalung. Die 1,20 Meter hohe Schalung gibt dem Beton die gerade notwendige Zeit, um zu erstarren, bevor sie um jeweils 2,5 bis 5,0 Zentimeter weiter nach oben geschoben wird. Dort wird dann sofort die nächste Wandschicht betoniert. Die Last von Arbeitsbühne und Schalung drückt dabei nicht auf den frischen Beton, sondern schiebt sich hydraulisch entlang von Kletterstangen in die Höhe. Die Stangen werden nicht einbetoniert, sondern an anderer Stelle wiederverwendet. Mit den fortlaufenden Hubvorgängen entsteht ein kontinuierlicher – fast gleitender – Prozess. Dabei wird nicht nur Schalung gespart, es gibt

← Mit einer Bilderfolge verdeutlichte die Neue Heimat das enorme Tempo der vom 21. September bis 1. Oktober 1953 umgesetzten Gleitbauweise.
↑ Die im Gleitbauverfahren errichteten Obergeschosse 1 bis 12 bieten jeweils Aufzug und Treppenhaus, einen Korridor und zehn Wohnungen.
→ Das Treppenhaus mit Aufzug und pro Etage zehn Junggesellen-Wohnungen prägen auch das Äußere des Hochhauses. (um 1955)

auch keine Fugen. Je nach Rezeptur kann entmischter oder diskontinuierlich geförderter Beton mit seinen Kiesnestern aber auch erhebliche Probleme verursachen.

Im Keller hat das Hochhaus Habichtsplatz zum Teil Luftschutzräume mit dickeren Wänden. Außerdem steht es über dem Bürgersteig auf Stützen, hat also im Erdgeschoss einen kleineren Grundriss. Deshalb ließ sich dort nur ein Teil der Wände im Gleitbau herstellen. Weitere zwölf Geschosse entstanden in einem Arbeitsgang. Für eine bessere Isolierung wurden mit dem Schüttvorgang großformatige Porenbetonsteine vorgesetzt. Nach dem Gleiten in knapp zehn Tagen erforderten das Einziehen der Decken und der Einbau von Treppen weitere fünf Wochen, ehe das Staffelgeschoss aufgesetzt wurde. Allerdings fielen später Teile der davorgesetzten Fassade herunter. Der Schaden wurde behoben, das Hochhaus steht bis heute.

Quellen: AHI (1954), NH (10/1953, S. 3), Bauingenieur (1955, S. 41 ff.), SBZ (1955, S. 259 ff.), NH (4/5 1956, S. 1 ff.), Freie Stadt (1959), Hoffmann (2017)

↓ *Ende November 1953 bekam das Hochhaus Habichtsplatz sein 14. Obergeschoss, ein Staffelgeschoss.*

Moderner Ingenieurhochbau
Grindelhochhäuser
→ 55

Von 1946 bis 1956 entstanden am Grindelberg die ersten deutschen Wohnhochhäuser. Sie stehen für eine radikal neue Architektur und für modernen Ingenieurhochbau. Hinsichtlich ihrer Abmessungen und ihrer Konstruktion sind die zwölf Skelettbauten bemerkenswert.

Ort Harvestehude, Oberstraße / Grindelberg / Hallerstraße / Brahmsallee
Bauherr Freie und Hansestadt Hamburg / Gemeinnützige Siedlungs-Aktiengesellschaft Altona (Saga)
Ingenieur Georg Timm mit Büro für Ingenieurbau (Siebert und Peters)
Architekt Arbeitsgemeinschaft Bernhard Hermkes, Rudolf Jäger (Hopp & Jäger), Rudolf Lodders, Heinz Jürgen Ruscheweyh (bis 1948), Albrecht Sander, Ferdinand Streb, Fritz Trautwein, Hermann Zess

↓ *Von Südwesten sind der Zehngeschosser Block 8 (ganz links), die großen Blöcke 3, 2 und 1 (Mitte) sowie der große Block 6 (rechts) auf einen Blick zu sehen. (2016)*

Baufirma 25 örtliche Baufirmen, unter anderem Dyckerhoff & Widmann KG, J. Kriegeris & Co. (Block 2), Max Giese Bau GmbH (Block 8), Stahlbau: Stahlbau Eggers GmbH, Carl Spaeter GmbH
Bauzeit 1946–1948 (Fundamente und Keller), 1949/50 (Blöcke 1 und 4), 1950/51 (Blöcke 7, 9 und 11), 1951/52 (Blöcke 8 und 12), 1952/53 (Block 2/Bezirksamt Eimsbüttel), 1953/54 (Blöcke 5 und 10), 1954/55 (Block 3), 1955/56 (Block 6), Sanierung: 1995–2006 und 2014/15

Augenfällig markieren die Grindelhochhäuser den Wandel in Architektur und Gesellschaft nach dem Zweiten Weltkrieg. Die weitgehend kriegszerstörte Blockrandbebauung wurde durch linear ausgerichtete Hochhausscheiben ersetzt. »Luftumspült« nehmen sie nur neun Prozent des Grundstücks ein. Dort stehen seitdem fünf Häuser mit 14 Obergeschossen und der Block 2 des Bezirksamtes (bei etwa gleicher Höhe nur zwölf Obergeschosse) in zwei Reihen. Davor, dazwischen und dahinter gibt es je eine Reihe kleinerer Häuser, zu den hohen Blöcken versetzt angeordnet. Vier dieser Blöcke haben zehn Obergeschosse, die Blöcke 9 und 11 sind wegen ihrer Lage auf dem Hang niedriger und haben neun Obergeschosse.

Die britischen Alliierten hatten die Hochhäuser bald nach Kriegsende unter hohem Zeitdruck mit großen Wohnungen als Quartier für ihre Angehöri-

gen planen lassen. Schon im Frühjahr 1946 wurde mit dem Bau begonnen. Weil Stahlskelette eine zügige Bauweise versprachen, hatten die Briten schon den Stahl für vier große Blöcke beschafft. Doch dann verzichteten sie auf den Umzug ihres Hauptquartiers nach Hamburg. Die Stadt übernahm die Baustelle, legte sie aber wegen Arbeitskräfte- und Materialmangels still.

Erst ab 1949 stellte die städtische Saga die Hochhäuser mit mehr als 2.000 Kleinwohnungen, Läden, Büros sowie einer Tiefgarage für 700 Pkw fertig. Die Fassaden mit hellgelben Ziegeln der Wilh. Gail'sche Tonwerke AG (Gießen) geben ihnen ein freundliches Gesicht. Angesichts der Siedlungsgröße galten Aufzüge, Müllschütten, Waschküchen, Vollbäder, Einbauküchen, Fernheizung, Zentralantenne und Liegeterrassen hier als wirtschaftlich vertretbar. Für die Bewohner bedeutete dies einen großen Fortschritt.

Mit Stahl wurden die großen Blöcke 1 und 4 im Norden sowie 2 und 5 in der Mitte gebaut. Die großen Blöcke 3 und 6 im Süden sowie die sechs kleinen Blöcke haben ein Stahlbetonskelett. Dies war wegen der hohen Stahlpreise inzwischen billiger. Gleichzeitig wurde das Arbeiten mit Beton rationeller. Angesichts der Dimensionen war der Bau der Hochhäuser ohnehin rationalisiert worden. So wurden die Stahlskelette mit fahrbaren Montagetürmen errichtet. Außerdem wurde ein bewegliches Hängegerüst verwendet, von dem aus Maurer die einen halben Stein dicke Ziegelfassade herstellten, mit Hohlblocksteinen von gleicher Stärke hintermauert. Die innere Wandschale besteht aus dem Gasbeton-

stein Turrit, zum Teil auch aus Holalith. Beides waren neuartige Leichtbaustoffe.

Die großen Blöcke sind 42,20 Meter hoch und 120,56 Meter lang. Die Zehngeschosser sind 30,94 Meter hoch und 73,00 Meter lang. Der Grundriss der 11,10 Meter breiten Gebäude ist weitgehend identisch. Doch nach der Absage der Briten mussten für die nunmehr kleiner geplanten Wohnungen vor allem zusätzliche Treppenhäuser berücksichtigt werden.

Die Häuser sind einschließlich der Fundamente durch Dehnungsfugen getrennt: So bestehen die großen Blöcke mit fünf Treppenhäusern aus einem mittleren Abschnitt von 24 Metern und zwei äußeren Gebäudeteilen von je 48,28 Metern. Die drei Stützenreihen in jedem Geschoss bilden mit den Unterzügen Querscheiben, von denen jede zweite durch Diagonalen starr ausgebildet wurde. Windlasten werden über die Stahlbetondecken auf starre Querscheiben übertragen. Ursprünglich sollten für die Decken wegen der kurzen Bauzeit Betonfertigteile verwendet werden. Doch Ortbeton war billiger und garantierte die Scheibenwirkung.

Die ausgefachte Skelettkonstruktion der Häuser gründet wegen des hoch anstehenden Grundwassers in einer Stahlbetonwanne. Die Längssteifigkeit des statisch unbestimmten Rahmentragwerks wird durch Brüstungsriegel, die biegefest mit den Außenstützen verbunden werden, erzielt. Weil bei den versteiften Querscheiben auf Türöffnungen Rücksicht genommen werden musste, wurden – um Platz zu sparen – einige Knotenpunkte geschweißt. Ansonsten sind die Stahlskelette verschraubt. Je Block mit 1.560 Tonnen Stahl wurden etwa 100.000 Schrauben verbaut.

Die Skelette aus Stahlbeton sind etwas schwerer als die aus Stahl, doch die Fundamente waren dafür ausreichend dimensioniert. Allerdings musste das etwas breitere Stahlbetonskelett in der mit einem Ringbalken verstärkten Kellerwanne durch auskragende Unterzüge abgefangen werden.

← In der Mitte des Quartiers ist das Stahlskelett des Blocks 2 (Bezirksamt; links) fertig, während es beim Block 5 noch montiert wird. Die Tragwerke der schon bezogenen Blöcke 7 und 11 (im Hintergrund) sind dagegen aus Stahlbeton. (um 1953)
↑ Blick von Süden auf die Blöcke 8 und 7 (links), die großen Blöcke 2 (Stahlskelett im Bau) und 1, die Zehngeschosser 12 (ganz rechts) und 11 sowie den großen Block 4 dahinter. (um 1953)

Quellen: AIV (1953), Bauingenieur (1949, S. 333 ff.), Bautechnik (1951, S. 97 ff.), Beton (1952, S. 257 f.), Schildt (1988), Lange (1994)

Ausgefeilte Systeme
Wohnhäuser des Montagebaus
→ 56

Wegen der gleichförmigen Architektur gilt »die Platte« als Schreckgespenst des Wohnungsbaus. Dabei ist der Plattenbau besser als sein Ruf. In der Bundesrepublik Deutschland begann der systematische Montagebau 1959: mit Häusern in Hamburg-Horn.

Nach dem Zweiten Weltkrieg lebten in Hamburg etwa 230.000 Menschen in Ruinen, Nissenhütten, Baracken und Ähnlichem. Unter anderem mit dem Bau von Schlichtwohnungen hielt die Stadt dagegen. Doch die Wohnungsnot blieb. 1961 lebten noch etwa 150.000 Bürger in Behelfsheimen. Die »große Lösung« dafür war der Montagebau.

Ein mit Betonplatten hergestelltes Musterhaus hatte die Baufirma Paul Kossel & Cie. schon Anfang 1918 auf ihrem Werksgelände in Bremen-Hastedt aufgestellt. Im niederländischen Amsterdam entstanden von 1923 bis 1925 im »Betondorp« mehr als 150 Wohnungen aus großen Betonplatten auf Basis des Patentes Bron. Der Architekt Dick Greiner hatte sie nach amerikanischem Vorbild modifiziert. Das gleiche Prinzip wurde 1926/27 in der Reichsbundsiedlung an der Sewanstraße in Berlin-Friedrichsfelde umgesetzt. Auch andere trieben das industrialisierte Bauen voran. So entstanden von 1926 bis 1930 nach dem Konzept von Ernst May mehr als 900 Wohnungen mit vorgefertigten Großkomponenten in den Siedlungen Praunheim und Westhausen in Frankfurt am Main. Zudem wurden Häuser aus Stahl modern (siehe S. 235). Hans Schmuckler, technischer Direktor von Breest & Co., warb 1928 für Wohnhäuser mit Stahlskeletten. Deren Wände wurden mit Heraklith-Platten oder Bauteilen aus Bims-, Zellen- oder Gasbeton gefüllt. Doch die Häuser in Großplattenbauweise gingen nicht in Serie. Denn die Montage wurde nicht konsequent mechanisiert, auch weil leistungsfähige Hebezeuge fehlten. Zudem änderten sich die politischen Verhältnisse.

Nach den Vorgaben des Deutschen Wohnungshilfswerks (DWH) schuf man für Ausgebombte in Hamburg ab 1943 Tausende von Unterkünften in »Schnellbauweise«. Etliche dieser Behelfsheime wurden erst nach dem Krieg fertiggestellt. Sie waren aus Holz, Steinen, Beton oder Ersatzbaustoffen. Und sie entstanden mehr oder weniger nach einheitlichen Maßen, vielfach im Eigenbau, oft aber auch im Montagebau. Nach dem Krieg in bedeutendem Umfang eingesetzte Baustoffe und Techniken hatten hier vielfach ihren Ursprung. Da auch Holz knapp war, sollten nach Ansicht des Reichsarbeitsministeriums Behelfsheime ab Ende 1943 möglichst nur noch aus Beton errichtet werden.

So sind die von der Neuen Heimat im Großraum Hamburg errichteten Plattenhäuser, eingeschossige Doppelhäuser mit flachem Satteldach, frühe Montagebauten. Sie bestehen im Kern aus Betonpfosten und -platten, welche seit 1943 im Klinkerwerk des Konzentrationslagers (KZ) Hamburg-Neuengamme hergestellt wurden. Dafür war ein Leichtbeton mit guter Wärmedämmung entwickelt worden, der sich dank des Zusatzes von Sägemehl auch nageln ließ. Entworfen hatte die Häuser der Architekt Georg Hinrichs in zwei Varianten: mit 27 und 39 Quadratmetern Wohnfläche.

Allein in Geesthacht gab es etwa 500 von den Firmen Philipp Holzmann AG und Beton- und Monierbau AG errichtete Plattenhäuser. Innerhalb von Hamburg wurden sie unter anderem in der erhaltenen Siedlung Falkenberg an der Neugrabener Bahnhofstraße, am Garstedter Weg in Langenhorn, in Sasel, Eidelstedt sowie auf dem Gelände des späteren Alstertal-Einkaufszentrums in Poppenbüttel gebaut, vielfach unter Einsatz von KZ-Häftlingen. Allein in Poppenbüttel entstanden 156 von den Firmen Hermann Möller und Wayss & Freytag AG errichtete Behelfs-

heime. Dort am Kritenbarg 8 wird ein Plattenhaus als Gedenkstätte erhalten, ein weiteres in der KZ-Gedenkstätte Neuengamme am Jean-Dolidier-Weg 45. Nach Vorgaben des Reichsarbeitsministeriums konzipierte »Stahlbeton-« oder »Massiv-Baracken« gab es auch von anderen Anbietern, beispielsweise von der Joseph Hoffmann & Söhne AG in Ludwigshafen am Rhein (dort entwickelt von Oberingenieur Hermann Stoeß).

Schon 1941 hatte die Preußische Bergwerks- und Hütten-AG (Preussag) unter der Regie des Bauingenieurs Robert von Halász in Rüdersdorf bei Berlin zudem mit der Serienfabrikation von Industriehallen aus Betonfertigteilen begonnen. Vermutlich war dies die erste Massenproduktion von Stahlbetonfertigteilen für den Ingenieurbau. Nach dem Krieg setzte sich die Entwicklung rasch fort: Ein frühes Beispiel bietet die 1949/50 mit Spannbetonfertigteilträgern in Hamburg erbaute Ernst-Merck-Halle (siehe S. 34). Die Paul Thiele AG lieferte zudem fertige Stahlbetonsegmente für die Fußgängertunnel unter dem 1955/1956 erbauten Verkehrsknoten Sechslingspforte sowie den U-Bahn-Tunnel unter dem Lübeckertordamm (1961 in Betrieb). Der 1958 errichtete Turm der Flugleitung im Airbus-Werk Finkenwerder bestand ebenso aus von Thiele gelieferten Betonringen wie die gleichzeitig erbauten Leuchtfeuer Stadersand.

Auch im Schulbau setzte sich der Montagebau durch. Von 1954 bis 1967 wurden allein in Hamburg 185 Schulen neu gebaut. Dafür entwarf das Hochbauamt der Stadt unter der Leitung von Paul Seitz Klassenpavillons mit einem hohen Anteil an Stahl-

← *Die im KZ Neuengamme hergestellten Plattenhäuser, hier das erhaltene Exemplar am Kritenbarg in Poppenbüttel, sind ein Beispiel für den frühen Montagebau. (2018)*
↑ *Die Neubauabteilung der städtischen Wohnungsgesellschaft Saga entwarf etliche Blöcke des Montagebaus für das System Camus, hier die Siedlung Am Botterbarg in Iserbrook. (4. Oktober 1961)*

betonfertigteilen, von denen ab 1956 etwa 200 Exemplare montiert wurden. Ab 1957 folgte ebenfalls unter Seitz' Regie das mit 63 Exemplaren (davon 57 im Montagebau) weitverbreitete dreigeschossige Klassenkreuz. Entworfen hatte es eine Arbeitsgemeinschaft der Baufirmen Polensky & Zöllner und Paul Thiele AG. Ab 1956 entstanden zudem Turnhallen (Architekten G. Dittmer, A. Lühr, C. Plaschke) im Montagebau. Und für Klassentrakte wurde etwa 1962 die Wabenschule entwickelt: ein Bausystem mit versetzt angeordneten, wabenförmigen Baukörpern mit sechseckigem Grundriss (konzipiert von Paul-Wilhelm Hammers).

Beim Bauen mit Stahlbetonfertigteilen ließen sich im Vergleich zu handwerklich geprägten Bauweisen die Arbeitsgänge stark mechanisieren, dadurch vor allem qualifizierte Arbeitskräfte einsparen. Außerdem ließen sich die Bauteile in einer geschlossenen, heizbaren Halle, ungehindert durch Witterungseinflüsse, in Schalformen mit hoher Maßgenauigkeit und guter Oberflächenbeschaffenheit herstellen. Die besser kontrollierbare Qualität führte zu schlankeren Bauteilen, sodass sich Material und Transportkosten einsparen ließen. Auch der Aufwand für Rüstung konnte entfallen, weil die Fertigteile auf der Baustelle nur noch mit Kranen montiert und punktuell gesichert wurden. Höhere Wandbelastungen, vor allem in Hochhäusern, wurden im Montagebau überwiegend mit gleichbleibender Wandstärke aufgefangen. Stärker beanspruchte Wände wurden lediglich in höherer Betongüte ausgeführt. Somit konnten auch diese Bauteile in Standardformen hergestellt werden.

Als erste Wohnhäuser des modernen Montagebaus gelten Bauten mit fast 500 Wohnungen in Sülldorf: Die Siedlung Op'n Hainholt (Architekt: Geert Köster) hatte die städtische Wohnungsgesellschaft Saga 1953 errichten lassen. Die zweigeschossigen Reihenhäuser mit wandhohen, damals innovativen Gasbetonplatten der Marken Siporex (Siporex Hamburg AG, im ehemaligen Klinkerwerk des KZ Neuengamme) und Celonit (Deutsche Porenbeton GmbH, Alt Garge) ließen sich einfach und kostensparend montieren. Allerdings gab es in den Niederlanden, in Frankreich und in Skandinavien den Montagebau mit ausgereiften Konstruktionen längst in Großserie. Auch in der DDR war man weiter: 1957 nahm in Groß-Zeisig bei Hoyerswerda das erste Großplattenwerk des Staates die Produktion auf.

Schließlich bestellte die Freie Stadt GmbH entsprechende Bauteile für vier komplette Häuser in

↖ *Die Reihenhäuser Op'n Hainholt in Sülldorf entstanden 1953 mit wandhohen Leichtbetonplatten.*
↖ *Die 1959 mit dem System Larsen & Nielsen gebauten vier Blocks in der Manshardtstraße in Horn gelten als Beginn des Vollmontagebaus in Hamburg. (2016)*
→ *1961 begann die Saga mit dem Bau von 776 Wohnungen im Gebiet Kleiberweg in Lurup. Dazu gehörten 13 Blöcke des Montagebau-Systems Camus, hier an der Katzbachstraße. (6. März 1962)*

Dänemark. Das städtische Wohnungsunternehmen, seit 1972 Teil der Saga, debütierte so bundesweit mit dem Montagebau bei Wohnhäusern: Dafür lieferte die Firma Larsen & Nielsen in Kopenhagen-Vesterbo hergestellte Bauelemente für vier Blocks mit 48 Wohnungen auf vier Etagen per Bahn nach Wandsbek. In der Manshardtstraße (Hausnummern 14, 17, 18 und 22) in Horn wurden sie vom 15. März bis 30. April 1959 montiert. Die Bauteile hatten bereits Leitungen, Rohrdurchbrüche und Schraubenlöcher; nach dem Verfugen musste nur noch tapeziert und gestrichen werden. Die Kellersockel waren allerdings konventionell hergestellt worden. Mitte Juni wurden die ersten Wohnungen bezogen.

Die Begeisterung war groß: Die Montage benötigte nur ein Drittel der sonst üblichen Bauzeit und ließ sich wetterunabhängig mit wenigen Arbeitskräften umsetzen. Häuser ließen sich also »genauso serienmäßig« fabrizieren wie »ein vorzügliches Auto oder ein hochleistungsfähiges Flugzeug«. Damit gab es auch ein Mittel gegen den grassierenden Fachkräftemangel. Sogar die Schall- und Wärmedämmung sei besser als allgemein üblich, lobte die Freie Stadt GmbH. Die Mieter freuten sich zudem über die moderne Ausstattung.

Daraufhin entstanden in Hamburg zwei Betonwerke für die schwere Vorfabrikation von Betonbauteilen. Die Paul Hammers AG sowie die Bau- und Montagegesellschaft mbH erwarben die Lizenz für den Großtafelbau nach dem System Larsen & Nielsen und nahmen auf der Veddel zwischen Müggenburger Straße 13-21 und Kanal 1960 ein Betonwerk in Betrieb (Leitung: Ingenieur D. Wolkenhauer). Tragende Elemente bei diesem System waren Querwände und Deckenplatten. Damit ließen sich die Außenwände individueller gestalten, was die Häuser von Larsen & Nielsen weniger uniform aussehen ließ. Unter anderem die Architekten Hans Ohlsen, Ernst Küntzel, Georg Hinrichs, Einhard Hölscher sowie die Bauabteilungen der Neuen Heimat und der Freien Stadt GmbH arbeiteten mit dem System. Letztere experimentierte an der Archenholzstraße in Billstedt auch mit dänischen Fertigteilen des Typs Belmansgade.

Ebenfalls 1960 investierte die Montagebau Thiele GmbH & Co. in eine Fabrik zwischen Tidekanal und Pinkertweg in Billbrook. Die Paul Thiele AG hatte dafür Lizenzen der französischen Societé Raymond Camus & Cie. (Paris) erworben. Bei diesem seit 1949 angewendeten Bausystem ist die Vorfertigung aller Wände und Decken mit Fenstern, Türen und Installationen typisch. Entwickelt hatte es der Bauingenieur Camus (1911–1980); es gilt als das weltweit am weitesten verbreitete. In Hamburg baute die Saga damit, unter anderem mit den Architekten Fritz Trautwein, Werner und Thomas Kallmorgen.

Dem System Camus ähnlich ist das der Deutschen Barets Bautechnik (später: Deutsche Tafel-Bautechnik), von dem es in Hamburg nur einige Bauten der

Architekten Trautwein, Einhard Hölscher, Georg und Michael Wellhausen sowie des Büros Atmer & Marlow gibt. Der Bauingenieur Hans-Jost Waldschmidt hatte dafür 1960 eine Lizenz der französischen Barets übernommen, weiterentwickelt und an 34 bundesdeutsche Baufirmen weitergereicht.

Und es drängten in Hamburg noch weitere Anbieter auf den Markt, wie die von der Baufirma Paul Dose entwickelte Großtafel-Vollmontagebauweise, mit denen unter anderem der Architekt Otto Kindt und das Büro Schramm & Pempelfort planten. Hergestellt wurden Bauten mit tragenden Innenwänden und Vorhangfassaden ebenso wie Gebäude, vor allem Hochhäuser, mit tragenden Außen- und Innenwänden.

Eine andere industrielle Bauweise suchte einen hybriden Weg. Bei der aus Malmö (Schweden) stammenden Allbeton-Bauweise der Skanska Baugesellschaft mbH werden die tragenden Teile, wie Innenwände und Geschossdecken, auf der Baustelle mit Schaltafelwagen und hochwertigem Ortbeton hergestellt. In einer Fabrik vorfabrizierte Elemente werden in die Konstruktion eingefügt. Das System wurde in Hamburg aber nur vereinzelt unter anderem in der Siedlung Hohenhorst umgesetzt (Architekten: H. Gryska, Planz und Appelbaum).

Auch die Heinrich Krog Montagebau in Hamburg versuchte es mit der Großtafelbauweise. Die Firma ließ, wie auch einige andere, mit ihren 1961 entwickelten Platten nicht nur Wohnungen (zusammen mit Architekten der Saga), sondern auch Garagen, Bürohäuser und andere Gewerbebauten errichten. Doch erst von 1967 bis 1970 nahm die Firma Krog ihre Fertigungsanlage in Schenefeld bei Hamburg in Betrieb, geriet schon 1976 in Konkurs und wurde geschlossen. Außerdem stellte die Siporex Hamburg AG (seit 1962 eine GmbH) Betontafeln für Einfamilienhäuser nach dem Baukastenprinzip her.

Im Juni 1969 entstand in drei Nächten in der Hamburger Altstadt am Brandsende 2-4, Ecke Georgsplatz ein Bürohaus mit sieben Geschossen und 1.400 Quadratmetern Fläche: bis zur Klopapierrolle mit allem drin. 60 Arbeiter montierten dafür 346 Bauteile mit einem Gewicht von 2.500 Tonnen. Mit dem Innenausbau dauerte das von dem Bauingenieur Uwe Pokrantz gesteuerte und von dem Architekt Thomas Kallmorgen entworfene Projekt fünf Tage. Damit wollte der Hamburger Bauunternehmer Günther Thiele (Paul Thiele AG) beweisen, dass man eine Lücke in der City an einem Wochenende füllen kann – ohne den Verkehr zu behindern.

Damals gab es in Hamburg noch sechs Fertigteilfabriken. In der Bundesrepublik Deutschland hatten bis zu 117 Werke etwa 50 Montagebausysteme eingeführt. Dabei überwogen geschlossene Bausysteme mit großen Wand- und Deckentafeln. Im Gegensatz zur Skelettbauweise, bei der punktförmige Stützen

BAUTEN AUS STAHLBETON 251

tragen, arbeiten die meisten Montagebausysteme mit Wänden als Tragelementen. Eine Scheibenbauweise mit einzelnen tragenden Wandscheiben in Längs- und in Querrichtung lässt noch eine individuelle Gestaltung der Außenwände zu, ebenso die Schottenbauweise mit ausschließlich tragenden Querwänden. Bei der Zellenbauweise dagegen sind alle raumbegrenzenden Wände tragend konzipiert, bei der Längswandbauweise sind es die Fassaden und parallele Wände.

Doch der Montagebau in der Bundesrepublik scheiterte, weil ihm schließlich große Serien fehlten. Für den damit forcierten Wohnungsbau gab es kaum noch Bedarf, Ende der 1970er Jahre waren die damit errichteten Großsiedlungen fertig. Zudem führte die industrielle Fertigung in Großserien zu einer systemimmanenten Gleichförmigkeit.

Um mehr architektonische Freiheit zu bekommen, gingen die Betonwerke seit den 1970er Jahren dazu über, Bauelemente in geringeren Stückzahlen und in hochwertiger Qualität herzustellen. Damit war der Weg zu einer offenen Vorfertigung mit kompatibel einsetzbaren Bauteilen geebnet: Etwa seit 1985 dominiert die Komponentenbauweise die Branche. Neue Baustoffe und innovative Fertigungs- und Verbindungstechniken förderten schließlich die Vielgestaltigkeit. Immer stärker geht es seitdem darum, individuell gestaltete Bauelemente zu bekommen und trotzdem die Herstellung und die Montage zu rationalisieren.

Quellen: Bautechnik (1945, S. 1 ff.), Kleinlogel (1947), Nordwestdeutsche (10/1952, S. 14 ff.), B+W (1956, S. 394 ff.), FHH (1959), Freie Stadt (1959), dbz (1960, S. 867), Werk (1963, S.234 ff.), von Halász (1966), Bauzentrum (1967), AIV (1969), Berndt (1969), Spiegel (26 / 1969, S. 131 f.), Saga (1972), Bose (1986), Harms (1989), Lange (1994), Hassler (2004), Kaspar (2011), Garbe (2014), IAB (2015), Schienbein (2017)

← Die Großsiedlung Osdorfer Born wurde von 1967 bis 1972 überwiegend im Montagebau errichtet. Das Wohnhaus mit 20 Geschossen am Achtern Born galt seinerzeit als das höchste in Hamburg. (um 1971)
↑ Werbewirksam errichtete die Firma Paul Thiele AG am Georgsplatz an fünf Tagen im Juni 1969 ein Bürohaus mit sieben Geschossen.
→ Die Neubauabteilung der städtischen Wonungsgesellschaft Saga entwarf etliche Blöcke des Montagebaus für das System Camus, hier Häuser am Dosseweg in Lurup. (17. Juli 1963)

Wohnen über Blindkellern
Punkthochhäuser Lohbrügge-Nord
→ 57

Fünf markante Punkthochhäuser prägen seit 1968 die Großwohnsiedlung Lohbrügge-Nord. Die Wohntürme haben bis zu 17 Geschosse und stehen wegen des ungünstigen Baugrunds auf bis zu drei leeren Kellergeschossen. Das Konzept dafür hieß Gewichtsausgleichsgründung.

Ort Lohbrügge, Korachstraße 1-9
Bauherr Neue Heimat Gemeinnützige Wohnungs- und Siedlungsgesellschaft mBH, Sanierung: GWG Gesellschaft für Wohnen und Bauen GmbH
Ingenieur Robert von Halász (Tragwerk), Grundbaukonzept und Baugrundgutachten: Erdbaulaboratorium Dr.-Ing. Karl Steinfeld, Sanierung: BIG Bringe Ingenieurgesellschaft mBH
Architekt Werner Kallmorgen
Bauzeit 1966–1968, Sanierung: 2005/06

Zur Grundsteinlegung 1961 galt das Wohngebiet Lohbrügge-Nord bei Bergedorf im Osten der Stadt als das zweitgrößte Wohnungsbauvorhaben in der Bundesrepublik. Auf einer Fläche von etwa 180 Hektar entstanden bis etwa 1970 mehr als 5.000 Wohnungen für cirka 20.000 Menschen. Der zuvor überwiegend landwirtschaftlich genutzte Baugrund galt wegen seiner Lage auf dem um 30 Meter ansteigenden Hang, mit Hügeln, Baumgruppen sowie Seen, als attraktiv. Letztere sind von zwei Ziegeleien ausgebeutete Tongruben.

Die größte dieser Gruben dient als »grünes Zentrum« der Siedlung. Oberhalb davon plante der Wohnungskonzern Neue Heimat – im Kontrast zu der sonst aufgelockerten Zeilenbebauung – eine »Skyline«: eine geschlossene Baugruppe mit acht Hochhäusern und bis zu 15 Geschossen. Dieser Entwurf scheiterte an den »eigenartigen Bodenverhältnissen«, welche für »außerordentlich hohe Baukosten« gesorgt hätten. Denn am Nordrand der großen Tongrube, wo die Gebäude der 1963 geschlossenen Ziegelei August Stock gestanden hatten, gab es noch gewachsenen Untergrund aus sehr heterogenen Schichten mit weichen Schollen aus Lauenburger Ton in hochscherfestem und wenig zusammenpressbarem Geschiebemergel, mäßig tragfähigem Schluff und wasserführendem Sand. Trotz einer Vielzahl von Bohrungen ließ sich die Lage und Mächtigkeit des Lauenburger Tons nicht eindeutig bestimmen. Zudem neigte der Grubenrand zu Rutschungen.

Ein Bau der Häuser deutlich weiter im Norden lehnte die Neue Heimat ab. Deshalb entschied sie sich für eine punktförmige Bebauung als kleinere und preiswertere Lösung. Die »fünf Finger« wurden etwas weiter im Norden gebaut, und die Obergeschosse wurden statt in Gleitschalung (und mit unregelmäßigem Grundriss) im Montagebau mit regelmäßigem Grundriss hergestellt. Damit wurden sie etwa 30 Prozent leichter. Alle Wohngeschosse haben acht Ein- bis Dreizimmerwohnungen, sind 28,61 mal 22,72 Meter groß, 2,75 Meter hoch und wiegen jeweils 690 Tonnen.

Der schwierige Baugrund aber forderte die Planer weiter heraus. Eine Pfahlgründung hätte zwar einen

↑ *Am Grünen Zentrum in Lohbrügge fallen die – inzwischen sanierten – Punkthochhäuser unverändert auf. (2020)*
→ *Die fünf Punkthochhäuser wurden mit einer Tiefgarage (links) am Rand einer Tongrube errichtet. (1968)*

sicheren Stand geboten. Doch sie hätte ausreichend tief unterhalb der nicht genau genug untersuchten Tonschichten abgesetzt werden müssen – mit geschätzten Pfahllängen von bis zu etwa 30 Metern. Für derartig lange Betonrammpfähle fehlten damals noch die Geräte. Neuartige Benoto-Bohrpfähle wären als Sonderlösung möglich gewesen, hätten aber viel Zeit und Geld gekostet. Das Projekt stand nämlich auch unter Zeitdruck.

Deshalb schlugen die Ingenieure Karl Steinfeld und Jürgen Berthold vom Erdbaulaboratorium Dr.-Ing. Karl Steinfeld 1964 eine sehr selten umgesetzte Gewichtsausgleichsgründung vor. Hier wird der schwere Erdboden durch viele – relativ leichte – Untergeschosse eines Hauses ersetzt. Damit wird der Untergrund des Neubaus ähnlich belastet wie vom zuvor ausgehobenen Boden, und es werden Setzungen vermieden. Auch der Spannungszustand im Boden bleibt erhalten. Konkret bekam das 20.054 Tonnen schwere Hochhaus Korachstraße 5 mit seinem Dachgeschoss und den 17 Wohngeschossen noch fünf Kellergeschosse. Dazu gehören zwei normale Mieterkeller und darunter drei Fundament- oder Blindkeller. Sie enthalten nur Luft.

Dabei wurden die Gründungen individuell auf die Größe der Gebäude und den Baugrund abgestimmt. Ohnehin strebten die Ingenieure zwischen Bauwerk und Aushub keinen vollen Gewichtsausgleich an, weil die Häuser leichte Setzungen durchaus aufnehmen können. Im Endeffekt ließen sich die Hochhäuser Korachstraße 1 (14 Geschosse) und 3 (elf Geschosse) sogar preiswert mit Streifenfundamenten bauen. Letzteres hat nicht mal einen Blindkeller, die Nummer 1 auch nur einen. Die Häuser Nummer 5 (17 Geschosse), Nummer 7 (16) und Nummer 9 (15) dagegen haben außer den jeweils zwei Mieterkellern noch drei ebenso hohe Blindkeller.

Die drei großen Häuser ruhen direkt auf Lauenburger Ton und bekamen deshalb zur besseren Lastverteilung in den bis zu 11,75 Meter tiefen Baugruben (einige Kellerteile liegen über dem Erdboden) je eine Sohlplatte aus Stahlbeton. Sie ist bis zu 1,20 Meter dick und ragt bis zu 0,90 Meter über den Grundriss hinaus. Da bei den Häusern zudem das Grundwasser hoch ansteht, bekamen sie alle eine Ringdrainage. Denn meterhohes Wasser in den Blindkellern würde das Gründungskonzept konterkarieren.

2005/06 wurden die Fassaden der fünf Punkthochhäuser saniert. Als weithin sichtbare Signets bekamen sie zudem je eine mit Zinkblech verkleidete Holzpyramide mit Photovoltaikanlage auf das Flachdach gesetzt.

Quellen: AIV (1969), Harms (1989), Architektur HH (2019, S. 170 ff.), Archiv Grundbauingenieure Steinfeld und Partner (2019), Angaben BIG Bringe Ingenieurgesellschaft (2019)

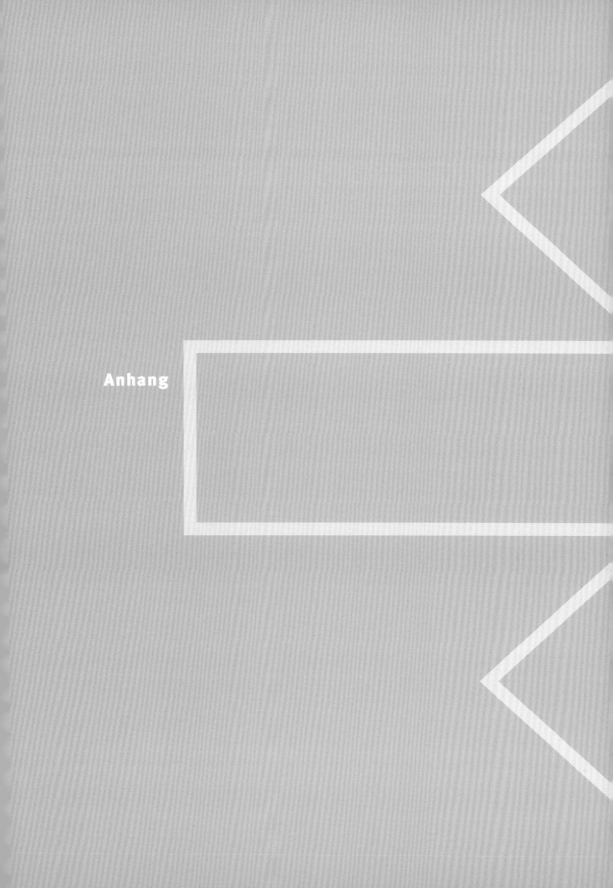

Anhang

Kurzbiografien der Ingenieure

↑ Dieses Foto von einem unbekannten Arbeiter soll deutlich machen: Bauwerke sind eine Gemeinschaftsarbeit von vielen Beteiligten, von denen sehr viele nicht bekannt sind. Der Mann posiert beim Wiederaufbau der Hauptkirche St. Michaelis auf dem Baugerüst neben der Turmspitze; im Hintergrund sind die Hauptkirchen St. Nikolai und St. Katharinen zu sehen. (um 1909)

Die Kurzbiografien sind aufgrund der Quellenlage heterogen, unvollständig und enthalten Bauingenieure ganz unterschiedlicher Bedeutung. Zudem steckt dahinter eine große Vielzahl von nicht namentlich genannten Mitarbeitern. Unabhängig von jeglicher Würdigung ist das Nennen von Personen ein Hilfsmittel der Geschichtsforschung, weil sich so Zusammenhänge herstellen lassen.

Die *kursiv* gesetzten Namen in den Texten verweisen auf separate Einträge zur jeweiligen Person. Die *kursiv* gesetzten Objekte bei den Bauten befinden beziehungsweise befanden sich in Hamburg; viele davon gibt es nicht mehr. Bei den aufgeführten Objekten werden in Klammern nur die Jahre der Fertigstellung genannt.

Martin Aßmann
* 19. Juni 1931 in Schönlanke/Pommern
† 10. September 2018 in Braunschweig
Besuch der Staatsbauschule in Frankfurt am Main von 1951 bis 1954. Aßmann arbeitete anschließend bis 1959 im Ingenieurbüro Collorio in Stadtoldendorf, studierte gleichzeitig Bauingenieurwesen in Braunschweig und gründete dort 1959 ein »Ingenieurbüro für Baustatik« (seit 1989 Assmann Beraten + Planen GmbH). 1963 erwarb er eine elektronische Rechenanlage für statische Berechnungen und setzte mit dem Einsatz von EDV im Bauwesen neue Maßstäbe. Ab 1967 war das Büro auch in Hamburg ansässig, und hier entstand 1969 das von der Ingenieurgruppe Assmann und Jan Ramajzl betriebene Rechenzentrum Programmiertes Bauen. Mit dem Aufbau der Dependancen in Hamburg, München, Dortmund und Frankfurt am Main kamen die Büropartner Manfred Krause (1963), Wolfgang Zimmermann (1968), Walter Reichel und Dieter Jipp (1970) hinzu. Die vielen Mitarbeiter der Assmann-Büros sind an zahllosen Projekten beteiligt. 1996 verließ Martin Aßmann sein Unternehmen und arbeitete nur noch sporadisch.
Bauten *City-S-Bahn Binnenalster und Schnellbahnknoten Jungfernstieg* (1975), *Fernmeldeschule Oberer Landweg* (1976), *Baulos 23 a der City-S-Bahn in Altona* (1979), *Geschäftshaus und Passagen »Neuer Gänsemarkt«* (mit Hartmut Lohr, 1980), *Überseehaus, Baumwall 5-7* (1982), *Bürohaus Rosenstraße 2* (1982), *Wohnhaus Duisburger Straße 14-24* (1982), *»Bahnsteig 0« im Hauptbahnhof für Harburger S-Bahn* (1983), *Jumbohalle Lufthansa-Werft* (1992)
Quellen AIV (1984), diverse Angaben Ingenieurgruppe Assmann, de.wikipedia.org

Ernst Balzer
* 29. März 1859 in Hamburg
Balzer übernahm 1889 nach dem Tod seines Schwiegervaters Gustav *Schrader* zusammen mit dessen Sohn Franz Albert Schrader (* 20. Oktober 1865 in Hamburg) dessen Architektur- und Ingenieurbüro. Sechs Jahre später verließ Schrader junior es aus gesundheitlichen Gründen. Unter der Regie von Balzer schwang sich das in der Repsoldstraße 48, spätestens ab 1920 in der Spaldingstraße 160 (St. Georgsburg, 1910 als Tabakfabrik und -lager errichtet) ansässige »Architektur- und Ingenieurbüro Gustav Schrader« zu einem in Hamburg wichtigen Anbieter für Industrie- und Gewerbebau auf. Auf einem Briefkopf von 1920 ist außer Balzer als neuer Inhaber Rud. Holst notiert (mit Schreibmaschine nachgetragen); es warb mit Entwurf und Bauleitung speziell für industrielle Anlagen, Lagerhäuser, Eisenbetonbauten und Eisenkonstruktionen jeder Art. Im Adressbuch von 1925 steht als dritter Inhaber Hans Lambrecht, 1927 werden nur noch Holst und Lambrecht als Inhaber des Büros Gustav Schrader genannt. Lambrecht war als Ingenieur für die 1935 errichtete Hanseatenhalle in Rothenburgsort zuständig.
Bauten *Norddeutsche Kohlen- und Cokes-Werke am Indiahafen/Kleiner Grasbrook* (um 1898), *Näh- und Büromaschinenfabrik Guhl & Harbeck, Normannenweg* (1900), *Lagerhäuser D und E, Moldauhafen* (1899/1903), *Speicherstadt Blöcke S und T* (1900/1901), *Kohlen-, Koks- und Anthracitwerke Gustav Schulz GmbH auf Steinwerder, Hapag-Werkstatt auf Kuhwerder, Fabrik der Ruberoid-Gesellschaft mbH in Hammerbrook, Tabakfabrik Joh. Wilh. von Eicken GmbH, Hoheluftchaussee 95* (1903/1909), *Speicherstadt, Block W – erster Teil* (1904), *Allgemeine Reisgesellschaft, Worthdamm 35* (1906), *Auswanderer-Hallen der Hapag, Veddel* (1907), *Vulcan-Werft, Ross* (1909), *Wollgarn- und Strumpffabrik Bischoff & Rodatz GmbH, Grüner Deich 110* (um 1910), *Emaillierwerk Horn, Holsteinischer Kamp 82* (1909), *H. C. E. Eggers & Co. Stahl- und Brückenbau, Kolumbusstraße 8* (1909), *Druckerei Poststraße 20* (1914)
Quellen diverse, Frühauf (1991), Lange (2019)

Hermann Bay
* 3. November 1901 in Stuttgart
† 3. September 1985 in Hamburg
Bay studierte Bauingenieurwesen bis 1924 an der Technischen Hochschule Stuttgart, trat in das Unternehmen Wayss & Freytag AG ein und war dort 54 Jahre beschäftigt, zunächst bis 1936 in der Niederlassung Berlin, aktiv vor allem beim Kraftwerksbau und anderen Hochbauten sowie Brücken. Zwischendurch, von 1927 bis 1929, war er als Assistent bei Emil Mörsch erneut an der TH Stuttgart. Bei ihm promovierte er auch 1931. Bay übernahm 1936 die Abteilung Brückenbau im Konstruktionsbüro Frankfurt und führte ab 1939 als Technischer Leiter die Niederlassung Hamburg, bevor er 1953 erst stellvertretendes, später ordentliches Vorstandsmitglied und schließlich persönlich haftender Gesellschafter der Wayss & Freytag AG wurde. In seine Frankfurter Zeit fällt 1938 der Bau der weltweit ersten Spannbetonbrücke im Zuge des Hesseler Wegs über die Autobahn bei Oelde in Westfalen. In Hamburg gehörten See- und Hafenbauten sowie Kraftwerke vor allem in Hamburg, Lübeck und Bremen zu seinen Aufgaben. Auch als Vorstand begleitete er noch bestimmte Projekte des Unternehmens.
<u>Bauten</u> Etwa 2.000 Spannbeton-Dachträger für U-Boot-Bunker (um 1942/43) sowie *Bauausführung U-Boot-Bunker »Fink II« (Hamburg)*, »Konrad« (Kiel), »Hornisse« und »Valentin« (Bremen), Umbau Kraftwerk Lübeck-Siems (1949), *Lagergebäude Tretorn Gummi- und Asbestwerke AG, Weidestraße 118 (1949)*, Speicher I, Europahafen Bremen (1950), *Brücke Tunnelstraße, Veddel (1950)*, Güterschuppen 4, Hannoverscher Bahnhof (um 1951), Schuppen 4/5, Sandtorkai (1951), Randbauten Rindermarkthalle (1951), *Wilhelmsburger Brücke, Müggenburger Zollhafen (1953)*, Volksparkstadion (1953), *Fußgängerbrücken Jungiusstraße (1953)*, Umbauten HEW-Kraftwerke Tiefstack (1953) und Neuhof (1956), *Fußgängerbrücke Hafen Köln-Mülheim (1955)*, *Johan-van-Valckenburgh-Brücke, Alter Botanischer Garten (1962)*, Lahntalbrücke Limburg (1965)
<u>Quellen</u> diverse, Bay (1952), ZfI (1963, S. 374), Stiglat (2004)

Wilhelm Binnewies
[Lebensdaten nicht verfügbar]
Binnewies studierte von 1955 bis 1960 konstruktiven Ingenieurbau an der TU Braunschweig und arbeitete anschließend für zwei Jahre im Konstruktionsbüro der Beton- und Monierbau AG in Düsseldorf, bevor er nach Hannover ging und bis 1965 im Ingenieurbüro von Professor Wolfgang Zerna tätig war. Dort wirkte er unter anderem bei der Entwicklung von Reaktordruckbehältern aus Spannbeton mit und promovierte 1965 bei Zerna. Dann wechselte er wieder zur Beton- und Monierbau AG: Für das Unternehmen war er bis 1967 in Braunschweig, anschließend in Hamburg (Brückenbau, U-Bahn-Bau) und 1969/70 wieder in Hannover tätig, bevor er 1970 in Hamburg sein Ingenieurbüro Dr. Binnewies gründete.
Wilhelm Binnewies legte hier den Grundstein für sein gleichnamiges, seitdem stark gewachsenes Ingenieurbüro, das sich allein in Hamburg mit zahlreichen Projekten beschäftigt: Schulen, Geschäftshäuser und Wohnungsbau ebenso wie Brücken, Schnellbahnen und Hafenanlagen sowie Sanierungen von Altbauten. Seit 1973 ist Binnewies auch Prüfingenieur. 1999 wurde aus der Ingenieurbüro Dr. Binnewies GbR eine GmbH mit Frank-Peter Brunck und Stephan Schmidt als neuen Geschäftsführern.
<u>Bauten</u> *S-Bahnhof Harburg (1983), Busbahnhöfe Rahlstedt (1985) und Eidelstedter Platz (1987), ICE-Bahnbetriebswerk Eidelstedt (1991), Wohnstift Augustinum, Neumühlen (1993), Halbmondhaus Gruner + Jahr, Stubbenhuk 3-9 (1994), Mischwasserrückhaltebecken Sengelmannstraße (1995), Cinemaxx Dammtor (1996), Modernisierung Meßberghof (1996), Büro- und Geschäftshaus Millerntorplatz 1 (1998), Kinozentrum Wandsbeker Quarree (2000), Berliner Bogen, Anckelmannplatz (2001), Bürohaus Dockland (2005)*
<u>Quellen</u> AIV (1984), AIV (1999), Angaben Büro Dr. Binnewies (2021)

Kuno Fridolin **Boll**
* 29. Januar 1922 in Heiligenberg/Bodenseekreis
† 10. Januar 2008
Boll war ab 1934 Internatsschüler und ab 1940 Soldat; nach Rückkehr aus der Kriegsgefangenschaft halbjähriges Praktikum bei dem Bauunternehmen Emil Steidle GmbH & Co. KG in Sigmaringen; von 1947 bis 1950 Bauingenieur-Studium in Stuttgart; dann bei dem Bauunternehmen C. Baresel AG in Stuttgart. Boll wechselte 1953 in das Ingenieurbüro *Leonhardt* und *Andrä*, wurde dort später Partner. Er entwarf zunächst vorgespannte Konstruktionen für Brücken und das Neckarstadion, stieg mit der statischen Prüfung für das Friedrich-Engelhorn-Hochhaus der BASF in Ludwigshafen in den Hochbau ein, arbeitete an mehreren bedeutenden Hochhäusern mit: zuerst am Stahlskelett für das Dreischeibenhaus von Thyssen in Düsseldorf. Das von ihm entworfene WDR-Archivhaus in Köln wurde ein Stahlbetonskelettbau nach neuesten Forschungsergebnissen. Boll modifizierte die Konzepte für Zementsilos aus Stahlbeton, wendete erstmals in Deutschland das Lift-Slab-Verfahren (Hubdeckenverfahren) bei der Pädagogischen Hochschule in Ludwigsburg an, bevor sein Finnlandhaus in Hamburg als großes Hängehaus folgte. Beim Spiegel-Verlagshaus in Hamburg wollte er eine selbst entwickelte, besonders dünne Stahlkernstütze verwenden. Allerdings verweigerte hier der Prüfingenieur die Zustimmung und verhinderte damit die Ausführung. 1969 gründete Boll in Stuttgart sein eigenes Ingenieurbüro Boll und Partner, entwickelte unter anderem beim Großklinikum Aachen und beim Bundeswehrkrankenhaus in Ulm innovative Lösungen.
Bauten Dreischeibenhaus Düsseldorf (1960), *BAT-Haus, Esplanade (1960), Emporio-Hochhaus, Dammtorwall (1963/64),* Pädagogische Hochschule Ludwigsburg (1966), *Finnlandhaus, Esplanade (1966), Spiegel-Verlagshaus und IBM-Haus, Ost-West-Straße (1968),* WDR-Archivhaus Köln (1968), Großklinikum Aachen (1973), Bundeswehrkrankenhaus Ulm (1980)
Quellen Beton (1991, S. 276 ff.), de.wikipedia.org

Albert Boockholtz
* 14. Februar 1838 in Hamburg
† 22. März 1894
Studium des Bauingenieurwesens, seit 1867 in der Hamburger Baudeputation, schließlich Bauinspektor in der 3. Abteilung. Zu seiner Tätigkeit gehörten auch vermeintlich »kleine« Projekte wie ein Sieldüker in der Hoheluftchaussee unter dem Isebekkanal (1883), zwei Landungsstege an der Alster am Schwanenwik (1883) und am Harvestehuder Weg (1884) sowie 1889 der Abbruch der Ausstellungshalle auf der Moorweide. Unter der Leitung von Oberingenieur Franz Andreas *Meyer* entwarf Boockholtz wesentliche Teile des 1892 eröffneten Zentralschlachthofs sowie dazu gehörende Anlagen.
Bauten *Erweiterung Viehhof Sternschanze (1882), Kontumazhof im Zentralschlachthof (1888), Rindermarkthalle St. Pauli (1888)*
Quellen diverse, Personalakte (StaHH 321-8_039), db (1890, S. 59), Höfer (2017), Schilling (2017)

Otto Colberg
* 10. Oktober 1870
† März 1952 in Weilheim/Oberbayern
Colberg studierte Bauingenieurwesen an der TH Dresden, war bis 1902 Regierungsbaumeister bei der Königlich Sächsischen Staatseisenbahn und bis 1907 technischer Direktor in der Niederlassung Karlsruhe von Dyckerhoff & Widmann. Damals errichtete die Baufirma unter seiner Regie unter anderem Deckenkonstruktionen und Kläranlagen aus Eisenbeton, zudem die Oberen Illerbrücken in Kempten aus Stampfbeton. Anschließend war Colberg bis 1911 bei der Baufirma N. Rella & Neffe in Wien beschäftigt, ehe er von 1911 bis 1935 als Dozent für Eisenbetonbau, Baukonstruktion und Maschinengründungen an den Technischen Staatslehranstalten in Hamburg (später Fachhochschule Hamburg) unterrichtete.
Bauten Obere Illerbrücken Kempten (1906), *Hauptverwaltung Hapag, nachträgliche Gründung Erweiterungsbau, Ballindamm 25 (1921)*
Quellen Stegmann (2014), de.wikipedia.org

Hermann Deimling
* 16. Dezember 1872 in Feuerbach/Baden
† 15. Oktober 1960
Deimling studierte von 1894 bis 1900 an der ETH Zürich, betrieb ein eigenes Baugeschäft und arbeitete als Ingenieur für das Bauunternehmen Ed. Züblin, ehe er etwa 1905 zur Aktiengesellschaft für Hoch- und Tiefbauten (Hochtief) wechselte. Deimling führte den Eisenbetonbau in Nord- und Ostdeutschland ein, betrieb dann von 1910 bis 1953 in Hamburg ein Ingenieurbüro, das auch als Vertretung der Berliner Baufirma M. Czarnikow & Co. fungierte. Später führten Heinrich Gütersloh, Fritz Kramer und dessen Sohn Helmut *Kramer* dieses Ingenieurbüro (heute Kramer-Albrecht Ingenieurgesellschaft mbH & Co. KG) weiter.
Bauten *Rathaus-Apotheke (1902), Maschinenfabrik H. C. Dehn , Angerstraße 20 (1902), Gründung Hauptbahnhof (1903),* Umladehalle Verschiebebahnhof Wustermark bei Berlin (1908), Westend-Synagoge Frankfurt am Main (1908), *Stadthallen- und Saarlandstraßenbrücke Hamburg (1914/16), Hansa-Mühle AG, Nippoldstraße 117 (ab 1935)*
Quellen diverse, Kramer (1996)

Siegfried Carl Drach
* 20. Juni 1881 in Wien
† 1. Dezember 1943 in Wien
Studium in Wien und Promotion, veröffentlichte mehrere Artikel zu Eisenbetonkonstruktionen. Von 1910 bis 1912 war Drach Geschäftsleiter des Bauunternehmens Carl Brandt (Düsseldorf) in Hamburg, ab 1912 Oberingenieur der Baufirma N. Rella & Neffe in Wien, ab 1913 deren Gesellschafter. Ab etwa 1930 arbeitete Drach als selbstständiger Architekt in Wien.
Bauten *Universität Vorlesungsgebäude (1911),* Malfatti-Siedlung in Wien 13, Franz-Schalk-Platz 1-15 (1932)
Quelle www.architektenlexikon.at

Max Eckardt
* 25. Juli 1878 in Dresden
† um 1924
Besuch der Staatsbauschule in Dresden; Eckardt war bei Boswau & Knauer (Berlin) und der Allgemeinen Hochbau-Gesellschaft (Düsseldorf) tätig, bevor er Leiter der Hamburger Niederlassung der Firma Kell & Löser (Leipzig) wurde, ab 1912 Teilhaber der offenen Handelsgesellschaft, ab 1922 Vorstandsmitglied der Aktiengesellschaft Kell & Löser. Eckardt betrieb in Hamburg auch ein auf Eisenbetonbau spezialisiertes Ingenieurbüro.
Bauten *Auferstehungskirche Barmbek-Nord (1920),* Eisenbeton-Motorschiff »Novum« (1918), im Detail nicht genannte *»Reihe bekannter Hamburger Bauten«*
Quelle Jahrbuch der Schiffbautechnischen Gesellschaft, 26. Band, Berlin 1925, S. 58 f.

Ulrich Finsterwalder
* 25. Dezember 1897 in München
† 5. Dezember 1988 in München
Studium von 1920 bis 1923 in München, arbeitete ab 1925 mit Franz Dischinger bei Dyckerhoff & Widmann AG (Dywidag) zusammen, entwickelte die Zeiss-Dywidag-Schalenbauweise mit, ab 1933 Leiter des Konstruktionsbüros in der Dywidag-Hauptverwaltung in Berlin, ab 1941 Mitglied der Dywidag-Geschäftsleitung. Finsterwalder entwarf zahlreiche Schalendächer, Hangars, Luftschutzbauten, Schiffe, Brücken sowie Shedhallen und Hängedächer aus Stahl- beziehungsweise Spannbeton. Er prägte den Betonbau mit eigenen Entwicklungen, wie dem Dywidag-Spannverfahren und dem freien Vorbau bei Brücken.
Bauten Großmarkthallen Basel (1928), Budapest (1930), Köln (1937) und *Hamburg (1962),* Lahnbrücke Balduinstein (1950), Nibelungenbrücke Worms (1952), *Kennedybrücke (1953),* Mangfallbrücke, Autobahn München – Rosenheim (1959), Rheinbrücke Bendorf (1964), Schiersteiner Steg, Wiesbaden (1967)
Quellen Bautechnik (1997, S. 857 ff.), db (2006, S. 76 ff.), Beton (2013, S. 662 ff.)

Klaus Günther
* 7. März 1937 in Tübingen

Nach dem 1958 an der TH Darmstadt begonnenen Studium des Bauingenieurwesens blieb Günther bis 1969 an der Hochschule. Er promovierte 1970 »mit Auszeichnung« »zur Frage der Erosionssicherheit unterströmter Erdstaudämme«. Wie auch Heinz Heil, Joachim Rappert und Karl *Schwinn* war er Assistent am Lehrstuhl für Grundbau und Bodenmechanik bei Professor Herbert Breth und arbeitete in dessen Ingenieurbüro vielfach an Staudammprojekten. Angesichts des hohen Fachkräftebedarfs und der in Norddeutschland häufig ungünstigen geotechnischen Verhältnisse zog es diese vier Grundbauingenieure 1969 nach Hamburg: als Gründungspartner des Ingenieurbüros für Grundbau, Bodenmechanik und Umwelttechnik (IGB; Schwinn kam 1970 dazu). 2001 wurde das Büro in die IGB Ingenieurgesellschaft mbH umgewandelt.

Von ihrer Erfahrung im Staudammbau profitierten die Ingenieure nach der Sturmflut 1976, als der private Hochwasserschutz in Hamburg forciert wurde (als Erstes beim Polder HHLA-Terminal Burchardkai), ebenso bei der Sanierung der Deponie Georgswerder, für die das Büro 1984 einen von der Stadt Hamburg ausgelobten Wettbewerb gewann. Das IGB-Konzept unter anderem mit einer neuartigen, rutschfesten Folie zum Abdichten des Müllberges überzeugte die Auftraggeber. Für die IGB war dies der Einstieg in den Bereich Umwelttechnik, der rasch in ganz Deutschland an Bedeutung gewann. Herausfordernd war auch die 1995 begonnene Bodensanierung des wegen hoher Dioxinbelastung 1984 geschlossenen Werkes der Ingelheimer C. H. Boehringer Sohn in der Andreas-Meyer-Straße 31 in Hamburg. International beriet das Büro weiterhin bei Staudämmen, in Nigeria als Planer in Zusammenarbeit mit der Baufirma Julius Berger Nigeria plc. bei mehreren Projekten. Günther arbeitete zudem bei der Planung für das Deichtorcenter an der Oberbaumbrücke 1 in Hamburg mit: Denn das 2002 eingeweihte Bürohaus wurde direkt an der öffentlichen Hochwasserschutzwand errichtet. 2013 schied Günther aus der IGB aus und wirkte bei Wohnungsbauprojekten der Günther Franke Gruber Bauherren GmbH in Hamburg mit.

Quelle Angaben Klaus Günther (2021)

Achaz Georg **Heinrich Hagn**
* 8. Oktober 1848 in Soltau
† 12. Januar 1925 in Hamburg

Studium in Hannover von 1864 bis 1868; ab 1885 als Vorsteher des Technischen Büros der Hamburger Freihafen-Lagerhaus-Gesellschaft für den Bau der Speicherstadt verantwortlich, betrieb ab etwa 1889 ein Architektur- und Ingenieurbüro in Hamburg.

Bauten *Speicherstadt (1888), Hängebrücke Gewerbe- und Industrieausstellung (1889), Chemische Werke Reiherstieg, Fährstieg 4/6 (1902), Kautschukwerke Dr. Heinr. Traun & Söhne, Lohseplatz 2 (1904/1906), Harburger Gummi-Kamm-Co., Nartenstraße 19 (1907, 1909 und 1912), Sackfabrik Max Bahr, Billwerder Neuer Deich 334a (um 1910)*
Quellen db (1889, S. 471 f.), Frühauf (1991), Lange (2019), www.glass-portal.privat.t-online.de

Robert von Halász
* 24. Juli 1905 in Höxter/Weser
† 28. November 2004

Von Halász wuchs in Colmar (Elsass) auf, studierte von 1925 bis 1930 Bauingenieurwesen an der TU Berlin und ging anschließend in die Industrie: Er übernahm die Betriebsleitung bei den Formsand- und Braunkohlengruben Petersdorf bei Fürstenwalde/Spree. Der vielseitig begabte und von Forschungsdrang getriebene Ingenieur beschäftigte sich dort sogar mit der Bepflanzung von Abraumhalden. 1936 übernahm von Halász die technische Leitung der A. Plattner KG in Berlin, für deren Werke in Deutschland er typisierte Holzbauten aus vorgefertigten Bauelementen entwickelte. Er blieb auch später in der Theorie des Holzbaus aktiv und verfasste unter anderem das Holzbau-Taschenbuch. Schon von 1937 bis 1945 arbeitete er als nebenamtlicher Dozent an der Ingenieurschule Berlin, wurde 1937 außerdem Regierungsbaurat bei der Reichsstelle für Baustatik in Berlin und wirkte entscheidend an der Entstehung von Baubestimmungen mit.

Die Reichsstelle beurlaubte ihn 1941 zur Preußischen Bergwerks- und Hütten-AG (Preussag), die im Zementwerk Rüdersdorf einen Beton mit hoher Festigkeit entwickelt hatte: Damit konzipierte von Halász komplette Industriehallen aus Stahlbeton-

fertigteilen. Sie wurden in einem neuen Werk in Rüdersdorf in wenigen Grundtypen in Serie hergestellt, die Teile für etwa 1.400 Hallen quer durch das Land transportiert und aufgestellt.
Von Halász promovierte 1945, blieb vorerst in Rüdersdorf und wurde 1948 Professor an der TU Berlin. Ihm lagen die praxisorientierte Typisierung und die Industrialisierung des Bauwesens am Herzen, weshalb er sich stark für den Fertigteilbau im Wohnungswesen und vor allem den Großafelbau einsetzte. Er selbst zog von Berlin-Dahlem in das Dachgeschoss eines Plattenbaus im Graetschelsteig 26 am Südpark in Berlin-Spandau. Das 1966 erbaute Hochhaus mit 24 Etagen war damals das höchste Wohnhaus Europas. Nach seiner Emeritierung 1973 gründete von Halász mit Assistenten seines Lehrstuhls in Berlin die Ingenieurgemeinschaft R. von Halász & Partner, in der er noch etwa 25 Jahre aktiv blieb. Bis 1984 war er zudem drei Jahrzehnte Schriftleiter der Zeitschrift Bautechnik.
Bauten Holzbauten aus Fertigteilen (1937), Serienproduktion von Industriehallen aus Betonfertigteilen (1945), *Punkthochhäuser Lohbrügge-Nord, Korachstraße 1-9 (1968)*
Quellen Beton (1998, S. 50 ff.), Stiglat (2004), Bautechnik (2004, S. 1002 f.)

Paul Hammers
* 29. Oktober 1883 in Langendreer bei Bochum
† 9. Mai 1962 in Hamburg
Der Gründer des gleichnamigen Bauunternehmens absolvierte eine kaufmännische Lehre in Essen und arbeitete bei verschiedenen Firmen im Ruhrgebiet, lernte auf einer Geschäftsreise den Mitinhaber des Düsseldorfer Bauunternehmens Carl Brandt kennen. Der bot ihm die kaufmännische Leitung seiner Hamburger Niederlassung an. Damit leitete Hammers hier mit dem Ingenieur Siegfried *Drach* von 1909 bis 1911 dessen Filiale, unter anderem beim Neubau des Vorlesungsgebäudes der späteren Universität. Dank der hier mit dem Baustoff Beton gewonnenen Erfahrungen gründete er am 1. Juli 1911 seine eigene Firma: die Paul Hammers Bauunternehmung zu Altona an der Elbe.
Mit dem Beginn des Ersten Weltkrieges kam das Geschäft zum Erliegen. Allerdings erhielt Hammers 1917 einen Auftrag zum Bau von Bunkern bei Vouziers (Champagne): Für das Unternehmen war dies, mit 500 eingesetzten Zivilarbeitern, die erste Großbaustelle. Seit 1920 firmierte das Unternehmen als Hammers & Co. Betonbau GmbH, fing mit der (lange erfolgreichen) Herstellung von Rammpfählen aus Eisenbeton an und fasste Mitte der 1920er Jahre mit größeren Projekten Tritt. Dazu gehörten Pumpwerke, Schleusen und Brücken, aber auch Fabrikanlagen, die Trabrennbahn Farmsen, Schulen und Wohnungen. Wegen des raschen Wachstums bezog die Firma 1924/25 einen neuen Werkplatz an der Müggenburger Straße 13-21 auf der Peute. 1929 beschäftigte das Unternehmen etwa 1.000 Mitarbeiter. Dabei wurde schon rationalisiert: So setzte die Firma 1927/28 beim Bau des Mohlenhofs erstmals einen Betongießturm ein.
Ab 1933 kamen vielfach überregionale Aufträge; die erste Niederlassung gründete Hammers 1934 in Rostock. Nach dem gewaltigen Aufschwung geriet die Firma im Zweiten Weltkrieg in eine schwierige Phase. Seit 1946 entwickelte Hammers federführend mit den Hamburger Gaswerken (HGW) einen zum Patent angemeldeten Stahlbeton-Rüttelpfahl »System Grasbrook RT 59«. Außerdem stieg Hammers in den Markt für Betonfertigteile ein, stellte unter anderem 1952 drei Hallen mit Spannbeton-Fertigteilen für das Ausstellungsgelände neben Planten un Blomen her (in Arbeitsgemeinschaft mit anderen Firmen). Mit dem »Wirtschaftswunder« boomte auch die Baufirma, zwischen Hannover und Flensburg wurden Niederlassungen gegründet. Unverändert lag der Schwerpunkt im Stahlbetonbau, außerdem begann Hammers Ende der 1950er Jahre mit dem Betonstraßenbau.
Längst waren beide Söhne des Firmengründers federführend im Unternehmen aktiv und wurden 1959 Vorstandsmitglieder der nunmehr als Aktiengesellschaft firmierenden Firma: Paul-Wilhelm Hammers (* 9. November 1914, † 21. Juli 2004) hatte eine Maurer- und Betonbaulehre absolviert, bevor er bis 1940 an der Hamburger Ingenieurschule studierte. Sein Bruder Gerd Hammers (* 19. Mai 1921, † 23. Oktober 2011) studierte von 1945 bis 1948 Bauingenieurwesen in Hannover und war dann im väterlichen Unternehmen vor allem für technische Belange zuständig.

Die 1960 von Hammers im Wohnungsbau eingeführte Großtafelbauweise nach dem System Larsen & Nielsen (mit dem Betonwerk auf der Peute) wurde weiterentwickelt und auf Gewerbebauten ausgedehnt. Paul-Wilhelm Hammers konzipierte etwa 1962 wabenförmige Schulgebäude mit sechseckigen Klassenräumen, unter anderem für die Grundschulen Volksdorfer Damm 74 und Rahlstedter Straße 190. Es folgten Bürohäuser für Esso, Hamburgische Electricitätswerke AG und Oberpostdirektion in der City Nord, aber auch Bauten für den Hafen und die Industrie, die Universität, die Schnellbahnen und Brücken. Zusammen mit einem weiteren Unternehmen prägte Hammers dann von 1968 bis 1984 den Schulbau in Hamburg. Die rege Bautätigkeit hielt bis 1975 an; damals waren bis zu 1.600 Menschen bei Paul Hammers beschäftigt. Dann schlug die Rezession in der Bauwirtschaft durch. Das Unternehmen schrumpfte auf 250 Beschäftigte. Dennoch entstanden Innovationen wie die ab 1977 entwickelten, erschütterungsfreien Pfahlgründungsverfahren Fundex und Drillex. 1978 zogen sich Gerd und Paul-Wilhelm Hammers aus dem Baubetrieb (seit 1976: Paul Hammers Stahlbetonbau GmbH) in die Beteiligungsgesellschaft zurück. 1986 übernahm Dieter Kremser, Schwiegersohn von Paul-Wilhelm Hammers, als geschäftsführender Mehrheitsgesellschafter die Paul Hammers GmbH in dritter Generation. Als Technischer Geschäftsführer fungierte schon seit 1978 Günter Ciegelski. 1998 übernahm Kremsers Schwiegersohn Boris Abée das Unternehmen Paul Hammers. Im April 1999 meldete es Konkurs an und stellte den Betrieb später ein.

Bauten *Brücke Wagnerstraße (1915), Lagerhäuser Melniker Ufer (1922/23), Eppendorfer Brücke über dem Isebekkanal (1927), Mohlenhof, Burchardstraße 17 (1928), Brücke Gustav-Kunst-Straße (1929), Berufsschulzentrum Altona, Museumsstraße 15-19 (1930), Verlagshaus Axel Springer, Kaiser-Wilhelm-Straße (1955), HGW-Kokerei Kattwyk (1959), Autowerkstatt J. A. Schlüter Söhne, Ausschläger Billdeich 64 (1962), Lärmschutzhalle Lufthansa-Werft (1962), Polizeipräsidium (1962), U-Bahn-Betriebshof Farmsen (1964), Parkhäuser Große Bleichen (1957) und Rödingsmarkt (1965), Wallringtunnel (1966), Alsterschwimmhalle (1973), Congress Centrum Hamburg (1973), Hamburg-Mannheimer Versicherung, Überseering 45 (1974), HEW-Kraftwerk Moorburg (1976)*
Quellen diverse, Zeitungsartikel (StaHH, 731-8 A 758), Paul Hammers GmbH (1986), Angaben Familie Hammers (2021)

Franz **Hammerstein**
[Lebensdaten nicht verfügbar]
Hammerstein betrieb spätestens ab 1908 ein Ingenieurbüro in der Spitalerstraße 10 und von 1938 bis 1943 in der Lilienstraße 7 in Hamburg.
Bauten *Warenhaus Karstadt, Mönckebergstraße (1912), Kontorhaus Hanse, Mönckebergstraße 17 (1912), Tuchfabrik Christian Friedrich Köster in Neumünster, Gartenstraße 24 (1913), Gesundheitsamt, Besenbinderhof 41 (1926), Erweiterung Detaillistenkammer, Neue Rabenstraße 27-30 (um 1929), Hauptverwaltung Hamburgische Electricitätswerke AG (HEW), Gerhart-Hauptmann-Platz (1930), Umbau HEW-Zählerwerk, Bullerdeich 12 (1933)*
Quellen diverse

Hans **Konrad Havemann**
* 4. August 1899
† nach 1974
Studium in Hamburg und Darmstadt, 1927 promoviert, ab 1928 in der Sektion Ingenieurwesen der Hamburger Baubehörde (ab 1938 als Baurat). Havemann bearbeitete dann die Instandsetzung im Krieg zerstörter Brücken, wurde 1951 Leiter der Hauptabteilung Brücken- und Ingenieurbau des Tiefbauamtes und war ab 1958 zusätzlich Dezernatsleiter für den U-Bahn-Neubau in Hamburg.
Bauten *Rindermarkthalle St. Pauli (1950/51), Erweiterung Blumengroßmarkthalle, Klosterwall (1951), Reichstagsbrücke, Wilhelm-Metzger-Straße (1954), Flugzeughalle 1/2 Lufthansa-Werft (1955), Fleischgroßmarkthalle (1958), Brücken Ost-West-Straße, Verbreiterung der Neuen Elbbrücke und der Billhorner Brücke (1960), Autobahn-Elbbrücke Moorfleet (1962/63)*
Quelle Stahlbau (1959, S. 260)

Alfred **Benno Hennicke**
* 8. Juli 1835 in Rauße/Regierungsbezirk Breslau
† 26. Dezember 1911 in Hamburg
Der Maschinenbauingenieur arbeitete zunächst für die 1857 von der Preußischen Ostbahn eröffnete Eisenbahn Kreuz – Küstrin – Frankfurt (Oder) und betrieb dann in der Spaldingstraße 6 das Zweigwerk Hamburg der Maschinenfabrik C. Heckmann AG Kupfer- und Messingwerke (Berlin), bevor er 1876 mit dem Bauingenieur Hermann Isaac Goos (1846–1924) in Hamburg die Gesellschaft Hennicke & Goos, Zivilingenieure, gründete (später *Zippel und Suhr*, dann *Wollmann + Wetzel*, heute *Wetzel & von Seht*).
Der Beginn des Büros beruht auf einer Zusammenarbeit mit dem Rathausarchitekten Martin Haller bei der Dachkonstruktion der 1869 errichteten Ernst-Merck-Halle. Hennicke hatte Haller über seinen Bruder, den in Berlin ansässigen Baumeister Julius Hennicke (1832–1892), und dessen Büropartner Hermann von der Hude kennengelernt. Haller und von der Hude hatten zusammen studiert. Für Hallers Bauten entwarf Hennicke eiserne Tragwerke, beriet bei schwierigen Gründungen und entwickelte zudem innovative Haustechnik: Paternoster und andere Aufzüge, Rohrpostanlagen, elektrisches Licht und Kraftstationen, Dampfheizung, Lüftungs- und Fernwärmeanlagen. Hennicke war von 1896 bis 1909 Mitglied der Hamburgischen Bürgerschaft. Ihm wird auch die Einrichtung von Bücherhallen und Schrebergärten zugeschrieben.
<u>Bauten</u> *Ernst-Merck-Halle (1869), Hängebrücke Gartenbauausstellung (1869), Ausstellungshalle Moorweide (1881), Kerzenfabrik Weinstein, Norderelbstraße 15 (1885), Kontorhaus Dovenhof, Brandstwiete/Dovenfleet (1886), Maschinenhalle Gewerbe- und Industrieausstellung (1889), Rathaus (1897), Piassavabesenfabrik Mez & Cie., Kurt-A.-Körber-Chaussee 10 (1892), Wiederaufbau Hauptkirche St. Michaelis (1906), Laeisz-Musikhalle (1908)*
<u>Quellen</u> diverse, Zeitungsartikel (StaHH 731-8 A 758), Wollmann (1982), Frühauf (1991), Hornbostel (1997), von Behr (2019)

Helmut Kramer
* März 1936 in Berlin
† 12. Mai 2019 in Südspanien
Kramer studierte von 1958 bis 1971 Bauingenieurwesen an der TU Berlin und promovierte dort bei Hans Lorenz, bevor er 1971 mit der Arbeit im väterlichen Büro begann: Sein Vater Fritz Kramer (1909–1995, geboren in Berlin, Besuch der Bauschule in Berlin) und Heinrich Gütersloh (1923–1985, geboren in Buxtehude, Besuch der Bauschule Buxtehude) waren 1946 in das Ingenieurbüro von Hermann *Deimling* eingetreten und übernahmen es 1953 in Partnerschaft Kramer + Gütersloh. Wichtige Auftraggeber des Büros über Jahrzehnte waren die Oelmühle Hamburg (ehemals Hansa-Mühle, Neuhof, Nippoldstraße 117) und andere Firmen mit Silobauten sowie die Esso-Raffinerie und die Phoenix AG in Harburg. Auch große Industriebauten im Ausland wurden geplant. Als Fritz Kramers Spezialität galten Stahlhallen, die er zusammen mit dem Thyssen-Architekt R. Temporini bearbeitete.
Fritz Kramer setzte sich zur Ruhe, und ab 1973 war Kramer junior Partner von Heinrich Gütersloh, führte das Büro nach dessen Tod 1985 allein weiter, ehe Friedhelm Albrecht 1994 als Partner in das Büro eintrat (heute Kramer-Albrecht Ingenieurgesellschaft mbH & Co. KG). Schon bei seiner Diplomarbeit und seiner Promotion hatte sich Helmut Kramer intensiv mit Fundamentschwingungen beschäftigt. 1978 begann er eine lange Zusammenarbeit mit dem Hamburger Geophysiker Hans-Werner Kebe (gründete 1980 ein Büro für Baudynamik, heute Baudyn GmbH). Auslöser waren Untersuchungen der von Menschen verursachten Schwingungen bei einem Sprungturm im Hamburger Freibad Lattenkamp und bei der Dag-Hammarskjöld-Brücke über den Dammtordamm. Auch bei vielen weiteren seiner Projekte ging es um Baudynamik, wie beim Kavitationstunnel Hykat der Schiffbau-Versuchsanstalt und der Sprengung des Iduna-Hochhauses. Ab dem Jahr 2000 arbeitete Kramer zudem als Honorarprofessor an der TU Berlin und später an der TU Harburg.
<u>Bauten</u> *Seebrücke Timmendorf (1976), Sicherung Köhlbrandbrücke gegen Schiffsanprall (1982), Oelmühle Hamburg AG (1984/1989/1991), Elektroofen-Anlage Norddeutsche Affinerie (1991), Hykat*

Hamburgische Schiffbau-Versuchsanstalt (1990), Heizkraftwerk Noblee & Thörl, Seehafenstraße 24 (1994), Reissilo Euryza-Mühle, Peutestraße (1995), Ascalia Abfall-Zwischenlager aus Stahlbehältern, Peutestraße (1995), Sprengung Iduna-Hochhaus, Millerntorplatz (1995), Überdachung Deponie Rondeshagen (1996)
Quellen diverse, Bauingenieur (1979, S. 195 ff.), Kramer (1996)

John Kriegeris
* 4. Juni 1894

Nach einer Maurerlehre bei der Firma Paul Dürkopp in Hamburg war Kriegeris Soldat im Ersten Weltkrieg, arbeitete dann als Kolonialwarenhändler und gründete 1922 in der Hansestadt als Maurermeister mit drei Arbeitern sein Bauunternehmen J. Kriegeris & Co. 1929 errichtete die Firma an der Osterbekstraße für den Kaufmann Siebmann ihr erstes Haus. Im Zweiten Weltkrieg leitete Kriegeris einen Brückenzug der Wehrmacht. Mit dem folgenden Wiederaufbau wuchs das Unternehmen rasch, baute unter anderem vielfach für Hamburger Krankenhäuser. 1962 übergab John Kriegeris sein Lebenswerk an seine Söhne Klaus und Jons, und das Unternehmen firmierte als Kriegeris Söhne GmbH. Später gehörten auch die Transportbeton-Firma H. Magens in Hamburg, die Friedrich Straube GmbH in Kassel und die Dipl.-Ing. Jelinek GmbH in München zur Kriegeris-Firmengruppe. 1974 feierte der Seniorchef seinen 80. Geburtstag; am 4. Dezember 1976 meldete die Baufirma mit 215 Beschäftigten Konkurs an und stellte ihren Betrieb ein.
Bauten *Soldaten-Ehrenmal, St. Johannis in Altona (1925), Alsterpavillon (1953), Grindelhochhäuser, Block 2 (1953), City-Hof-Hochhäuser, Klosterwall (1958), BAT-Haus, Esplanade 39 (1960), MRC-Klinik Krankenhaus Eppendorf, 3. Bauabschnitt (1965), Verwaltung der Hamburgischen Electricitätswerke AG, Überseering 12 (1969), Australiahaus, Nordkanalstraße 28 (1972), Alsterschwimmhalle (1973), Helmut-Schmidt-Universität (1978)*
Quellen Zeitungsartikel (StaHH 731-8_A 760)

Justus Philipp Nicolaus Krüger
* 23. August 1868 in Hamburg
† 6. Januar 1935 in Hamburg

Nach Volontariaten in den Maschinenfabriken F. Richter (Döbeln) und R. Wolf (Magdeburg-Buckau) besuchte Krüger bis 1889 die Allgemeine Gewerbeschule in Hamburg (Bauhandwerker) und studierte bis 1892 in Karlsruhe. Sodann diente er ein Jahr im Preußischen Eisenbahn-Regiment No. 2, ehe eine praktische Ausbildung bei Betonbaufirmen, unter anderem bei Hüser & Cie. in Oberkassel bei Bonn, folgte. Krüger war von 1895 bis 1900 Baumeister der Baudeputation Hamburg, anschließend wieder bei Betonbaufirmen beschäftigt, ehe er sich 1911 als Beratender Ingenieur in Hamburg selbstständig machte.
Bauten *Sudhaus der Tivoli-Werke, Reichsbahnstraße 95 (1914)*, Schrotmühle und Silo der D. P. Bruhn GmbH in Eckernförde, Hafenkai (1918), *Verlängerung Dreherei Eisenwerk Nagel & Kaemp, Jarrestraße 2 (1923), Viergeschossiger Kaispeicher, Grevenhofkai (1926)*
Quellen Personalakte (StaHH 321-8 144), Industriebau (1920, S. 51 f.), AIV (1929), Bautechnik (1935, S. 99), Frühauf (1991)

Hans Kuball
[Lebensdaten nicht verfügbar]

Ab 1919 Beratender Bauingenieur, später Partner des schon 1912 gegründeten Büros Dr. Ing. Kuball & Kölling, das in Hamburg bis mindestens 1962 bestand.
Bauten *Villa Rathenaustraße 21 (1922), Lyzeum Lübeckertorfelde, Westphalensweg 7 (1922/23), Erweiterung des Kirdorf-Hauses, Ballindamm (1926), Dorotheenstraßenbrücke (1921), Ernst-Mantius-Brücke (1923), Tidekanalbrücke (1925), Heilwigbrücke (1926), Von-Essen-Straßenbrücke (1927), Sprinkenhof, Burchardstraße 6-14 (1928), Mohlenhof, Burchardstraße 17 (1928), Leder-Schüler-Werke, Heidenkampsweg 32 (1928), Berufsschulzentrum Altona, Museumsstraße 15-19 (1930), Boardinghaus des Westens, Schulterblatt 36 (1930/31), Wohnheim »Heimstätte«, Nagelsweg 10 (1928), Bauten im HGW-Gaswerk Tiefstack (1927/1932), Wiederaufbau Hauptkirche St. Jakobi (1963)*
Quellen diverse

Herbert Kupfer
* 26. März 1927 in München
† 30. Dezember 2013
Studium von 1946 bis 1949 in München, von 1955 bis 1967 bei der Baufirma Dyckerhoff & Widmann tätig, wo Kupfer als Oberingenieur und enger Mitarbeiter von Ulrich *Finsterwalder* für die Konstruktion von Großprojekten im Hoch- und Brückenbau zuständig war, ab 1964 auch als Prokurist. Wegweisend war sein Wirken unter anderem im Spannbeton- und Betonschalenbau, ab 1967 als Hochschullehrer in München, dort von 1969 bis 1993 Professor für Massivbau, aber auch Prüfingenieur unter anderem für das Dach des Olympiastadions (1971) und des Eissportzelts in München (1983).
Bau *Universität – Audimax (1959)*
Quellen Beton (2002, S. A16), Beton (2007, S. 259), Beton (2012, S. 210 f.), Bautechnik (2014, S. 224 f.)

Artur Langweil
[Lebensdaten nicht verfügbar]
Spätestens ab 1908 Beratender Ingenieur, betrieb mindestens von 1913 bis 1924 als Oberingenieur in Altona eine Zweigniederlassung für das Harburger Bauunternehmen H. C. Hagemann GmbH.
Bauten *Völkerkundemuseum, Rothenbaumchaussee (1911), Schnellfilteranlage Wasserwerk Altona, Baursberg (1915)*
Quellen diverse, Beton (1911, S. 219 f.), db-Mitteilungen (1916, S. 81 ff.)

Friedrich Otto Arthur Leitholf
* 19. September 1860 in Kühnhausen
† 23. November 1939 in Berlin
1877 begann Leitholf in Berlin ein Studium des Maschinen- und Bauingenieurwesens, von 1882 bis 1884 war er Lehrer für Statik und Maschinenlehre am Technikum Buxtehude, anschließend in den Büros von W. von Rankelwitz (Stuttgart) und Richard Cramer (Berlin) beschäftigt. 1890 machte Leitholf sich in Berlin als Zivilingenieur selbstständig, erhielt viele Aufträge von der Eisenbaufirma Steffens & Nölle und nahm eine herausragende Position beim Berliner Eisenbau ein.
Bauten Teile der Berliner Gewerbeausstellung (1896), Berliner Maschinenbau AG (BMAG) vorm. L. Schwartzkopff in Wildau (1900), Hochbahnhof Schlesisches Tor Berlin (1901), *Saaldecken des Hotel Esplanade (1907) und des Hotel Atlantic (1909)*, Luftschiffhalle Berlin-Biesdorf (1910), Anbau A der AEG-Turbinenfabrik Berlin-Wedding (1914), Hammerschmiede der DWM Berlin-Wittenau (1915), Lokhalle der BMAG in Wildau (1923), Pergamonmuseum Berlin (1930)
Quelle Prokop (2012)

Fritz Leonhardt
* 11. Juli 1909 in Stuttgart
† 30. Dezember 1999 in Stuttgart
Von 1927 bis 1931 Studium des Bauingenieurwesens in Stuttgart, nach Aufenthalten unter anderem in den USA ab 1934 in Stuttgart im staatlichen Brückenbüro für den Autobahnbau, eröffnete 1939 in München ein Ingenieurbüro (1946 in Stuttgart neu gegründet, ab 1953 ist Wolfhart Andrä Büropartner; seit 1970: Leonhardt, Andrä und Partner Beratende Ingenieure VBI GmbH); zahlreiche Entwürfe für Prestigevorhaben der Nationalsozialisten, wie eine Kuppel für den Hauptbahnhof München, Gauhochhaus und Elbhochbrücke Hamburg. Leonhardt war ab 1958 Professor an der Universität Stuttgart, innovativ beim Entwurf von Hänge-, Schrägseil- und Spannbeton-Brücken und Hochbauten. Der durchdachte und sparsame Einsatz von Material mit einem wohlproportionierten Erscheinungsbild prägt sein Werk.
Bauten Autobahnbrücke Köln-Rodenkirchen (1941), Rheinbrücke Köln-Deutz (1948), Elzbrücke Blei-

bach (1948), Fernsehturm Stuttgart (1956), BASF-Hochhaus Ludwigshafen (1957), *BAT-Haus, Esplanade (1960), Emporio-Hochhaus, Dammtorwall (1963), Ringbeschleuniger Desy des gleichnamigen Großforschungszentrums (1964), Finnlandhaus, Esplanade (1966), Fernsehturm Hamburg (1968)*
Quelle Kleinmanns (2009)

Benno Max Löser
* 12. Dezember 1878 in Dresden
† 21. Juli 1944 in Dresden
1908 trat der Bauingenieur Benno Löser in das als Kell & Löser Ingenieure oHG – Unternehmung für Eisenbeton im Hoch-, Tief- und Wasserbau firmierende Unternehmen ein; Arno Kell hatte es 1903 als Büro für Architektur und Bauausführung in Leipzig gegründet. Seit 1922 firmierte es als Kell & Löser AG für Hoch- und Tiefbau. 1931 schied Löser aus und gründete in Dresden die Löser Bauunternehmung KG (1972 als VEB Betonfensterwerk verstaatlicht). Von 1919 bis 1944 wirkte Löser außerdem als Professor für die Anwendung von Stahlbeton an der TU Dresden und war zeitweise Vorstandsmitglied im Deutschen Betonverein. Als ein wichtiger Protagonist des frühen Stahlbetonbaus trieb er seit den 1930er Jahren, wie auch Robert von Halasz, die Konstruktion von Hallen und anderen Bauten aus Stahlbeton-Fertigteilen voran.
Bauten *Rangkonstruktion Thalia Theater (1912),* Messehalle 16 in Leipzig (1913), Observatorium im Beyer-Bau der TU Dresden (1913), *Großbäckerei Julius Busch, Conventstraße 8–10 (1914),* Magazingebäude Sächsisches Staatsarchiv Dresden (1915), *Auferstehungskirche Barmbek-Nord (1920),* Hochhaus am Albertplatz in Dresden (1929)
Bauten leipziger-industriekultur.de, tu-dresden.de, A-Beton (1915, S. 85 ff.), Kleinlogel (1947)

Werner Johann Peter Matthies
* 19. September 1920
† 30. August 1981
Betrieb seit mindestens 1953 ein Bauingenieurbüro in Hamburg, zuerst in Barmbek-Nord (Starstraße 12 und Hellbrookstraße 59), seit 1963 in der Stübeheide 57 in Klein Borstel; mehrere Projekte mit dem Architekten Heinz Graaf. Später arbeitete sein Sohn Dipl. Ing. Werner Matthies im Büro mit.
Bauten *Hamburgische Schiffbau-Versuchsanstalt (1956), Teehaus Große Wallanlagen (1963), Fachhochschule Bergedorf (1972), Universität – Geomatikum (1975), Hopfenhof, Ost-West-Straße (1977), Umbau Kaufmannshaus, Große Bleichen 31 (1978), Gänsemarkt-Passage (1979), Umbau Bankhaus Alstertor 17 (1980), Deltahof, Großer Burstah (1980), Berufsschulzentrum Bergedorf – G 19 (1980), Geschäftshäuser Neuer Wall 48 und 50 (1980/81), Dokumentenhaus KZ Neuengamme (1981), Wohn- und Geschäftshaus Hansaplatz (1981), Universitätsbibliothek (1982), Technikum TU Harburg (1982), Erweiterung Heinrich Bauer Verlag, Burchardstraße (1983)*
Quellen diverse und AIV (1984)

Karl Maul
* 30. Januar 1878 in Jugenheim/Hessen
† 23. Juli 1962
Maul war zunächst in Berlin tätig, ab 1917 Oberingenieur und Geschäftsführer der Hamburger Filiale der Unternehmensgruppe Carl Spaeter, die in den folgenden Jahrzehnten in Hamburg im Stahlhoch-, Behälter- und Brückenbau stark expandierte. Das Werk ging aus dem ab 1904 am Barmbeker Stichkanal in Hamburg ansässigen Eisenwerk Döbler & Co. hervor, das die 1875 in Koblenz gegründete Eisengroßhandlung Carl Spaeter (später mit Sitz in Duisburg) 1917 übernahm.
Bauten *Flugzeughalle A, Fuhlsbüttel (1927), Neue Elbbrücke (1929), Verwaltung »Volksfürsorge«, An der Alster 58 (1929/1930, mit Ingenieur Rudolf Eller), Meierei der »Produktion«, Gustav-Kunst-Straße 16 (1930, mit Ingenieur Rudolf Eller), Wiesendammbrücke über Stichkanal (1934)*
Quellen diverse, Stahlbau (1962, S. 285 f.)

Franz Ferdinand Karl **Andreas Meyer**
* 6. Dezember 1837 in Hamburg
† 17. März 1901 in Bad Wildungen
Studium bis 1858 in Hannover, Anstellungen in Hannover und Bremen, vor allem beim Eisenbahnbau. 1860 legte Meyer die Prüfung zum Bautechniker im Eisenbahnbau ab, war ab 1862 in Hamburg als Kondukteur beim Amt für Strom- und Hafenbau und hier beim Bau des Sandtorkais beteiligt. Ab 1865 leitete er die entsprechende Sektion, ehe er 1868 in die Sektion I (Hochbau und Ingenieurwesen) wechselte und ab 1872 als Oberingenieur für das gesamte Ingenieurwesen der Baudeputation als Nachfolger von Christian Wilhelm Plath zuständig war. In leitender Stellung war er für Straßendurchbrüche (Kaiser-Wilhelm-Straße, Ringstraße und andere), Erschließungen (zum Beispiel der Mundsburg und des äußeren Hammerbrooks) und die Entwässerung sowie die Hygiene verantwortlich: So ging 1896 nach seinen Plänen zwischen Bille und Bullerdeich die erste große Müllverbrennungsanlage des europäischen Festlands in Betrieb, außerdem am Krankenhaus Eppendorf eine erste (Versuchs-)Kläranlage der Stadt. Vorher war Meyer für die Fertigstellung des Geeststammsiels und andere Sielbauten verantwortlich.
Meyer führte bei der 1888 vollendeten Speicherstadt die Regie und war damit teilweise auch im Detail befasst: Die Architekten planten die Speicherblöcke nach Meyers Musterentwurf und mussten sie vor dem Bau absegnen lassen. Selbst die 1885 gegründete Hamburger Freihafen-Lagerhaus-Gesellschaft (heute HHLA) ordnete sich der Planung des Staatsbeamten unter. Zu Meyers Zeit wurden in Hamburg 96 Brücken gebaut, es begann die Neugestaltung der städtischen Eisenbahnanlagen, und er setzte sich stark für eine moderne Wasserversorgung ein. Auch die Grünanlagen gehörten zu seinem Ressort, wie die Parks am östlichen Alsterufer und die Umgestaltung der Wallanlagen, der Innocentiapark, der Zentralfriedhof Ohlsdorf und die Vorarbeiten für den Stadtpark.
Bauten *Hafenanlage Sandtorkai (1866), Trostbrücke (1883), Feenteichbrücke (1884), Heiligengeistbrücke (1885), Speicherstadt (1888), Wasserwerk Kaltehofe (1893), Müllverbrennungsanlage Bullerdeich (1896), Kersten-Miles-Brücke (1897)*
Quellen db (1901, S. 142 f.), ZdBv (1901, S. 147 f.), Schädel (2006), Hirschfeld (2009), Architektur HH (2012, S. 182 ff.), Lange (2019)

Werner Möbius
* 1938 in Aachen
Nach seinem Studium des Bauingenieurwesens in Braunschweig trat Möbius 1965 in die Josef Möbius Bau-Aktiengesellschaft in Hamburg ein. Sein Vater Josef Möbius hatte 1950 die zuvor als Tiefbauunternehmen E. A. Wilkens & Co. oHG firmierende Gesellschaft übernommen. Ab 1956 gehörte das Gelände der Hans Jordan KG in Geesthacht als Bauhof zur Josef Möbius Bau-AG, die 1957 auch am Pumpspeicherkraftwerk Geesthacht mitwirkte und 1972 444 Beschäftigte hatte. Ab 1981 führte Werner Möbius das nun als GmbH & Co. KG firmierende Unternehmen, an dem sich die Philipp Holzmann AG 1990 beteiligte. Nach deren Insolvenz kaufte die Familie Möbius 2001 diese Anteile zurück, und die Josef Möbius Bau firmierte wieder als AG. Dank zahlreicher Innovationen entwickelte sich die Firma zu einem führenden Erd- und Wasserbau-Unternehmen, wirkte bei den Eisenbahn-Neubaustrecken Mannheim – Stuttgart, Hannover – Würzburg, Hannover – Berlin und Frankfurt – Köln ebenso mit wie bei den Flughäfen München und Leipzig. Mit den für die Erweiterung des Hamburger Airbus-Werkes in das Mühlenberger Loch hinein entwickelten Sandsäulen ließ sich auch ein Teil der Trasse der Autobahn A 20 in Mecklenburg realisieren und dabei Biotope erhalten. Für den Ausbau des Mittellandkanals entwickelte Möbius ein Verfahren, mit dem die Wasserstraße unmittelbar nach der Querschnittsvergrößerung abgedichtet wurde, um Wasserverluste zu vermeiden. Im Laufe der Zeit meldete Werner Möbius mehr als 150 Patente an. 2007 und 2011 verkaufte die Familie das Hamburger Spezialunternehmen für Erd- und Wasserbau schrittweise an den Strabag-Konzern (ab 2014 Strabag Wasserbau). 2009 gründete Möbius in Hamburg das Büro Werner Möbius Engineering GmbH. 2012 stiftete er der Technischen Universität Hamburg-Harburg die erste Professur für Baumechatronik in Deutschland.
Bau: *Airbus-Erweiterung Mühlenberger Loch (2004)*
Quellen diverse, Angaben Möbius Bau (2008), TU Harburg (Pressemitteilung 21.3.2012)

Karl Morgen
* 19. März 1952 in Isny/Allgäu

Morgen schloss das Studium des Bauingenieurwesens an der Technischen Hochschule in Karlsruhe 1977 »mit Auszeichnung« ab, war dort von 1979 bis 1983 wissenschaftlicher Mitarbeiter bei Professor Udo Vogel und promovierte ebenfalls »mit Auszeichnung«. Anschließend arbeitete er im Ingenieurbüro Kurt Harrer in Karlsruhe und von 1984 bis 1986 als Bauleiter bei der Hamburger Niederlassung von Dyckerhoff & Widmann. Nach einer Zwischenstation bei Lockwood Greene, Architects and Engineers, in New York begann er 1986 beim Hamburger Ingenieurbüro *Windels Timm* (b) und wurde dort 1988 als Partner aufgenommen; seit 1990 war er auch Prüfingenieur. Schon zuvor und seitdem noch stärker war dieses große Hamburger Ingenieurbüro überregional, vor allem aber auch in Hamburg bei vielen Bauprojekten in einer großen thematischen Breite präsent.

Morgen hat eine Gabe, für komplizierte Zusammenhänge einfache Lösungen zu finden, und entwickelte unter anderem die fugenlose Bauweise weiter. Als Unternehmer hat er den Wandel des Ingenieurbüros Windels Timm Morgen zur 2006 gegründeten Firma WTM Engineers GmbH vorangetrieben. Neue Geschäftsführer wurden außerdem die Ingenieure Ulrich Jäppelt, Stefan Ehmann, Hans Scholz, Otto Wurzer und Helmut Heiserer. Karl Morgen engagiert sich ebenso in berufsständischen Organisationen und für die praxisgerechte Normung, also anwenderfreundliche Bemessungsregeln. 2018 schied Morgen aus dem Büro aus und bleibt beratend für WTM tätig.

Bauten *Theater Neue Flora (1990), HEW-Heizkraftwerk Tiefstack (1992), Neuer Dovenhof, Brandstwiete 1 (1994), Hanseatic Trade Center, Kehrwiederspitze (2002),* Jakob-Kaiser-Haus in Berlin (2002), *Landesversicherungsanstalt, Friedrich-Ebert-Damm 245 (2002), Sanierung Sprinkenhof, Burchardstraße (2002),* Container-Terminal IV in Bremerhaven (2008), *Baufelder 1–3 Brooktorkai, Hafencity (2010), Bürohaus West und Wohnturm am Holzhafen (2011), Behörde für Stadtentwicklung und Umwelt, Neuenfelder Straße 19 (2013), Flash II, Desy-Forschungszentrum (2014),* BND-Hauptzentrale in Berlin (2016), *European XFEL, Desy-Forschungszentrum (2017),* Autobahn-Weserquerung Bremen (2018), *Überdeckelung Autobahn 7, Abschnitte Schnelsen und Altona (2019 und 2025), Revitalisierung Congress Centrum Hamburg (2020), Autobahn-Süderelbquerung Moorburg (2021, Projekt),* Sanierung Opernhaus Köln (etwa 2024), Fehmarnbelttunnel Puttgarden – Rødby (etwa 2027)

Quellen AIV (1999), Bautechnik (2012, S. 286 f.), Beton (2012, S. 276), Angaben WTM Engineers (2021)

Moritz Musset
* 4. Januar 1855 in Langenschwalbach
† 1925 in Kolberg

Studium von 1873 bis 1878 in Hannover, Regierungsbaumeister für die Zollanschlussbauten im Stadtbauamt Altona, später Bauinspektor in Swinemünde, ab 1899 Bauinspektor und Baurat in Memel, ab 1916 Vorstand des Hafenbauamtes in Kolberg.

Bauten *Fischereihafen Altona und Fischauktionshalle (1896)*

Quellen www.glass-portal.privat.t-online.de

Karl Peters
* 2. April 1905 in Hannover
† 24. November 1981 in Hamburg

Nach dem Studium des Wasserbaus in Hannover arbeitete Peters während seiner Ausbildung zum Regierungsbaumeister unter anderem im Deichbau an der Nordseeküste und beim U-Bahn-Bau in Berlin, bevor er nach der 2. Staatsprüfung Assistent von Professor Otto Franzius an der TH Hannover wurde und promovierte. Als Technikleiter der Spundwandabteilung bei der Ilseder Hütte in Peine hatte er von 1933 bis 1938 lebhaften Anteil an der Entwicklung der Spundwandbauweise. 1938 trat er in das mit Bernhard *Siebert* in Hamburg gegründete Büro für Ingenieurbau ein, plante Getreide- und Zementsilos, Hafenanlagen – darunter vor allem Kaimauern, Hafenschuppen und Schleusen –, Kraftwerksanlagen sowie sämtliche Bauten für die HGW-Kokerei Kattwyk und die Zementfabrik Hemmoor. Nach dem Tod von Siebert stieg Rolf *Windels* 1956 als Büropartner ein. Nach der Sturmflutkatastrophe im Februar 1962 berief das Tiefbauamt

Hamburg Karl Peters zum Leiter einer Planungsgemeinschaft, die den Hochwasserschutz für die Innenstadt entwickelte. Es folgte der Bau der entsprechenden Anlagen an der Hafenkante mit der Schaartorschleuse. 1971 kam Günter *Timm* (b) als Büropartner hinzu (seit 2005 WTM Engineers).
Bauten *Rethespeicher und Nachbarsilos (1941/ 1955/1957/1968/1975), Grindelhochhäuser (1956), HGW-Kokerei Kattwyk (1960)*, Ausbau Zementfabrik Hemmoor (1963), HEW-Kraftwerke Wedel (1960) und *Hafen (1964), Hochwasserschutzanlagen (ab 1962), Wallringtunnel (1966), Kattwykbrücke (1973)*
Quellen Bautechnik (1963, S. 322 f.), Hirschfeld (2009)

Ulrich Quast
* 7. April 1937 in Buschdorf b. Posen/Westpreußen
Studium des Bauingenieurwesens von 1957 bis 1962 in Braunschweig, anschließend im Konstruktionsbüro der Dyckerhoff & Widman AG in München tätig, von 1965 bis 1969 wieder an der TU Braunschweig, dort Promotion. Von etwa 1970 bis 1977 war Quast Partner im Hamburger Ingenieurbüro von Jürgen *Sager*, dann Professor für Theoretische Grundlagen im Massivbau an der TU Braunschweig und von 1985 bis zu seiner Emeritierung Professor für Massivbau an der TU Hamburg-Harburg.
Bauten *Hamburg-Mannheimer Versicherung, Überseering 45 (1974)*
Quellen Beton (2007, S. 260), Beton (2012, S. 362), Angaben Luetkens Staak Ingenieure (2021)

Ernst Karl Reinemann
* 10. März 1881 in Langensalza
Reinemann arbeitete von 1899 bis 1902 als Maschinenschlosser im Maschinen- und Eisenbau, bevor er von 1902 bis 1906 das Ingenieurbaufach in Hannover studierte. Anschließend nahm Reinemann für die Bauverwaltung der Hamburger Hochbahn AG in Hamburg die beim Bau verwendeten Eisenmaterialien sowie fertige Eisenkonstruktionen ab, wechselte im April 1914 in die städtische Baudeputation (1. Sektion) und wurde dort 1922 zum Baurat befördert.
Bauten *U-Bahn-Station Volksdorf (1918),*
Seegrenzschlachthof, Andreas-Meyer-Straße (1930), Reesendammmauer und Mahnmal Kleine Alster (1931), Hanseatenhalle Rothenburgsort, Ausschläger Allee (1935)
Quellen diverse, Personalakte (StaHH 131-15_C 369)

Hugo Rieger
* 17. Juni 1954 in Creglingen/Tauberfranken
Rieger studierte von 1973 bis 1978 Bauingenieurwesen in Stuttgart, war Technischer Angestellter in der Forschung bei der Philipp Holzmann AG in Frankfurt (Main) und von Oktober 1979 bis 1988 wissenschaftlicher Assistent an der Universität Dortmund. Er arbeitete von 1988 bis 1992 als Projektingenieur bei Donges Stahlbau in Darmstadt und gründete dann mit Werner *Sobek* das Ingenieurbüro Sobek + Rieger in Stuttgart (Partnerschaft endete 1997). Darauf gründete er 1998 in Stuttgart das Büro RIG – Dr. Rieger Ingenieurgesellschaft GmbH und verlegte es im Jahr 2000 nach Eckental. Gleichzeitig wurde er Professor für Stahlbau, Stahlverbundbau und Holzbau an der Fachhochschule in Nürnberg (bis 2021).
Bauten *Airbus-Werft Halle 14 (1990)*, ZKM – Zentrum für Kultur und Medien, Karlsruhe (1997), *Kehrwiedersteg, Am Sandtorkai (1997), Dach Tennisarena Rothenbaum (1997)*
Quellen diverse, Angaben Hugo Rieger (2021)

Jürgen Sager
* 20. März 1919 in Altona
† 20. Dezember 1997 in Hamburg
Studium des Bauingenieurwesens von 1943 bis 1948 an den Technischen Hochschulen in Berlin und Hannover mit Abschluss in Hannover, ab 1949 Statiker bei Boswau & Knauer AG in Hamburg. 1956 gründet Sager ein Ingenieurbüro in Hamburg, von etwa 1970 bis 1977 in Partnerschaft mit Ulrich *Quast*, ab 1981 mit Peter Luetkens (Büro firmiert ab 2010 als Luetkens Staak Ingenieure); 1985 scheidet Jürgen Sager aus seinem Büro aus und tritt in den Ruhestand.
Bauten *Polizeipräsidium Berliner Tor (1962), Hamburg-Mannheimer Versicherung, Überseering 45 (1974), Berufsschulzentrum Bergedorf, G 20 (1978),*

Kindertagesheim Greifswalder Straße (1982)
Quellen AIV (1984), Angaben Familie Sager (2021), Angaben Luetkens Staak Ingenieure (2021)

Alexander Schäffer
* 15. Mai 1844 in Helsinki
† 12. Januar 1890 in Hamburg
Der aus Finnland stammende Schäffer studierte vermutlich in Karlsruhe, Hannover und Braunschweig, arbeitete dann als Bauingenieur in Frankfurt am Main und Hamburg.
Bauten *Kaispeicher B (1879/84), Kaianlagen Altona-Neumühlen (1890)*
Quellen AIV (1914), www.kmkbuecholdt.de

Jörg Schlaich
*17. Oktober 1934 in Stetten bei Stuttgart
† 4. September 2021 in Berlin
Nach einer 1953 abgeschlossenen Lehre als Schreiner studierte Schlaich von 1953 bis 1955 Architektur und Bauingenieurwesen in Stuttgart, wechselte bis zum Diplom 1959 an die TU Berlin (Assistent bei Werner Koepcke), studierte ein Jahr in den USA und promovierte bei Fritz *Leonhardt* in Stuttgart. 1963 trat er in das Büro Leonhardt und Andrä ein und beschäftigte sich vielfach mit dem Bau von Fernsehtürmen, entwickelte die Dachlandschaft für das Olympiastadion in München mit. Ab 1974 war Schlaich Professor in Stuttgart, von 1970 bis 1979 Partner im Büro Leonhardt, Andrä und Partner. Sein soziales Engagement bewies er unter anderem mit der ab 1972 entwickelten (und 1992 vollendeten) Kalkutta Hooghly River Bridge: Die großartige Schrägseilbrücke mit 457 Metern Spannweite wurde mit einer ungelernten indischen Mannschaft genietet, die Seile dafür geflochten. Damit seien während der Bauzeit dort 1.000 Familien ernährt worden, so Schlaich. 1980 gründete er mit Rudolf Bergermann ein eigenes Büro und leitete »Schlaich Bergermann und Partner« bis Ende 2002. Schlaich setzte sich als Bauingenieur stets für eine hochwertige Gestaltung ein, forcierte die enge Zusammenarbeit mit Architekten (»Die Baukunst ist unteilbar«) und sah die Baukunst als Teil der Kultur. Die Kühnheit und das Interessante zeichnen seine Bauwerke aus, auch der gesamtgesellschaftliche Blick, welcher unter anderem in den Entwurf von Solar- und Aufwindkraftwerken mündete.
Bauten *Finnlandhaus, Esplanade (1966), Fernsehturm Hamburg (1968),* Olympiabauten München (1972), *Alsterschwimmhalle, Sechslingspforte (1973),* Seilnetzkühlturm Atomkraftwerk Hamm-Uentrop (1974), *Helmut-Schmidt-Universität (1978/81), Hofdach Museum für Hamburgische Geschichte (1989), Wolfgang-Meyer-Sportanlage, Hagenbeckstraße (1994), Dach Volksparkstadion (2000), Airbus-Werk: Montagehallen für A 380 (2003/2004)*
Quellen diverse, Stiglat (2004)

Hans Schmuckler
* 18. Januar 1875 in Bernburg (Saale)
Schmuckler war seit 1907 Oberingenieur bei dem Stahlbauunternehmen Breest & Co. in Berlin, seit 1917 deren technischer Direktor.
Bauten *Deichtorhallen (1912/1914),* Automobil-Ausstellungshalle I in Berlin (1914), Bauten der Motorenfabrik Deutz für Werkbundausstellung Köln (1915), *Großschiffbauhalle der Deutschen Werft in Finkenwerder (1921), Kühlhaus Ross von Behr & Mathew (1926)*
Quellen diverse, Bautechnik (1924, S. 174 ff.), Prokop (2012)

Philip Wilhelm Gustav Schrader
* 9. September 1829 in Hamburg
† 27. Februar 1889 in Davos/Schweiz
Schrader gründete 1855 ein Architektur- und Ingenieurbüro in Hamburg, bezeichnete sich selbst als Architekt und Ingenieur und war zeitweise mit Christian Timmermann assoziiert. Nach seinem Tod führten sein Sohn Franz Albert Schrader (* 20. Oktober 1865 in Hamburg, verließ 1895 aus gesundheitlichen Gründen das Büro) und sein Schwiegersohn Ernst *Balzer* (* 29. März 1859 in Hamburg) das in der Repsoldstraße 48 ansässige Büro weiter.
Bauten *Jägerpassage, Wohlwillstraße 20-28 (1866), Speicher Cremon 36 (1884), Speicher Weinhandelshaus C. L. Jebens in der Speicherstadt, Kehrwieder (1885)*
Quellen diverse, Frühauf (1991), Lange (2019)

Kurt Schwarz
*26. Juni 1926
† 27. Januar 1994 in Hamburg
Schwarz stammte aus Ludwigshafen und gründete 1959 in Hamburg ein Ingenieurbüro, setzte viele Projekte mit dem Architekten Walter Bunsmann, den Büros Schramm + Elingius (später Pempelfort) sowie von Gerkan, Marg und Partner um. Schwarz nahm dann 1978 Martin *Weber* als Partner in das Ingenieurbüro Schwarz + Dr. Weber auf. Laut Weber war Schwarz ein begnadeter konstruktiver Ingenieur, der auch Architekt hätte sein können. 1991 setzte sich Schwarz zur Ruhe. Seine Nachfolge im Büro trat Hermann Poll an. Ab 1991 firmierte das Büro als »Dr.-Ing. M. Weber – Dr.-Ing. H. Poll, Beratende Ingenieure« (seit 2021: WP Ingenieure Partnerschaft mbB). Das Büro ist seit langem mit vielen prägnanten Hochbauten in Hamburg präsent.
Bauten *Produktionshalle Reemtsma Cigarettenfabriken, Luruper Chaussee (1964), Heilig-Kreuz-Kirche, Volksdorf (1965), Lukaskirche, Sasel (1965), Kirche St. Jacobus, Lurup (1971), Katholische Akademie, Herrengraben 4 (1973),* Europäisches Patentamt in München, Bob-van-Benthem-Platz 1 (1979), *Geschäftszentrum und Passage Hanse-Viertel (1980)*
Quellen AIV (1984), Angaben Martin Weber (2021)

Johann Wilhelm Schwedler
*28. Juni 1823 in Berlin
† 9. Juni 1894 in Berlin
Nach einem weitgehenden Selbststudium bestand Schwedler die Prüfungen zum Staatsdienst, ab 1852 arbeitete er als Bauleiter im Siegerland, ab 1858 als Eisenbahn-Baumeister im Arbeitsministerium in Berlin, ab 1868 als Geheimer Baurat und damit oberster preußischer Baubeamter. Schwedler war viele Jahre die oberste Instanz für den Stahlbau in Preußen. Mit der außergewöhnlichen Kraft und Klarheit seiner räumlichen Anschauung hatte er für das Fachwerk die dritte Dimension erobert. Denn er zeichnete sich durch eine neue Herangehensweise bei statischen Problemen aus: Nicht mehr das Experiment, sondern die Berechnung waren Grundlage für die nach ihm benannte Kuppel und für den nach ihm benannten Brückenträger, ebenso wie der von ihm entwickelte Dreigelenkbogen unter anderem für großformatige Bahnhofshallen.
Bauten Brahebrücke der Eisenbahn bei Czersk/Pommern (1861), Kuppel Gasbehälter Holzmarktstraße Berlin (1863), Hammerwerk Bochumer Verein (1866), Halle Berliner Ostbahnhof (1867), *Turmhelm St. Petri-Kirche (1878),* Bahnhofshalle Frankfurt am Main (1888)
Quellen Bautechnik (1994, S. 359 ff.), Ricken (1994), db (2000, S. 105 ff.)

Karl Heinrich Schwinn
*12. Juni 1934 in Erlenbach/Odenwald
† 5. September 2014 in Hamburg
Schwinn studierte bis 1960 Bauingenieurwesen an der TH Darmstadt, war dann dort Assistent am Lehrstuhl für Grundbau und Bodenmechanik bei Professor Herbert Breth, promovierte bei ihm 1967, um anschließend in dessen Ingenieurbüro und in der Bauindustrie praktisch zu arbeiten. Schwinn trat 1970 in das im Vorjahr von seinen Kollegen aus Darmstädter Zeiten – Klaus *Günther*, Heinz Heil, Joachim Rappert – in Hamburg gegründete Ingenieurbüro für Grundbau, Bodenmechanik und Umwelttechnik (IGB) ein, war dort bis Ende 2000 aktiv. Impulsgeber für das Büro waren der Hochwasserschutz nach der Sturmflut 1976 und die Umwelttechnik mit Beginn der Sanierung der Hamburger Deponie Georgswerder 1984, für die IGB einen Wettbewerb gewann. Zudem wirkte Schwinn, der damit schon während der Darmstädter Zeit Erfahrungen gesammelt hatte, an Staudammprojekten mit. Niederlassungen gründete das Büro in Stralsund (1991), Dresden (1991), Oldenburg (1993), Kiel (1995) und Berlin (1998). 2001 wurde es in die IGB Ingenieurgesellschaft mbH umgewandelt. Schwinn hat sich zudem unermüdlich für die Belange seines Berufsstandes eingesetzt, war Initiator und Gründungspräsident der Hamburgischen Ingenieurkammer-Bau, von 2000 bis 2008 Präsident der Bundesingenieurkammer, machte sich unter anderem für eine bessere Öffentlichkeitsarbeit sowie die Aufarbeitung der Geschichte des Ingenieurbauwesens stark.
Quellen Schwinn (2012), Mitteilung Hamburgische Ingenieurkammer-Bau (10.10.2014), Angaben IGB Ingenieurgesellschaft (2021)

Rudolf Seeland
† 1971
Seeland promovierte als Bauingenieur und übernahm von seinem 1946 verstorbenen Vater Emil Rudolf Seeland das familiäre Hamburger Bauunternehmen. Der Senior hatte 1906 als Maurer mit dem Bau von Einfamilienhäusern begonnen. Seeland junior gründete im Januar 1950 die in der Bodelschwinghstraße 17 in Alsterdorf ansässige Rudolf Seeland KG Stahlbetonbau (Werkplatz in Wilhelmsburg, Industriestraße 69). Nach dem Bauingenieurstudium trat auch sein Bruder Herbert Willy Seeland (* 3. Juli 1922, † 9. August 2021 in den USA) in das Unternehmen ein. Nun war die Firma vor allem im Gewerbe- und Tiefbau aktiv, profilierte sich unter anderem mit dem Einsatz von Stahlbeton-Fertigteilen. 1971, nach dem Tod von Rudolf Seeland, übernahm Christoph Wilken das Unternehmen, führte es später mit Gerhard Joswig weiter. 1984 verkaufte die Familie Seeland ihre letzten Anteile; im Juli 1985 meldete das Unternehmen Konkurs an und stellte seinen Betrieb ein.
Bauten *Jerusalemkirche Eimsbüttel (1953), Schuppen 53, Reichstagsbrücke, Alsterdorf (1954), Triebwagenhallen I und II in Altona (1954/55), Braune Brücke in Hamm (1956), Rathenaubrücke, Alsterdorf (1956), Materialprüfanstalt Grabenstraße,* Triebwagenhalle (AKN) Kaltenkirchen (1957), *U-Bahn-Tunnel Lübecker Straße (1961), Schuppen 60/61,* Werkhalle Klöckner-Wilhelmsburger in Geesthacht (1959), *Sporthalle Hamburg, Alsterdorf (1968), City-S-Bahn-Tunnel Binnenalster (1975), Autobahn-Elbtunnel – nördlicher Teil (1975)*
Quellen diverse, Beton (1957, S. 55 ff.), Beton (1960, S. 31 ff.), Nachruf Herbert Seeland (Winston-Salem Journal, 15. August 2021), Zeitungsartikel (StaHH 731-8 A 902)

Bodo Sellhorn
* 16. Juni 1932 in Hamburg
† 27. Mai 2007 in Hamburg
Nach dem Studium des Bauingenieurwesens in Braunschweig arbeitete der in Kirchwerder geborene Diplom-Ingenieur Bodo Sellhorn noch an der Hochschule, ehe er sich nach der Sturmflut 1962 in Hamburg selbstständig machte. Dafür ging er eine Partnerschaft mit dem Bauingenieur Dietrich Masuch (seit 1960 freiberuflich) ein. 1965 trennten sich die beiden und betrieben eigene Ingenieurbüros weiter. Sellhorn leitete seins bis zu seinem Tod 2007. Zu Beginn arbeitete Sellhorn vielfach an Hochwasserschutz- und Hafenanlagen in Hamburg: Sein erstes namhaftes Projekt war die 1964 fertiggestellte Schaartorschleuse. Später kamen vor allem andere Infrastrukturprojekte, unter anderem für Flughäfen, hinzu. Eine Herzensangelegenheit war für den Vierländer 1997 die technische und wirtschaftliche Rettung des Zollenspieker Fährhauses.
Die 1978 von ihm gegründete Sellhorn Ingenieurgesellschaft in Hamburg entwickelte sich zu einer Firmengruppe unter der seit 1992 gegründeten Sellhorn Consult GmbH (seit 2009 Sellhorn Holding GmbH) mit den neuen Geschäftsbereichen Haustechnik, Immobilien und Verkehrsplanung. Seit 2002 ist der Bauingenieur Olav Sellhorn, Sohn von Bodo Sellhorn, Geschäftsführer und leitet heute das Familienunternehmen. Bei dem wachsenden internationalen Geschäft der Sellhorn-Gruppe helfen unter anderem Standorte im Libanon (seit 2010), Tansania (2016) und Indien (2017).
Bauten *Schaartorschleuse (1964), Brückenhaus St. Pauli-Landungsbrücken (1976), Bürohaus Deutscher Ring, Ost-West-Straße 100 (1978), Airbus-Werk Halle 14 (1990), Ost-West-Hof, Herrengraben 74 (1993), Theater im Hafen, Norderelbstraße 6 (1994), Neubau Ausfädelung AKN Eisenbahn in Eidelstedt (2004), AKN-Station Eidelstedt-Zentrum (2004), Retheklappbrücke (2016), Kattwyk Eisenbahnbrücke (2020)*
Quelle Angaben Sellhorn Holding (2022)

Bernhard Eduard **Siebert**
* 22. Oktober 1890 in Altona
† 20. Oktober 1956 in Hamburg
Studium von 1909 bis 1914 in München und Danzig, als junger Bauingenieur unter anderem bei den Baufirmen Christiani & Nielsen und Philipp Holzmann AG beschäftigt. Für Holzmann entwarf Siebert den Meßberghof und setzte Tiefbauprojekte im Hafen um. 1925 promovierte er in Danzig und leitete ab Januar 1926 die Tunnelbauabteilung der Hamburger Hochbahn AG und damit den Neubau der Kell-Jung-Linie (U-Bahn), bevor er sich im Februar 1935 als Beratender Ingenieur in Hamburg selbstständig machte (übernahm dafür das Büro des zuvor verstorbenen Justus *Krüger*). Mit Karl *Peters* als Sozius gründete er 1938 in Hamburg das Büro für Ingenieurbau (später *Windels Timm Morgen* – seit 2006 WTM Engineers). Siebert war von 1940 bis 1944 Artillerieoffizier in Pommern, Russland und Griechenland, während Peters im Büro die Stellung hielt.
Bauten *Meßberghof (1924)*, *Kühlhaus Union, Neumühlen (1926)*, *U-Bahn Kellinghusenstraße – Jungfernstieg (1934)*, *Rethespeicher und benachbarte Silos (1938, 1941/1955/1957)*, Wiederaufbau Helgoland (ab 1952), *Grindelhochhäuser (1956)*
Quellen Zeitungsartikel (StaHH 731-8_A 768), Bautechnik (1956, S. 452), Hirschfeld (2009)

Werner Sobek
* 16. Mai 1953 in Aalen
Sobek absolvierte von 1974 bis 1980 ein Bauingenieur- und Architekturstudium an der Universität Stuttgart, war dort bis 1986 wissenschaftlicher Mitarbeiter am Sonderforschungsbereich »Weitgespannte Flächentragwerke« und promovierte 1987. Anschließend arbeitete er bis 1991 im Ingenieurbüro *Schlaich*, Bergermann und Partner, gründete 1992 mit Hugo *Rieger* das Ingenieurbüro Sobek + Rieger in Stuttgart (Partnerschaft endete 1997). Ab 1991 war Sobek Professor an der Universität Hannover und ist seit 1994 Professor an der Universität Stuttgart, gründete dort im Jahr 2000 das Institut für Leichtbau, Entwerfen und Konstruieren. Gleichzeitig war er mit seinem Büro Inhaber einer Firmengruppe mit mehr als 200 Beschäftigten (2012). Die leichte und nachhaltige Baukunst als Ganzes, also die Verbindung von Architektur und Ingenieurwissen, durchzieht sein Wirken.
Bauten ZKM – Zentrum für Kultur und Medien, Karlsruhe (1997), *Kehrwiedersteg, Am Sandtorkai (1997)*, *Dach Tennisarena Rothenbaum (1997)*, Sony Center, Berlin (2000), *Cruise Center, Chicagokai (2004)*, Mercedes-Benz Museum, Stuttgart (2006), *Neue Messe Hamburg (2008)*, Dach ZOB Hannover (2014), Thyssenkrupp Testturm, Rottweil (2017)
Quellen diverse

Ernst Georg(e) Sonnin
* 10. Juni 1713 in Quitzow bei Perleberg
† 8. Juli 1794 in Hamburg
Sonnin war ein bedeutender Ingenieur und Architekt im Zeitalter der Aufklärung. Er besuchte die Friedrichschule in Altona, studierte ab 1734 in Halle (Saale) Philosophie und Mathematik, lebte dann in Jena und zog nach dem Studium nach Hamburg zu seinem Freund, dem Maler Cord Michael Möller, lebte mit ihm bis zu seinem Tod zusammen. Sonnin betrieb eine Werkstatt für feinmechanische, insbesondere optische Instrumente, bevor er sich auf das Bauen verlegte.
Aufgrund seiner technischen Fähigkeiten wurde er mit der Instandsetzung von Kirchen, insbesondere Kirchtürmen, betraut: vom Hamburger Dom (1760), St. Nikolai (1762) und St. Katharinen (1770). Er war einer der ersten Baumeister, die die Franklin'schen Blitzableiter an Kirchtürme montierte und durch einfache Mittel damals schiefe Hamburger Kirchtürme »gerade rückte«. Zu Beginn seiner Karriere aber leitete er den Bau einer Brauerei in Altona, wirkte von 1750 bis 1786 gemeinschaftlich mit Johann Bernhard Prey (1757 verstorben) als Baumeister beim Wiederaufbau der St.-Michaelis-Kirche in Hamburg. Auf Veranlassung von Sonnin richtete die Patriotische Gesellschaft 1767 eine Zeichenklasse für Bauhandwerker ein: Das war der Start für die Bauschule Hamburg. 1785 wurde Sonnin als Stadt- und Salinenbaumeister nach Lüneburg berufen. So geht die 1782 erbaute Pumpenanlage der Saline mit ihrem 1,2 Kilometer langen, wasserkraftgetriebenen Gestänge auf ihn zurück.
Bauten *Brauerei in Altona (vor 1750)*, Herrenhaus

Gut Kaden bei Alveslohe (1754), Pastorat Westensee (1754), Schweffelhaus in Kiel (1775), Pavillon Michaelsen in Wilster (um 1777), St.-Bartholomäus-Kirche in Wilster (1781), Rathaus Wilster (1785), Pfarrhaus Sankt-Johannis-Kirche in Lüneburg (um 1786), Pumpenanlage Saline Lüneburg (1782), *St.-Michaelis-Kirche (1786)*
Quellen diverse sowie: Carl Bertheau: Ernst Georg Sonnin, Allgemeine Deutsche Biografie (1892, www.deutsche-biographie.de)

Friedrich **Theodor Speckbötel**
* 22. Januar 1861 in Barmen
† 11. Februar 1938 in Hamburg
Speckbötel arbeitete nach seinem Studium in der Maschinenfabrik Nagel & Kaemp in Hamburg und gründete 1891 ein Ingenieur- und Architekturbüro. Dort entwarf er vor allem Industrie- und Gewerbebauten, begann aber auch eine Produktion von Drahtheftmaschinen (heute Th. Speckbötel GmbH), übernahm den Vorsitz im 1903 gegründeten Verein beratender Ingenieure (VBI), betrieb das Ingenieurbüro ab den 1930er Jahren in Partnerschaft mit Friedrich Last und Walter Beecken (heute Jan Klinker Architekten).
Bauten *Nährmittelfabrik Kufeke, Kurt-A.-Körber-Chaussee 20 (1899/1908), Pianofabrik Steinway & Sons, Rondenbarg (1906), Schokoladenfabrik Reese & Wichmann, Wendenstraße 130 (1908), Universität – Vorlesungsgebäude (1911), Conz Elektrizitäts-GmbH, Gasstraße 6 (1912), Maschinenfabrik Böttcher & Gessner, Gasstraße 18 (1913), Norddeutsche Affinerie (1913), Zinkhütte Billbrook, Moorfleeter Straße 15 (1913/1928), Stadtbäckerei, Gänsemarkt 44 (1913),* Kuhstall Gut Düssin bei Brahlstorf (1914), *Krankenhaus Elim, Hohe Weide (1926), Radioröhrenfabrik GmbH, Stresemannallee 101 (1929), Norddeutsche Schleifmittel-Industrie Christiansen & Co., Luruper Hauptstraße 106 (1936)*
Quelle Frühauf (1991), Lange (2015)

Karl **Steinfeld**
* 24. April 1921 in Neubukow/Mecklenburg
† 27. Juli 1993 in Hamburg
Nach einer Kriegsverletzung wurde Steinfeld 1941 aus dem Militärdienst entlassen und studierte in Prag, von 1945 bis 1947 dann in Hannover Bauingenieurwesen. Er kehrte kurz nach Mecklenburg zurück, promovierte aber von 1948 bis 1952 an der TH Hannover in der Versuchsanstalt für Grund- und Wasserbau bei Alfred Streck. 1953 trat Steinfeld in die Bundesanstalt für Straßenbau in Hamburg ein und wurde 1954 Leiter der Außenstelle Hamburg der Bundesanstalt für Wasserbau. Sein Engagement galt der praxisbezogenen Bodenmechanik und dem wirtschaftlichen Grundbau. Nahezu 2.000 Gründungsgutachten wurden damals unter seiner Regie erstellt.
1961 gründete er in Hamburg das Ingenieurbüro für Grundbau. Es erwischte eine wichtige Phase des Wiederaufbaus der Stadt und der Region mit Hafen, Industrie- und Versorgungsanlagen wie auch des Hochwasserschutzes nach der Sturmflut 1962 und war daran mit zahllosen Projekten beteiligt: Zu seiner Zeit entstanden mehr als 15.000 Baugrundbeurteilungen und Gründungsberatungen. Zu Beginn der 1970er Jahre beschäftigte das Büro 40 Mitarbeiter. Steinfeld war ab 1970 Honorarprofessor an der TH Hannover und nahm 1981 in das nun als »Grundbauingenieure Steinfeld und Partner« firmierende Büro Christoph Hanzig, Günther Harden, Ouirin Laumanns, Karlheinz Meenen und Peter Quast als Partner auf.
1986 trat er in den Ruhestand.
Bauten *Deichbau in Hamburg (ab 1962), Punkthochhäuser Lohbrügge-Nord, Korachstraße 1-9 (1968),* Kläranlage Hetlingen (ab 1968), Dea Raffinerie Heide (ab etwa 1971), *Köhlbrandbrücke (1974)*
Quellen Geotechnik (1991, S. 93), Geotechnik (1993, S. 155), Steinfeld (2002)

Georg Timm
[Lebensdaten nicht verfügbar]
Timm arbeitete wohl ab den 1920er Jahren als Beratender Ingenieur in Hamburg. Der Tragwerksentwurf für den Neubau des Deutschnationalen Handlungsgehilfen-Verbands (heute Brahms Kontor) stammt von einem »G. Timm«, außerdem nennt das Adressbuch von 1930 einen Bauingenieur »G. Timm«. Vermutlich ist dies der Georg Timm, welcher nach dem Krieg mit dem Architekten Ferdinand Streb an den Grindelhochhäusern und am Alsterpavillon mitwirkte. Alles sind Stahlskelettbauten. Deshalb konnte der Neubau des Alsterpavillons bei laufendem Betrieb im ab 1947 bestehenden Provisorium in kurzer Zeit aufgesetzt werden.
Bauten Brahms Kontor, Johannes-Brahms-Platz 1 (1931), Alsterpavillon, Jungfernstieg (1953), Grindelhochhäuser (1956)
Quellen diverse, Hamburgisches Architekturarchiv (Bestand Ferdinand Streb), von Behr (1991)

Günter Timm (a)
* 26. März 1929 in Gollnow/Pommern
† 6. September 2019 in Hamburg
Nach einer Ausbildung zum Zimmermann und Studium an der Bauschule Hamburg (seit 1962 Ingenieurschule für Bauwesen) betrieb Timm von 1962 bis 2001 in Hamburg das Ingenieurbüro für Baustatik.
Bauten AK Ochsenzoll, Operationsgebäude (1977), AK Harburg, Aufnahme und Intensivpflege (1980), Wohnblock Böhmkenstraße (1981), Gewerbebau Eiffestraße 585 (1991), Umbau Autofabrik Rentzelstraße 10 (1995/96), Tribünen Volksparkstadion (2000)
Quellen AIV (1984), Angaben Familie Timm (2021)

Günter Timm (b)
* 12. Juli 1938 in Hamburg
† 30. Januar 2022 in Hamburg
Nach einer Ausbildung zum Betonbauer bei der Siemens Bauunion studierte Timm von 1958 bis zum Diplom 1961 an der Bauschule Hamburg, bevor er das Studium an die Technische Fachschule Friedericiana in Karlsruhe verlegte (bis 1966). Dort war er bis 1969 Assistent bei Gotthard Franz und promovierte bei ihm. Im selben Jahr trat Timm in das Hamburger Ingenieurbüro Dr.-Ing. Peters, Dr.-Ing. Windels ein, wurde dort 1971 Büropartner (später Windels Timm Morgen, seit 2006 WTM Engineers GmbH).
Siloanlagen, Hafenumschlagsanlagen, Hochwasserschutzanlagen, Kaimauern, Tunnel und Brücken sind seitdem seine Themen gewesen. Zunehmend bot das Büro WTM unter seiner Leitung auch Generalplanungen im Industrie- und Gewerbebau an; ab 1975 arbeitete er zudem als Prüfingenieur und engagierte sich ab 1991 auch als Präsident der Bundesvereinigung der Prüfingenieure für Bautechnik sowie auf anderen Feldern für seinen Berufsstand. Ab Mitte der 1970er Jahre standen zudem zahlreiche Bauten im Ausland für ihn auf der Tagesordnung. Zur Abwicklung großer Auslandsprojekte gründete Timm mit anderen Büros die Hamburgplan GmbH, deren Geschäftsführer er von 1977 bis 1999 war. Unabhängig davon wirkt WTM an sehr vielen Hamburger Bauten mit. Timm selbst setzte Standards auch in anderer Hinsicht: So wurden unter seiner Regie 367 allgemeinbildende Schulen in Hamburg von 2000 bis 2002 in bautechnischer Hinsicht untersucht, ein »Gebäudepass« ausgestellt und Sanierungsvorschläge gemacht. Und im Rahmen des Projektes Privater Hochwasserschutz untersuchte er von 2001 bis 2004 die entsprechenden Anlagen in Hamburg vor dem Hintergrund neuer Bemessungsgrundlagen. Ende 2005 verließ Timm sein Büro WTM in den Ruhestand.
Bauten City-S-Bahn, Abschnitt Stadthausbrücke (1970), Getreidesilo Westerweyhe (1976), Getreidemühle Ergolding (1976), Hochwasserschutzanlage Polder Dradenau (1980), Sportanlage Makkah, Saudi-Arabien (1983), Tollerort Terminal (1984), Ostumgehung Stade mit Klappbrücke (1988), Durum-Mühle, Mannheim (1989), Möbelkraft-Standort Buchholz (1990), Hochregallager Spe-

dition Süderelbe (1991), Bürohaus und Logistikzentrum Schrauben-Reyher, Haferweg (1991/96), Technische Basis Greenpeace, Rethedamm (1994), Getreidesilo Maputo, Mosambik (1996), Produktionsanlage der Kali + Salz AG, Bernburg (1996), Ikea-Einrichtungshaus Moorfleet (2002), Dradenau Terminal Halle 2 und Halle 3 (2003/04), Logistikzentrum Altenwerder (2005)
Quellen AIV (1984), Bautechnik (1998, S. 495), AIV (1999), Beton (2008, S. 519), Beton (2018, S. 623), Angaben WTM Engineers (2021)

Erik Unger-Nyborg
* 31. Oktober 1866 in Fredericia/Dänemark
† 31. Dezember 1938 in Hamburg
Studium in Hannover, ab 1895 bei der städtischen Bauverwaltung in Berlin, von 1896 bis 1898 bei der Direktion der städtischen Kanalisation und Wasserwerke in Hannover beschäftigt (Tiefbauten sowie neues Grundwasserwerk), knapp ein Jahr bei Siemens & Halske für größere Brückenbauten der Berliner Hochbahn zuständig. Unger-Nyborg trat 1899 in den Dienst der Hamburger Baudeputation, arbeitete zunächst als Sektionsingenieur bei den großen Stammsielbauten, leitete später die 1. Ingenieurabteilung, in der unter anderem eine Anzahl von Brücken entworfen wurden. Ab 1925 war er Baudirektor und trat 1932 in den Ruhestand.
Bauten *Stammsiele (1904), Große Wandrahmsbrücke (1908), Stadtgrabenbrücke Enckeplatz (1909), Reimersbrücke (1912), Deichtorhallen (1912), Stadthaus Erweiterung, Stadthausbrücke 8 (1921)*
Quellen db (1914, S. 269 f.), diverse Zeitungen (StaHH 731-8_A 771), Personalakte (StaHH 131-15/C 479)

Martin Weber
* 9. Dezember 1940 in Karlsruhe
Nach einem Studium in Karlsruhe studiert Weber 1967 an der École nationale des ponts et chaussées in Paris und kehrt für drei Jahre nach Karlsruhe zurück an das Institut für Materialprüfung zu Professor Gotthard Franz und promoviert dort 1971. Anschließend arbeitete er drei Jahre im Ingenieurbüro Kurt Harrer in Karlsruhe und wurde 1978 Partner in dem Ingenieurbüro von Kurt *Schwarz* (mit dessen Ruhestand trat 1991 Hermann Poll als Partner ein, und das Büro firmierte als Dr.-Ing. M. Weber – Dr.-Ing. H. Poll, Beratende Ingenieure, seit 2021 WP-Ingenieure mbB). Seit 1983 ist Weber auch Prüfingenieur. Das überwiegend auf den Hochbau ausgerichtete Ingenieurbüro setzte mit seinen Bauten vielfach Akzente im Hamburger Stadtbild, arbeitete oft mit den Architekturbüros Schramm, v. Bassewitz, Hupertz sowie von Gerkan, Marg und Partner zusammen. Über das Hamburger Handelshaus Coutinho, Caro + Co. erhielt es auch internationale Aufträge.
Bauten *Wiederaufbau Kulturzentrum »Fabrik«, Barnerstraße (1979), Geschäftszentrum und Passage Hanse-Viertel (1980), Umbau Rathausmarkt (1982), Hanse-Viertel Parkhaus (1983), Universität – Botanisches Institut, Groß Flottbek (1982), Richtfeuer Blankenese (1985), Bürgerhaus Wilhelmsburg (1985),* Sanierung Schloss Reinbek (1987), *Michaelisbrücke, Düsternstraße (1988), Hauptverwaltung Techniker Krankenkasse, Bramfelder Straße 140 (1989), Verlagshaus Gruner + Jahr, Baumwall 11 (1990), Terminals 2 und 1 sowie Shopping-Plaza Flughafen Fuhlsbüttel (1993/2005/2008), Erweiterung von zwei Parkhäusern zum Geschäftshaus DG Hyp, Gertrudenstraße 2/Rosenstraße 8 (1994), Zentrum für Marine und Atmosphärische Wissenschaften, Bundesstraße 53 (2002), Parkhäuser 5 und 2 am Flughafen (1990/2004), Sanierung St.-Michaelis-Kirche (1996/2011),* Sanierung Schloss Ahrensburg (2016)
Quellen AIV (1984), AIV (1999), Angaben Martin Weber (2021)

Willy (Wilhelm) Weltsch
*10. September 1887 in Prag
† 14. März 1979 in Haifa
Weltsch arbeitete nach einem Studium in Prag von 1911 bis 1913 als Bauingenieur bei der Firma Wiemer & Trachte in Dortmund, anschließend bei der Tiefbau- und Eisenbetongesellschaft mbH (München). Als technischer Offizier im österreichischen Heer nahm er am Ersten Weltkrieg teil, war dann wieder bei seiner Firma in München, ab 1920 Chefingenieur der Firma Neugebauer & Schybilski Nachf. in Hamburg. 1927 gründete er mit Ottomar Boeck (Inhaber von Neugebauer & Schybilski) ein weiteres Bauunternehmen, emigrierte dann aber wegen seiner jüdischen Herkunft 1933 nach Palästina, leitete dort mit dem Architekten Arieh El-Hanani das Technische Büro für die Levante-Messe in Tel Aviv und arbeitete als Bauingenieur in Haifa, unter anderem zusammen mit dem ebenfalls aus Hamburg stammenden, von Philipp Holzmann kommenden Bauingenieur Edgar Richard Heinemann. Weltsch wirkte bis 1966 an zahlreichen Fabrikbauten im späteren Israel mit.
Bauten *Aufstockung Slomanhaus, Baumwall 3 (1922), Werfthalle für Janssen & Schmilinsky (1923), Chilehaus (1924), Broschek-Haus, Heuberg (1926),* Pfalzbau in Ludwigshafen (1928), *Kohlenbunker der Norddeutschen Kohlen- und Kokswerke (um 1929), Zigarettenfabrik Haus Neuerburg, Walddörferstraße 103 (1929/32), Einbau Planetarium in den Stadtpark-Wasserturm (1930), Deutschlandhaus (1930), Erweiterung Israelitisches Krankenhaus (1931),* Levante-Messe in Tel Aviv (1934), Palestine Foundries and Metal Works in Haifa (1935)
Quelle Architektur HH (2019, S. 218 ff.)

Adolph Libert Westphalen
*1. November 1851 in Hamburg
† 3. Januar 1916 in Zeithain
Der Sohn eines Bauingenieurs machte eine Lehre als Zimmermann und nahm am Krieg 1870/71 teil, bevor er an der Technischen Hochschule in Stuttgart studierte und ab 1874 als selbstständiger Architekt für die Hamburger Baudeputation arbeitete. 1885 trat Westphalen als Inspektor der Baupolizei in den Dienst der Stadt. Er volontierte ein Jahr lang bei den Berufsfeuerwehren Berlin und Breslau, wurde 1893 Leiter der Feuerwehr Hamburg. Bis zu seinem Tod als Bataillonskommandeur im Ersten Weltkrieg vergrößerte er die Hamburger Feuerwehr erheblich und verbesserte die Ausrüstung, führte 1905 die Rutschstangen in den Wachen ein. Er holte gezielt Ingenieure zu den Feuerwehren und betrieb vorbeugenden Brandschutz, dem damals der wissenschaftliche Bezug noch weitgehend fehlte. Er veranlasste Untersuchungen über das Verhalten von Bauteilen in Bränden, verbesserte die Feuersicherheit insbesondere von Warenhäusern, Theatern und Schulen. In der Speicherstadt bekamen die Bauten ab 1894 nach seinem Konzept Sicherheitstreppenhäuser, später Westphalentürme genannt.
Quelle de.wikipedia.org

Rolf Windels
*29. Juli 1924 in Bremen
† 10. August 2008 in Hamburg
Windels studierte von 1946 bis 1949 in Hannover, sammelte dann als Bauingenieur bei der Hamburger Niederlassung der Dyckerhoff & Widmann AG sieben Jahre lang Erfahrungen im Konstruktionsbüro und als Bauleiter. Er bearbeitete zusammen mit Ulrich *Finsterwalder* die Schalenstatik der Hamburger Großmarkthalle, war auch an der Kennedybrücke beteiligt. Er promovierte 1956 und trat im selben Jahr, nach dem Tod des Bürogründers Bernhard *Siebert*, als Partner in das Ingenieurbüro von Karl Peters (später Windels *Timm Morgen*; seit 2006 WTM Engineers) ein.
Windels war gleichermaßen theoretisch und praktisch begabt, wurde 1960 Prüfingenieur und trug damit die Mitverantwortung für viele Bauten in Norddeutschland: den Fernsehturm, das Audimax

und diverse Hochhäuser wie das Congress Centrum Hamburg, Hafenanlagen, Werften und Küstenschutzbauwerke wie das Eidersperrwerk, U-Bahn-Bauten und andere Tunnelanlagen (wie Neuer Elbtunnel), einiges davon auch im Ausland. Der Entwurf von Silobauten sowie des Hera-Tunnels für das Desy-Forschungszentrum waren wichtige Projekte.
Bauten *Kennedybrücke (1953), U-Bahn-Tunnel Hauptbahnhof-Steinstraße (1959), Kokerei Kattwyk (1960), Großmarkthalle (1962), Wallringtunnel (1966), Hera-Tunnel im Großforschungszentrum Desy (1990)*
Quellen AIV (1969), AIV (1984), Bauingenieur (1984, S. 319 f.), Bautechnik (1984, S. 323), Beton (2008, S. 786)

Johann **Heinrich** Wilhelm **Wulff**
* 1. März 1846 in Hamburg
† 17. Februar 1904 in Hamburg
Studium bis 1868 in Hannover, Bauinspektor bei der Baudeputation in Hamburg, leitete eine an die 1. Ingenieurabteilung unter Oscar Roeper angegliederte Architekturabteilung für den Bau der Speicherstadt.
Bauten *Michaelis-Schleuse und -Brücke (1882), Speicherstadt (1888)*
Quellen db (1883, S. 206), db (1922, S. 66 ff.), Lange (2019), www.glass-portal.privat.t-online.de

Hermann Zippel
* 14. August 1900
† 24. Dezember 1992
Zippel studierte seit etwa 1919 in Karlsruhe Bauingenieurwesen und promovierte dort, bevor er Bauleiter für die Stadt Danzig bei zwei Talsperren wurde. 1927 übernahm er von den Nachfolgern seines Großvaters Benno *Hennicke* das Ingenieurbüro Hennicke & Goos in Hamburg und begann bei vielen Projekten und Bauten eine Zusammenarbeit mit dem Architekten Konstanty Gutschow. Mit ihm spezialisierte er sich in den wirtschaftlich schwierigen Zeiten vor allem auf Umbauten sowie den Erhalt von maroden Häusern. Ab 1937, mit dem Eintritt seines Partners Suhr († 1954), hieß das Büro Zippel und Suhr (ab 1950 Zippel, Suhr und Wollmann; ab 1973 Zippel, Wollmann + Wetzel; ab 1981 Wollmann und Wetzel; heute Wetzel & von Seht). Ab 1942 leitete Zippel im Amt für kriegswichtigen Einsatz die Abteilung Luftschutzbau, war später mit dem Wiederaufbau von Wohnhäusern beschäftigt und leitete nach dem Zweiten Weltkrieg das Tiefbauamt der Stadt. 1950 wurde Gerhard Wollmann Partner des Ingenieurbüros, das nach der Sturmflut 1962 viele Aufträge im Hochwasserschutz bekam: Schöpfwerke, Deiche und Uferschutzmauern; außerdem nahmen große Wohnungsbauvorhaben einen wesentlichen Teil der Büroarbeit ein.
Bauten des Büros *Wohnblock Kieler Straße, Ecke Dörpkamp (1929), Freibad Volksdorf (um 1933), Hochwasserschutzanlagen (ab 1962), Wallringtunnel (1966), Wohnmodell Steilshoop (1973), Wohnhäuser Hexenberg (1974), Universität – Wirtschaftswissenschaften (»Wiwi-Bunker«) (1975), Studentenwohnheim Bundeswehrhochschule (1975), Jenfeld Zentrum (um 1975), P+R-Anlage Langenhorn-Markt (1975), Schöpfwerk Kuckuckshorn (1976), Eissporthalle Farmsen (1978), Gemeindezentrum St. Annen, Ochsenzoll (1979), Umbau Theater Spielbudenplatz (1981), Bücherhalle Farmsen (1982), Erweiterung Parkhaus Große Reichenstraße (1982), Technische Prüfstelle Harburg (1982), Justizverwaltung Caffamacherreihe 20 (1982)*
Quellen diverse, Wollmann (1982), AIV (1984), Lange (1994), Necker (2012)

Literatur

Bücher, wissenschaftliche Arbeiten, Aufsätze, Dokumentationen

AHI-Bau Allgemeine Hoch- und Ingenieurbau-Aktiengesellschaft (Hrsg.): Bauschaffen im Dreiklang, fünfzig Jahre AHI-Bau, Hoppenstedts Wirtschafts-Archiv GmbH, Darmstadt o.J. (1954)

Henning Angerer: Flakbunker – betonierte Geschichte, Ergebnisse Verlag, Hamburg 2000

Architekten- und Ingenieur-Verein zu Hamburg (AIV, Hrsg.): Hamburg und seine Bauten, 1914, Band 1 und Band 2, Hamburg 1914

Architekten- und Ingenieurverein zu Hamburg (AIV, Hrsg.): Seinem Mitgliede Heinrich Himmelheber, Direktor der Hamburger Feuerkasse, zum Gedächtnis, Hamburg 1920

Architekten- und Ingenieur-Verein zu Hamburg (AIV, Hrsg.): Hamburg und seine Bauten, 1918–1929, Hamburg 1929

Architekten- und Ingenieurverein zu Hamburg (AIV, Hrsg.): Hamburg und seine Bauten 1929–1953, Verlag Hoffmann & Campe, Hamburg 1953

Architekten- und Ingenieurverein zu Hamburg (AIV, Hrsg.): Hamburg und seine Bauten 1954–1968, Hammonia-Verlag, Hamburg 1969

Architekten- und Ingenieurverein zu Hamburg (AIV, Hrsg.): Hamburg und seine Bauten 1969–1984, Christians Verlag, Hamburg 1984

Architekten- und Ingenieurverein Hamburg (AIV, Hrsg.): Konstruktion zwischen Kunst und Konvention, Ingenieurbaukunst in Hamburg von 1950 bis 2000, Konzept: Karin von Behr und Gerhard Hirschfeld, Medien-Verlag Schubert, Hamburg 1994

Architekten- und Ingenieurverein Hamburg e.V. (AIV, Hrsg.): Hamburg und seine Bauten 1985–2000, Dölling und Galitz Verlag, Hamburg 1999

Architekten- und Ingenieurverein Hamburg e.V. (AIV, Hrsg.): Hamburg und seine Bauten 2000–2015, Wachholtz Verlag, Hamburg 2015

Nils Aschenbeck: Häuser, Türme und Schiffe – gebaut aus Beton, Paul Kossel – Pionier des Betonbaus 1874–1950, Aschenbeck & Holstein Verlag, Delmenhorst 2003

Sven Bardua: Unter Elbe, Alster und Stadt – die Geschichte des Tunnelbaus in Hamburg, Dölling und Galitz Verlag, München 2011

Sven Bardua, Gert Kähler: Die Stadt und das Auto, wie der Verkehr Hamburg veränderte, Dölling und Galitz Verlag, München 2012

Sven Bardua: Die Alstertal-Lichtspiele und ihr Architekt Walther Puritz, hrsg. von der Willi-Bredel-Gesellschaft – Geschichtswerkstatt e.V., Hamburg 2018

Bauen mit Stahl e.V. (Hrsg.): Hamburger Architekten bauen mit Stahl, Dokumentation 613, Düsseldorf 2002

Bauzentrum Hamburg (Hrsg.): Montagebau in Hamburg, Erfahrungen und Berichte, Heft 1/1967

H. Bay: Neue Hoch- und Brückenbauten der Wayss & Freytag AG [Speicher I in Bremen, Schuhfabrik Tretorn, Güterschuppen 4 Hannoverscher Bahnhof, Schuppen 4/5 Sandtorhafen, Rindermarkthalle, Kraftwerk Lübeck-Siems, Wilhelmsburger Brücke, Brücke Tunnelstraße Veddel, Salzhaus Kraftwerk Tiefstack], o.O. (Hamburg) o.J. (um 1952), Manuskript im HAA

Karin von Behr: Ferdinand Streb 1907–1970, zur Architektur der fünfziger Jahre in Hamburg, Junius Verlag, Hamburg 1991

Karin von Behr: Marin Haller 1835–1925, Privat- und Luxusarchitekt aus Hamburg, Dölling und Galitz Verlag, München 2019

Beratungsstelle für Stahlverwendung (Hrsg.): Merkblätter für sachgemäße Stahlverwendung, Nr. 200 »Stählerne Flugzeughallen«, Düsseldorf o.J. (um 1961)

Kurt Berndt: Die Montagebauarten des Wohnungsbaues in Beton, Bauverlag GmbH, Wiesbaden 1969

Michael Berndt: Der Kaispeicher B im Hamburger Hafen, veröffentlicht um 2004 auf www.geschichtsspuren.de, abgerufen am 13.6.2017

Annette Bögle, Peter Cachola Schmal, Ingeborg Flagge (Hrsg.): Leicht weit – Light Structures, Jörg Schlaich – Rudolf Bergermann, Prestel Verlag, 2. Auflage, München 2005

Michael Bose, Michael Holtmann, Dittmar Machule, Elke Pahl-Weber, Dirk Schubert: »... ein neues Hamburg entsteht ...« – Planen und Bauen von 1933–1945, hrsg. von der Technischen Universität Hamburg-Harburg, VSA-Verlag, Hamburg 1986

G. A. Breymann: Allgemeine Bau-Konstruktions-Lehre mit besonderer Beziehung auf das Hochbauwesen, III. Teil Konstruktionen in Eisen, neubearbeitet von Otto Königer, J. M. Gebhardt's Verlag, 5. Auflage, Leipzig 1890

J. Brix, M. Musset, Ehrenberg: Altona's Fischereihafen und Fischmarkt 1896, Altona-Ottensen 1896

Hans Brunswig: Feuersturm über Hamburg, die Luftangriffe auf Hamburg im Zweiten Weltkrieg und ihre Folgen, Motorbuch Verlag, 8. Auflage, Stuttgart 1987

Bundesverband Deutscher Fertigbau e.V.: 80 Jahre moderner Fertigbau, Bad Honnef 2007

Giacomo Calandra di Roccolino: Die Großmarkthalle Hamburg, hrsg. von der Bundesingenieurkammer, Berlin 2017

Deutsches Nationalkomitee für Denkmalschutz (Hrsg.): Aufgaben und Perspektiven der Hafendenkmalpflege, Bonn o.J. (1990)

Cengiz Dicleli: Zur Einordnung der Stahlkonstruktionen von Schupp und Kremmer; in: Wilhelm Busch, Thorsten Scheer: Symmetrie und Symbol – die Industriearchitektur von Fritz Schupp und Martin Kremmer, Verlag der Buchhandlung König, Köln 2002

Herbert Diercks: Dokumentation Stadthaus, die Hamburger Polizei im Nationalsozialismus, hrsg. von der KZ-Gedenkstätte Neuengamme, Hamburg 2012

Hermann Distel: Das Vorlesungsgebäude in Hamburg, Druck und Verlag von H. D. Persiehl, Hamburg 1911

Jürgen Ellermeyer, Rainer Postel (Hrsg.): Stadt und Hafen, Hamburger Beiträge zur Geschichte von Handel und Schiffahrt, Hans Christians Verlag, Hamburg 1986

F. von Emperger: Handbuch für Eisenbetonbau, 11. Band – Gebäude für besondere Zwecke I: Markthallen, Schlacht- und Viehhöfe, Saal- und Versammlungsbauten, Schornsteine, Fabrikgebäude und Lagerhäuser, Geschäftshäuser, bearbeitet von V. Lewe, R. Thumb, F. Moehl, F. Waldau, F. Boerner, O. Neubauer, Verlag von Wilhelm Ernst & Sohn, 2. Auflage, Berlin 1915

F. von Emperger: Handbuch für Eisenbetonbau, 10. Band – Hochbau II: Dachbauten, bearbeitet von O. Domke, K. W. Mautner, Verlag von Wilhelm Ernst & Sohn, 2. Auflage, Berlin 1920

F. von Emperger: Handbuch für Eisenbetonbau, 3. Band – Grund- und Mauerwerksbau, bearbeitet von O. Colberg, A. Nowak, Verlag von Wilhelm Ernst & Sohn, 3. Auflage, Berlin 1922

Antje Fehrmann: »... their feelings of patriotism were stirred up in a wonderful manner«: Sir George Gilbert Scott und der Bau der Hamburger Nikolaikirche nach 1842; in: Christina Strunck (Hrsg.): Kulturelle Transfers zwischen Großbritannien und dem Kontinent, 1680–1968, Michael Imhof Verlag, Petersberg 2019, S. 62-81

FHH – Freie und Hansestadt Hamburg / Baubehörde (Hrsg.): Die Baujahre 1957/58 – 1958/59, Schriften zum Bau-, Wohnungs- und Siedlungswesen Nr. 31, Hammonia Verlag, Hamburg 1959

U. Finsterwalder: Vorgespannte Schalenbauten System Zeiss-Dywidag; in: A. Aas-Jakobsen u.a. (Hrsg.): Proceedings of the Second Symposium on Concrete Shell Roof Construction, 1-3 July 1957, Teknisk Ukeblad, Oslo 1958, S. 24-32

Manfred F. Fischer: Das ewige Mahnmal – die Ruine der Hauptkirche St. Nikolai in Hamburg; in: Vom Umgang mit kirchlichen Ruinen, Symposium und Ausstellung, hrsg. vom Denkmalschutzamt Hamburg, Hamburg 1992

Manfred F. Fischer: Denkmalpflege in Hamburg, Idee – Gesetz – Geschichte, Christians Verlag, Hamburg 2000

Max Foerster: Die Eisenkonstruktionen der Ingenieur-Hochbauten, Verlag von Wilhelm Engelmann, 3. Auflage, Leipzig 1906

Joachim W. Frank u.a.: Der Michel brennt! Die Geschichte des Hamburger Wahrzeichens, Edition Temmen, Bremen 2006

Freie Stadt GmbH (Hrsg.): 10 Jahre Wohnungsbau, 1948–1958, Internationale Industriebibliothek Band 131/36, Länderdienst Verlag Brilon-Basel, Brilon o.J. (1959)

Anne Frühauf: Fabrikarchitektur in Hamburg, Hans Christians Verlag, Hamburg 1991

Detlef Garbe / KZ-Gedenkstätte Neuengamme (Hrsg.): KZ-Gedenkstätte Neuengamme – Ausstellungen, Begegnungen, Studienzentrum, Katalog der Ausstellungen Band II, Edition Temmen, Hamburg 2014

Johann Friedrich Geist: Passagen, ein Bautyp des 19. Jahrhunderts, Prestel-Verlag, 4. Auflage, München 1982

Max Grantz: Hamburg baut, Hoffmann und Campe Verlag, Hamburg 1957

Carl Griese: Erinnerungen, aus dem Leben eines Hamburger Lithographen und Verlegers, hrsg. von Gerd Fahrenhorst, Books on Demand, o.O. (Norderstedt) 2013

Klaus Grönemeyer, Stephan Schmidt: Baugrube Europa Passage Hamburg, eine Herausforderung für den Spezialtiefbauer; in: Deutsche Gesellschaft für Geotechnik (DGGT, Hrsg.): Vortragsband zur Baugrundtagung 2004 in Leipzig, 2004, S. 57-64

Michael Grube: Luftschutztürme – Bauarten und -typen, Aufsatz auf www.geschichtsspuren.de, abgerufen am 13.10.2016

Robert von Halász: Industrialisierung der Bautechnik, Bauen und Bauten mit Stahlbetonfertigteilen, Werner-Verlag GmbH, Düsseldorf 1966

Hamburg aus Stahl und Beton – ein neues Gesicht, Verlag Heinz P. Conté, Sprendlingen bei Frankfurt am Main o.J. (um 1962)

Hamburg-Mannheimer Versicherungs-Aktien-Gesellschaft (Hrsg.): Neubau der Hauptverwaltung, Hamburg o.J. (1973)

Silke Haps: Industriebetriebe der Baukunst – Generalunternehmer des frühen 20. Jahrhunderts, die Firma Boswau & Knauer, Dissertation Technische Universität Dortmund, Dortmund 2008

Hans Harms, Dirk Schubert: Wohnen in Hamburg – ein Stadtführer zu 111 ausgewählten Beispielen, Hans Christians Verlag, Hamburg 1989

Franz Hart, Walter Henn, Hansjürgen Sontag: Stahlbauatlas – Geschoßbauten, hrsg. vom Institut für internationale Architektur-Dokumentation (München) für den Deutschen Stahlbau-Verband, Kommission der Europäischen Gemeinschaften, 2. Auflage, Brüssel 1982

Uta Hassler, Hartwig Schmidt (Hrsg.): Häuser aus Beton – vom Stampfbeton zum Großtafelbau, Ernst Wasmuth Verlag, Tübingen 2004

Hans-Günther Hattendorff: Geschichte der HSVA aus Fakten und Erinnerungen, Manuskript, Soltau 1989

Hauptkirche St. Michaelis (Hrsg.): Dombaumeistertagung Hamburg 2015, Tagungsband, Hamburg o.J. (2016)

Alfred Hawranek: Der Stahlskelettbau – mit Berücksichtigung der Hoch- und Turmhäuser, Verlag von Julius Springer, Berlin 1931

Renate Heidner: Der Rathausbaumeister Johannes Grotjan und die Baugeschichte des Hamburger Rathauses, Dissertation Universität Hamburg, Hamburg 2013

Walter Henn: Industriebau, Band 2: Entwurfs- und Konstruktionsatlas, Verlag Georg D.W. Callwey, München 1961

Frank Pieter Hesse (Hrsg.): Stadtentwicklung zur Moderne – die Entstehung großstädtischer Hafen- und Bürohausquartiere, Icomos Hefte des Deutschen Nationalkomitees, Hendrik Bäßler Verlag, Berlin 2012

Hermann Hipp: Freie und Hansestadt Hamburg – Geschichte, Kultur und Stadtbaukunst an Elbe und Alster, DuMont Kunst-Reiseführer, Hamburg 1989

Gerhard Hirschfeld für den AIV (Hrsg.): Hamburg und sein AIV, 150 Jahre Architekten- und Ingenieurverein e.V. 1859–2009, Hamburg 2009

Hochschule der Bundeswehr Hamburg, Heinle Wischer und Partner Planungsgesellschaft mbH (Hrsg.): Kolloquium Hochschulentwicklung und Hochschulbau, Tagungsband, Hamburg 1979

Anke Höfer, Gunhild Ohl-Hinz, Kristina Patzelt, Jörg Schilling, Martin Spruijt: Rindermarkthalle und Schanzen-Höfe, historische Hamburger Märkte 1864 bis heute, Schaff Verlag, Hamburg 2017

Paul Th. Hoffmann: Neues Altona 1919–1929, zehn Jahre Aufbau einer deutschen Großstadt, 2 Bände, Eugen Diederichs Verlag, Jena 1929

Karl H. Hoffmann: Die Neue Heimat, Aufsatz auf www.architekturarchiv-web.de des Hamburgischen Architekturarchivs, abgerufen am 1.1.2017

Ulrich Höhns (Hrsg.): Das ungebaute Hamburg, Visionen einer anderen Stadt in architektonischen Entwürfen der letzten hundertfünfzig Jahre, Junius Verlag, Hamburg 1991

Michael Holtmann: Die Universität Hamburg in ihrer Stadt – Bauten, Orte und Visionen in Vergangenheit, Gegenwart und Zukunft, Manuskript, Hamburg Oktober 2009

Wilhelm Hornbostel, David Klemm; Museum für Kunst und Gewerbe (Hrsg.): Martin Haller, Leben und Werk 1835–1925, Dölling und Galitz Verlag, Hamburg 1997

IAB – Institut für Angewandte Bauforschung Weimar gGmbH: Einfluss von typisierten und vorgefertigten Bauteilen oder Bauteilgruppen auf die Kosten von Neubauten und Bestandsmodernisierungen, Abschlussbericht zum Forschungsauftrag vom Bundesinstitut für Bau-, Stadt- und Raumforschung im Bundesamt für Bauwesen und Raumordnung, Weimar 2015

Jürgen Joedicke (Hrsg.): Dokumente der modernen Architektur, Band 2: Schalenbau – Konstruktion und Gestaltung, Karl Krämer Verlag, Stuttgart 1962

Otto Jungnickel, Fritz Rafeiner: Unilever-Haus Hamburg, Verlag Georg D. W. Callwey, München 1966

Michael Kamp: Baracke, Blockhaus, Tafelbau – Aspekte des seriellen Holzbaus im Rheinland bis zum Beginn des Zweiten Weltkriegs; in: Josef Mangold, Carsten Vorwig (Hrsg.): Hausbau in 5 Tagen – Fertighäuser nach dem Zweiten Weltkrieg, LVR-Freilichtmuseum Kommern, Kommern 2018

Uwe Karstens, Wolfgang Kuhlmann; Landesamt für Denkmalpflege Schleswig-Holstein (Hrsg.): Die Wind- und Wassermühlen in Schleswig-Holstein und Hamburg, Verlag Ludwig, Kiel 2017

Fred Kaspar: Behelfsheime für Ausgebombte, Bewältigung des Alltäglichen im »Totalen Krieg« – Münsters Bürger ziehen aufs Land, Michael Imhof Verlag, Petersberg 2011

Gert von Klass: Weit spannt sich der Bogen, die Geschichte der Bauunternehmung Dyckerhoff & Widmann KG, Archiv für Wirtschaftskunde, Darmstadt o.J. (1955)

Renata Klée Gobert, Peter Wiek: Die Bau- und Kunstdenkmale der Freien und Hansestadt Hamburg, Band III: Innenstadt, die Hauptkirchen St. Petri, St. Katharinen, St. Jacobi, Christian Wegner Verlag, Hamburg 1968

Kleffel, Köhnholdt, Gundermann: Themen und Standpunkte, Birkhäuser Verlag, Basel 1995

Adolf Kleinlogel: Fertigkonstruktionen in Beton- und Stahlbetonbau, Verlag von Wilhelm Ernst & Sohn, 2. Auflage, Berlin 1947

Joachim Kleinmanns, Christiane Weber (Hrsg.): Fritz Leonhardt 1909–1999 – die Kunst des Konstruierens, the Art of Engineering, Edition Axel Menges, Stuttgart 2009

Otto Königer: Die Konstruktionen in Eisen, J. M. Gebhardt's Verlag, 6. Auflage, Leipzig 1902, Neuauflage im Verlag Th. Schäfer, Hannover 1993

Helmut Kramer, Friedhelm Albrecht (Hrsg.): Kramer – Albrecht, Ingenieurbüro für das Bauwesen, Hamburg 1996

Peter Krieger: Wirtschaftswunderlicher Wiederaufbau-Wettbewerb, Architektur und Städtebau der 1950er Jahre in Hamburg, Dissertation Universität Hamburg, Hamburg 1995

Stephan Krull: Die Geschichte der Gesundheitsbehörde der Freien und Hansestadt Hamburg im 20. Jahrhundert, Dissertation an der Universität München, Bonn 2013

Wolfgang Kuhlmann: Wasser, Wind und Muskelkraft – die Getreidemühle in Legenden und Fakten, hrsg. von der Deutschen Gesellschaft für Mühlenkunde und Mühlenerhaltung e.V., Petershagen-Frille 2012

Herbert Kupfer: Die Betonschalen von Franz Dischinger und Ulrich Finsterwalder; in: Eberhard Schunck (Hrsg.): Schalen, Technische Universität München, 1990, S. 64-79

Karl-Eugen Kurrer: Geschichte der Baustatik, auf der Suche nach dem Gleichgewicht, 2. Auflage, Verlag Wilhelm Ernst & Sohn, Berlin 2016

Ralf Lange: Hamburg – Wiederaufbau und Neuplanung 1943–1963, Karl Robert Langewiesche Nachfolger Hans Köster Verlagsbuchhandlung KG, Königstein im Taunus 1994

Ralf Lange: Architektur in Hamburg – der große Architekturführer, Junius Verlag, Hamburg 2008

Ralf Lange: Hafencity + Speicherstadt – das maritime Quartier in Hamburg, Junius Verlag, 3. Auflage, Hamburg 2010

Ralf Lange: Das Hamburger Kontorhaus, Architektur – Geschichte – Denkmal, Dölling und Galitz Verlag, München 2015

Ralf Lange: Die Hamburger Speicherstadt – Geschichte, Architektur, Welterbe, Dölling und Galitz Verlag, München 2019

Gerald R. Larson: Der Eisenskelettbau, Entwicklungen in Europa und den Vereinigten Staaten; in: John Zukowsky (Hrsg.): Chicago Architektur 1872–1922, die Entstehung der kosmopolitischen Architektur des 20. Jahrhunderts, Prestel-Verlag, München 1987, S. 39-57

Dierk Lawrenz: Die Hamburger Speicherstadt, EK-Verlag, Freiburg im Breisgau 2008

Werner Lorenz: Schilleroper, Hamburg-St. Pauli, Bestandsdokumentation und Bauzustandsbewertung für das Stahltragwerk des Zirkusrundbaues von 1891, Stellungnahme im Auftrag des Denkmalschutzamtes, Berlin 2007

Werner Lorenz, Roland May, Hubert Staroste: Ingenieurbauführer Berlin, Michael Imhof Verlag, Petersberg 2020

Stephan A. Lütgert: Eiskeller, Eiswerke und Kühlhäuser in Schleswig-Holstein und Hamburg, Husum Druck- und Verlagsgesellschaft, Husum 2000

Lufthansa Technik AG (Hrsg.): Lufthansa Technik – die Geschichte, Hamburg 2015

Jürgen Lüthje (Hrsg.): Universität im Herzen der Stadt – eine Festschrift, Hamburg 2002

Jürgen Lüthje, Hans-Edmund Siemers (Hrsg.): Das Vorlesungsgebäude in Hamburg 1911–2004, Festschrift, Hamburg 2004

Karin Maak: Die Speicherstadt im Hamburger Freihafen, eine Stadt an Stelle der Stadt, Hans Christians Verlag, Hamburg 1985

Michael Mende, Manfred Hamm: Markthallen, Nicolaische Verlagsbuchhandlung, Berlin 2008

Hans Meyer-Veden, Hermann Hipp: Hamburger Kontorhäuser, Wilhelm Ernst & Sohn Verlag für Architektur, Berlin 1988

Karl Morgen: Der europäische Röntgenlaser XFEL für die Forschung mit Licht: Ein Tunnel mit besonderen Anforderungen an Toleranzen und Setzungen; in: Tagungsband zur STUVA-Tagung 2009 »Tunnel – Räume für zukunftssichere Mobilität«, Bauverlag, Gütersloh 2009, S. 252-255

Museum der Arbeit (Hrsg.): Altonaer Hafen: Fische und Fabriken, Historische Stadtrundgänge, Hamburg 1993

Carl Naske: 60 Jahre Nagel & Kaemp – ein Beitrag zur Geschichte der Maschinenindustrie in Hamburg, Hamburg 1924

Sylvia Necker: Konstanty Gutschow, modernes Denken und volksgemeinschaftliche Utopie eines Architekten, Dölling und Galitz Verlag, München 2012

Paul Hammers GmbH (Hrsg.): 75 Jahre Paul Hammers 1911–1986, Hamburg 1986

Wilhelm Petry: Scheiben und Schalen im Eisenbetonbau; in: IVBH 1. Kongress, Paris 19. bis 25. Mai 1932, Vorbericht, hrsg. vom Generalsekretariat in Zürich, o.O. 1932

Volker Plagemann (Hrsg.): Industriekultur in Hamburg, des Deutschen Reiches Tor zur Welt, Verlag C. H. Beck, München 1984

Manfred Pohl: Philipp Holzmann, Geschichte eines Bauunternehmens 1849–1999, Verlag C. H. Beck, München 2000

Hermann Pohlmann: Chronik eines Flugzeugwerkes 1932–1945, Blohm & Voss Hamburg – Hamburger Flugzeugbau GmbH, Motorbuch Verlag, Stuttgart 1982

Joachim Poley: Das Auditorium Maximum in der neuen Hamburger Universitätsstadt; in: Erich Lüth (Hrsg.): Neues Hamburg, das neue Gesicht der Stadt, Band XIV, Hammerich & Lesser, Hamburg 1961

Stefan Polónyi, Wolfgang Walochnik: Architektur und Tragwerk, Verlag Ernst & Sohn, Berlin 2003

Ines Prokop: Vom Eisenbau zum Stahlbau, Tragwerke und ihre Protagonisten in Berlin 1850–1925, Mensch und Buch Verlag, Berlin 2012

Fritz Rafeiner: Hochhäuser – Planung, Kosten, Ausführung, Bauverlag, Wiesbaden 1968

Anke Rees: Die Schiller-Oper in Hamburg, der letzte Zirkusbau des 19. Jahrhunderts in Deutschland, St. Pauli Archiv e.V., Hamburg 2010

Anke Rees: Das Gebäude als Akteur, Architekturen und ihre Atmosphären, Kulturwissenschaftliche Technikforschung, Band 5, Chronos Verlag, Zürich 2016

Herbert Ricken: Der Bauingenieur, Geschichte eines Berufes, Verlag für Bauwesen, Berlin 1994

Josef Rieger, Max Mendel, Walter Postelt: Die Hamburger Konsumgenossenschaft »Produktion« 1899–1949, Verlag Friedrich Oetinger, Hamburg 1949

Ulrike Robeck: Alles Blech – Wohnhäuser aus Stahl, eine Bilanz ihrer Entwicklung, Herstellung und Verbreitung im rheinisch-westfälischen Industriegebiet, Klartext Verlag, Essen 2000

Markus Rodenberg: Gelebte Räume, Behelfsheime für Ausgebombte in Franken, Verlag Fränkisches Freilandmuseum, Bad Windsheim 2020

Günter A. Rombach, Frank Neumann: Schüttguteinwirkungen auf Silozellen; in: 42. Forschungskolloquium des Deutschen Ausschusses für Stahlbeton, Technische Universität Hamburg-Harburg, März 2003, S. 191-200

Wolfgang Rug, Heidrun Held: Lebensdauer von Holzhäusern – eine Untersuchung zur Lebensdauer von im Zeitraum zwischen 1870 und 1945 errichteten Holzhäusern, Ingenieurbüro Dr. Ing. W. Rug & Partner, Wittenberge 2001

Herrmann Rühle, Eberhard Kühn, Karlheinz Weißbach, Dietrich Zeidler: Räumliche Dachtragwerke, Konstruktion und Ausführung, Band 1: Beton Holz Keramik, VEB Verlag für Bauwesen, Berlin 1969

Saga – Gemeinnützige Siedlungs-Aktiengesellschaft Hamburg (Hrsg.): 50 Jahre Saga, o.O. (Hamburg) o.J. (1972)

Dieter Schädel / Fritz-Schumacher-Institut (Hrsg.): Wie das Kunstwerk Hamburg entstand, von Wimmel bis Schumacher – Hamburger Stadtbaumeister von 1841–1933, Dölling und Galitz Verlag, München 2006

Martin Schienbein: Beton-Bauweisen von Wohnhäusern der 1960er Jahre, Großtafelsysteme bei der Philipp Holzmann AG, Ausarbeitung am Fachbereich Bauingenieurwesen der Fachhochschule Potsdam, Potsdam 2017

Axel Schildt: Die Grindelhochhäuser, eine Sozialgeschichte der ersten deutschen Wohnhochhausanlage, Christians Verlag, Hamburg 1988

Gertrud Schiller: Hamburgs neue Kirchen 1951–1961, Hans Christians Verlag, Hamburg 1961

Jörg Schilling: Brahms Kontor, Schaff Verlag, Hamburg 2012

Jörg Schilling: 50er Schuppen im Hafen, 1907–1912, Schaff Verlag, Hamburg 2013

Jörg Schilling, Barbara Uppenkamp: Der Zentralschlachthof 1892 bis heute, Schaff Verlag, Hamburg 2017

Jörg Schlaich, Matthias Schüller: Ingenieurbauführer Baden-Württemberg, Bauwerk Verlag, Berlin 1999

Helga Schmal, Tobias Selke: Bunker – Luftschutz und Luftschutzbau in Hamburg, Christians Verlag, Hamburg 2001

Hartwig Schmidt (Hrsg.): Zur Geschichte des Stahlbetonbaus – die Anfänge in Deutschland 1850 bis 1910, Sonderheft der Zeitschrift Beton- und Stahlbetonbau, Verlag Ernst & Sohn, Berlin 1999

Jens U. Schmidt: Wassertürme in Bremen und Hamburg, Regia Verlag, Cottbus 2011

Ursula Schneider (Hrsg.): Fabriketagen – Leben in alten Industriebauten, Christians Verlag, Hamburg 1997

Lutz Schöne: Eisenbetonschalen zwischen 1898 und 1928, Shaker Verlag, Aachen 2011

Jost Schramm: Schramm, von Bassewitz, Hupertz – Häuser aus einem Hause, 100 Jahre eines Architektenbüros in Hamburg, Christians Verlag, Hamburg 1985

Helmut C. Schulitz, Werner Sobek, Karl J. Habermann: Stahlbau Atlas, Institut für internationale Architektur-Dokumentation GmbH, München 1999

Karl H. Schwinn, Susanne Klingebiel-Scherf: Das Himbächel-Viadukt der Hessischen Odenwaldbahn, hrsg. von der Bundesingenieurkammer, Berlin 2012

Ulrike Sengmüller für die DBZ (Hrsg.): Behnisch Architekten Stuttgart – Unilever-Haus, Hamburg, Bau-Werk 10, Bauverlag BV GmbH, München 2011

Viktor Sigrist: Standsicherheitsnachweise für das bestehende Tragwerk der Deichtorhalle Nord, Gutachten des Instituts für Massivbau der Technischen Universität Hamburg-Harburg, 2011

Viktor Sigrist: Tragwerksbezogene Zustandsbeurteilung der Deichtorhalle Nord, Gutachten des Instituts für Massivbau der Technischen Universität Hamburg-Harburg, 2012

Max Singer: Der Baugrund, praktische Geologie für Architekten, Bauunternehmen und Ingenieure, Verlag von Julius Springer, Wien 1932

Manfred Specht (Hrsg.): Spannweite der Gedanken – zur 100. Wiederkehr des Geburtstages von Franz Dischinger, Springer-Verlag, Berlin 1987

Hans Spiegel: Der Stahlhausbau, 1. Wohnbauten aus Stahl, Alwin Fröhlich Verlag, Leipzig-Gohlis 1928

Holmer Stahncke: Die Markthallen am Deichtorplatz – vom Agrarhandel zum Kunstbetrieb, Schaff Verlag, Hamburg 2020

Knut Stegmann: Das Bauunternehmen Dyckerhoff & Widmann, zu den Anfängen des Betonbaus in Deutschland 1865–1918, Ernst Wasmuth Verlag, Tübingen 2014

Steinfeld und Partner (Hrsg.): Steinfeld und Partner, 40 Jahre erfolgreich als Grundbauingenieure, Hamburg 2002

Klaus Stiglat: Bauingenieure und ihr Werk, Verlag Wilhelm Ernst & Sohn, Berlin 2004

Klaus Stiglat: Geschichte der Bautechnik: Anmerkungen eines Beratenden Ingenieurs; in: Martin Trautz (Hrsg.): Bestandsaufnahme – 1. Jahrestagung der Gesellschaft für Bautechnikgeschichte in Aachen 2013, Aachen 2016

Martin Tasche: Analyse von Entwicklungssträngen im Konstruktiven Ingenieurbau anhand bestehender Brücken und Stabtragwerke im Hochbau in Sachsen, Sachsen-Anhalt und Thüringen, Shaker Verlag, Aachen 2016

Dieter Thiele, Reinhard Saloch: Vom Wiesengrund zum Industriegürtel, Kanalfahrten durch Geschichte und Gegenwart, VSA-Verlag, Hamburg 2002

Christoph Timm: Gustav Oelsner und das Neue Altona, kommunale Architektur und Stadtplanung in der Weimarer Republik, Ernst Kabel Verlag, Hamburg 1984

Klaus Tornier: Hamburg-Hoheluft, der Jahrhundert-Stadtteil, Books on Demand, Norderstedt 2013

Michael Töteberg, Volker Reißmann: Mach' dir ein paar schöne Stunden – das Hamburger Kinobuch, Edition Temmen, Bremen 2008

Klaus Weber: Das ehemalige Gebäude der Botanischen Staatsinstitute in Hamburg als Heimatschutzarchitektur und naturwissenschaftliche Bildungsstätte – ein Beitrag zur Historie des heutigen Hauptgebäudes der Bucerius Law School, Masterarbeit, Europa-Universität Viadrina Frankfurt (Oder), 2010

Frank Werner, Joachim Seidel: Der Eisenbau, vom Werdegang einer Bauweise, Verlag für Bauwesen, Berlin 1992

Arnold Wolff: Das stählerne Geheimnis des Kölner Domes; in: Deutscher Stahlbau-Verband (Hrsg.): Stahlbauten in Köln und Umgebung, Köln 1984, S. 85-93

Wollmann + Wetzel Ingenieure: Ein Hamburger Ingenieurbüro gegründet 1876, Hamburg o.J. (um 1982)

Periodika

A-Beton – Armierter Beton

Paul Müller (Braunschweig): Die unterirdischen Marktkasematten in Hamburg; Armierter Beton, 4. Jg. (August 1911), S. 292-300

Erich Conrad (Berlin): Der Eisenbeton, die Zement- und Betonindustrie auf der Internationalen Baufachausstellung in Leipzig 1913; Armierter Beton, 6. Jg. (Juli 1913), S. 286-290, (August 1913), S. 312-321

B. Löser (Dresden – Hamburg): Neuere Ausführungen der Firma Kell & Löser; Armierter Beton, 8./9. Jg. (April 1915), S. 85-94, (April 1916), S. 81-88

AB – Allgemeine Bauzeitung

Bau eines Speichers in Hamburg; Allgemeine Bauzeitung, 6. Jg. (1841), S. 35-39

Porzellan- und Glaswaaren-Niederlage von Davenport in Hamburg; Allgemeine Bauzeitung, 12. Jg. (1847), S. 115

Markthalle am Pferdemarkt in Hamburg; Allgemeine Bauzeitung, 12. Jg. (1847), S. 215-216

Der Bazar in Hamburg; Allgemeine Bauzeitung, 13. Jg. (1848), S. 162-167

Joseph Egle: Notizen über die Konkurrenz zur Lieferung eines Bauplanes für die St. Nikolai-Kirche in Hamburg; Allgemeine Bauzeitung, 13. Jg. (1848), S. 123-127

Mühle zu Bramstedt in Holstein; Allgemeine Bauzeitung, 15. Jg. (1850), S. 263-266

Wassersäulenmaschinen – ausgeführt von C. L. Nagel in Hamburg; Allgemeine Bauzeitung, 17. Jg. (1852), S. 8-15

Der Architekt

Christoph Hackelsberger: Architektur kritisch – Helm ab zur Ausbildung; Der Architekt, Ausgabe 12/1980, S. 581-586

Architektur HH – Architektur in Hamburg

Hermann Hipp: Der Speicher in Hamburg, historisches Porträt einer Baugattung; Architektur in Hamburg, Jahrbuch '89, Hamburg 1989, S. 110-128

Michael Mönninger: Das bewohnbare Kontor – Verlagsgebäude Gruner + Jahr; Architektur in Hamburg, Jahrbuch 1991, Hamburg 1991, S. 8-17

Sebastian Redecke: Großer Aufwand – Lackierhalle in Fuhlsbüttel; Architektur in Hamburg, Jahrbuch 1992, Hamburg 1992, S. 16-19

Amber Sayah: Neuer Dovenhof – das Ende der Gefälligkeit; Architektur in Hamburg, Jahrbuch 1994, Hamburg 1994, S. 22-27

Kaye Geipel: Musicaltheater und Sporthalle – Zeltlandschaften in der Backsteinstadt; Architektur in Hamburg, Jahrbuch 1995, Hamburg 1995, S. 8-13

Paulhans Peters: Hochhaus in Hamburg (1) – bedroht: das Polizeipräsidium; Architektur in Hamburg, Jahrbuch 1995, Hamburg 1995, S. 90-95

Christof Siemes: Hochhaus in Hamburg (2) – gesprengt: Millerntor; Architektur in Hamburg, Jahrbuch 1995, Hamburg 1995, S. 96-101

Friedhelm Grundmann: Wiedergesehen – die Hamburgische Staatsoper; Architektur in Hamburg, Jahrbuch 1996, Hamburg 1996, S. 122-129

Kaye Geipel: Das Flugzeug ist gelandet – neues Empfangsgebäude der Lufthansa-Technik; Architektur in Hamburg, Jahrbuch 2000, Hamburg 2000, S. 50-55

Gert Kähler: Einer unter 58.000 – das neue Volksparkstadion; Architektur in Hamburg, Jahrbuch 2001, Hamburg 2001, S. 52-53

Manfred Sack: Wiedersehen – das Unilever-Haus, leuchtender Pfahl in der Neustadt; Architektur in Hamburg, Jahrbuch 2002, Hamburg 2002, S. 152-157

Gisela Schütte: Neuer Hut – Umbau eines Getreide-Silos; Architektur in Hamburg, Jahrbuch 2005, Hamburg 2005, S. 78-79

Sven Bardua: XXL-Format – Lackierhallen für den Airbus A 380; Architektur in Hamburg, Jahrbuch 2005, Hamburg 2005, S. 88-89

Gert Kähler: Kein Schiff ahoi! – Bürohaus Dockland am Fischereihafen; Architektur in Hamburg, Jahrbuch 2006, Hamburg 2006, S. 8-13

Sven Bardua: Klassische Industriearchitektur – Montagehalle für den Airbus A 380; Architektur in Hamburg, Jahrbuch 2006, Hamburg 2006, S. 112-113

Frank Pansegrau: Sprinten im Aquarium – Leichtathletikhalle in Alsterdorf; Architektur in Hamburg, Jahrbuch 2007, Hamburg 2007, S. 68-69

Ralf Lange: Kultivierter Aufstieg eines alten Kaispeichers – das Internationale Maritime Museum Hamburg; Architektur in Hamburg, Jahrbuch 2008, Hamburg 2008, S. 58-63

Dirk Meyhöfer: Nachhaltiger Städtebau – das Unilever-Gebäude in der Hafencity; Architektur in Hamburg, Jahrbuch 2009, Hamburg 2009, S. 10-17

Falk Jaeger: Klares Statement – das neue »Spiegel«-Verlagsgebäude auf der Ericusspitze; Architektur in Hamburg, Jahrbuch 2012, Hamburg 2012, S. 12-17

Jörg Seifert: Die Stadt der Kompromisse? Der Emporio Tower; Architektur in Hamburg, Jahrbuch 2012, Hamburg 2012, S. 24-33

Ulrich Höhns: Schönes Theater – das »Ohnsorg« im Bieberhaus; Architektur in Hamburg, Jahrbuch 2012, Hamburg 2012, S. 72-75

Jan Lubitz: Gelungene Inszenierung – Sanierung der St.-Michaelis-Kirche; Architektur in Hamburg, Jahrbuch 2012, Hamburg 2012, S. 80-83

Ralf Lange: Patriotismus in Backstein – Oberingenieur Franz Andreas Meyer (1837–1901); Architektur in Hamburg, Jahrbuch 2012, Hamburg 2012, S. 182-189

Dirk Meyhöfer: Point de vue am Adolphsplatz – Innovations-Campus der Handelskammer Hamburg; Architektur in Hamburg, Jahrbuch 2014, Hamburg 2014, S. 20-25

Sven Bardua: Die Quadratur des Kreises – Bautechnik und Baugeschichte der Elbphilharmonie; Architektur in Hamburg, Jahrbuch 2016/17, Hamburg 2016, S. 18-27

Dirk Meyhöfer: Raumklang und Klangraum – Elbphilharmonie. Eine Würdigung nach 100 Tagen; Architektur in Hamburg, Jahrbuch 2017/18, Hamburg 2017, S. 116-127

Sven Bardua: Popkultur im filigranen Eisenskelettbau – Schilleroper; Architektur in Hamburg, Jahrbuch 2017/18, Hamburg 2017, S. 162-165

Dirk Schubert: Die Schlafstadt Lohbrügge Nord wird verjüngt, neue Wohnungsbauvorhaben an der Landesgrenze in Bergedorf; Architektur in Hamburg, Jahrbuch 2019/20, Hamburg 2019, S. 170-181

Roland Jaeger, Sigal Davidi: Von Hamburg nach Haifa – der Bauingenieur Willy Weltsch; Architektur in Hamburg, Jahrbuch 2019/20, Hamburg 2019, S. 218-229

Architekturzeitung
Sturmfeste Folienfassade an der Unilever Zentrale; Architekturzeitung, 17.12.2010

B + W – Bauen + Wohnen
Schulhauspavillons der Stadt Hamburg aus vorfabrizierten Elementen; Bauen + Wohnen, Bd. 10 (1956), Heft 11, S. 394-396

Offenheit nach außen – Hochschule der Bundeswehr (Hamburg); Bauen + Wohnen, Bd. 32 (1978), Heft 2, S. 73-80

Der Bauingenieur
Walter Goerke: Ein bemerkenswerter Hallenbau im Hamburger Hafen; Der Bauingenieur, 8. Jg. (22.10.1927), Heft 43, S. 795-798

Sander: Der Brand des Lagerhauses Karstadt in Hamburg; Der Bauingenieur, 10. Jg. (30.8. 1929), Heft 35, S. 613-617

Linsenhoff (Hamburg): Der »Sprinkenhof« in Hamburg; Der Bauingenieur, 11. Jg. (18.7.1930), Heft 29, S. 497-500

Ph. Ebert: Neuere Eisenbetonskelettbauten in Hamburg (Kurze Bauzeiten): 1. Chemische Fabrik der GEG, 2. Kontorhaus Gotenhof, 3. Frauenwohnheim Barmbek; Der Bauingenieur, 12. Jg., Heft 12/13 (20.3.1931), S. 216-219, Heft 14 (3.4.1931), S. 246-249, Heft 15 (10.4.1931), S. 264-267

Friedrich Leiter (Berlin): Deutsche Hochhäuser in Skelettbauweise; Der Bauingenieur, 13. Jg. (4.11.1932), Heft 45/46, S. 565-569

Fritz Schumacher: Architekt und Ingenieur; Der Bauingenieur, 14. Jg. (20.1.1933), Heft 3/4, S. 29-30

A. Altmüller (Hamburg): Konstruktive Mängel bei neuzeitlichen Groß-Wohnhäusern und Vorschläge für deren Behebung; Der Bauingenieur, 14. Jg. (12.5.1933), Heft 19/20, S. 263-266

Joseph Ungewitter (München): Neuzeitliche Getreidespeicher mit Zellenlüftung; Der Bauingenieur, 14. Jg. (21.7.1933), Heft 29/30, S. 382-385

Holtschmidt: Bestimmung des Mischungsverhältnisses von Beton durch Röntgenaufnahmen; Der Bauingenieur, 15. Jg. (14.9.1934), Heft 37/38, S. 364-366

Wedekind (Hamburg): Getreide-Silos; Der Bauingenieur, 20. Jg. (10.3.1939), Heft 9-10, S. 133-135

Heimo Maul: Stahlskelett-Hochhäuser am Grindelberg in Hamburg; Der Bauingenieur, 24. Jg. (1949), Heft 11, S. 333-338

G. Merkle: Neuere Gleitschalungsbauten; Der Bauingenieur, 30. Jg. (1955), Heft 2, S. 41-46

H. Kramer, H.-W. Kebe (Hamburg): Durch Menschen erzwungene Bauwerksschwingungen; Bauingenieur, 54. Jg. (1979), Heft 5, S. 195-199

H. Duddeck (Braunschweig): Dr.-Ing. Rolf Windels 60 Jahre; Bauingenieur, 59. Jg. (1984), Heft 8, S. 319-320

J. Schlaich (Stuttgart): Zur Gestaltung der Ingenieurbauten oder: Die Baukunst ist unteilbar; Bauingenieur, 61. Jg. (1986), Heft 2, S. 49-61

Knut Göppert: Sportstadien für die Fußball-Weltmeisterschaft in Stuttgart, Hamburg, Frankfurt, Köln und Berlin; Bauingenieur, 79. Jg. (2004), Heft 5, S. 205-214

Baukunst und Werkforum
Gerhard Weber: Das neue Hamburger Opernhaus; Baukunst und Werkforum (1952), Heft 11, S. 28-35

Der Baumeister
Lion: Stahlhaus der Vulkanwerft in Hamburg; Der Baumeister, 26. Jg. (1928), Heft 11, Beilage, S. B228-B229

Röntgenröhrenfabrik C. H. F. Müller AG, Hamburg-Fuhlsbüttel; Der Baumeister, 29. Jg. (1931), Heft 12, S. 477-480

Carl Winand (Hamburg): Technische Angaben zur Hanseatenhalle in Hamburg; Der Baumeister, 33. Jg. (1935), Heft 11, Beilage, S. B201-B203

Gustav Schrader (Hamburg): Die Ingenieurarbeiten beim Bau der Hanseatenhalle; Der Baumeister, 33. Jg. (1935), Heft 11, Beilage, S. B203-B206

Harbers: Die Hanseatenhalle in Hamburg, die größte Sporthalle der Welt; Der Baumeister, 33. Jg. (1935), Heft 11, Beilage, S. B369-B376

Harbers: Erstmalige Anwendung des Ludwig-Kroher-Dachstuhls; Der Baumeister, 37. Jg. (1939), Beilage Technische und wirtschaftliche Rundschau, Heft 1, S. 7-9

H. Ackermann (Würzburg): Das Stahlfaltdach Noell; Baumeister, 48. Jg. (1950), Heft 8, S. 539-541

Bauportal (Tiefbau)

Werner Nagel (Hamburg): Berliner Bogen und Dockland, Planungsoptimierung durch enge Zusammenarbeit zwischen entwerfendem Architekt und Tragwerksplaner; Tiefbau, 119. Jg., (2007), Heft 1, S. 2-6

Holger Kotzan: Kriegsruine wird zum Energiebunker, Betonbunker in Hamburg umfassend saniert – Umnutzung als Kraftwerk; Bauportal, 126. Jg., (2014), Heft 1-2, S. 2-4

Bau-Rundschau

H. Konrad Havemann: Der neue Zentralviehmarkt in Hamburg; Bau-Rundschau (1951), Nr. 7, S. 259-267

Die Bautechnik

Hans Schmuckler (Berlin): Die Großschiffbauhalle der Deutschen Werft in Hamburg; Die Bautechnik, 2. Jg. (18.4.1924), Heft 17, S. 174-178

Bau der Umschlaganlage für das Deutsche Kali-Syndikat im erweiterten Seehafen von Harburg-Wilhelmsburg; Die Bautechnik, 6. Jg. (27.4.1928), Heft 18, S. 248

Petzel, Behrends: Der Bau der Umschlaganlage für Kali in Harburg-Wilhelmsburg; Die Bautechnik, 6. Jg., Heft 40 (14.9.1928), S. 595-599, Heft 42 (28.9.1928), S. 626-629

Bunnies: Der Kaischuppen am Südwesthafen in Hamburg; Die Bautechnik, 10. Jg. (1.4.1932), Heft 15, S. 200-204

Bernhard Siebert: Justus Krüger †; Die Bautechnik, 13. Jg. (22.2.1935), Heft 8, S. 99

Bolle: Neuere Kaischuppen im Hamburger Hafen; Die Bautechnik, 15. Jg. (7.5.1937), Heft 20, S. 253-259

Paul Brands: Neuer Getreidesilo im Hamburger Hafen; Die Bautechnik, 15. Jg. (7.5.1937), Heft 20, S. 259-261

W. Greim: Zeitgemäße Betrachtung über Holztragwerke; Die Bautechnik, 16. Jg. (7.1.1938), Heft 1, S. 12-15

Robert von Halasz: Bauten aus Stahlbeton-Fertigteilen der Preußischen Bergwerks- und Hütten-AG; Die Bautechnik, 23. Jg. (1.2.1945), Heft 1/8, S. 1-8

Joseph Ungewitter: Fortschritte im Bau von Getreidesilos mit Zellenlüftung; Die Bautechnik, 27. Jg. (1950), Heft 5, S. 137-141

Bernhard Siebert, Karl Peters (Hamburg): Wohnhochhäuser in Stahlskelettbau – Beschreibung des bauingenieurtechnischen Entwurfes der Hochhäuser am Grindelberg in Hamburg; Die Bautechnik, 28. Jg. (1951), Heft 5, S. 97-101

Bernhard Siebert (Hamburg): Schwierige Unterfangung eines Seehafen-Getreidesilos; Die Bautechnik, 28. Jg. (1951), Heft 9, S. 201-203

H. Konrad Havemann, Karl-Heinz Herber (Hamburg): Vom Bau der technischen Basis für die Deutsche Lufthansa in Hamburg-Fuhlsbüttel; Die Bautechnik, 32. Jg. (1955), Heft 6, S. 177-182

Dr.-Ing. Bernhard Siebert, † 20.10.1956; Die Bautechnik, 33. Jg. (1956), Heft 12, S. 452

H. Zippel: Dr.-Ing. Karl Peters 25 Jahre Beratender Ingenieur; Die Bautechnik, 40. Jg. (1963), Heft 9, S. 322-323

H. Duddeck: Rolf Windels 60 Jahre; Bautechnik, 61. Jg. (1984), Heft 9, S. 323

Herbert Ricken: Erinnerung an Johann Wilhelm Schwedler (1823–1894); Bautechnik, 71. Jg. (1994), Heft 6, S. 359-367

Helmut Kramer: Hochhaussprengung in Hamburg; Bautechnik, 72. Jg. (1995), Heft 5, S. 320-323

Herbert Kupfer: Erinnerung an Ulrich Finsterwalder (1897–1988); Bautechnik, 74. Jg. (1997), Heft 12, S. 857-864

Mobiles Membrandach für Hamburger Tennisanlage; Bautechnik, 75. Jg. (1998), Heft 6, S. 390

Klaus Stiglat: Günter Timm 60 Jahre; Bautechnik, 75. Jg. (1998), Heft 7, S. 495

Wilhelm Binnewies, Werner Nagel: Das Bürogebäude Berliner Bogen in Hamburg mit integriertem Mischwasserrückhaltebecken; Bautechnik, 79. Jg. (2002), Heft 1, S. 1-9

Erich Cziesielski: Robert von Halász gestorben; Bautechnik, 81. Jg. (2004), Heft 12, S. 1002-1003

H. Schnetzer, K. Andresen, M. Eitel: Elbphilharmonie Hamburg – grundsätzliche Überlegungen zur Zusammenarbeit Ingenieur – Architekt; Bautechnik, 83. Jg. (2006), Heft 3, S. 157-166

J. Grabe, F. König: Zeitabhängige Traglaststeigerung von Pfählen am Beispiel der Elbphilharmonie; Bautechnik, 83. Jg. (2006), Heft 3, S. 167-175

Christian Böttcher, Stephan Bäumer: Tiefe Baugrube in Teildeckelbauweise am Alsterufer in Hamburg; Bautechnik, 90. Jg. (2013), Heft 11, S. 753-758

Ulrich Jäppelt: Karl Morgen 60 Jahre; Bautechnik, 89. Jg. (2012), Heft 4, S. 286-287

Christian Böttcher, Werner Nagel, Raphael Schreiber: Bebauung der Ericusspitze in Hamburg; Bautechnik, 88. Jg. (2011), Heft 6, S. 406-417, Heft 7, S. 479-491

Oliver Fischer: Nachruf – Prof. Herbert Kupfer; Bautechnik, 91. Jg. (2014), Heft 3, S. 224-226

Bauwelt

Rud. Schmidt (Hamburg): Umbau des Schiller-Theaters in Altona; Bauwelt, 24. Jg. (1933), Heft 23, S. 1-4

Th. Weil: Die Reichs-Kartoffellagerhalle; Bauwelt, 34. Jg. (15.8.1943), Heft 21/22, S. 199-202

Die neue Hamburger Blumenmarkthalle; Neue Bauwelt, 41. Jg. (1950), Heft 49, S. 202-204

Konrad Havemann (Hamburg), Rolf Stephan (Hamburg): Großmarkt Hamburg; Bauwelt, 53. Jg. (1962), Heft 47, S. 1311-1318

Sven Bardua: Bedroht: Hamburgs frühe Betonbauten; Bauwelt, 109. Jg. (2018), Heft 14, S. 14-16

BI – Beratende Ingenieure
Ulrich Jäppelt: Umbau des Silos Schellerdamm in Hamburg-Harburg, vom Getreidesilo zum Bürohochhaus; Beratende Ingenieure, 2005, Heft 10, S. 31-33

Beton – Beton- und Stahlbetonbau (Beton u. Eisen)
Bauunfälle; Beton u. Eisen, 5. Jg. (1906), Heft 11, S. 291-292

Bauunfälle: Hamburg; Beton u. Eisen, 6. Jg. (1907), Heft 12, S. 322

F.v.E.: Das Hübnerhaus in Hamburg; Beton u. Eisen, 8. Jg. (10.3.1909), Heft 4, S. 77-79

Bauunfälle: Der Deckeneinsturz im Neubau des Atlantic-Hotels in Hamburg; Beton u. Eisen, 8. Jg. (2.4.1909), Heft 5, S. 133-134

G. Kaufmann (Berlin): Die Bulbeisendecke im Neubau des Schuppens am Moldauhafen zu Hamburg; Beton u. Eisen, 9. Jg., Heft 4 (14.3.1910), S. 97-100, Heft 5 (5.4.1910), S. 127-130

Bauunfälle: Einsturz der Marktkasematten am Deichtor; Beton u. Eisen, 9. Jg. (15.11.1910), Heft 15, S. 382-383

Bauunfälle: Die Eulersche Knickformel; Beton u. Eisen, 10. Jg. (24.5.1911), Heft 9, S. 207

H. Distel, A. Grubitz (Hamburg): Das Vorlesungsgebäude in Hamburg; Beton u. Eisen, 10. Jg. (12.6.1911), Heft 10, S. 209-211

A. Langweil (Hamburg): Bemerkenswerte Kassettenausbildung in Eisenbeton; Beton u. Eisen, 10. Jg. (12.6.1911), Heft 10, S. 219-220

Brand des ersten Hamburger Wolkenkratzers; Beton u. Eisen, 10. Jg. (1.7.1911), Heft 11, S. 250

S. C. Drach (Hamburg): Das neue hamburgische Vorlesungsgebäude in konstruktiver Beziehung; Beton u. Eisen, 10. Jg. (20.7.1911), Heft 12, S. 253-257

Der Brand des Klostertorhofes in Hamburg; Beton u. Eisen, 10. Jg., Heft 14 (24.8.1911), S. 306-307, Heft 15 (13.9.1911), S. 322-324

Bauunfälle: Hamburg; Beton u. Eisen, 10. Jg. (13.9.1911), Heft 15, S. 330

G. Kaufmann (Berlin): Die Bulbeisendecke im Neubau des Schuppens am Magdeburger Hafen zu Hamburg; Beton u. Eisen, 11. Jg., Heft 6 (1.4.1912), S. 142-144, Heft 8 (8.5.1912), S. 189-190, Heft 9 (28.5.1912), S. 211-212

Max Bachner: Das neue Bäckereigebäude des Konsumvereins »Produktion« zu Hamburg; Beton u. Eisen, 11. Jg. (28.5.1912), Heft 8, S. 176-178

Bauunfälle: Einsturz einer Betondecke in Hamburg; Beton u. Eisen, 11. Jg. (28.5.1912), Heft 9, S. 214-215

Bauunfälle: Einsturz eines Neubaues auf Steinwärder, Hamburg; Beton u. Eisen, 11. Jg. (8.11.1912), Heft 18, S. 414

K. Clauss (Hamburg): St. Nicolaikirche in Billwärder a.d. Bille; Beton u. Eisen 13. Jg. (9.2.1914), Heft 3, S. 45-48

Otto Ulsch (Rostock): Kontor- und Industriehaus der Verlagsgesellschaft deutscher Konsumvereine, Hamburg; Beton u. Eisen, 14. Jg. (3.3.1915), Heft 4/5, S. 53-58

O. Colberg (Hamburg): Die Unterfangungsarbeiten beim Erweiterungsbau des Generaldirektionsgebäudes der Hamburg-Amerika-Linie in Hamburg; Beton u. Eisen, 20. Jg., Heft 9/10 (4.6.1921), S. 101-104, Heft 12/13 (4.8.1921), S. 137-141

Kuball (Hamburg): Stockwerksrahmen der höheren Mädchenschule auf dem Lübeckertorfelde zu Hamburg; Beton u. Eisen, 22. Jg. (20.4.1923), Heft 8, S. 105-107

H. J. Kraus (Düsseldorf): Das Verwaltungsgebäude der Rudolph Karstadt AG, Hamburg; Beton u. Eisen, 23. Jg. (20.10.1924), Heft 20, S. 265-268

Willy Weltsch (Hamburg): Das Chilehaus; Beton u. Eisen, 24. Jg. (20.4.1925), Heft 8, S. 125-130

Hans Kuball (Hamburg): Neubau der Berufsschulen der Stadt Altona; Beton u. Eisen, 29. Jg. (20.12.1930), Heft 24, S. 433-434

K. Siegel (Hamburg): Bemerkenswerter Eisenbetonskelettbau im Hamburger Geschäftshausviertel; Beton u. Eisen, 30. Jg. (20.6.1931), Heft 12, S. 209-211

Hans Kuball (Hamburg): Dehnungsfugen mit Konsolauflagerung; Beton u. Eisen, 30. Jg. (20.8.1931), Heft 16, S. 293-294

H. Horn: Hamburger Betonbaustoffe; Beton u. Eisen, 30. Jg. (20.11.1931), Heft 22, S. 392-397

Hans Kuball (Hamburg): Eisenbeton-Geschäftshäuser in Groß-Hamburg; Beton u. Eisen, 30. Jg., Heft 23 (5.12.1931), S. 401-407, Heft 24 (20.12.1931), S. 417-422

Franz Dischinger, Ulrich Finsterwalder: Die weitere Entwicklung der Schalenbauweise Zeiss-Dywidag, II. Teil – Neuere Ausführungen von Tonnen-Schalendächern; Beton u. Eisen, 31. Jg. (20.5.1932), Heft 10, S. 149-155

W. Buchholz (Hamburg): Der Neubau eines 15.500 t großen Oelsaatensilos in Harburg; Beton u. Eisen, 36. Jg. (5.11.1937), Heft 21, S. 337-340

Wiederherstellungsarbeiten am Südseehaus in Hamburg; Beton- und Stahlbetonbau, 45. Jg. (1950), Heft 6, S. 142-143

Hans-Joachim Eulitz (München): Neue Schalenbauten System Zeiss-Dywidag; Beton- und Stahlbetonbau, 46. Jg. (1951), Heft 1, S. 1-5

Richard Jandt (Hamburg): Wohnhochhäuser als Stahlbeton-Skelettbauten; Beton- und Stahlbetonbau, 47. Jg. (1952), Heft 11, S. 257-258

Friedrich Mühlradt (Hamburg): Stahlbeton beim Wiederaufbau des Hafens Hamburg; Beton- und Stahlbetonbau, 50. Jg. (1955), Heft 9, S. 227-233

Wilhelm Bültmann, Robert Timm (Hamburg): Das neue Zuschauerhaus der Hamburgischen Staatsoper; Beton- und Stahlbetonbau, 50. Jg. (1955), Heft 12, S. 299-305

Hermann Bay (Frankfurt am Main): Der Weg zum neuzeitlichen Stahlbetonbau; Beton- und Stahlbetonbau, 51. Jg. (1956), Heft 6, S. 127-135

Bruno Büttner, Otto Tolle: Betonfahrbahnen mit eingebauter Heizung in Flugzeughallen; Beton- und Stahlbetonbau, 51. Jg. (1956), Heft 10, S. 224-227

Rudolf Seeland: Das Bauen mit Stahlbetonfertigteilen – Gedanken zur Konstruktion, Ausführung und Wirtschaftlichkeit; Beton- und Stahlbetonbau, 52. Jg. (1957), Heft 3, S. 55-60

Rudolf Seeland: Bauten mit Stahlbetonfertigteilen – Kritik von Konstruktion und Ausführung mit Hilfe von Zeitstudien; Beton- und Stahlbetonbau, 55. Jg. (1960), Heft 2, S. 31-35

Günter Arnold (Hamburg): Abschnittsweise Herstellung einer Schalen-Shed-Halle unter Anwendung des Dywidag-Spannverfahrens; Beton- und Stahlbetonbau, 55. Jg. (1960), Heft 7, S. 145-150

H. Konrad Havemann (Hamburg): Die Lärmschutzhalle im Flughafen Hamburg-Fuhlsbüttel, Beton- und Stahlbetonbau, 57. Jg. (1962), Heft 5, S. 97-104

Kuno Boll: Das Finnlandhaus in Hamburg, Erwägungen beim Bau eines Hängehauses; Beton- und Stahlbetonbau, 62. Jg. (1967), Heft 3, S. 58-67

Fritz Leonhardt, Jörg Schlaich (Stuttgart): Das Hyparschalen-Dach des Hallenbades Hamburg Sechslingspforte, Teil I: Entwurf und Tragverhalten; Beton- und Stahlbetonbau, 65. Jg. (1970), Heft 9, S. 207-214

Robert K. Müller, Rolf Kayser (Stuttgart): Das Hyparschalen-Dach des Hallenbades Hamburg Sechslingspforte, Teil II: Modelluntersuchung; Beton- und Stahlbetonbau, 65. Jg. (1970), Heft 10, S. 245-249

Hartmut Voßbein, Karl Lehmitz (Hamburg): Das Hyparschalen-Dach des Hallenbades Hamburg Sechslingspforte, Teil III: Bauausführung; Beton- und Stahlbetonbau, 65. Jg. (1970), Heft 11, S. 261-264

G. Günther, G. Mehlhorn: Untersuchung des Spannungsabfalls in einem vorgespannten Träger aus der Abbruchmasse der Ernst Merck-Halle in Hamburg; Beton- und Stahlbetonbau, 86. Jg. (1991), Heft 2, S. 33-34

Kuno Boll, Reihe »Bauingenieure und ihr Werk«; Beton- und Stahlbetonbau, 86. Jg. (1991), Heft 11, S. 276-281

U. Quast: Schwingungsverhalten der Tribünen des Volksparkstadions Hamburg; Beton- und Stahlbetonbau, 88. Jg. (1993), Heft 9, S. 233-236

Klaus-Jürgen Buchmann, Karl Morgen: Vorgespannte Abfangekonstruktion für eine U-Bahn-Tunnel-Überbauung in Hamburg; Beton- und Stahlbetonbau, 91. Jg. (1996), Heft 5, S. 101-106

Klaus Stiglat: Robert von Halász; Beton- und Stahlbetonbau, 93. Jg. (1998), Heft 2, S. 50-54

Jörg Schlaich: Herbert Kupfer – 75 Jahre; Beton- und Stahlbetonbau, 97. Jg. (2002), Heft 4, A16-A17

Karl Morgen: Betonerhaltung am Beispiel der Generalsanierung des Sprinkenhofes in Hamburg; Beton- und Stahlbetonbau, 97. Jg. (2002), Heft 7, S. 371-372

Konrad Zilch (München): Herbert Kupfer – 80 Jahre; Beton- und Stahlbetonbau, 102. Jg. (2007), Heft 4, S. 259

Günter A. Rombach (Hamburg): Ulrich Quast – 70 Jahre; Beton- und Stahlbetonbau, 102. Jg. (2007), Heft 4, S. 260

Karl Morgen, Ulrich Jäppelt, Stefan Ehmann: Günter Timm – 70 Jahre; Beton- und Stahlbetonbau, 103. Jg. (2008), Heft 7, S. 519-520

Karl Morgen: Rolf Windels †; Beton- und Stahlbetonbau, 103. Jg. (2008), Heft 11, S. 786

Hans Joachim Rosenwald, Rita Jacobs: Elbphilharmonie, Wand- und Deckenkonstruktionen der Konzertsäle aus Spritzbeton; Beton- und Stahlbetonbau, 106. Jg. (2011), Heft 3, S. A14-A16

Jürgen Feix (München): Herbert Kupfer – 85 Jahre; Beton- und Stahlbetonbau, 107. Jg. (2012), Heft 3, S. 210-211

Manfred Curbach: Karl Morgen – einer der ganz Großen im Bauwesen wird 60 Jahre alt; Beton- und Stahlbetonbau, 107. Jg. (2012), Heft 4, S. 276

György Iványi (Velbert): Ulrich Quast – 75 Jahre; Beton- und Stahlbetonbau, 107. Jg. (2012), Heft 5, S. 362-363

Cengiz Dicleli: Ulrich Finsterwalder 1897–1988, ein Leben für den Betonbau; Beton- und Stahlbetonbau, 108. Jg. (2013), Heft 9, S. 662-673

Karl Morgen: Günter Timm – 80 Jahre; Beton- und Stahlbetonbau, 113. Jg. (2018), Heft 8, S. 623

Beton-Herstellung – Beton, Herstellung und Verwendung

Kuno Boll: Das Finnlandhaus – ein modernes Hängehaus in Hamburg; Beton, Herstellung und Verwendung, 16. Jg. (1966), Heft 12, S. 491-493

Bitumen

Bruno Möller (Hamburg): Der Neubau des Sommerbades Lattenkamp in Hamburg; Bitumen, 15. Jg. (Dezember 1953), Heft 9/10, S. 198-201

DAB – Deutsches Architektenblatt

Sven Bardua: Berg und Bunker – die ehrgeizigen Energieprojekte der IBA; Deutsches Architektenblatt, 45. Jg. (2013), Nr. 2, S. 18-23

db – Deutsche Bauzeitung

Vermischtes; Prozess wider dem Baudirektor Zimmermann zu Hamburg wegen Einsturz eines dem Staate gehörenden Hauses; Deutsche Bauzeitung, 11. Jg. (7.7.1877), No. 54, S. 267

Die Güterschuppen auf den Hamburger neuen Kais; Deutsche Bauzeitung, 11. Jg. (24.11.1877), No. 94, S. 468-470

P.: Einiges von der Pariser Weltausstellung; Deutsche Bauzeitung, 12. Jg. (17.8.1878), No. 66, S. 333-337

J. Stübben: Die baulichen Einrichtungen der Pariser Weltausstellung des Jahres 1878; Deutsche Bauzeitung, 12. Jg., No. 70 (31.8.1878), S. 353-355, No. 74 (14.9.1878), S. 378-381, No. 78 (28.9.1878), S. 396-399, No. 80 (5.10.1878), S. 408-411

Zur Errichtung eines ständigen Ausstellungs-Gebäudes in Hamburg; Deutsche Bauzeitung, 14. Jg. (3.11.1880), No. 88, S. 474

Mittheilungen aus Vereinen, Architekten- und Ingenieur-Verein zu Hamburg [Hennicke über Eisenkonstruktion Ausstellungsgebäude Moorweide]; Deutsche Bauzeitung, 16. Jg. (1.3.1882), No. 17, S. 98

Mittheilungen aus Vereinen, Architekten- und Ingenieur-Verein in Hamburg, Versammlung am 6. April 1883 [Hr. H. Wulff über Michaelis-Schleuse und -Brücke]; Deutsche Bauzeitung, 17. Jg. (2.5.1883), No. 35, S. 206

Ueber die Zollanschlussbauten Hamburgs, Vortrag von F.A. Meyer am 30. Januar 1884; Deutsche Bauzeitung, 18. Jg. (27.2.1884), No. 17, S. 97-99

Mittheilungen aus Vereinen [Umbau Kaispeicher B]; Deutsche Bauzeitung, 18. Jg. (19.11.1884), No. 93, S. 555-556

Ueber einen Hauseinsturz in Hamburg; Deutsche Bauzeitung, 19. Jg. (21.10.1885), No. 84, S. 508

Mg.: Eisernes Zirkusgebäude in Berlin; Deutsche Bauzeitung, 21. Jg. (23.4.1887), No. 33, S. 193-195

Hennicke & Goos: Fahrstuhl-Anlage im Dovenhof zu Hamburg; Deutsche Bauzeitung, 21. Jg. (9.3.1887), No. 20, S. 117-118

Martin Haller, Hennicke & Goos: Der Dovenhof in Hamburg und: Die maschinellen Anlagen des Dovenhofs; Deutsche Bauzeitung, 21. Jg. (23.7.1887), No. 59, S. 349-354

Neue Krankenhaus-Anlage in Hamburg; Deutsche Bauzeitung, 21. Jg. (5.10.1887), No. 80, S. 477-478

Ausführung der Hamburger Zollanschluss-Bauten; Deutsche Bauzeitung, 21. Jg. (12.10.1887), No. 82, S. 489-490

F.: Hamburger Kirchen; Deutsche Bauzeitung, 21. Jg., No. 83 (15.10.1887), S. 493-497, No. 85 (22.10.1887), S. 506-510, No. 91 (12.11.1887), S. 541-544, No. 92 (16.11.1887), S. 549-552, No. 95 (26.11.1887), S. 566-569, No. 97 (3.12.1887), S. 578-583, No. 99 (10.12.1887), S. 590-592, No. 103 (24.12.1887), S. 616-622

Anlage für Wasserdruck-Kräfte und elektrische Beleuchtung im Hamburger Freihafen-Gebiet; Deutsche Bauzeitung, 21. Jg. (19.10.1887), No. 84, S. 501-502

Mittheilungen aus Vereinen; Architekten- und Ingenieurverein zu Hamburg, Versammlung am 16. November 1887 [Hagn über Zusammenpressung von Langhölzern bei Gründungen]; Deutsche Bauzeitung, 21. Jg. (3.12.1887), No. 97, S. 583

Eröffnung der elektrischen Zentral-Station in Hamburg; Deutsche Bauzeitung, 22. Jg. (17.3.1888), No. 22, S. 129-130

Die neuen Speicher der Freihafen-Lagerhaus-Gesellschaft; Deutsche Bauzeitung, 22. Jg. (31.3.1888), No. 26, S. 160

Die Feier zur Schlusssteinlegung zu den Hamburger Zollanschluss-Arbeiten; Deutsche Bauzeitung, 22. Jg. (3.11.1888), No. 88, S. 535-536

Mittheilungen aus Vereinen [Hamburger Rathaus]; Deutsche Bauzeitung, 23. Jg. (2.2.1889), No. 10, S. 57

Mittheilungen aus Vereinen [Gewerbe- und Industrieausstellung]; Deutsche Bauzeitung, 23. Jg. (11.5.1889), No. 38, S. 227-228

Necker: Gewerbe- und Industrieausstellung in Hamburg; Deutsche Bauzeitung, 23. Jg. (25.5.1889), No. 42, S. 245-249

Lämmerhirt: Die Heizung und Lüftung des neuen Rathhauses zu Hamburg; Deutsche Bauzeitung, 23. Jg. (6.7.1889), No. 54, S. 321-324

Fw.: Von der Gewerbe- und Industrie-Ausstellung zu Hamburg; Deutsche Bauzeitung, 23. Jg. (28.9.1889), No. 78, S. 471-472

Mittheilungen aus Vereinen, Architekten- und Ingenieur-Verein zu Hamburg [Boockholtz über Abbruch Ausstellungshalle]; Deutsche Bauzeitung, 24. Jg. (1.2.1890), No. 10, S. 59

Möller: Zum Speicherbrand in Hamburg; Deutsche Bauzeitung, 25. Jg. (2.5.1891), No. 35, S. 212-214

Hagn: Zum Speicherbrand in Hamburg; Deutsche Bauzeitung, 25. Jg. (30.6.1891), No. 52, S. 313-314

Brand des großen Staatsspeichers am Sandthorkai in Hamburg; Deutsche Bauzeitung, 25. Jg. (17.10.1891), No. 83, S. 507-508

Möller: Noch einmal über die Bedeutung empirischer Forschung im Bauwesen – zum Speicherbrand in Hamburg; Deutsche Bauzeitung, 25. Jg. (21.11.1891), No. 93, S. 564-565

Nehls: Brand des großen Staatsspeichers; Deutsche Bauzeitung, 26. Jg. (15.6.1892), No. 48, S. 286

B. Stahl: Der neue Fischereihafen und Fischmarkt in Altona a. Elbe; Deutsche Bauzeitung, 27. Jg. (13.5.1893), No. 38, S. 234-239

Ein Speicherbrand in Hamburg; Deutsche Bauzeitung, 29. Jg. (6.2.1895), No. 11, S. 61-62

Erfahrungen bei Speicherbränden; Deutsche Bauzeitung, 29. Jg. (16.3.1895), No. 22, S. 137-138

Erfahrungen bei Speicherbränden; Deutsche Bauzeitung, 29. Jg. (10.4.1895), No. 29, S. 187

E. Hoppmann (Hamburg): Der Feuerschutz der Eisenkonstruktionen im Lagerhaus der Oelfabrik zu Rothenburgsort bei Hamburg; Deutsche Bauzeitung, 29. Jg. (8.6.1895), No. 46, S. 290

Der Kohlenhof der Firma L. Possehl & Co. in Altona; Deutsche Bauzeitung, 30. Jg. (21.10.1896), No. 85, S. 533-535

Mittheilungen aus Vereinen, Arch.- und Ing.-Verein zu Hamburg [Fernsprechamt Alter Wall]; Deutsche Bauzeitung, 30. Jg. (18.11.1896), No. 93, S. 582

Versuche über das Verhalten gusseiserner Stützen im Feuer, Vortrag von H. Schüler in der AIV-Versammlung am 19.2.1897; Deutsche Bauzeitung, 31. Jg., No. 37 (8.5.1897), S. 232-234, No. 39 (15.5.1897), S. 242-248

Joh. Russner: Beitrag zu den Hamburger Versuchen über das Verhalten von gusseisernen Säulen im Feuer; Deutsche Bauzeitung, 31. Jg. (14.7.1897), No. 57, S. 354

Mittheilungen aus Vereinen, Arch.- und Ing.-Verein zu Hamburg [Witt über Fischmarkt St. Pauli]; Deutsche Bauzeitung, 32. Jg. (2.11.1898), No. 88, S. 568-569

Todtenschau: R. H. Kaemp †; Deutsche Bauzeitung, 34. Jg. (3.1.1900), No. 1, S. 7-8

R. H. Kaemp – Gedächtnisrede, gehalten von J. Classen; Deutsche Bauzeitung, 34. Jg. (13.1.1900), No. 4, S. 22-23 und 26-27

Mittheilungen aus Vereinen, Arch.- und Ing.-Verein zu Hamburg [Zimmermann mit Ansprache zum Tode Kaemps]; Deutsche Bauzeitung, 34. Jg. (3.2.1900), No. 10, S. 63

Mittheilungen aus Vereinen, Arch.- und Ing.-Verein zu Hamburg [Classen zum Tode Kaemps]; Deutsche Bauzeitung, 34. Jg. (24.2.1900), No. 16, S. 103

Mittheilungen aus Vereinen: Arch.- u. Ing.-Verein zu Hamburg [Grabstein Kaemp, Hagn über Asbest- und Gummiwerke Alfred Calmon, Albert Schultz über Asbest]; Deutsche Bauzeitung, 34. Jg. (17.11.1900), No. 92, S. 565-566

y.: Oberingenieur F. Andreas Meyer †; Deutsche Bauzeitung, 35. Jg. (23.3.1901), No. 24, S. 142-143

Mittheilungen aus Vereinen, Archi.- und Ing.-Verein zu Hamburg [Scharff zu Einsturz einer Koenen'schen Voutendecke, Vivié über Umsturz Schornstein Elbhüttenwerk]; Deutsche Bauzeitung, 36. Jg. (12.3.1902), No. 21, S. 130-131

Mittheilungen aus Vereinen, Archi.- und Ing.-Verein zu Hamburg [Geschäftshaus Röper und Staacke], Deutsche Bauzeitung, 36. Jg. (4.6.1902), No. 45, S. 287-289

Vereine: Arch.- u. Ing.-Verein zu Hamburg [Westphalen über Brand Michaeliskirche]; Deutsche Bauzeitung, 40. Jg. (24.11.1906), No. 94, S. 644-645

Vereine: Arch.- u. Ing.-Verein zu Hamburg [Wiederaufbau Michaeliskirche]; Deutsche Bauzeitung, 40. Jg. (29.12.1906), No. 103/104, S. 726

Ranck (Hamburg): Zum Wiederaufbau der Großen St. Michaeliskirche in Hamburg; Deutsche Bauzeitung, 41. Jg., No. 7 (23.1.1907), S. 45-47, No. 9 (30.1.1907), S. 57-58, No. 10 (2.2.1907), S. 66-68 und S. 70

Vermischtes: Zum Wiederaufbau der Großen St. Michaeliskirche in Hamburg; Deutsche Bauzeitung, 41. Jg. (16.2.1907), No. 14, S. 100

H.: Zum Wiederaufbau der Großen St. Michaeliskirche in Hamburg; Deutsche Bauzeitung, 41. Jg. (20.2.1907), No. 15, S. 102

R. und F. Steger (Cassel): Zum Wiederaufbau der Großen St. Michaeliskirche in Hamburg; Deutsche Bauzeitung, 41. Jg. (24.4.1907), No. 33, S. 229-232

Vereine: Vereinigung Berliner Architekten [Wiederaufbau Michaeliskirche in Hamburg]; Deutsche Bauzeitung, 41. Jg. (22.5.1907), No. 41, S. 291

Vereine: Mittelrheinischer Architekten- und Ingenieur-Verein zu Darmstadt [Michaeliskirche Hamburg]; Deutsche Bauzeitung, 41. Jg. (31.7.1907), No. 61, S. 431-432

Vereine: Architekten und Ingenieurverein zu Hamburg [Faulwasser über Wiederherstellung Michaeliskirche]; Deutsche Bauzeitung, 42. Jg. (7.3.1908), No. 20, S. 127

Vereine: Architekten und Ingenieurverein zu Hamburg [Löwengard über Denkmaltag in Mannheim und Michaeliskirche]; Deutsche Bauzeitung, 42. Jg. (25.4.1908), No. 34, S. 226

Vereine: Architekten und Ingenieurverein zu Hamburg [Sperber über neuen Zentralmarkt]; Deutsche Bauzeitung, 43. Jg. (13.3.1909), No. 21, S. 138

Brainich: Der Schuppen der Elbe-Schiffahrtsgesellschaften am Moldauhafen in Hamburg; Deutsche Bauzeitung, 43. Jg. (24.4.1909), No. 33, S. 222-223

Vereine: Architekten und Ingenieurverein zu Hamburg [Hennicke über Wiederherstellung Michaeliskirche]; Deutsche Bauzeitung, 43. Jg. (12.5.1909), No. 38, S. 254

Vereine: Architekten und Ingenieurverein zu Hamburg [Gallois über neuen Gasometer Grasbrook]; Deutsche Bauzeitung, 43. Jg. (9.6.1909), No. 46, S. 310-312

Die Konstruktion der Tribünen auf der Rennbahn Grunewald-Berlin; Deutsche Bauzeitung, 43. Jg., No. 84 (20.10.1909), S. 575-579, und No. 85 (23.10.1909), S. 582-586

Vom zehnten Tag für Denkmalpflege in Trier [Hofmann-Darmstadt über Wiederaufbau Michaeliskirche]; Deutsche Bauzeitung, 43. Jg. (18.12.1909), No. 101, S. 696-697

O. Leitholf: Deckenkonstruktionen für Saalbauten in Etagenhäusern (insbesondere bei Hotelbauten); Deutsche Bauzeitung, 44. Jg., No. 1/2 (5.1.1910), S. 6-11, No. 6 (10.1.1910), S. 34-37

B. Hennicke (Hamburg): Wiederaufbau des Turmes der St. Michaeliskirche in Hamburg; Deutsche Bauzeitung, 44. Jg., No. 17 (26.2.1910), S. 110-114, No. 19 (5.3.1910), S. 122-126, No. 21 (12.3.1910), S. 138-139

Vereine: Architekten und Ingenieurverein zu Hamburg [Rambatz über Bieberhaus]; Deutsche Bauzeitung, 44. Jg. (9.3.1910), No. 20, S. 132

August Mecklenbeck (Berlin): Der Zusammenbruch des großen Hamburger Gasbehälters und die Euler'sche Knickformel; Deutsche Bauzeitung, 45. Jg. (3. Mai 1911), No. 35, S. 296-300

Hermann Distel, August Grubitz (Hamburg): Das Vorlesungsgebäude in Hamburg; Deutsche Bauzeitung, 45. Jg., No. 49 (21.6.1911), S. 413-416, No. 50 (24.6.1911), S. 425-426, No. 51 (28.6.1911), S. 429-431, No. 52 (30.6.1911), S. 437-438

Rud. Schacht (Hamburg): Der Fruchtschuppen am Magdeburger Hafen in Hamburg; Deutsche Bauzeitung, 46. Jg. (3.2.1912), No. 10, S. 99-103

Versammlungen und Berichte: Architekten- und Ingenieurverein zu Hamburg [Unger-Nyborg über neuere Brückenbauten]; Deutsche Bauzeitung, 48. Jg. (4.4.1914), No. 27, S. 269-270

Vereine: Architekten und Ingenieurverein zu Hamburg [Unger-Nyborg über Stadthaus-Erweiterung]; Deutsche Bauzeitung, 51. Jg. (23.6.1917), No. 93, S. 464

Dem Gedächtnis von Curt Merckel [Nachruf von Sperber]; Deutsche Bauzeitung, 56. Jg. (8.2.1922), No. 11, S. 66-68

Chronik: Das erste Turmhaus in Hamburg; Deutsche Bauzeitung, 58. Jg. (19.4.1924), No. 32/33, S. 176

Julius Faulwasser: Zwei neue Kontorhäuser in Hamburg – Ballinhaus und Chilehaus; Deutsche Bauzeitung, 58. Jg., No. 92 (15.11.1924), S. 605-608, No. 94 (22.11.1924), S. 621-22, No. 96 (29.11.1924), S. 633-634

Ein Messehaus für Hamburg; Deutsche Bauzeitung, 58. Jg. (3.12.1924), No. 97, S. 647-648

Bernhard Siebert: Konstruktion und Ausführung des Ballinhauses in Hamburg; Deutsche Bauzeitung 59. Jg. (2.5.1925), Beilage Konstruktion und Bauausführung, No. 9, S. 65-68

Brandt (Hamburg): Der Umbau des Hamburger Stadttheaters; Deutsche Bauzeitung, 61. Jg., Nr. 5 (15.1.1927), S. 57-62, Nr. 6 (19.1.1927), S. 65-70

Berger (Hamburg): Neubau des Gesundheitsamtes in Hamburg; Deutsche Bauzeitung, 61. Jg. (27.8.1927), Nr. 69/70, S. 569-575

Hans Schmuckler (Berlin): Fortschritte des Eisenbaues im 20. Jahrhundert; Deutsche Bauzeitung, 61. Jg. (9.7.1927), Beilage Konstruktion und Ausführung, Nr. 14, S. 93-100

Karl Krause: Die Konstruktionen des Gesundheitsamtes Hamburg; Deutsche Bauzeitung, 62. Jg. (2.2.1928), Beilage Konstruktion und Ausführung, Nr. 2, S. 17-26

E. H. Brunner (Graz): Der Wettbewerb zwischen Eisen und Eisenbeton im Hochbau; Deutsche Bauzeitung, 64. Jg. (10.12.1930), Beilage Konstruktion und Ausführung, Nr. 20, S. 153-156

Fritz Emperger (Wien): Der Wettbewerb zwischen Eisen und Eisenbeton im Hochbau; Deutsche Bauzeitung, 64. Jg. (17.5.1930), Beilage Konstruktion und Ausführung, Nr. 10, S. 81-84

Bahn: Hochhaus des Deutschnationalen Handlungsgehilfen-Verbandes in Hamburg; Deutsche Bauzeitung, 65. Jg. (16.9.1931), Nr. 75/76, S. 447-452

Dirk Meyhöfer: Himmel über Hamburg – das Glasdach über dem Innenhof des Museums für Hamburgische Geschichte; Deutsche Bauzeitung, 124. Jg. (1990), Ausgabe 1, S. 10-11

ub und Karl Friedrich / Rudolf Bergermann: An goldenen Ketten ... – der Blick nach oben: Hofüberdachung des Museums für Hamburgische Geschichte; Deutsche Bauzeitung, 124. Jg. (1990), Ausgabe 7, S. 32-39

Michael Werwigk, Andreas Keil, Norbert Redante: Viel Zelt für wenig Geld – kostengünstige Zeltmembrane überdacht die Wolfgang-Meyer-Sportanlage in Hamburg-Stellingen; Deutsche Bauzeitung, 129. Jg. (1995), Ausgabe 7, Seite 112-118

Jan Knippers: Johann Wilhelm Schwedler – vom Experiment zur Berechnung; Deutsche Bauzeitung, 134. Jg. (2000), Ausgabe 4, S. 105-110

Cengiz Dicleli: Ingenieurporträt Ulrich Finsterwalder; Deutsche Bauzeitung, 140. Jg. (2.10.2006), Ausgabe 10, S. 76-81

Claas Gefroi: Ein verborgenes Kunststück – das Ingenieurbauwerk Elbphilharmonie; Deutsche Bauzeitung, 151. Jg. (2017), Ausgabe 5, S. 32-40

db – Mitteilungen – Deutsche Bauzeitung, Mitteilungen über Zement, Beton- und Eisenbetonbau

G.: Der Eisenbeton-Unterbau des Großen Gasbehälters am Gaswerk Grasbrook in Hamburg; db – Mitteilungen über Zement, Beton- und Eisenbetonbau, 6. Jg. (8.12.1909), No. 25, S. 101-103

Eugen Schilling: Der Eisenbeton beim Bau der Norddeutschen Oelwerke in Hamburg; db – Mitteilungen über Zement, Beton- und Eisenbetonbau, 8. Jg., No. 16 (2.9.1911), S. 124-127, No. 17 (23.9.1911), S. 129-132

Ernst Mautner (Düsseldorf): Neuere Krag- und Hallenbauten in Eisenbeton; db – Mitteilungen über Zement, Beton- und Eisenbetonbau, 8. Jg.,
No. 21 (11.11.1911), S. 161-165, No. 22 (25.11.1911), S. 169-171

Die Schnellfilter-Anlage des Wasserwerkes der Stadt Altona; db – Mitteilungen über Zement, Beton- und Eisenbetonbau, 13. Jg., No. 11 (3.6.1916), S. 81-86, No. 13 (1.7.1916), S. 97-100

Unger-Nyborg (Hamburg): Der Grundbau für die Erweiterung des Stadthauses in Hamburg; db – Mitteilungen über Zement, Beton- und Eisenbetonbau, 15. Jg., No. 3 (9.2.1918), S. 17-19, No. 5 (9.3.1918), S. 29-32, No. 6 (23.3.1918), S. 33-35

Verstärkungsarbeiten an den Gründungen des Verwaltungsgebäudes der Hamburg-Amerika-Linie in Hamburg; db – Mitteilungen über Zement, Beton- und Eisenbetonbau, 17. Jg. (24.4.1920), No. 4, S. 32

dbz – Deutsche Bauzeitschrift

Max Schefter (Hamburg): Hamburg baut die ersten Wohnhäuser im Montageverfahren; Deutsche Bauzeitschrift, 8. Jg., (1960), Heft 7, S. 867

Ngl.: Das Finnlandhaus in Hamburg; Deutsche Bauzeitschrift, 16. Jg., (1968) Heft 2, S. 151-152

FAZ – Frankfurter Allgemeine Zeitung

Christian Preiser: Ein Häuschen für die Donnervögel, am Flughafen Hamburg werden Flugzeugturbinen in der größten Lärmschutzhalle der Welt geprüft; Frankfurter Allgemeine Zeitung, 28.8.2001

Geotechnik

G. Harden: Karl Steinfeld 70; Geotechnik, 14. Jg. (1991), S. 93

Smoltczyk: Nachruf – Karl Steinfeld †; Geotechnik, 16. Jg. (1993), S. 155

Glasforum

Großmarkthalle mit Erzeugermarkt in Hamburg; Glasforum, 17. Jg. (1967), Ausgabe 3, S. 29-34

Museum für Hamburgische Geschichte – Glasdach über dem Innenhof; Glasforum, 40. Jg. (1990), Ausgabe 2, S. 15-20

Hafenbau – Handbuch für Hafenbau und Umschlagstechnik

Gerhard Bruns (Hamburg): Eine neue 60 000-t-Getreide-Silo- und -Umschlagsanlage im Hamburger Hafen; Handbuch für Hafenbau und Umschlagstechnik, Band XIV, Hamburg 1969, S. 98-103

Dieter Nagel, Heinz Schulze (Hamburg): Betrieb und Planung von Stückgutanlagen heute; Handbuch für Hafenbau und Umschlagstechnik, Band XVIII, Hamburg 1973, S. 86-98

HTG – Jahrbuch der Hafenbautechnischen Gesellschaft (Hafentechnische Gesellschaft)

Wolfgang Pohle, Kurt Förster (Hamburg): Der Wiederaufbau und Ausbau des Hamburger Hafens seit 1945; die Bauwerke des Hamburger Hafens; Jahrbuch der Hafenbautechnischen Gesellschaft, 20./21. Bd. (1950/51), Springer-Verlag, Berlin 1953, S. 65-98

Der Holzbau

Vermischtes: Gründung der Gottfried Hagen Aktien-Gesellschaft in Hamburg; Der Holzbau (1921), Nr. 23, S. 92

Der Industriebau

Erich Awe: Marktanlage südlich des Deichtores in Hamburg; Der Industriebau, 3. Jg. (15.5.1912), Heft 5, S. 106-110

B.: Die Bäckerei Busch in Hamburg; Der Industriebau, 7. Jg. (15.7.1916), Heft 7, S. 113-125

Justus Krüger (Hamburg): Schrotmühle, Silo und Trockenanlage der D. P. Bruhn GmbH in Eckernförde; Der Industriebau, 11. Jg. (15.5.1920), Heft 5, S. 51-57

Sch.: Ausstellungshalle in Altona; Der Industriebau, 17. Jg. (15.4.1926), Heft 4, S. 41-45

Industriekultur

Sven Bardua: Rindermarkthalle St. Pauli saniert; Industriekultur, 20. Jg. (2014), 69. Heft, Ausgabe 4.14, S. 40

Michael Berndt: Interessante Typenbauten – Reichs-Kartoffellagerhallen; Industriekultur, 22. Jg. (2016), 74. Heft, Ausgabe 1.16, S. 35

Stephan A. Lütgert: Hamburg – einstige Hauptstadt der Mineralölindustrie; Industriekultur, 26. Jg. (2020), 93. Heft, Ausgabe 4.20, S. 11-13

Sven Bardua: Leicht, stabil und einst alltäglich – Wellblech; Industriekultur, 26. Jg. (2020), 93. Heft, Ausgabe 4.20, S. 20-22

Sven Bardua: Denkmalschutz gab Holz-Fabrikhalle auf; Industriekultur, 28. Jg. (2022), 98. Heft, Ausgabe 1.22, S. 50-51

Ingenieurbaukunst in Deutschland / made in Germany

Georg Küffner: Landgewinnung im Mühlenberger Loch; Ingenieurbaukunst in Deutschland, Jahrbuch 2003/04, Junius Verlag, Hamburg 2003, S. 70-73

Gert Kähler: Haus mit Dampferschutz – das Bürogebäude Dockland in Hamburg; Ingenieurbaukunst in Deutschland, Jahrbuch 2007/08, Junius Verlag, Hamburg 2007, S. 20-25

Dirk Meyhöfer: Komplexe Genialität – Lackierhalle auf dem Airbusgelände in Hamburg; Ingenieurbaukunst in Deutschland, Jahrbuch 2007/08, Junius Verlag, Hamburg 2007, S. 86-89

Sven Bardua: Vom Vermeiden ungeliebter Überraschungen – Geotechnik auf City-Baustellen; Ingenieurbaukunst in Deutschland, Jahrbuch 2007/08, Junius Verlag, Hamburg 2007, S. 94-97

Georg Küffner: Der lange Weg zum perfekten Klang – die Elbphilharmonie in Hamburg; Ingenieurbaukunst made in Germany 2010/11, Junius Verlag, Hamburg 2010, S. 40-51

Sven Bardua: Feiner Klotz für gewaltige Massen – Getreidesilo in Kuwait; Ingenieurbaukunst made in Germany 2012/13, Junius Verlag, Hamburg 2012, S. 98-101

Sven Bardua: Transparente Blöcke auf nassem, altem Grund – Spiegel-Verlag und Ericus-Contor in Hamburg; Ingenieurbaukunst made in Germany 2012/13, Junius Verlag, Hamburg 2012, S. 110-117

Karsten Wessel: Kriegsruine wird regeneratives Kraftwerk – der Energiebunker in Hamburg; Ingenieurbaukunst 2015, Verlag Ernst & Sohn, Berlin 2015, S. 52-59

Annette Bögle, Karl-Eugen Kurrer: Jörg Schlaich und die Stuttgarter Schule des konstruktiven Ingenieurbaus; Ingenieurbaukunst 2015, Verlag Ernst & Sohn, Berlin 2015, S. 160-177

Karl Lindenmaier: Fassade mit fantastischen Effekten – die Elbphilharmonie als neues architektonisches Highlight in Hamburg; Ingenieurbaukunst 2018, Verlag Ernst & Sohn, Berlin 2018, S. 46-53

Karl Morgen, Europas größte Kamera – der europäische Röntgenlaser XFEL in Hamburg; Ingenieurbaukunst 2018, Verlag Ernst & Sohn, Berlin 2018, S. 62-67

Werner Nagel, Agnes Ludwikowski: Ein Stadtbild prägender Bau erfindet sich neu – Sanierung und Umbau des Finnlandhauses in Hamburg; Ingenieurbaukunst 2019, Verlag Ernst & Sohn, Berlin 2019, S. 124-131

Mensch und Technik – VDI Fachmagazin im Norden

Behnisch Architekten: Konsequente Architektur – Unilever-Haus in Hamburg, ein gelungenes Beispiel für energieeffizientes Bauen; Mensch und Technik, Ausgabe 1/2013, S. 6/7

Mitteilungen Berlin – Mitteilungen des Vereins für Geschichte Berlins

Thomas Schmidt: Das Deutsche Stadion in Berlin-Grunewald; Mitteilungen des Vereins für die Geschichte Berlins, 80. Jg. (1984), Heft 3, S. 211-217

Momentum Magazin

Karl-Eugen Kurrer: Das Fachwerk erobert die dritte Dimension: 150 Jahre Schwedler-Kuppel, Momentum Magazin, 31.1.2013, online: momentum-magazin.de

NH – Neue Heimat, Monatshefte für neuzeitlichen Wohnungsbau (Monatliche Mitteilungen der Neuen Heimat)

Walter Beyn: Neue Baumethoden; Monatliche Mitteilungen der Neuen Heimat, Sondernummer Oktober 1953 (9/10), S. 3

Heinrich Plett: Zusätzlicher Wohnungsbau durch Einsatz von Kapitalmarktmitteln; Monatliche Mitteilungen der Neuen Heimat, Sondernummer Oktober 1953 (9/10), S. 6-8

Heinrich Plett: Wohnhochhäuser, Erfahrungsbericht eines Bauherren von 74 Hochhäusern; Neue Heimat – Monatshefte für neuzeitlichen Wohnungsbau (1956), Ausgabe 4/5, S. 1-14

Nordwestdeutsche Bauhefte (Nordwestdeutsche Bauzeitung)

Neuer Baustoff aus Hamburg / Eine Baustelle ohne Gerüste; Nordwestdeutsche Bauzeitung, 4. Jg., (Oktober 1952), S. 14-16

Hans Ramm: Eine Stadt räumt auf; Nordwestdeutsche Bauhefte, Sonderheft »Hamburg im Aufbau 1945–1953« zur 34. BDA-Tagung in Hamburg, 5. Jg. (1953), Heft 7/8, S. 16-17

Frf.: Der Feuersturm von 1943 und seine Lehren; Nordwestdeutsche Bauhefte, 5. Jg. (1953), Heft 9, S. 8-12

SBU – Siemens-Bauunion, Mitteilungen über ausgeführte Bauten

Mit rund 40 000 qm Grundfläche: die neue Großmarkthalle Hamburg; Siemens-Bauunion, Mitteilungen über ausgeführte Bauten, (August 1962), Nr. 36, S. 5-11

SBZ – Schweizerische Bauzeitung

F. Schüle (Zürich): Der Einsturz des Gasbehälters in Hamburg und die Knicksicherheit von Eisenkonstruktionen; Schweizerische Bauzeitung, Bd. 57 (3.6.1911), Heft 22, S. 297-298

J. Beuteführ (Düsseldorf): Gleitschnellbau; Schweizerische Bauzeitung, Bd. 73 (30.4.1955), Heft 18, S. 259-262

Georg Mandel: U-Bahn-Bau in Hamburg; Schweizerische Bauzeitung, Bd. 77 (22.10.1959), Heft 43, S. 705-714

Der Spiegel

Verkehrsprobleme: Planer, werdet hart; Der Spiegel, (2.1.1952), S. 20-25

Architektur, Montagebau: Wochenend-Haus; Der Spiegel, Nr. 26/1969, (23.6.1969), S. 131-132

Der Stahlbau

Pohl: Der Wettbewerb von Stahl und Eisenbeton im Geschoßgroßbau; Der Stahlbau, 1. Jg. (4.5.1928), Heft 3, S. 27-28

Hans Schmuckler (Berlin): Das neue Kühlhaus der Firma Behr & Mathew im Hamburger Freihafen; Der Stahlbau, 1. Jg. (18.5.1928), Heft 4, S. 39-42

Hans Schmuckler (Berlin): Hallenbauten in Stahl; Der Stahlbau, 1. Jg., Heft 6 (15.6.1928), S. 61-66, Heft 7 (29.6.1928), S. 75-78

Max Krause (Hamburg): Um- und Erweiterungsbau der Detaillistenkammer Hamburg; Der Stahlbau, 2. Jg. (22.2.1929), Heft 4, S. 45-47

Rudolf Ulbricht (Benrath): Das Stahlskelett für den Umbau des Stadttheaters in Hamburg; Der Stahlbau, 2. Jg. (19.4.1929), Heft 8, S. 85-88

A. Rahn (Hamburg): Die Entwicklung des Stahl-Skelettbaus in Hamburg; Der Stahlbau, 2. Jg., Heft 13 (28.6.1929), S. 145-149, Heft 14 (12.7.1929), S. 157-161

Karl Maul (Hamburg): Stahlskelettbau für die Heimstätte GmbH in Hamburg; Der Stahlbau, 2. Jg. (26.7.1929), Heft 15, S. 177-178

Verschiedenes: Neubau eines Bürogebäudes der Radioröhrenfabrik GmbH, Hamburg, Werk Lokstedt; Der Stahlbau, 2. Jg. (20.9.1929), Heft 19, S. 227-228

G. Timm (Hamburg): Das Verwaltungsgebäude des Deutschnationalen Handlungsgehilfen-Verbandes in Hamburg; Der Stahlbau, 3. Jg. (27.6.1930), Heft 13, S. 147-150

Karl Maul (Hamburg): Verschiedenes, 1. Das Stahlskelett des Verwaltungsgebäudes der Volksfürsorge, Hamburg, 2. Kurze Bauzeit für ein Stahlskelett [Meierei »Produktion«]; Der Stahlbau, 4. Jg. (29.5.1931), Heft 11, S. 129-131

E. Teichmann (Duisburg): Ein Stahlskelettbau aus dem Jahre 1890 [Elblagerhaus AG Magdeburg]; Der Stahlbau, 4. Jg. (7.8.1931), Heft 16, S. 186-188

Kurt Schmelter (Berlin): Beitrag zum durchlaufenden Träger mit Gelenkvierecken an den Stützen; Der Stahlbau, 7. Jg. (22.6.1934), Heft 13, S. 100-103

Alfred Junge (Hamburg): Beitrag über die Stahlkonstruktionen der Wettbewerbsentwürfe um die Kongreßhalle in Hamburg; Der Stahlbau, 8. Jg., Heft 3 (1.2.1935), S. 21-24, Heft 4 (15.2.1935), S. 31-32, Heft 5 (1.3.1935), S. 39-40

Ferdinand Hülsen (Hamburg): Die Hanseatenhalle; Der Stahlbau, 8. Jg. (16.8.1935), Heft 17, S. 133-135

W. Wolf: Dr.-Ing. Hans Konrad Havemann 60 Jahre; Der Stahlbau, 28. Jg. (1959), Heft 9, S. 260

Oelert: Karl Maul †; Der Stahlbau, 31. Jg. (1962), Heft 9, S. 285-286

Rolf Börnsen (Hamburg): Die Stahlkonstruktion des Unilever-Hochhauses Hamburg; Der Stahlbau, 32. Jg. (1963), Heft 5, S. 146-150, Heft 9, S. 288

K.G. Förster und K. Reimers (Hamburg): Die Stahlkonstruktionen der neuen Stückgutverteilungsanlage im Hamburger Hafen; Der Stahlbau, 36. Jg. (1967), Heft 9, S. 257-268

Max Schneider (Wangen/Allgäu): Hochhäuser mit hängenden Geschossen; Der Stahlbau, 37. Jg. (1968), Heft 2, S. 33-44, Heft 3, S. 89-96

H.-J. Schröter (Darmstadt): Fußballstadien für die Fußballweltmeisterschaft 1974 in Deutschland; Der Stahlbau, 39. Jg. (1970) Heft 12, S. 381-383

H. Sontag: Stahlkonstruktion für den Neubau der Hamburg-Mannheimer Versicherungs-Aktien-Gesellschaft; Der Stahlbau, 42. Jg. (1973), Heft 12, S. 353-357

J. Lange, W. Hempel: Das Tragwerk der Überholungshalle 7 in Hamburg-Fuhlsbüttel; Stahlbau, 61. Jg. (1992), Heft 5, S. 129-135

Volker Adam, Hugo Rieger (Darmstadt): Neubau der Flugzeugwerfthalle Otto Lilienthal in Hamburg-Finkenwerder; Stahlbau, 62. Jg. (1993), Heft 2, S. 33-41

Lärmschutzhalle am Hamburg Airport; Stahlbau, 70. Jg. (2001), Heft 1, S. 58

Bernd Hufnagel (Hamburg): Neue Flugzeug-Montagehalle in Hamburg-Finkenwerder; Stahlbau, 72. Jg. (2003), Heft 8, S. 615-616

Hans Schober: Gespannte Seilnetzfassaden; Stahlbau, 73. Jg. (2004), S. 973-981

Florian Weller: Vom Volksparkstadion zur AOL-Arena, der Neubau eines modernen Fußballstadions an historischer Stätte; Stahlbau Spezial, Januar 2005, S. 137-143

Stefan Böhling, Boris Klaas, Tino Socher: Der Stahlbau der Elbphilharmonie; Stahlbau, 83. Jg. (2014), Heft 10, S. 3-13

Stahleisen – Stahl und Eisen

Hamburg und die Zollanschlußbauten, Vortrag von F. Andreas Meyer auf der General-Versammlung des Vereins deutscher Eisenhüttenleute am 9. September 1888 in Hamburg; Stahl und Eisen, 8. Jg. (1888), Nr. 10, S. 650-661

VDI-Z – Zeitschrift des Vereins Deutscher Ingenieure

Ad. Ernst (Stuttgart): Beiträge zur Entwicklung der Hebewerke mit Druckwasserbetrieb in Deutschland auf grund der Anlagen für die Freihäfen in Bremen und Hamburg; VDI-Z, Bd. 34, Nr. 34 (23.8.1890), S. 869-875, Nr. 35 (30.8.1890), S. 893-899 – VDI-Z, Bd. 35, Nr. 19 (9.5.1891), S. 511-517, Nr. 20 (16.5.1891), S. 538-544, Nr. 22 (30.5.1891), S. 606-612, Nr. 23 (6.6.1891), S. 637-641, Nr. 24 (13.6.1891), S. 655-660, Nr. 25 (20.6.1891), S. 686-691, Nr. 26 (27.6.1891), S. 723-728, Nr. 27 (4.7.1891), S. 747-753, Nr. 30 (25.7.1891), S. 837-843, Nr. 31 (1.8.1891), S. 864-868

P. Eilert (Hamburg): Die Entwicklung der bau- und maschinentechnischen Anlagen der Hamburger Freihafen-Lagerhaus-Gesellschaft; VDI-Z, Bd. 54, Nr. 50 (10.12.1910), S. 2081-2089, Nr. 51 (17.12.1910), S. 2135-2143, Nr. 52 (24.12.1910), S. 2176-2184

J. Stangelmayer (Berlin): Vereinheitlichung beim Reichsarbeitsdienst – Holzhäuser, Strom- und Rohrnetze, Einrichtungen und Unterkunftsgerät; VDI-Z, Bd. 88 (22.7.1944), Nr. 29/30, S. 381-389

Fritz Leonhardt: Vom Bau des Elektronen-Synchrotrons in Hamburg; VDI-Z, 104. Jg. (1962), Nr. 3, S. 100-103

Wayss & Freytag AG, Technische Blätter

Die Betonarbeiten für das Deutsche Elektronen-Synchrotron in Hamburg; Wayss & Freytag AG, Technische Blätter (1962), Heft 7, S. 59-70

Die Sporthalle Hamburg-Alsterdorf; Wayss & Freytag AG, Technische Blätter (1967), Heft 5, S. 45-55

Das Werk – Architektur und Kunst

Konrad Havemann: Die Grossmarkthalle in Hamburg; Das Werk – Architektur und Kunst, Band 50 (1963), Heft 3, S. 86-89

Das Hamburger Klassenkreuz; Das Werk – Architektur und Kunst, Band 50 (1963), Heft 6, S. 234-236

Wochenblatt des Architekten-Vereins zu Berlin

Mittheilungen aus Vereinen, Architektonischer Verein zu Hamburg [Einsturz Häuser in St. Pauli]; Wochenblatt des Architekten-Vereins zu Berlin, 1. Jg. (5.1.1867), No. 1, S. 6

Häuser-Einstürze in Hamburg; Wochenblatt des Architekten-Vereins zu Berlin, 1. Jg. (16.2.1867), No. 7, S. 51-52

Mittheilungen aus Vereinen, Architektonischer Verein zu Hamburg [Häuser-Einstürze]; Wochenblatt des Architekten-Vereins zu Berlin, 1. Jg. (30.3.1867), No. 13, S. 119

ZdBv – Zentralblatt der Bauverwaltung

M. Koenen: Für die Berechnung der Stärke der Monierschen Cementplatten; Centralblatt der Bauverwaltung, 6. Jg. (20.11.1886), Nr. 47, S. 462

Lb.: Vergleichende Versuche über die Feuersicherheit von Speicherstützen; Zentralblatt der Bauverwaltung, 16. Jg., Nr. 22 (8.6.1896), S. 246-248

M. Musset (Altona): Der Kohlenhof von L. Possehl u. Co. in Altona; Zentralblatt der Bauverwaltung, 16. Jg. (3.10.1896), Nr. 40 A, S. 445

J. Brix, M. Musset: Der neue Fischereihafen und Fischmarkt in Altona; Zentralblatt der Bauverwaltung, 16. Jg., Nr. 32 (8.8.1896), S. 349-350, Nr. 33 (15.8.1896), S. 364-366, Nr. 35 (29.8.1896), S. 390-392

Hd.: Die Bauten der Gartenbau-Ausstellung in Hamburg; Zentralblatt der Bauverwaltung, 17. Jg. (19.6.1897), Nr. 25, S. 273-276

Das neue Rathaus in Hamburg; Zentralblatt der Bauverwaltung, 17. Jg. (30.10.1897), Nr. 44, S. 499

Lb.: Vergleichende Versuche über die Feuersicherheit von Speicherstützen [2. Teil]; Zentralblatt der Bauverwaltung, 17. Jg., Nr. 45 (6.11.1897), S. 507-508

n.: Franz Andreas Meyer †; Zentralblatt der Bauverwaltung, 21. Jg. (23.3.1901), Nr. 23, S. 147-148

Ende: Allgemeiner Entwurf für die Errichtung eines neuen Central-Fernsprechamts in Hamburg; Zentralblatt der Bauverwaltung, 22. Jg. (13.9.1902), Nr. 73, S. 445-446

Das neue Fernsprechamt in Hamburg; Zentralblatt der Bauverwaltung, 28. Jg. (14.3.1908), Nr. 21, S. 150-155

Oder (Danzig): Der Einsturz des großen Gasbehälters in Hamburg und die Frage der Knicksicherheit; Zentralblatt der Bauverwaltung, 31. Jg. (12.4.1911), Nr. 30, S. 187-188

Zimmermann: Knickfestigkeit; Zentralblatt der Bauverwaltung, 31. Jg., Nr. 31 (15.4.1911), S. 194-195, Nr. 32 (19.4.1911), S. 197-199

Zimmermann (Berlin): Die Gründe des Einsturzes des großen Gasbehälters in Hamburg vom 7. Dezember 1909; Zentralblatt der Bauverwaltung, 31. Jg. (22.4.1911), Nr. 33, S. 207

R. Krohn (Danzig): Knickfestigkeit; Zentralblatt der Bauverwaltung, 31. Jg. (3.5.1911), Nr. 36, S. 222-223

M. Foerster (Dresden): Zum Einsturz des großen Gasbehälters in Hamburg; Zentralblatt der Bauverwaltung, 31. Jg. (3.5.1911), Nr. 36, S. 224

Zimmermann (Berlin): Knickfestigkeit; Zentralblatt der Bauverwaltung, 31. Jg. (6.5.1911), Nr. 37, S. 231-232

Der Wiederaufbau der Michaeliskirche in Hamburg; Zentralblatt der Bauverwaltung, 32. Jg., Nr. 87 (26.10.1912), S. 561-564, Nr. 88 (30.10.1912), S. 570-572

O. Hoßfeld: Kirchenerweiterungen; Zentralblatt der Bauverwaltung, 35. Jg., Nr. 91 (13.11.1915), S. 597-599, Nr. 93 (20.11.1915), S. 610-614, Nr. 95 (27.11.1915), S. 625-630, Nr. 99 (11.12.1915), S. 650-653, Nr. 100 (15.12.1915), S. 657-553

Julius Faulwasser: Der Erweiterungsbau der Kunsthalle in Hamburg; Zentralblatt der Bauverwaltung, 41. Jg. (9.4.1921), Nr. 29, S. 178-181

Ockert: Das Museum für Hamburgische Geschichte in Hamburg; Zentralblatt der Bauverwaltung, 43. Jg. (30.5.1923), Nr. 43/44, S. 253-258

Fritz Höger (Hamburg): Einige sachliche Angaben zum Bau des Chilehauses in Hamburg; Zentralblatt der Bauverwaltung, 45. Jg., Nr. 2 (14.1.1925), S. 13-16, Nr. 4 (28.1.1925), S. 34-37

Martin Kießling: Architektur, Architekten und Reichsbahn; Zentralblatt der Bauverwaltung, 48. Jg. (31. Oktober 1928), Nr. 44, S. 705-712

Jurisch: Der Kalikai am Reiherstieghafen in Harburg-Wilhelmsburg; Zentralblatt der Bauverwaltung, 48. Jg. (28.11.1928), Nr. 48, S. 777-780

Arved Bolle: Die Wirtschaftlichkeit eingeschossiger Umschlagschuppen im Hamburger Hafen; Zentralblatt der Bauverwaltung, 49. Jg. (9.1.1929), Nr. 2, S. 23-25

Block u. Hochfeld (Hamburg): Das Deutschlandhaus in Hamburg, seine Konstruktionen und technischen Anlagen; Zentralblatt der Bauverwaltung, 51. Jg. (27.5.1931), Nr. 21, S. 301-306

ZfBw – Zeitschrift für Bauwesen

J. W. Schwedler (Berlin): Die Thurmpyramide der St. Petri-Kirche in Hamburg; Zeitschrift für Bauwesen, 33. Jg. (1883), Heft 4-6, Sp. 165-170, Bl. 37-39 im Atlas und Bl. B. im Tafelteil

Das Post- und Telegraphengebäude in Hamburg; Zeitschrift für Bauwesen, 40. Jg. (1890), Heft 7-9, Sp. 327-330, Bl. 50-54 im Atlas

Clingestein: Die neue evangelische Kirche in Bentschen; Zeitschrift für Bauwesen, 57. Jg. (1907), Heft 1-3, Sp. 33-40

Carl Vohl: Das neue Kriminalgericht in Berlin-Moabit; in: Zeitschrift für Bauwesen, 58. Jg. (1908), Heft 7, Sp. 329-360, Heft 10-12, S. 547-574

ZfI – Zentralblatt für Industriebau

Neubau eines Verwaltungsgebäudes der British American Tobacco GmbH in Hamburg; Zentralblatt für Industriebau, 7. Jg. (1961), Heft 7, S. 356-360

O. J.: Dr.-Ing. Hermann Bay; Zentralblatt für Industriebau, 9. Jg. (1963), Heft 7, S. 374

H. / Jo.: Hallenkonstruktion für den Großmarkt in Hamburg, Zentralblatt für Industriebau, 10. Jg. (1964), Heft 11, S. 518-527

ZVHG – Zeitschrift des Vereins für Hamburgische Geschichte

Eugen Wirth: Hamburgs Wochenmärkte seit dem Ende des 18. Jahrhunderts; Zeitschrift des Vereins für Hamburgische Geschichte, Bd. 48, 1962, S. 1-40

Register

Personen
Büros, Firmen, Institutionen
Orte
Stichworte

Personen

A
Abée, Boris 263
Adler, Friedrich 184, 186
Albrecht, Friedhelm 264
Altmüller, A. 25
Andrä, Wolfhart 266
Andres, Peter 117
Andresen, Kurt 12
Appelbaum 250
Aßmann, Martin **257**
Averdieck, Eduard 27

B
Bach, Franz 57, 58
Bachner, Max 96, 98
Bake, Herman Adriaan van den Wall 180, 182
Ballin, Albert 50, 54
Balzer, Ernst **257**, 271
Bartning, Otto 234
Bauersfeld, Walter 134
Bay, Hermann 20, 23, 33 f., 211, **258**
Becker, Boris 226
Becker, Gerhart 214
Becker-Mosbach, Ursula 11
Beecken, Walter 275
Behrens, Peter 12
Bensel, Carl Gustav 58
Bergermann, Rudolf 16, 271
Bernhard, Karl 12
Berthold, Jürgen 253
Beyerstedt, F. 100
Beyn, Walter 240
Biehl, Martin 93, 95
Binnewies, Wilhelm **258**
Blohm, Rudolf 110
Blohm, Walter 110
Blumenfeld, Hans 56
Bodin, Wilhelm-Heinrich 68
Boeck, Ottomar 278
Boll, Kuno 68, 72, **259**
Bongers, Hans M. 105
Boockholtz, Albert 29, 31, **259**
Boswau, Paul 49
Brandt 204
Braun 200
Breth, Herbert 261, 272
Brunck, Frank-Peter 258
Brunswig, Hans 26

Buchheister, Max Jürgen 133
Buchholz, W. 83
Buchwald 150
Bückmann 29
Bültmann, Wilhelm 170
Bunsmann, Walter 272
Burlison, John 180
Busch, Paul 168
Busekros, Rudolf 225

C
Camus, Raymond 249
de Chateauneuf, Alexis 184, 186
Ciegelski, Günter 263
Clarke, Thomas Curtis 184
Clauss, K. 196
Closs, Carl 30, 32
Colberg, Otto 19, 53, **259**
Cramer, Richard 266
Cremer, Lothar 154

D
Deimling, Hermann 10, 19, 40, 46, 48, 196, 219, **260**, 264
Dicleli, Cengiz 12
de Dion, Henri 30
Dischinger, Franz 132, 134, 139, 216
Distel, Hermann 150 f.
Dittmer, G. 248
Dörr, Karl 57
Donath, Rich. 64
Dorn 32
Drach, Siegfried 10, 150 f., **260**, 262

E
Eckardt, Max 196, **260**
Eggers, H. C. E. 35
Ehmann, Stefan 269
Eiffel, Gustave 30, 184
Eitel, Mark 12
El-Hanani, Arieh 278
Elingius, Jürgen 214, 236
Eller, Rudolf 37, 64, 267
Erbe, Albert 149
Esselmann, Heinrich 168

F
Faulwasser, Julius 54, 188
Fehrmann, Antje 182 f.
Feidner, Erich 238 f.

Fersenfeldt, Hermann Peter 184, 186, 192
Finsterwalder, Ulrich 12, 132, 134, 139, 214, 216, **260**, 266, 278
Forsmann, Franz Gustav 28, 207
Franck, Paul A. R. 57
Franke, Hans-Georg 207
Franz, Gotthard 276 f.
Franzius, Otto 269
Freese, Harro 68
Fricke, Georg 100
Friedrich, Karl 160
Frinken, Axthelm 80
Fröhlich, Paul 49

G
Geissler, Hermann 53, 188
Gerntke, Max 168
Gerson, Hans und Oskar 54 f., 57
Giese, Max 142
Glückstadt 23
Goecke, Helmut 157
Goos, Hermann Isaac 264
Graaf, Heinz 76, 267
Grebner, Fritz 170
Greiner, Dick 246
Grell, H. G. Henry 46
Griese, Carl 36
Groothoff, Hugo 35 f.
Großner, Emil 46
Grotjan, Johannes 122
Grubitz, August 150 f.
Grundmann, Friedhelm 41
Gryska, H. 250
Günther, Camillo 196 f.
Günther, Klaus 261 f.
Gütersloh, Heinrich 260, 264
Gutschow, Konstanty 144, 279

H
Hagemann, Reinhard 117
Hagenbeck, Carl 31
Hagen, Gottfried 232
Hagn, Heinrich 122, 124, **261**
Hahn, Hermann 36
von Halász, Robert 20, 247, 252, **261**, 267
Hammers, Gerd 262 f.

Hammers, Paul 262
Hammers, Paul-Wilhelm 248, **262** f.
Hammerstein, Franz 38, 58, 64, **263**
Haller, Martin 10, 18, 35, 37, 53, 264
Hamas, Steve 36
Hanssen, Ernst 212
Hanzig, Christoph 275
Harden, Günther 275
Hardy, L. Amédé 30
Harrer, Kurt 269, 277
Havemann, Konrad 103, 210 f., **263**
Heide, Adolf 98
Heide, Gerd 98
Heil, Heinz 261, 272
Hein, Max 168
Heinemann, Edgar Richard 278
Heiserer, Helmut 269
Hennebique, François 48
Hennicke, Benno 11, 13, 31, 35, 37, 188, 190, **264**, 279
Hennicke, Julius 264
Hentrich, Helmut 70
Hermkes, Bernhard 154, 214, 216, 243
Herrenknecht, Martin 167
Heylmann, Friedrich Christian 186
Himmelheber, Heinrich 26
Hinrichs, Georg 246, 249
Hinrichsen 200
Hirschfeld, Gerhard 180
Hitler, Adolf 201
Höger, Fritz 25 f., 53 f., 57 f., 65
Höger, Hermann 64
Höhns, Ulrich 41
Hölscher, Einhard 249 f.
Holst, Rud. 257
Holthey, Hans Th. 58, 68
Holtschmidt 20
Hopp, Bernhard 192
Hoppmann, E. 25
Horn, W. 20
Horstkötter, K. 220
Hoßfeld, Oskar 196
von der Hude, Hermann 264

Hübener, Emil 124
Hübner, H. M. 139
Hülsen, Ferdinand 38
Hüttner, Klaus D. 157

I
Inden, Walter 232

J
Jackson, Michael 22
Jäger, Bodo 117
Jäger, Rudolf 192, 243
Jäppelt, Ulrich 269
Jedrkowiak 211
Jipp, Dieter 257
Jörss, Horst 117
Joswig, Gerhard 273
Jungnickel, Otto 68, 70
Jux, Egon 68

K
Kaemp, Reinhold Hermann 13
Kaiser Wilhelm II. 232
Kallmorgen, Thomas 249 f.
Kallmorgen, Werner 125, 134, 176, 234, 249, 252
Karck, Franz 58
Kaufmann, G. 38
Kebe, Hans-Werner 22, 264
Keen, Wolfgang 88
Kell, Arno 267
Kindt, Otto 150
Kleihues, Josef Paul 207
Knauer, Hermann 49
Knerlich, Richard 240
von Koch 23
Koenen, Mathias 32
Köpcke, K.D. 117
Koepcke, Werner 155, 222, 271
Köster 29
Köster, Geert 211, 248
Kohfahl, Rudolf 13
Kossel, Paul 238
Klingemann, Walter 36
Kramer, Fritz 10, 260, 264
Kramer, Helmut 20, 22, 162, 260, **264**
Kraus, H.J., 57
Krause, Manfred 257
Kremmer, Martin 12
Kremser, Dieter 263
Kriegeris, John **265**

Kroher, Ludwig 194
Krüger, Justus 99, **265**, 274
Kuball, Hans 27, **265**
Küntzel, Ernst 249
Kuhn, Johann Nicolaus 192
Kupfer, Herbert 154 f., **266**
Kunze, Manfred 117
Kurrer, Karl-Eugen 8, 16
van Kuyck, Hugo 70

L
Laage, Gerhart 180
Laage, Richard 180
Lambrecht, Hans 36, 257
Landgräber, Anton 99
Langmaack, Gerhard 58, 188, 234
Langweil, Artur 150, **266**
Last, Friedrich 275
Latuske, Klaus 224
Laumanns, Ouirin 275
Lee, Edmund 95
Lehmann, Anton 168 f.
Lehne, Gustav 96
Leitholf, Otto 49, **266**
Leo, Gustav 8
Leonhardt, Fritz 13, 16, 70, **266**, 271
Ley, Robert 41, 234
Linder, Josef 225
Lindhorst, Albert 54, 59, 99
Lindley, William 8, 28
Linnebach, Adolf 170
Lischewski 36
Little, John 180
Lodders, Rudolf 162, 243
Löser, Benno **267**
Lohr, Hartmut 257
Lorenz, Hans 264
Loewe, Lothar 76
Lohse, Hermann 186
Lorenzen, Fernando 196
Lübbert, Klaus 160
Lühr, A. 248
Lünser, Reinhold 117
Luetkens, Peter 270

M
Maack, Johann Hermann 8, 184, 186
Mahlmann, Max 46
Mandix, Heinrich 99
Mann, Ludwig 149
March, Otto 218 f.

March, Werner 218
Marg, Volkwin 160
Markovic, Mirjana 121
Marschall, Günther 239
Masuch, Dietrich 273
Matthies, Werner 162, **267**
Maul, Karl **267**
Mautner, Ernst 99
May, Ernst 246
Mecklenburg, Harald 225
Meenen, Karlheinz 275
Meerwein, Wilhelm Emil 188
Meikle, Andrew 95
von Melle, Werner 151
von Merck, Ernst 35
Merckel, Curt 122
Meves, Gustav 20
Meyer, Claus 58, 61
Meyer, Franz Andreas 8, 10, 31, 122, 124, 127, 259, **268**
Meyer, Thomas J. 103
Meyer, Ulrich 25
Meyer, Walter 58
Meyer-Ottens, Otto 210
Michaelis, Ernst Friedrich 168 f.
Möbius, Werner **268**
Möller, Cord Michael 274
Mörsch, Emil 258
Monier, Joseph 182
Morgen, Karl **269**
Mortimer, Henry Green 180
Moser, Erich 68
Müller, Emil 183
Münchau, Hans-Georg 131
Musset, Moritz 204, **269**
Muthesius, Hermann 132, 138

N
Nagel, August Christian 13
Nagel, Carl Ludwig 13
Nagel, Th. 186
Nehls, Johann Christian 133
Neubauer 173
Neufert, Ernst 234
Neuhausser, Walter 220 f.
Niemeyer, Adelbert 46
Niessen, Horst 220 f.
Nitze, Philipp 53

O
Oelsner, Gustav 35, 57
Ohlsen, Hans 249

P
Paradowski, Otto 36
Peters, Karl 140, 142, 145, 269 f., 274
Pieper, Klaus 180
Pohlmann, Hans 26
Pokrantz, Uwe 250
Poll, Hermann 272, 277
Polónyi, Stefan 8, 10, 12, 16, 41
Planz 250
Plaschke, C. 248
Plath, Christian Wilhelm 268
Prey, Johann Leonhard 188, 274
Prokop, Ines 16
Puritz, Walther 15

Q
Quast, Peter 275
Quast, Ulrich 76, **270**

R
Rafeiner, Fritz 68, 72
Rakoczy, Tibor 118
Ramajzl, Jan 257
Rambatz, Johann Gottlieb 173
von Rankelwitz, W. 266
Rappert, Joachim 261, 272
Raywood, Paul 122
Reeves, David 184
Rehnig, Otto 49
Reichel, Walter 257
Reichelt, L. 29
Reimann, C. 13, 184, 186
Rein, Alfred 225
Reinemann, Ernst Karl 36, **270**
Reith, Edwin 54
Releaux 21
Remé, Carl Heinrich 186
Ricken, Herbert 12
Rieger, Hugo 117, **270**, 274
Robeck, Ulrike 236
Roeper, Oscar 31, 122, 279
Romani, Alessandro 198
Rudhard, Wolfgang 198, 200, 210
Rückert, Fritz 57
Rüping, Josef 68

Rüsch, Hubert 139, 155
Ruscheweyh, Heinz Jürgen 243
Rummel, Ulrich 68
S
Saarinen, Eero 154, 156
Sachs, Martin 26
Sadykov, Anvar 225
Sager, Jürgen 68, 76, **270**
Sander 122
Sander, Albrecht 243
Sander, Otto 26
Schaar 139
Schaefer, H. W. 124
Schäfer, Philipp 57
Schäffer, Alexander 118, **271**
Schilling, Eugen 40
Schlaich, Jörg 8, 10, 12 f., 16, 72, 157, 160 f., 220-222, **271**
Schmedje, Herbert 222
Schmeling, Max 36
Schmelter, Kurt 132, 137
Schmidt, H. F. 100
Schmidt, Stephan 258
Schmuckler, Hans 12, 207, 246, **271**
Schneider, Karl 99
Schnetzer, Heinrich 12
Schöttler, Heinrich 99
Scholz, Hans 269
Schrader, Gustav 257, **271**
Schramm, Gottfried 214, 236
Schreiber, Jürgen 225
Schreier, O. 150
Schrieber, Kurt 192
Schütte, Walter 15
Schulze, P. 220
Schumacher, Fritz 8, 11, 49, 52, 57, 64, 150, 160, 210, 238
Schupp, Fritz 12
Schuppan, Paul 37
Schwarz, Kurt 272, 277
Schwartz 36
Schwedler, Johann Wilhelm 148, 184, 186, **272**
Schweger, Peter 76
Schwinn, Karl 261, **272**
Sckopp, Ferdinand 62

Scott, George Gilbert 180, 182 f.
Seeland, Herbert **272**
Seeland, Rudolf **272**
von Seht, Bernd 279
Seitz, Paul 247 f.
Sellhorn, Bodo **273**
Sellhorn, Olav **273**
Semper, Gottfried 180
Siebert, Bernhard 54-56, 140, 142, 145, 269, **274**, 278
Siegel, K. 57
Siemers, Edmund J. A. 150 f.
Sill, Klaus 154
Sill, Otto 8
Sobek, Werner 10, 225, 270, **274**
Sonnin, Ernst Georg(e) 188 f., **274**
Speckbötel, Theodor 13, 64, 150, **275**
Spengelin, Ingeborg und Friedrich 76
Spiegel, Hans 234
Stein 219
Steinfeld, Karl 253, **275**
Steuerwald, Manfred O. 227
Stiglat, Klaus 12, 16
Stoeß, Hermann 247
Störmer, Rolf 220 f.
Streb, Ferdinand 15, 243, 276
Strebel, Erwin 162
Streck, Alfred 275
Stübbing, Dieter 211
Stuhlmann, Carl 57
Sucksdorf, Willy 37
Suhr 279
T
Talkenberg, Günter 204
Tamms, Friedrich 201
Tasche, Martin 16
Telford, Thomas 13
Temporini, R. 264
Thiele, Günther 250
Thielen, Georg 30, 32, 122
Timm, (G.) Georg 15, 62, 66, 243, **276**
Timm, Günter (a) 227, **276**
Timm, Günter (b) 270, **276**
Timmermann, Christian 271

Trautwein, Fritz 243, 249 f.
Trog, Ernst 148 f.
U
Ulsch, Otto 40
Unger-Nyborg, Erik 52, 207, 210, **277**
Usinger, Ferdinand 58, 61
V
Vermehren, Eduard 122
Viol, Artur 32
Vogel, Udo 269
Vortmann, Wilhelm 62
W
Waldschmidt, Hans-Jost 250
Warnholz, Eckert 204
Wayss, Gustav Adolf 32
Weber, Gerhard 170
Weber, Klaus 149
Weber, Martin 272, **277**
Wegner, Franz Josef 68
Weller, Florian 227
Wellermann, Friedrich 49
Wellhausen, Georg 250
Weltsch, Willy 37, 57, **278**
Westphal, Otto 58
Westphalen, Adolph Libert 26, 128, **278**
Wetzel, Markus 279
Wetzel, Wilhelm 279
Wiemer, H. 154
Wilhelm, Viktor 225
Wilken, Christoph 273
Winand, Carl 36
Windels, Rolf 269, **278**
Winkel, Leo 198
Winking, Bernhard 10
Wischer, F. 57
Wolkenhauer, D. 249
Wollmann, Gerhard 279
Wood, Isaiah 180, 192
Wülfken 192
Wulff, Heinrich 122, **279**
Wurzer, Otto 269
Z
Zerna, Wolfgang 258
Zess, Hermann 243
Zimmermann, Carl Johann Christian 23
Zimmermann, Wolfgang 257
Zippel, Hermann **279**

Zoder, Max 100
Zollinger, Friedrich 238
Zombeck, Paul 198
Züblin, Eduard 48

Büros, Firmen, Institutionen

A

A. Lüthke & Co., Reismühle → Euryza

A. Plattner KG, Holzbau 261

AC Architekten 180

AG »Weser«, Schiffswerft 236

ABJ Architekten und Ingenieure 117

AEG AG 12, 102, 266

AHI-Bau – Allgemeine Hoch- und Ingenieurbau-AG 57, 240 f., 260

AIV → Architekten- und Ingenieurverein zu Hamburg

Actien-Gesellschaft Peiner Walzwerk 66

Airbus SE 110-112, 114, 116 f., 247, 268, 270 f., 273

Airplan GmbH, Ingenieurgesellschaft für Flughafenbau 117

Aktiengesellschaft für Eisenindustrie und Brückenbau (vorm. Johann Caspar Harkort) 122, 128, 184

Aktiengesellschaft Hein, Lehmann & Co, Stahlbau 168

Allgemeine Hochbau-Gesellschaft AG → AHI-Bau

Allgemeine Reisgesellschaft 257

Alpinebau Deutschland AG 90

Alstria Office Reit AG, Immobilien 173

Altonaer Gas- und Wasserwerke GmbH 139

Altonaer Quai- und Lagerhaus-Gesellschaft 131

Amberg Engineering, Ingenieurbüro 165

Amt für Ingenieurwesen → Tiefbauamt der Stadt Hamburg

Amt für kriegswichtigen Einsatz 279

Amt für Strom- und Hafenbau → Hamburg Port Authority

Anna M. M. Vogel und Robert Vogel KG, Immobilien 72

Architekten Gössler 218 f.

Architekten- und Ingenieurverein zu Hamburg 13, 23, 25, 31, 48

Architektur- und Ingenieurbüro Gustav Schrader → Gustav Schrader

Arikon Hoch- und Ingenieurbau 88

Asbest- und Gummiwerke Alfred Calmon 20

Assmann Beraten + Planen GmbH, Ingenieurbüro 103, 210, 257

Atmer & Marlow, Architekturbüro 68, 250

Aug. Klönne, Stahlbau 29, 32

Aug. Prien Bauunternehmung GmbH & Co. KG 52, 165

August Stock, Ziegelei 252

Aurelius Immobilien AG 83

Auto Wichert GmbH 102

Averdung Ingenieure 201

Axel Springer Verlag AG 263

B

Bach & Wischer, Architekturbüro 27

Bade & Co., Maschinenbau 19

BASF SE 259, 267

BAT – British American Tobacco (Germany) GmbH → BAT-Haus

von Bassewitz Limbrock Partner GmbH, Architekturbüro 83

Bau- und Montagegesellschaft mbH 249

Bau-Verein zu Hamburg AG 235

Baubehörde Hamburg 8, 20, 23, 26, 31, 53 f., 67, 157, 200, 208, 214, 263, 265, 268, 270, 278 f.

Baudeputation → Baubehörde

Baudyn GmbH, Ingenieurbüro 22, 264

Bauhütte »Bauwohl« 64, 99, 170

Bauschule Hamburg 274, 276

Bechem & Post, Maschinenfabrik 37

Becken Development GmbH, Immobilien 72

Behörde für Stadtentwicklung und Umwelt 269

Behnisch Architekten 90

Behr & Mathew GmbH, Handel 38, 271

Berlin-Anhaltische Maschinenbau Aktiengesellschaft 24

Berliner Cementbau AG 238

Berliner Hotelgesellschaft 49

Berliner Maschinenbau AG, vorm. L. Schwartzkopff 266

Bernhard-Nocht-Institut 49

Bernhard Winking Architekten 68

Beton- und Monierbau AG 57, 68, 76, 83, 157, 220, 246, 258

Betonbaugeschäft Hermann Deimling 19

BIG Bringe Ingenieurgesellschaft mbH 211, 252 f.

Bilfinger Berger AG, Baufirma 14, 90, 157, 165

Birdair Inc., Baufirma 227

Bischoff & Rodatz GmbH, Wollgarnfabrik 257

Block & Hochfeld, Architekturbüro 37

Blohm & Voss, Schiffswerft 110 f.

Bobeth + Sommer, Ingenieurbüro 225

Bochumer Verein, Stahlwerk 272

Böttcher & Gessner, Maschinenbau 275

Boldt & Frings, Architekturbüro 31

Boswau & Knauer AG, Baufirma 49 f., 260, 270

Bothe Richter Teherani, Architekturbüro 68, 86

BP – Deutsche BP 21

Breest & Co., Stahlbau 12, 38, 58, 207, 246, 271

Brüggemann – Friedrichsen – Reimers, Architekturbüro 180

Büro für Ingenieurbau → WTM Engineers

Bundesanstalt für Straßenbau 275

Bundesanstalt für Wasserbau 275

BÜROS, FIRMEN, INSTITUTIONEN

Bundesingenieurkammer 16, 272

Bundesvereinigung der Prüfingenieure 276

Bundesverteidigungsministerium 157

Bundeswehr 157

Bundeswehrhochschule → Helmut-Schmidt-Universität

Burmann + Mandel, Ingenieurbüro 117

C

Carl Brandt, Baufirma 10, 19, 49 f., 62, 150, 260, 262

Carl Flohr, Maschinenbau 46

Carl Schütt, Baufirma 117

Carl Spaeter GmbH, Stahlbau 15, 25, 37, 64, 103, 105, 243, 267

Carl Th. Schröder, Mietfabrik 99

Carl Zeiss AG 134

C. Baresel AG, Baufirma 259

C. Heckmann AG Kupfer- und Messingwerke 264

C. Heinrich Martin Bauer, Baufirma 184

C. Mackprang jr. GmbH & Co. KG → Getreide-Terminal Hamburg

C. H. Boehringer Sohn, Chemiefabrik 261

C. L. Jebens, Weinhandel 271

C. H. F. Müller, Röntgenröhrenfabrik 20, 99

Chemische Werke Reiherstieg 261

Christian Friedrich Köster, Tuchfabrik 263

Christiani & Nielsen (Ingenieurbau AG) 40, 103, 274

Christoph & Unmack AG, Holzbau 35

Collorio, Ingenieurbüro 257

Coutinho, Caro + Co., Handel 277

Conz Elektrizitäts-GmbH, Maschinenbau 275

D

D. Grove, Maschinenbau 37

D. P. Bruhn GmbH, Schrotmühle 265

David Chipperfield Architects 52

DBN Planungsgruppe, Ingenieurbüro 80

DDP Deuteron Development Gesellschaft für Projektentwicklung und Consulting mbH 227

Dea – Deutsche Erdoel AG 275

Denkmalschutzamt Hamburg 25, 67, 71, 74, 149, 169, 194, 197, 213, 222, 234

Detaillistenkammer 38, 263

Deutsche Aerospace Airbus GmbH → Airbus SE

Deutsche Afrika-Linien GmbH & Co. KG (DAL) 136

Deutsche Barets Bautechnik 249

Deutsche Grundbesitz Investmentgesellschaft mbH 54, 80

Deutsche Lufthansa AG → Lufthansa Technik AG

Deutsche Porenbeton GmbH 248

Deutsche Post 37, 152, 263

Deutsche Reichsbahn 10

Deutsche Reichsbank 53

Deutsche Reichspost → Deutsche Post

Deutsche Schiff- und Maschinenbau AG → Vulcan-Werft

Deutscher Betonverein 267

Deutscher Ring, Versicherung 65, 273

Deutscher Tennisbund → DTB-Rotherbaum Turnier GmbH

Deutsche Werft AG 271

Deutsches Reich 123, 198, 204

Deutsches Wohnungshilfswerk (DHW) 41, 246

Deutschnationaler Handlungsgehilfenverband (DHV) 62-67, 276

Deutz AG 271

DG Hyp – Deutsche Genossenschafts-Hypothekenbank AG 277

Dinse, Feest, Zurl, Architekturbüro 150, 173

Dipl.-Ing. Jelinek GmbH 265

Distel & Grubitz, Architekturbüro 37, 58, 64, 100, 150, 170

Döbler & Co., Stahlbau 58, 267

Donges Stahlbau GmbH 103, 117, 270

Dorsch-Gehrmann, Ingenieurbüro 103

Dr. Binnewies GmbH, Ingenieurbüro 14, 54, 62, 68, 71 f., 86 f., 90, 117, 258

Dr. Heinr. Traun & Söhne, Kautschukwerke 261

Dr. Ing. Kuball & Kölling → Kuball & Kölling

DSD Dillinger Stahlbau GmbH 157

DTB-Rotherbaum Turnier GmbH 225 f.

Dücker & Co., Baufirma 99

DWM – Deutsche Waffen- und Munitionsfabriken AG 266

Dyckerhoff & Widmann AG 23, 49, 52 f., 57, 68, 103, 117, 132, 134, 139 f., 150, 154 f., 165, 210, 214, 216, 243, 259 f., 266, 269 f., 278

E

E. Hoyer, Baufirma 34

E. Seidler & Spielberg, Stahlbau 64

E. A. Wilkens & Co. oHG, Baufirma 268

Ed. Züblin, Baufirma 19, 88, 165, 260

Eisenwerk vorm. Nagel & Kaemp AG → Kampnagel

Eggers Tiefbau 117, 227

Elbphilharmonie Hamburg Bau GmbH & Co. KG 175

Elingius + Schramm → Schramm, von Bassewitz, Hupertz

Emil Steidle GmbH & Co. KG, Baufirma 259

Erdbaulaboratorium Dr.-Ing. Karl Steinfeld → Steinfeld und Partner

Ergo Group Aktiengesellschaft → Hamburg-Mannheimer Versicherungs-AG

Erwin Kalinna Fassadenbau 157

Esso Deutschland GmbH 263 f.

European X-Ray Free-Electron Laser Facility GmbH 165

Euryza GmbH, Reismühle 132, 136, 265

Evangelisch-lutherische Heiligengeistgemeinde (Barmbek) 196

F

F101 Architekten 214

F. und B. Hufnagel, Ingenieurbüro 117

F. A. Neumann, Maschinenbau 24

F. Reyher Nchfg. GmbH & Co. KG, Handel 277

F. Richter, Maschinenbau 265

F. Thörls Vereinigte Harburger Oelfabriken AG 11, 25, 83

F. W. & H. Förster, Ingenieurbüro und Baufirma 40

Feichtinger Architekten 121

Feimann Engineering, Ingenieurbüro 118

Flender AG, Stahlbau 170

Floder & Simons, Architekturbüro 210

Förderverein »Mahnmal St. Nikolai« 183

Form TL Ingenieure für Tragwerk und Leichtbau GmbH 90

Fr. Holst Hoch- und Tiefbau 57, 142, 223

Frankipfahl Baugesellschaft mbH 142

Franz Glogner, Baufirma 239

Franz Potenberg, Baufirma 15

Franz Schurig, Handel 58, 61

Freie Stadt GmbH, Immobilien 239, 248 f.

Freie und Hansestadt Hamburg 28, 103, 109, 122, 124 f. 148 f., 150, 154, 170, 175, 180, 183, 186, 198, 204, 207, 210 f., 214, 223, 243, 246 f., 261, 268, 278 f.

Freilichtmuseum am Kiekeberg, Ehestorf 41

Friedrich Straube GmbH, Immobilien 265

G

G+H Isolierung GmbH 103

G. Koeber's Eisenhütte 100

Garten & Kahl, Architekturbüro 23

Gebr. Andersen, Stahlbau 58

Gebr. Corniels GmbH, Stahlbau 117

Gebr. Körting, Maschinenbau 153

Gemeinnützige Aktiengesellschaft für Angestellten-Heimstätten (Gagfah) 65

Gemeinnützige Siedlungs-Aktiengesellschaft Altona (Saga) → Saga

Georg Dittmer & Co., Baufirma 162

von Gerkan, Marg und Partner, Architekturbüro 103, 117, 160, 220, 272, 277

Gesellschaft für Bautechnikgeschichte 16

Getreideheber-Gesellschaft 39

Getreide-Terminal Hamburg 140, 142, 145

Gg. Noell & Co., Stahlbau 192, 193

Gottfried Hagen AG, Holzbau 232 f.

Greenpeace, Technische Basis Rethedamm 277

Großeinkaufs-Gesellschaft Deutscher Konsumvereine mbH (GEG) 38, 99, 139

Grün & Bilfinger AG, Baufirma 68, 76

Grundbauingenieure Steinfeld und Partner → Steinfeld und Partner

Grundstücksgesellschaft Karl-Muck-Platz GmbH & Co. KG 62

Gruner + Jahr Deutschland GmbH, Verlag 79, 258, 277

Günther Franke Gruber Bauherren GmbH, Immobilien 261

Guhl & Harbeck, Maschinenbau 257

Gustav Schrader, Architektur- und Ingenieurbüro 36, 100, 122, 257

GWG Gesellschaft für Wohnen und Bauen GmbH 252

H

H. Hagn & Söhne, Ingenieurbüro 99

H. Magens, Transportbeton 265

H. A. Schulte, Stahlbau 38

H. C. Dehn, Maschinenbau 40 f., 48, 260

H. C. Hagemann GmbH, Baufirma 150, 266

H. C. E. Eggers & Co. → Stahlbau Eggers GmbH

Hamburg-Amerikanische Packetfahrt-Actien-Gesellschaft → Hapag

Hamburg Energie GmbH 201

Hamburg-Mannheimer Versicherungs-AG 76 f., 263, 270

Hamburg Port Authority (HPA) 10, 132, 268

Hamburg Wasser 10, 220

Hamburger Eisenbetonwerk 52

Hamburger Feuerkasse 26

Hamburger Flugzeugbau GmbH (HFB) 110-113

Hamburger Freihafen-Lagerhaus-Gesellschaft (HFLG) → Hamburger Hafen- und Lagerhaus-Aktiengesellschaft

Hamburger Gaswerke (HGW) 24, 262 f., 265, 269 f.

Hamburger Hafen- und Lagerhaus-Aktiengesellschaft (HHLA) 121 f., 124 f., 128, 130 f., 136, 144, 261, 268

Hamburger Heimstätten Gemeinschaft GmbH 238

Hamburger Hochbahn AG 81, 88, 100, 270, 274

Hamburger Renn-Club e.V. 218 f.

Hamburger Sportverein (HSV) 227

Hamburger Wasserwerke GmbH → Hamburg Wasser

Hamburgische Bürgerschaft 264

Hamburgische Electricitätswerke AG (HEW) 21, 130, 258, 263, 265, 269 f.

Hamburgische Ingenieurkammer-Bau 272

Hamburgische Schiffbau-Versuchsanstalt GmbH 162

Hamburgische Wissenschaftliche Stiftung 151

Hamburgplan GmbH 276

Hammers & Co. Betonbau GmbH → Paul Hammers AG

Handelskammer Hamburg 88 f.

Hans Jordan KG 268

Hansa-Mühle AG → Oelmühle Hamburg AG

Hansa Lagerhaus Ströh 142, 145

Hanseatische Verlagsgesellschaft 65

Hanssen & Meerwein, Architekturbüro 32, 118, 122

Hanssen & Studt, Handel 127

Hapag 50, 53, 257, 259

Harburger Eisen- und Bronzewerke 100

Harburger Gummi-Kamm-Co. 161

Haus der Photographie 210

Hegger Hegger Schleiff, Architekturbüro 201

Heilit & Woerner, Baufirma 103

Heilmann & Littmann AG, Baufirma 183, 192

Heimstätte GmbH, Wohnheim 64, 265

Heinle, Wischer und Partner, Architekturbüro 157

Heinrich Bauer Verlag 267

Heinrich Höpner, Baufirma 200

Heinrich Krog Montagebau 250

Heitmann AG, Baufirma 103

Heitkamp GmbH, Baufirma 103

Helmut Fischer GmbH, Baufirma 160

Helmut-Schmidt-Universität 157-159, 265, 271, 279

Hennicke & Goos, Ingenieurbüro 18 f., 30, 32, 37, 264, 279

Henning Larsen, Ingenieurbüro 90

Hentrich-Petschnigg & Partner, Architekturbüro 68, 70, 72

Hermann Michaelsen, Gießerei 100, 102

Hermann Möller, Baufirma 103, 214, 246

Herrenknecht AG, Maschinenbau 167

Herzog & de Meuron Architekten AG 175

HEW → Hamburgische Electricitätswerke AG

HGW → Hamburger Gaswerke

HHP-Berlin, Ingenieurbüro 90

HKP Ingenieure 90

Hobel- und Sägewerk Reiherstieg GmbH 232

Hochbauamt Altona 35, 57

Hochbauamt Hamburg 8, 23, 57, 148 f., 198, 200, 209 f., 247, 268

Hochtief AG 68, 83, 90, 165, 175, 260

Höhler + Partner, Architekturbüro 90

Hörter + Trautmann, Architekturbüro 88

Holsten-Brauerei AG 98 f.

Holzbau-Industriellenverband 233

Hopp + Jäger, Architekturbüro 180, 184, 192, 194, 234, 243

Horstmann + Berger, Ingenieurbüro 90

Howaldtswerke, Schiffswerft 236

HPP Architekten GmbH → Hentrich-Petschnigg & Partner

HSV-Stadion HSV-Vermögensverwaltung GmbH & Co. 227

Hüser & Cie., Betonwerk 265

I

IBA Hamburg GmbH 201

IBM Deutschland GmbH 259

IGB Ingenieurgesellschaft mbH 80, 117, 261, 272

ITA Ingenieurgesellschaft für Technische Akustik 90

Iduna Versicherung 20, 265

Ikea 277

BÜROS, FIRMEN, INSTITUTIONEN

Ilseder Hütte (AG) 66, 269
Industrie-Bau Nord KG 140
Ingenieurbüro für Baustatik (a) → Assmann Beraten und Planen GmbH
Ingenieurbüro für Baustatik (b) → Günter Timm (a)
Ingenieurbüro für Grundbau → Steinfeld und Partner
Ingenieurbüro für Grundbau, Bodenmechanik und Umwelttechnik → IGB Ingenieurgesellschaft GmbH
Ingenieurbüro Grassl GmbH 214
Ingenieurschule für Bauwesen → Bauschule Hamburg
Institute für Allgemeine Botanik / Angewandte Botanik 149
Institution of Civil Engineers 13

J
J. Janssen Schütt GmbH, Stahlbau 38, 58, 62, 99
J. Kriegeris & Co. → Kriegeris Söhne GmbH
J. A. Topf & Söhne, Maschinenbau 99
J. A. Schlüter Söhne, Autoreparatur 263
J. F. Müller & Sohn AG, Handel 36
J. F. M. Blatt & Söhne, Baufirma 150
Jan Klinker Architekten 275
Jan Störmer & Partner 207, 210
Janssen & Schmilinsky, Schiffswerft 278
Joh. C. Tecklenborg AG, Schiffswerft 236
Joh. Wilh. von Eicken GmbH, Tabakfabrik 257
Johann Caspar Harkort → Aktiengesellschaft für Eisenindustrie und Brückenbau
Johannes Reif, Baufirma 57, 198, 200
Johannes Ströh Mühlenwerke 142
Josef Möbius Bau-AG 110, 117, 268
Joseph Hoffmann & Söhne AG, Baufirma 247
Julius Berger Nigeria plc., Baufirma 261

Julius Busch KG, Bäckerei 99, 142, 267

K
Kali-Transport Gesellschaft mbH 132, 139
Kali + Salz AG 139, 277
Kampnagel AG, Maschinenbau 13, 265, 275
Karlsruher Institut für Technologie 8
Kell & Löser Ingenieure 99, 196 f., 260, 267
Kempert + Partner Geotechnik GmbH 117
Kiessler + Partner, Architekturbüro 79
Kirchengemeinde St. Jacobi 192
Kirchengemeinde St. Michaelis 188
Kirchengemeinde St. Nikolai 180
Kirchengemeinde St. Petri 184
Kleffel Papay Warncke, Architekturbüro 57, 62, 80, 170
Kleffel, Köhnholdt + Partner → Kleffel Papay Warncke
Klöckner-Wilhelmsburger, Maschinenbau 273
Klophaus, Schoch, zu Putlitz, Architekturbüro 57
Klotz & Co., Ingenieurbüro 142
Königlich Sächsische Staatseisenbahn 259
Körting Ingenieure GmbH 118
Köster AG, Baufirma 117
Kohl, Neels & Eisfeld, Maschinenbau 103
Kohlen-, Koks- und Anthracitwerke Gustav Schulz GmbH 257
Koit High-Tex, Baufirma 223
Konsortium Bieberhaus 173
Konsum-, Bau- und Sparverein »Produktion« e.G. mbH 64, 96, 267
Kramer-Albrecht Ingenieurgesellschaft mbH & Co. KG 260, 264
Kriegeris Söhne GmbH, Baufirma 15, 68, 157, 220, 243, 265

Krupp Stahlbau + Stahlhandel 76
K+S Transport GmbH → Kali-Transport Gesellschaft
Kuball & Kölling, Ingenieurbüro 25, 57, 64, 192 f., 265
Kuehn Malvezzi Architects 52
Kufeke, Nährmittelfabrik 275

L
L. Berringer Nachf., Baufirma 40
L. Possehl & Co., Handel 13
Lahmann & Co., Baufirma 68, 72, 222
Landesversicherungsanstalt Hamburg 269
Larsen & Nielsen, Montagebau 248 f., 263
Leder-Schüler-Werke (Erich Schüler) 25, 265
Lehmann & Hildebrandt, Papierfabrik 99
Lehmann & Partner, Architekturbüro 162, 164
Lenz-Bau AG, Baufirma 170, 214
Leonhardt und Andrä, Ingenieurbüro 68, 72, 157, 165, 220 f., 259, 266, 271
Licht 01 Lighting Design 90
Löser Bauunternehmung KG 267
Lockwood Greene, Architects and Engineers 269
LSB-Gesellschaft für Lärmschutz 103
Luetkens Staak Ingenieure 162, 164, 270 f.
Lühmann & Martienssen, Ingenieurbüro 58
Lufthansa Technik AG 10, 103-109, 257, 263
Lundt & Kallmorgen, Architekturbüro 40, 58

M
M. Czarnikow & Co., Baufirma 196, 218, 260
Magnus Müller GmbH & Co. KG, Baufirma 225
MAN – Maschinenfabrik Augsburg-Nürnberg AG 122, 154, 188, 190

von Mansberg Wiskott und Partner, Architekturbüro 88
Margarine Union Hamburg GmbH → Unilever Deutschland
Markovic Ronai Lütjen Voss, Architekturbüro 118, 222
Maschinenbau-AG Nürnberg → MAN
Massachusetts Institute of Technology in Cambridge (USA) 154
Maude & Co., Handel 183
Max Bahr, Sackfabrik 261
Max Giese Bau GmbH 243
Melhose & Opel, Baufirma 99
Menard Soltraitement, Baufirma 117
Messerschmitt-Bölkow-Blohm GmbH (MBB) 110, 117
Michaelis, Getreidehandel 142
Möbelkraft, Handel 276
Mönckeberghaus Verwaltungsgesellschaft mbH 61
Montagebau Thiele GmbH & Co. → Paul Thiele AG
Montagebau Trautsch GmbH 192
MOW Olschok Westenberger & Partner, Architekturbüro 148
Müller-Altvater, Baufirma 117

N
N. Rella & Neffe, Baufirma 259 f.
Nagel & Kaemp → Kampnagel
Neue Heimat Gemeinnützige Wohnungs- und Siedlungsgesellschaft mbH 240 f., 246, 249, 252
Neugebauer & Schybilski Nachf., Baufirma 57, 100, 132, 278
Neuhof Hafengesellschaft mbH 142
New-York-Hamburger Gummi-Waaren Compagnie 99
Nipp, Baufirma 157
Noblee & Thörl, Ölmühle 265

Norddeutsche Affinerie AG (heute Aurubis) 16, 21, 264, 275
Norddeutsche Kohlen- und Cokes-Werke 257
Norddeutsche Ölwerke Schmidt & Co. 40
Norddeutsche Schleifmittel-Industrie Christiansen & Co. 275

O

Obermeyer Planen + Beraten GmbH, Ingenieurbüro 103
Oelmühle Hamburg AG (heute ADM) 260, 264
Oelwerke Teutonia GmbH 40
Ottenser Maschinenfabrik J. F. Ahrens 100
Otto Schultz, Baufirma 36, 40, 196 f.
Otto Wulff Baugesellschaft 118

P

Pagendarm GmbH, Maschinenbau 14
Palmin-Werke von H. Schlinck & Cie. AG 99
Patriotische Gesellschaft 274
Patschan Winking, Architekturbüro 103
Paul Dose, Baufirma 250
Paul Dürkopp, Baufirma 265
Paul Hammers AG, Baufirma 33, 57, 68, 76, 103, 220, 249, 262 f.
Paul Kossel & Cie., Baufirma 96, 142, 210, 238, 246
Paul Thiele AG, Baufirma 200, 222, 247 f., 249-251
pbr Planungsbüro Rohling, Architekturbüro 211
Peter Bartram und Partner, Ingenieurbüro 201
Peters Windels Timm → WTM Engineers GmbH
Peter Tamm sen. Stiftung 118
Pfefferkorn Ingenieure 90
Pfeifer Seil- und Hebetechnik GmbH 223, 227
Philipp Holzmann AG 18, 54 f., 57, 76, 103, 122, 132, 142, 165, 223, 225, 246, 268, 270, 274, 278

Philips 20, 64, 99, 275
Phoenix AG, Kautschukwerke 139, 264
Pinck Ingenieure Consulting GmbH 201
Plan-R Architekturbüro Joachim Reinig 188
Plötner & Weiß, Architekturbüro 99
Poggensee, Ingenieurbüro 117
Polensky & Zöllner, Baufirma 248
Preusse Baubetriebe GmbH 103
Preußische Bergwerks- und Hütten-AG (Preussag) 247, 261
»Produktion« → Konsum-, Bau- und Sparverein »Produktion«
PSP Architekten Ingenieure 117
Puls & Richter, Architekturbüro 38
Puttfacken & Janda, Architekturbüro 122

R

R. Hagermann und Partner, Architekturbüro 117
R. Wolf, Maschinenbau 265
Radioröhrenfabrik GmbH → Philips
Rambatz & Jolasse, Architekturbüro 49, 173
Redlich & Krämer, Ingenieurbüro 218
Reemtsma Cigarettenfabriken GmbH 272
Reese & Wichmann, Schokoladenfabrik 275
Reichsarbeitsdienst 233 f.
Reichsarbeitsministerium 246 f.
Reichsgetreidestelle 143
Reichsminister für Bewaffnung und Munition 201
Reichsstelle für Baustatik 261
Renner Hainke Wirth, Architekturbüro 103, 165
Rheinische Stahlwerke AG 64
Rheinstahl Eggers & Friedrich Kehrhahn GmbH → Stahlbau Eggers
Richard Ditting GmbH & Co. KG, Baufirma 86

RIG – Dr. Rieger Ingenieurgesellschaft GmbH 270
Robert Vogel GmbH & Co. KG, Immobilien 86
Röper & Staacke, Handel 46
Ruberoid-Gesellschaft mbH 257
Rud. Otto Meyer, Maschinenbau 37, 58, 103, 153
Rudolf F. Blecken, Zimmerei 40
Rudolf Karstadt AG, Handel 26, 58, 263
Rudolf Seeland KG Stahlbetonbau 192, 222, 272
Rudolf Wolle, Baufirma 196

S

Sachs & Pohlmann AG, Baufirma 26, 46, 173
Saga, Immobilien 243 f., 247-251
Sailer Stepan Bloos, Ingenieurbüro 79
Schaar & Hintzpeter, Architekturbüro 100
Schlaich, Bergermann und Partner, Ingenieurbüro 117, 160, 223, 227, 271, 274
Schmitz & Riehemann, Stahlbau 117
Schnetzer Puskas International AG, Ingenieurbüro 175
Schrader und Timmermann, Baufirma 21
Schramm & Elingius → Schramm, von Bassewitz, Hupertz
Schramm + Pempelfort → Schramm, von Bassewitz, Hupertz
Schramm, von Bassewitz, Hupertz, Architekturbüro 140, 165, 214, 216, 225, 235 f., 250, 272, 277
Schwarz + Dr. Weber, Ingenieurbüro 79, 272
Schweger + Partner, Architekturbüro 54, 79, 188, 225
Sckopp & Vortmann, Architekturbüro 62, 64 f.
Sellhorn Ingenieurgesellschaft mbH 117, 188, 224, 273

Siebel-Werke ATG, Flugzeugbau 110
Siemens Bauunion GmbH 103, 214, 276
Siemens & Halske, Maschinenbau 277
Silcher, Werner + Redante, Architekturbüro 223
Silo P. Kruse, Handel 142, 145
Silospeicher Kommandit-Gesellschaft J. W. Boutin 118
Siporex Hamburg AG, Betonwerk 248, 250
Skanska Baugesellschaft mbH, Betonwerk 250
Sobek + Rieger, Ingenieure und Architekten 225, 270, 274
Societé Raymond Camus & Cie., Montagebau 249
Sommer Fassadensysteme, Stahlbau, Sicherheitstechnik GmbH & Co. KG 72
Spedition Süderelbe 276
Spiecker & Co., Beleuchtung 37
Spiegel-Verlag Rudolf Augstein GmbH & Co. KG 37, 90, 259
Sprinkenhof GmbH, Immobilien 211
Sprotte & Neve, Architekturbüro 33, 222
St. Pauli Turnverein 34 f.
Stadt Altona 204, 211
Stadt Hamburg → Freie und Hansestadt Hamburg
Stadtbauamt Altona 269
Stadtbäckerei 275
Stahlbau Eggers GmbH 18, 35, 37 f., 58, 68, 132, 170, 188, 243, 257
Stahlbau Lavis 103
Stahlbau Plauen GmbH 227
Stahlverbundbau Montex Friedrich Krupp GmbH 76
Stammann & Zinnow, Architekturbüro 122
Steffens & Nölle AG, Stahlbau 38, 266
Steidle + Partner, Architekturbüro 79
Steinfeld und Partner, Grundbauingenieure 117, 165, 227, 252 f., 275

Steinway & Sons, Pianofabrik 275

Stephen Williams Associates, Architekturbüro 52

Stiftung Deutsches Elektronen-Synchrotron 165

Strabag-Bau AG 76, 80, 117, 268

Strandkai 1 Projektentwicklung GmbH, Immobilien 90

Suka-Silo-Bau Heinrich Kling 140

Sunder-Plassmann, Architekturbüro 207

T

Tamm Ingenieure 168

Techniker Krankenkasse 277

Technische Staatslehranstalten Hamburg 19, 259

Technische Universität Hamburg-Harburg 264, 267 f., 270

Theo Urbach GmbH, Baufirma 72

Thörl AG → F. Thörls Vereinigte Harburger Oelfabriken AG

Th. Speckbötel GmbH, Ingenieur- und Architekturbüro 13, 275

Th. Zeise GmbH & Co., Schiffsschraubenfabrik 100

Thyssen AG 259, 264, 274

Tiefbauamt der Baubehörde Hamburg 20, 30, 52, 103, 105, 124, 207, 210-212, 214, 263, 268 f., 277, 279

Tiefbau- und Eisenbetongesellschaft mbH 278

Tivoli-Werke, Mälzerei 99, 265

Trapez-Architektur 154

Tretorn Gummi- und Asbestwerke AG 20, 258

Tuchmacheramt Neumünster 13

Turmbar, Gastronomie 200

U

Unilever Deutschland 68, 70, 90, 92

Union-Hüttenwerk 31

Union Investment Real Estate GmbH, Immobilien 68

Universität Hamburg 31, **148-156**, 260, 262 f., 266 f., 275, 277, 279

Unter Hamburg e.V. 142

Urban Project Raumdesign 224

V

Verband Deutscher Konsumgenossenschaften 37

Verein beratender Ingenieure (VBI) 275

Verein Bergedorfer Mühle e.V. 95

Verein der Freunde des Museums für Hamburgische Geschichte 160

Verein Deutscher Oelfabriken 25

Vereinigte Elbe-Schiffahrtsgesellschaften AG 38

Vereinigte Jutespinnereien und -webereien AG 139

Verlagsgesellschaft deutscher Konsumvereine 40

Volksfürsorge Versicherung 37, 267

Vulcan-Werft Hamburg 235 f., 257

W

Walter-Bau 103

Wasserbauamt Harburg-Wilhelmsburg 132

Wasserwerke Hannover 277

Wayss & Freytag AG 20, 23, 27, 32 f., 64, 68, 99, 154, 162, 165 f., 170, 200, 211, 222, 246, 258

WDR – Westdeutscher Rundfunk 259

Weber – Poll → WP Ingenieure Partnerschaft mbB

Werner Sobek Group GmbH 226

Weser-Flugzeugbau 110

Westfälische Bau-Industrie AG 99

Wetzel & von Seht, Ingenieurbüro 52, 88, 103, 173 f., 264, 279

Wiemer & Trachte, Baufirma 278

Wilh. Gail'sche Tonwerke AG 244

Willi-Bredel-Gesellschaft Geschichtswerkstatt e.V. 234

Windels Timm Morgen → WTM Engineers

Wohnungsverband Groß-Berlin 233

Wollmann + Wetzel → Wetzel & von Seht

WP Ingenieure Partnerschaft mbB 25, 90, 117, 188, 272, 277

Wucherpfennig-Hering, Ingenieurbüro 142

WTM Engineers GmbH 55, 57, 76, 80, 83, 103, 121, 140, 142, 145, 150, 157, 165, 170, 180, 222, 243, 269 f., 274, 276, 278

Z

Zauleck & Hormann, Architekturbüro 54

Zeit-Stiftung Ebelin und Gerd Bucerius 148

Zentrum für Kultur und Medien 274

Zippel und Suhr → Wetzel & von Seht

Zirkus Paul Busch 168 f.

Zirkus Renz 169

Züblin Spezialtiefbau GmbH → Ed. Züblin

Orte in Hamburg

1. Hafenstraße 25

A

Achtern Born 251
Adolphsplatz 88 f.
Alsenstraße 170
Alster 14, 18 f., 37, 50, 53, 93, 95, 275, 259, 265, 268, 270, 273
Alsterdorf 222, 273
Alsterfleet 52
Alstertor 267
Alsterufer 14, 76
Alte Seevestraße 100
Altengamme 93
Altengammer Elbdeich 93
Altenwallbrücke 58
Altenwerder 16, 277
Alter Fischmarkt 207
Alter Wall 37
Alter Wandrahm 122
Altona 8, 13, 14, 29, 35, 57, 68, 168, 200, 205, 211, 227, 257, 262 f., 265 f., 269-271, 273 f.
Altona-Altstadt 86, 131, 204, 239
Altona-Nord 99, 170
Altonaer Fischereihafen 86
Altonaer Straße 134
Altstadt (Hamburg) 46, 53 f., 57 f., 79 f., 88, 124 f., 150, 180, 184, 192, 200, 207, 210, 250
Am Alten Schlachthof 232
Am Botterbarg 247
Am Kaiserkai 175
Am Sandtorkai 38, 122, 124, 127, 130, 258, 268, 270, 274
Amundsenstraße 239
An der Alster 37, 49, 267
Angerstraße 40 f., 260
Anckelmannplatz 86, 258
Andreas-Meyer-Straße 261, 270
Archenholzstraße 249
Arnold-Heise-Straße 232
Ausschläger Allee 36, 270
Ausschläger Billdeich 263
Ausschläger Elbdeich 25
Australiastraße 132, 134

B

Baakenhafen 136 f.
Baakenhöft 132, 136
Bahnhofsplatz 26
Bahnhofstraße (Harburg) 40
Bahrenfeld 19, 100, 102, 139, 165-167, 227
Bahrenfelder See 19
Ballindamm 14, 53, 259, 265
Banksstraße 214
Barmbek 19, 200
Barmbeker Stichkanal 267
Barmbek-Nord 26, 57, 100, 162, 196, 240, 260, 267
Barnerstraße 277
Baumwall 54, 79, 257, 277 f.
Baursberg 266
Beerenweg 100, 102
Bei der Petrikirche 184
Bei der Schilleroper 168
Bei St. Annen 125, 130
Beim Alten Gaswerk 139
Beim Strohhause 40, 68
Berg 207
Bergedorf 93, 95, 252, 267, 270
Bergiusstraße 100
Bergstraße 187
Berliner Tor 200, 270
Bernadottestraße 35
Bernhard-Nocht-Straße 49
Besenbinderhof 37, 64, 263
Billbrook 249, 275
Bille 95, 268
Billhorner Brückenstraße 200
Billhorner Kanal 19
Billhorner Mühlenweg 19
Billstedt 34, 249
Billwerder 196
Billwerder Billdeich 196
Billwerder Neuer Deich 261
Binnenhafen 124 f.
Blankenese 277
Bleichenfleet 52 f.
Blumensand 132, 138, 142, 234
Bodelschwinghstraße 273
Böhmkenstraße 276
Bornstraße 102

Brahmsallee 243
Bramfelder Straße 162, 277
Brandsende 250
Brandstwiete 37, 80, 82, 264, 269
Brockesstraße 198, 200
Brook 122
Brooktorhafen 118, 121
Brooktorkai 122, 130, 269
Budapester Straße 35
Bullerdeich 263, 268
Bundesstraße 277
Burchardkai 261
Burchardplatz 57
Burchardstraße 57, 263, 265, 267, 269

C

Caffamacherreihe 23, 279
Chrysanderstraße 93
Chicagokai 274
City Nord 76 f., 79, 263
Conventstraße 99, 267
Cremon 271
Curslaker Deich 93

D

Dammtor 30 f., 35, 151, 258
Dammtordamm 22, 264
Dammtorstraße 37, 170 f.
Dammtorwall 68, 259, 267
Deichtor 23, 29, 207 f., 271
Deichtorplatz 26, 207
Deichtorstraße 207
Derbyweg 222
Dessauer Ufer 131
Dienerreihe 130
Dörpkamp 279
Dorotheenstraße 20, 265
Dosseweg 251
Dovenfleet 264
Dradenau 16, 276, 277
Düsternstraße 277
Duisburger Straße 257

E

Edgar-Engelhard-Kai 86
Edmund-Siemers-Allee 150
Eggers Allee 35
Eldelstedt 14, 99, 246, 273
Eidelstedter Platz 258
Eiffestraße 24, 96, 276
Eilbek 99, 200
Eimsbüttel 192, 273

ORTE AUSSERHALB HAMBURGS

Waltershof 16
Wandrahm 124
Wandsbek 234, 249, 258
Washingtonallee 239
Weberstraße 20
Weg beim Jäger 103
Weidestraße 20, 258
Wendenstraße
   96, 99, 142, 275
Westerweiden 110
Westlicher Bahnhofskanal
   11, 83, 85
Westphalensweg 57, 265
Wiesendamm 200, 267
Wilhelm-Metzger-Straße
   263
Wilhelm-Raabe-Weg 234
Wilhelmsburg 16, 93, 99,
   132, 140, 142, 201 f., 232,
   234, 258, 273, 277
Willy-Brandt-Straße
   80, 82, 180, 183
Winterhude 19 f., 76
Wohldorfer Wald 234
Wohlwillstraße 271
Worthdamm 257

Z

Zirkusweg 80, 168
Zollkanal 122, 124 f.
Zollvereinsstraße 36

**Orte außerhalb
Hamburgs**

A

Aachen 259, 268
Aalen 274
Ahrensburg 13, 277
Alt Garge 248
Altmark 20
Alveslohe 275
Amsterdam 182, 246
Antwerpen 64
Arnheim 182

B

Bad Doberan 218
Bad Wildungen 268
Baden-Württemberg 16
Balduinstein 260
Barmen (Wuppertal) 275
Basel 260
Belgien 235
Bendorf 260
Bentschen 196
Berlin 12, 16, 32, 38, 46,
   49, 86, 137, 148 f., 184,
   186 f., 201, 218, 222, 233,
   238, 241, 246 f., 258,
   260 f., 264, 266-272,
   274, 278
Bernburg (Saale) 271, 277
Bielefeld 194
Bittkau 20
Bochum 262, 272
Bonn 265
Bordesholm 20
Brahlstorf 275
Braunschweig 241, 257 f.,
   268, 270 f., 273
Bremen 96, 236, 238, 246,
   258, 268, 278
Bremerhaven 236, 269
Breslau 218, 278
Buchholz 112, 276
Budapest 134, 260
Buschdorf b. Posen 270
Buxtehude 264, 266

C

Cambridge (Massachusetts,
   USA) 154
Champigny-sur-Marne 218
Chicago 59, 128
Colmar 261
Cottbus 216
Creglingen 270

Czersk (Pommern) 272

D

Dänemark 249, 277
Danzig 274, 279
Darmstadt
   261, 263, 270, 272
Davos 271
Döbeln 265
Dortmund 257, 270, 278
Dresden 259 f., 267, 272
Düsseldorf 258-260, 262
Duisburg 267

E

Eckental 270
Eckernförde 265
England
   93, 95, 128, 180, 235
Ergolding 276
Erkrath-Unterbach 41
Erlenbach (Odenwald) 272
Essen 31, 262

F

Feuerbach (Baden) 260
Finnland 234, 271
Flandern 93
Flensburg 262
Frankfurt (Oder) 264
Frankfurt am Main
   106, 134, 216, 246, 257 f.,
   260, 268, 270-272
Frankreich 248, 250
Fredericia 277
Fürstenwalde/Spree 261

G

Geesthacht 246, 268, 273
Gießen 244
Glasgow 19
Gleiwitz 187
Gollnow (Pommern) 276
Griechenland 274
Großbritannien
   13, 233, 243-245
Groß-Zeisig 248
Güster 20

H

Haifa 278
Halle (Saale) 274
Hamm 271
Hannover 184, 258, 261 f.,
   268-271, 274 f., 277 f.
Harksheide (Norderstedt)
   15
Heide 275

310 ANHANG – REGISTER

Heiligenberg (Bodensee) 259
Helgoland 274
Helsinki 271
Hemmoor 269 f.
Hetlingen 275
Höxter 261
Holland 94
Hoyerswerda 248

I
Iller 259
Indien 271, 273
Ingelheim 261
Isny 269
Israel 278
Italien 198

J
Jena 274
Jugenheim (Hessen) 267

K
Kalkutta 271
Kaltenkirchen 273
Karlsruhe 239, 259, 265, 269-271, 274, 276 f., 279
Kassel 265
Kellinghusen 183
Kempten 259
Kiel 40, 236, 258, 272, 275
Koblenz 267
Köln 64, 93, 105, 182, 186 f., 216, 218 f., 258-260, 266, 268 f., 271
Kopenhagen 249
Kolberg 269
Kreuz bei Dratzig 264
Kühnhausen 266
Küstrin 264

L
Langendreer (Bochum) 262
Langensalza 270
Langenschwalbach 269
Le Havre 31
Leipzig 196, 260, 267 f.
Libanon 273
Limburg 258
London 27 f., 128, 171
Ludwigsburg 259
Ludwigshafen am Rhein 247, 259, 267, 272, 278
Lübeck 258
Lüneburg 20, 274

M
Magdeburg 20, 128, 265
Makkah (Saudi-Arabien) 276
Malmö 250
Mannheim 218, 268, 276
Maputo (Mosambik) 277
Marl 74
Mecklenburg 268, 275
Memel 269
Merseburg 238
Minden 193
Mosambik 277
München 105, 157, 257, 260, 265 f., 268, 270-272, 274, 278

N
Neckarsulm 161
Neubukow 275
Neumünster 13, 263
New York 128, 269
Niederlande 248
Nigeria 261
Nordenham 114
Nordsee 111
Normandie 93
Norwegen 232, 234
Nürnberg 270

O
Oberkassel (Bonn) 265
Obernkirchen 183
Oelde 258
Österreich 278
Oldenburg 272
Osterwald (bei Hameln) 183

P
Pahlhude 183
Palästina 278
Paris 27, 30, 128, 184, 218, 249, 277
Peine 66, 269
Perleberg 274
Philadelphia (USA) 184
Pommern 274
Postelwitz 183
Potsdam 232
Prag 275, 278
Puttgarden 269

Q
Quitzow (Perleberg) 274

R
Rathenow 183
Rauße (bei Breslau) 264
Reinbek 277
Rendsburg 87
Rhein 32, 118
Rødby 269
Rominten 232
Rondeshagen 265
Rosenheim 260
Rostock 40, 262
Rottweil 274
Rouen 182
Rüdersdorf 247, 261
Ruhrgebiet 12, 262
Russland 232, 274

S
Sachsen 197
Saudi-Arabien 276
Schenefeld (bei Hamburg) 165-167, 250
Schönlanke 257
Schottland 95
Schwanau 167
Schweden 241, 250
Sheerness-on-Sea 128
Siegerland 272
Sigmaringen 259
Soltau 161
Spanien 264
Spielberg 239
Stade 276
Stadersand 247
Stadtoldendorf 257
Stetten 271
Stolberg im Harz 187
Stralsund 272
Straßburg 32, 141
Stuttgart 187, 258 f., 266, 268, 270 f., 274, 278
Swindemünde 269

T
Tansania 273
Tel Aviv 278
Tessin 216
Timmendorf 264
Toulouse 114
Tübingen 261

U
Ulm 182, 259
USA 154, 266, 271, 273
Utrecht 182

V
Vastorf 20
Vouziers (Champagne) 262
Wedel 270

W
Weilheim in Oberbayern 259
Wenzendorf 112
Weser 269
Westensee 275
Westerweyhe 276
Wien 10, 187, 201, 259 f.
Wiesbaden 196, 260
Wildau 266
Wilster 275
Wittenberge / Elbe 13, 186
Wittorf (Neumünster) 13
Worms 260
Würzburg 268
Wustermark 260
Zeithain 278
Zürich 260

Stichworte

A

Airbus-Werk Finkenwerder 110-117, 247, 268, 270 f., 273

AKN Eisenbahn 273

Allbeton-Bauweise 250

Alsterpavillon 14 f., 49, 265, 276

Alsterschwimmhalle 220-222, 263, 265, 271

Alstertal-Einkaufszentrum 246

Alstertal-Lichtspiele 15

Alsterzentrum St. Georg 41

Alter Botanischer Garten 149, 258

Altonaer Volkspark 20, 22, 166, 227

Aluminiumhütte 16

Aquatoll Neckarsulm 161

Arbeiterkolonie Victoriastadt, Berlin 238

Asbest 20, 25

Atrium-Hochhaus, Berlin 241

Audimax 154-156, 221, 266, 278

Auferstehungskirche 196 f., 260, 267

Aufzug 37, 46, 54, 61, 65, 70, 74, 76 f., 80, 87, 89, 128, 130, 153, 174, 191, 208, 215, 240 f., 244, 264

Ausstellungshalle → Messehalle

Ausstellungshalle vor dem Dammtor (Moorweide) 30 f., 151, 259, 264

Australiahaus 265

Autobahn 19, 72, 258, 260, 263, 266, 268 f., 273

Autobahnbrücke Köln-Rodenkirchen 266

Autobahn-Deckel A7 269

Autofabrik Rentzelstraße 276

Automobil-Ausstellungshalle I, Berlin 271

B

Bahnhof Altona 200, 273

Bahnhof Frankfurt am Main 272

Ballinhaus → Meßberghof

Bankhaus Alstertor 17 267

Baracke 232-235, 246 f.

Barets Bautechnik 249

BAT-Haus 68, 72, 259, 265, 267

Bauernturm Antwerpen 74

Baufachausstellung Leipzig (1913) 196

Baumängel 23-25

Bavaria Office 80

Behelfsheim 41, 246 f.

Behörde für Stadtentwicklung und Umwelt 269

Benoto-Bohrpfahl 253

Berliner Bogen 86, 258

Berliner Gewerbeausstellung (1896) 266

Bernhard-Nocht-Institut für Tropenmedizin 49

Berufsschulzentrum Altona 57, 263, 265

Berufsschulzentrum Bergedorf 267, 270

Betondorp, Amsterdam 246

Betongießturm 262

Betonhalle Leipzig (Messehalle 16) 196, 267

Betonhohlstein System Trautsch-Pieper 194

Betonskelett 10, 20, 23, 26, 38, 40, 46-51, 54-57, 61, 64, 68, 79 f., 84, 92, 96, 98 f., 125, 128, 131, 173, 176, 210, 219, 243-245, 250, 259

Bieber Café 173

Bieberhaus 26, **173** f.

Billhorner Brücke 263

Blindkeller → Gewichtsausgleichsgründung

Blumengroßmarkt 209 f., 214 f., 263

BND-Hauptzentrale, Berlin (Bundesnachrichtendienst) 268

Boardinghaus des Westens → Kontorhaus Montblanc

Bode-Museum 148 f.

Börse 89

Botanische Staatsinstitute (1907) **148** f.

Botanisches Institut (1982) 277

Brahebrücke bei Czersk/Pommern 272

Brahms Kontor **62-67**, 276

Brand (Feuer) 25-28, 31, 42, 60, 93, 122, 127, 134, 180, 184, 186, 188, 193, 196, 207

Brandschutz 26, 32, 48, 70, 79, 87, 90 f., 98, 122, 127 f., 130, 167, 170, 190 f., 240, 274, 278

Braune Brücke 273

Brauerei 13, 98 f., 274

Britische Alliierten 243-245

Broschek-Haus 278

Brücke Gustav-Kunst-Straße 263

Brücke Hesseler Weg, Autobahn bei Oelde 258

Brücke Maritimes Museum 121

Brücke Tunnelstraße 258

Brücke Wagnerstraße 263

Brücken Ost-West-Straße 263

Bucerius Kunst Forum 53

Bucerius Law School 148 f.

Bücherhalle Farmsen 279

Bücherhallen 264

Bürgerhaus Wilhelmsburg 277

Bürohaus (Kontor, Verwaltung) 13, 24-26, 37, 41, **52-92**, 122, 130, 162, 173, 215, 257-259, 263-265, 267, 269-274, 276-279

Bulbeisen 38

Bundeswehrhochschule → Helmut-Schmidt-Universität

Bundeswehrkrankenhaus Ulm 259

Bunker 74, 112, 194, **198-203**, 242, 258, 262

Burchardhof 47

Busbahnhof (ZOB) 200, 258, 274

C

Celonit 248

Chemische Fabrik der GEG 99

Chilehaus 19, 54, 57, 65, 278

Cinemaxx Dammtor 258

City-Hof-Hochhäuser 41, 265

City-Theater, Kino 173

Concretor-Prometo-Verfahren 241

Congress Centrum Hamburg 263, 269, 279
Contrebögen 182
Cruise Center, Chicagokai 274

D
Dag-Hammarskjöld-Brücke 22, 265
Dalbe 86 f.
Dammtorbahnhof 198, 200
Dampfheizung 37, 153, 191, 264
Dampfwinde 182, 186
Dampfpumpwerk Reesendamm 28
Deichtorcenter 261
Deichtorhallen 207-210, 271, 277
Deichtormarkt 209, 214
Deltahof 267
Deponie 261, 265, 272
Deutsches Stadion, Berlin 218
Deutschlandhaus 37, 278
Desy 165-167, 267, 269, 279
Differdinger Träger 152
Dockland Bürohaus 86 f., 258
Dorotheenstraßenbrücke 265
Douaumont-Kaserne 157
Dovenhof 13, 37, 122, 264
Drillex Pfahlgründung 263
Druckerei Poststraße 257
Druckwasser 130

E
Ehrenmal, Kirche St. Johannis Altona 265
Eiffelturm 184
Einkaufspassage (Ladenpassage) 14, 27 f., 46, 212, 267, 272, 277
Eisbahn Stellingen 223 f.
Eisenbahn-Ausbesserungswerk Wittenberge 13
Eisenbahn Frankfurt – Köln 268
Eisenbahn Hannover – Berlin 268
Eisenbahn Hannover – Würzburg 268
Eisenbahn Kreuz – Küstrin – Frankfurt (Oder) 264

Eisenbahn Mannheim – Stuttgart 268
Eisenbeton-Motorschiff »Novum« 260
Eisenskelett → Stahlskelett
Eissporthalle Farmsen 279
Elbbrücke Moorfleet 263
Elbbrücke (Norderelbe) 124, 214, 263, 267
Elbhochbrücke 266
Elbhüttenwerk Hamburg 21
Elblagerhaus Magdeburg 128
Elbphilharmonie 12, 118, 124, 175-179
Elbtunnel (Autobahn) 19, 273, 279
Elzbrücke Bleibach 266
Emaillierwerk Horn 257
Emporio-Hochhaus 68-71, 90, 259, 267
Energiebunker Wilhelmsburg 201-203
Entstaubungsanlage 153
Eppendorfer Brücke 263
Equitable Building, New York 128
Erdölfeld Reitbrook-Alt 237
Ericus-Contor 90
Ernst-Mantius-Brücke 265
Ernst-Merck-Halle 11, 20, 34 f., 247, 264
Esplanadebau 49
Euler'sche Knickformeln 24
Europa Passage 14
Europäisches Patentamt, München 272

F
»Fabrik«, Kulturzentrum 277
Fabrikhalle (Werkhalle) 40, 100-117, 139, 234, 248, 261, 270, 273
Fachhochschule Bergedorf 267
Fähranleger Altona 204 f.
Feenteichbrücke 268
Fehmarnbelttunnel 269
Feidner-Kastenbauweise 238 f.
Fernmeldeschule Oberer Landweg 257
Fernsehturm Hamburg 267, 271, 278
Fernsehturm Stuttgart 267

Fernsprechamt 37, 152
Fernwärme 13, 37, 203, 264
Fertighaus 232-236
Fertigteilbau → Montagebau
Feuer → Brand
Feuerwehr Hamburg 26, 128, 278
Finnlandhaus 72-75, 259, 267, 271
Fischauktionshalle Altona 29 f., 204-206, 269
Fischauktionshalle St. Pauli 29
Fischereihafen Altona 86, 204, 269
Fischmarkt 29 f., 204 f., 207
Flakbunker → Energiebunker Wilhelmsburg
Fleischgroßmarkt → Schlachthof
Fleischwarenfabrik der »Produktion« 96
Flughafen Finkenwerder 110 f.
Flughafen Fuhlsbüttel 105, 234, 267, 277
Flughafen München 105, 268
Flughafen Leipzig 268
Flugplatz Altona-Bahrenfeld 165
Flugzeugbau 14, 103-117
Flugzeughalle A, F uhlsbüttel 267
Flusseisen 16, 101, 127, 152, 206, 210
Formsand- und Braunkohlengruben Petersdorf 261
Forschungszentrum 165 f., 269, 279
Franklin'scher Blitzableiter 274
Freibad → Schwimmbad
Freihafen 123 f., 200
Friedhof Ohlsdorf 268
Fritz-Schumacher-Siedlung 238 f.
Fundex Pfahlgründung 263
Funkturm 185, 187
Fußballarena → Volksparkstadion
Fußgänger-Brücken Jungiusstraße 33 f.
Fußgängerbrücke Hafen Köln-Mülheim 258

G
Gänsemarkt-Passage 267
Galerie Schnecke 200
Gartenbauausstellung 15, 31, 33 f., 35 f., 264
Gasbehälter 24, 36, 148, 168, 272
Gaswerk (Kokerei) 24, 139, 257, 263, 265, 269 f., 278 f.
Gauhochhaus Hamburg 266
Gemeindezentrum St. Annen, Ochsenzoll 279
Genezarethkirche, Bentschen 196
Geomatikum, Universität 267
Geschäftshaus 37, 46, 49, 58 f., 60 f., 257 f., 267, 277
Geschäftshaus und Passagen »Neuer Gänsemarkt« 257
Gesundheitsamt Hamburg 64, 263
Gewichtsausgleichsgründung 252 f.
Gießerei Michaelsen 100-102
Gleitschalung (Gleitbau) 70, 78 f., 83, 145, 238, 240-242, 252
Gotenhof 57
Grindelhochhäuser 243-245, 265, 270, 274, 276
Großbäckerei Julius Busch 99, 142, 267
Großbäckerei »Produktion« 96-98
Große Wallanlagen 31, 33, 160, 267 f.
Große Wandrahmsbrücke 125, 277
Großer Hamburger Brand 27 f., 42, 180, 184, 186, 188, 207
Großhandel 204, 207, 212, 214
Großklinikum Aachen 259
Großmarkthalle Basel 260
Großmarkthalle Budapest 134, 260
Großmarkthalle Frankfurt am Main 134, 216
Großmarkthalle Hamburg 209, 214-217, 260, 278 f.

STICHWORTE

Großmarkthalle Köln
216, *260*

Großtafel-Vollmontagebauweise *250*

Güterbahnhof Sternschanze *212*

Güterumgehungsbahn *10*

Güterumschlag Deichtorhallen *208*

Gusseisen
18, *25*, *27 f.*, *59 f.*, *100*, *102*, *119 f.*, *122*, *127 f.*, *186*

»Gußhäuser System Zollbau« *238*

Gustav-Mahler-Park *72*

Gut Düssin *275*

Gut Kaden *275*

H

Hängebrücke Gartenbauausstellung (1869) *264*

Hängebrücke Gewerbe- und Industrieausstellung (1889) *261*

Hafen Altona
13, *131*, *204*, *271*

Hafen Hamburg *49*, *88*, *118*, *123*, *133*, *136*, *142*, *175*, *188*, *198*, *204*, *224*, *263*, *273-276*, *279*

Hafenbauamt Kolberg *269*

Hafenschuppen
→ Kaischuppen

Halbmondhaus Gruner + Jahr *258*

Hamburg-Mannheimer Versicherung
76-79, *263*, *270*

Hamburger Concrete
180, *182*

Hamburger Dom *274*

Hamburger Hof *28*

Hamburgische Gewerbe- und Industrieausstellung (1889) *30 f.*, *33*, *261*, *264*

Hamburgische Schiffbau-Versuchsanstalt
162-164, *264*, *267*

Hamburgische Staatsoper
→ Staatsoper

Handelskammer Innovations-Campus **88 f.**

Hangar *216*, *260*

Hannoverscher Bahnhof
125, *258*

Hansa-Haus, Köln *64*

Hansaburg → Papierfabrik Lehmann & Hildebrandt

Hanse-Viertel, Einkaufspassage *272*, *277*

Hanseatenhalle
36, *257*, *270*

Hanseatic Trade Center *269*

Hansehof → Kontorhaus Hanse

Hauptbahnhof Hamburg
19, *41*, *48*, *81*, *173*, *198*, *200*, *207*, *210*, *214*, *257*, *260*, *279*

Hauptbahnhof München *266*

Hauptgebäude der Universität *10*, *31*, **150-153**, *260*, *262*, *275*

Hauptzollamt St. Annen *33*

Haus der Photographie *209*

Hauseinsturz *23*

Heeresoffiziersschule II *157*

Heiliggeistbrücke *268*

Heilwigbrücke *265*

Helgoland-Wiederaufbau *274*

Helm'sche Decke *37*

Helmut-Schmidt-Universität **157-159**, *265*, *271*, *279*

Hennebique-Bauweise *48*

Heraklith *239*, *246*

Hochbahnhof Schlesisches Tor, Berlin *266*

Hochbunker Heiliggeistfeld *201*

Hochhaus *8*, *20*, *37*, *41*, *54*, *59*, *62-75*, *80 f.*, *84*, *88*, *90*, *122*, *175 f.*, *215*, *238-245*, *248*, *250*, *252 f.*, *259*, *262*, *264-267*, *270*, *274-276*, *279*

Hochhaus am Albertplatz, Dresden *267*

Hochhaus Habichtsplatz **240-242**

Hochwasserschutz (Polder) *8*, *10*, *14*, *37*, *110*, *261*, *269 f.*, *272 f.*, *275 f.*, *279*

Holalith *245*

Holstenhof *59*

Holzbau
35 f., **232-234**, *261*, *270*

Holzhäuser-Fabrik *232*

Home Insurance Building, Chicago *128*

Hopfenhof *267*

Horner Rennbahn **218 f.**

Hotel *23*, *27*, **49-51**, *130*, *173*, *175-178*, *266*

Hotel Atlantic
23, **49-51**, *266*

Hotel Esplanade *50*, *266*

Hübner-Haus *26*, *46*

Hubertushaus → Burchardhof

Hubplatten-Verfahren *74*, *259*

Hygiene
28, *205*, *207*, *214*, *268*

Hyparschale
41, *215*, *220-222*

I

IBM-Haus *259*

ICE-Bahnbetriebswerk Eidelstedt *258*

Iduna-Hochhaus *20*, *264 f.*

IGA – Internationale Gartenbauausstellung
→ Gartenbauausstellung

Illerbrücken Kempten *259*

Impfanstalt *29*

Innocentiapark *268*

Internationale Bauaustellung (2013) *202*

Israelitisches Krankenhaus *278*

Isteg-Stahl *84*

J

Jägerpassage *271*

Jakob-Kaiser-Haus, Berlin *268*

Jenfeld Zentrum *279*

Jerusalemkirche, Eimsbüttel *192*, *273*

Johan-van-Valckenburgh-Brücke *258*

Jumbohalle (Lufthansa) *103*, *257*

Justizforum *64*

Justizverwaltung Caffamacherreihe *279*

K

Kaisergalerie *26*, *46*

Kaiserhof (Hochhaus) *8*, *68*

Kaischuppen *38 f.*, *118*, *124*, *131*, **132-139**, *204*, *258*, *269*, *273*

Kaispeicher A
118, *124 f.*, *127*, *130*, *175 f.*

Kaispeicher B
118-121, *130*, *141*, *271*

Kaispeicher D *131*

Kalkutta Hooghly River Bridge *271*

Karstadt Hauptverwaltung *57*

Kastenbauweise Feidner *238 f.*

Kathedrale Rouen *182*

Katholische Akademie *272*

Kattwykbrücke (1973) *270*

Kattwykbrücke (2020) *273*

Kaufhaus Horten *41*

Kaufmannshaus *49*, *267*

Kehrwiedersteg *270*, *274*

Kennedybrücke *260*, *278 f.*

Kersten-Miles-Brücke *268*

Kerzenfabrik Weinstein *264*

Kiesgrube *20*

Kindertagesheim Greifswalder Straße *270*

Kino *15*, *173*, *258*

Kinozentrum Wandsbeker Quarree *258*

Kirche Heilig-Kreuz, Volksdorf *272*

Kirche St. Emmaus, Lurup *41*

Kirche St. Jacobi
192-195, *265*

Kirche St. Jacobus, Lurup *272*

Kirche St. Katharinen *182*, *193*, *274*

Kirche St. Maria Himmelfahrt, Erkrath-Unterbach *41*

Kirche St. Michaelis
13, **188-191**, *264*, *274 f.*, *277*

Kirche St. Nicolai, Bielefeld *194*

Kirche St. Nikolai
19, **180-183**, *274*

Kirche St. Petri *13*, **184-187**

Kirdorf-Haus *265*

Kläranlage *259*, *268*, *275*

Kleinhaussiedlung Langenhorn → Fritz-Schumacher-Siedlung

Kletterschalung *74*, *145*

Klosterschule (Lyzeum Lübeckertorfelde) *57*, *265*

Klostertorhof *26*

Köhlbrandbrücke
86, *264*, *275*

Kölner Dom *182*, *186*

Koenen'sche Voutenplatte 61, 128
Kokerei → Gaswerk
Kongresshalle Berlin 222
Kontor- und Industriehaus der Verlagsgesellschaft deutscher Konsumvereine 40
Kontorhaus → Bürohaus
Kontorhaus Erich Schüler 24, 265
Kontorhaus Hanse 58, 263
Kontorhaus Montblanc 57, 265
Konzentrationslager (KZ) Neuengamme 246, 247 f., 267
Kornhausbrücke 26
Kork 25, 128, 153
Kraftwerk 8, 14, 20 f., 37, 130, 203, 258, 263, 265, 268-271
Krankenhaus Elim 275
Krankenhaus Eppendorf 37, 49, 265, 268
Krankenhaus Harburg 276
Krankenhaus Ochsenzoll 276
Kresge Auditorium, Massachusetts 154
Kreuzfahrtterminal 90
Kriechen von Beton 34, 216
Kristallpalast London 28
Kroher-Dachstuhl 194
Krupp-Montex-Bauweise 78
Kühlhaus 24, 29 f., 38, 271, 274
Kühlturm Kraftwerk Hamm-Uentrop 271
Küstenschutz → Hochwasserschutz
Kunsthalle Hamburg 150
Kuppel 15, 30-32, 148 f., 150 f., 152 f., 155, 161, 168, 180, 190 f., 196, 205, 266, 272

L
Lackierhalle (Flugzeuge) 103, 108 f., 115-117
Lagerhalle 36, 38, **132-139**, 233, 277
Lagerhaus → Speicher
Laeisz-Musikhalle 11, 65, 68, 264
Lärmschutzhalle (Flugzeuge) 103, 105, 107 f., 116, 263

Lahnbrücke Balduinstein 260
Lahntalbrücke Limburg 258
Landesversicherungsanstalt Hamburg 269
Landwirtschaftliche Ausstellung (1863) 30
Leuchtfeuer Stadersand 247
Lift-Slab-Verfahren → Hubplattenverfahren
Lombardsbrücke 72, 95
Lufthansa-Werft 10, **103-109**, 257, 263
Luftschiffhalle Berlin-Biesdorf 266
Luftschutz 140, 144, 189, **198-203**, 242, 260, 279
Lukaskirche, Sasel 272
Lyzeum Lübeckertorfelde → Klosterschule

M
Mack'sche Gipsdiele 32
Mahnmal Kleine Alster / Reesendammmauer 270
Malfatti-Siedlung, Wien 260
Mangfallbrücke, Autobahn München – Rosenheim 260
Marienkirche, Hannover 184
Maritimes Museum → Kaispeicher B
Markthalle 28 f., 180, **204-217**
Markthalle am Hopfenmarkt 28 f., 180
Markthalle am Pferdemarkt 28
Marktkasematten am Deichtor 23, 208
Materialprüfanstalt 273
Matrosenstation Kongsnæs, Potsdam 233
Meierei der »Produktion« 64, 267
Membran 91, 161, 222-228
Mercedes-Benz Museum, Stuttgart 274
Messe Hamburg 33-35, 274
Messe Leipzig 196, 267
Messe Tel Aviv 278
Messehaus 41
Meßberghof 19, **54-57**, 125, 258, 274

Michaelisbrücke (1882) 279
Michaelisbrücke (1988) 277
Mietfabrik 99
Mindener Dom 193
Mischwasserrückhaltebecken 86
Mittellandkanal 268
Modellversuch 80, 155 f., 162 f., 222
Mönckeberghaus **58-61**
Mohlenhof 57, 262 f., 265
Monier-Bauweise 25, 32 f., 48, 127
Montagebau 20, 33, 78, 84, 110, 136, 155, 192, 213, 222, 233 f., 238, 245, **246-253**, 261 f., 267, 273
Moorweidenhalle → Ausstellungshalle vor dem Dammtor
Mühle (für Getreide) 85, 93-96, 118, 265, 276
Mühle Abendroth 13
Müllverbrennung 14, 238, 268
Museum für Hamburgische Geschichte **160-161**, 271
Museum für Völkerkunde 150, 266

N
Nährmittelfabrik Kufeke 275
Netzschale 148, 161
Neue Messe Hamburg 274
Neuer Dovenhof **80-82**, 122, 269
Nibelungenbrücke Worms 260
Nibelungen-Hochhaus, Braunschweig 241
Niederdeutsche Gartenschau (1935) 35

O
Observatorium TU Dresden 267
Öjendorfer Park 20
Ölmühle (Oelwerk, Ölfabrik) 11, 25, 83, 40, 203, 260, 264
Ohnsorg-Theater **173** f.
Olympiastadion, München 271

Operettenhaus Hamburg → Theater Spielbudenplatz
Ost-West-Hof 273
Ostbahnhof Berlin 272
Ostumgehung Stade mit Klappbrücke 276

P
Pädagogische Hochschule, Ludwigsburg 259
Palestine Foundries and Metal Works, Haifa 278
Papierfabrik Lehmann & Hildebrandt 99
Panoramabau 168
Parkhaus 78, 125, 130 f., 176, 263, 277, 279
Passage → Einkaufspassage
Pastorat Westensee 275
Paternoster 13, 37, 54, 61, 65, 70, 264
Pavillon Michaelsen, Wilster 275
Peiner Träger 66, 152
Pergamonmuseum, Berlin 266
Petrikirche, Berlin 184
Pfalzbau, Ludwigshafen 278
Pfarrhaus Sankt-Johannis-Kirche, Lüneburg 275
Pferderennbahn Groß-Borstel 105
Pferderennbahn Horn → Horner Rennbahn
Pferderennbahn Tremblay, Champigny-sur-Marne 218
Piassavabesenfabrik Mez & Cie. 264
Pianofabrik Steinway & Sons 275
Planetarium 278
Pockenepidemie 29
Pohlmann-Decke 38, 49
Polizeipräsidium (1962) 52, 68, 263, 270
Pontonanlage 205, 208
Planetarium 278
Planten un Blomen 33, 262
Plattenbau → Montagebau
Plattenhaus 246 †
Preußisches Eisenbahn-Regiment No. 2 265
Pumpspeicherkraftwerk Geesthacht 268

Punkthochhäuser Lohbrügge-Nord 252 f., 262, 275

R

Radrennbahn Stellingen 223 f.
Raffinerie (Erdöl) 16, 21, 264, 275
Rappolthaus 58
Rathaus-Apotheke 40, 46-48, 260
Rathaus Hamburg 10 f., 13, 18 f., 37, 46, 102, 264
Rathaus Wilster 275
Rathausmarkt (Anlage) 277
Rathenaubrücke, Alsterdorf 273
Reaktordruckbehälter 258
Reichs-Kartoffellagerhalle 234
Reichsbundsiedlung, Berlin-Friedrichsfelde 246
Reichstagsbrücke, Alsterdorf 263, 273
Reichstagsgebäude, Berlin 32
Reimersbrücke 277
Reismühle A. Lüthke & Co. (Euryza) 132, 136, 265
Rethebrücke 145, 273
Rethespeicher 140-145, 270, 274
Reuleaux-Dreieck 154
Rhein-Eisenbahn Amsterdam – Arnheim 182
Rheinbrücke Bendorf 260
Rheinbrücke Köln-Deutz 266
Richtfeuer Blankenese 277
Rindermarkthalle St. Pauli 29, 32, 211 f., 258 f., 263
Röntgenröhrenfabrik C. H. F. Müller 20, 99
Rohrpost 65, 70, 264
Royal Festival Hall, London 171
Rolltreppe 76, 176 f.
Rüttelpfahl »System Grasbrook RT 59« 262

S

S-Bahn 41, 80, 173 f., 256, 258, 273, 276
Saarlandstraßenbrücke 260
Sächsisches Staatsarchiv, Dresden 267

Saline Lüneburg 274
Schale 134, 139, 155 f., 160 f., 178, 196 f., 214, 216 f., 220-222, 260, 266, 278
Schanzen-Höfe 212
Schiersteiner Steg, Wiesbaden 260
Schiffbauversuchsanstalt → Hamburgische Schiffbau-Versuchsanstalt
Schiffsanprall 86, 176, 264
Schiffsschraubenfabrik Theodor Zeise 100
Schilleroper 168 f.
Schlachthof 29, 212, 232, 259, 263, 270
Schleuse 52, 186, 262, 269 f., 273, 279
Schloss Ahrensburg 277
Schloss Reinbek 277
Schmierstoffwerk 16
Schnellbahnknoten Jungfernstieg 257
Schnellbau (Paul) Kossel 238
Schöpfwerk (Schöpfmühle) 93 f., 110, 262, 279
Schokoladenfabrik Reese & Wichmann 275
Schornstein 21, 32, 98, 118, 130
Schrauben-Reyher 276
Schrebergärten 264
Schüttbeton 238 f.
Schulbau 20, 134, 247, 258, 262 f., 276, 278
Schwalbenhof, Wohnheim 26, 56
Schwedlerkuppel 148 f., 272
Schweffelhaus, Kiel 275
Schweißeisen 16, 101, 127, 168 f., 204, 206
Schwimmbad 22 f., 161, 220-222, 264, 279
Schwimmkran 87
Seebrücke Timmendorf 264
Seegrenzschlachthof 270
Seilnetzkonstruktion 14, 222, 271
Sheddach 14, 29, 100, 139, 213, 222, 260
Siedlungen Praunheim und Westhausen, Frankfurt am Main 246

Siel (Abwasser) 80, 89, 121, 259, 268, 277
Sillems Bazar, Einkaufspassage 27 f.
Silo 11, 13, 25, 39 f., 83-85, 96, 118, 132, 138 f., 140-145, 259, 264 f., 269, 276 f., 279
Siporex 248, 250
Slomanhaus 54, 196, 278
Sony Center, Berlin 274
Spannbeton (Vorspannung) 33 f., 74, 81 f., 92, 107, 139, 154 f., 178, 213 f., 217, 221 f., 258-260, 262, 266
Speicher (Lagerhaus) 20, 25 f., 29, 32, 38-40, 59, 118-131, 141 f., 145, 175 f., 208, 257 f., 263, 265, 268, 271
Speicherstadt 18 f., 25 f., 33, 38 f., 59, 118, 122-131, 133, 175, 257, 261, 268, 271, 278 f.,
Spiegel-Hochhaus (1968) 37, 122, 259
Spiegel-Verlagshaus (2011) 90
Sporthalle 34 f., 134, 222, 248, 273, 276
Sporthalle Hamburg (-Alsterdorf) 222, 273
Sporthalle Alsterdorf 222
Sprengung 20, 183, 202
Sprinkenhof (Kontorhaus) 57, 265, 269
Spundwand 86 f., 110 f., 269
St.-Bartholomäus-Kirche, Wilster 275
St. Georgsburg, Tabakfabrik 257
St. Pauli Fischmarkt 204
St. Pauli Markthalle → Rindermarkthalle
Staatsoper 170-172
Stadtgrabenbrücke Enckeplatz 277
Stadthallenbrücke 260
Stadthaus 52 f., 277
Stadthöfe 53
Stadtpark 268
Stahlhaus 235-237
Stahlbetonskelett → Betonskelett
Stahlfaltwerk 192-194

Stahlskelett 10, 15, 25, 31, 37 f., **58-67**, 69 f., 78 f., 122, 127 f., 151, 154, 170, 173, 186, 189, 243-246, 250, 259, 276
Stahlwerk 16
Staudamm 261, 272
Stellahaus 54
Stephansdach-Binder 102
Studentenwohnheim 84, 157, 279
Sturmflut → Hochwasserschutz
Süderelbquerung Moorburg 268
Südseehaus 26
System Belmansgade 249
System Camus 249
System Larsen & Nielsen 249

T

Talsperre 279
Technische Prüfstelle, Harburg 279
Teehaus Große Wallanlagen 267
Tennisarena Rothenbaum **225** f., 270, 274
Tennishalle Horn 222
Terminal (Hafen) 136, 140, 145, 261, 269, 276 f.
Thalia Theater 29, 196, 267
Theater 29, 37, 49, 168 f., 170, 173 f., 196, 214, 224, 267, 269, 273, 278 f.
Theater Großmarkthalle 214, 217
Theater im Hafen 224, 273
Theater Neue Flora 170, 269
Theater Spielbudenplatz 279
Thyssen Dreischeibenhaus, Düsseldorf 259
Thyssenkrupp Testturm, Rottweil 274
Tidekanalbrücke 265
Tiefgarage 41, 70 f., 74, 76, 82, 90, 170, 244, 252
Trabrennbahn Bahrenfeld 166
Trabrennbahn Farmsen 262
Tribüne 22 f., 168 f., 218 f., 220, 225 f., 227-229, 276
Triebwagenhalle (AKN), Kaltenkirchen 273

Triebwagenhallen, Bahnhof Altona 273
Trostbrücke 268
Trümmer 20, 214 f., 227, 239
Tunnel (Fußgänger) 208, 215, 219, 247
Tunnel (Hafenbahn Altona) 204
Tunnel (Leitungen) 152, 165-167, 185, 279
Tunnel (S-Bahn) 80, 173 f., 257 f., 273, 276
Tunnel (U-Bahn) 14, 80-82, 88 f., 187, 247, 257, 273 f., 279
Tunnelbau 81, 165-167, 187, 247, 273 f., 276, 279
Turmhaus → Hochhaus
Turnhalle → Sporthalle
Turrit 245

U
U-Bahn (Hochbahn) 14, 19, 58, 64, 80-82, 88 f., 100, 187, 247, 258, 263, 269 f., 273 f., 277, 279
U-Bahn-Betriebswerk Barmbek 100
U-Bahn-Tunnel → Tunnel (U-Bahn)
U-Boot-Bunker 112, 258
Überseehaus 257
Überseezentrum 38, 136
Ulmer Münster 182
Unilever-Haus (Emporio) → Emporio-Hochhaus
Unilever-Haus (Hafencity) 90-92
Universitätsbibliothek 267

V
Vakuumverfahren System Menard 111
Veranstaltungshalle 34, 36, 41, 205, 212
Verbindungsbahn 211
Verschiebebahnhof Wustermark 260
Viehhandel 29, 211 f.
Viehhof 212, 259
Vierendeel-Träger 38, 213
Vierländer Freilichtmuseum Rieck-Haus 93
Villa 232 f., 265
Volkspark → Altonaer Volkspark

Volksparkstadion 20, 22 f., 227-229, 258, 271, 276
Von-Essen-Straßenbrücke 265
Vorhangfassade 68, 74, 76, 91, 250
Vorlesungsgebäude → Hauptgebäude der Universität

W
Wallanlagen → Große Wallanlagen
Wallring 64
Wallringtunnel 263, 270, 279
Warenhaus Rudolf Karstadt 58, 263
Wasserturm Sternschanze 20
Wasserturm Stadtpark 278
Wasserwerk Altona 266
Wasserwerk Kaltehofe 268
Wayss'sche Rohrzellen 26
Wehrmacht 265
Wellblech 128, 134, 168 f., 235, 237
Weltausstellung Paris (1878) 30
Werft (Flugzeugbau) 10, 103-117, 257, 263, 270
Werft (Schiffbau) 49, 87, 110, 162, 235 f., 257, 271, 279
Werkbundausstellung Köln (Deutz AG) 271
Werkhalle → Fabrikhalle
Weserquerung Bremen 269
Westend-Synagoge, Frankfurt am Main 260
Westphalenturm 26, 127 f., 130, 278
Wiesendammbrücke (Stichkanal) 267
Wilhelmsburger Brücke 258
Windmühle 93-95
»Wiwi-Bunker«, Universität Wirtschaftswissenschaften 279
Wohnhaus 23, 25, 202, 232-253, 257, 262 f., 269, 276, 279
Wohn- und Geschäftshaus Hansaplatz 267
Wohnheim 26, 56, 64, 168, 265

Wohnstift Augustinum, Neumühlen 258
Wolfgang-Meyer-Sportanlage 223 f., 271

X
XFEL 165-167, 269

Z
Zeiss-Dywidag System 134, 139, 210, 260
Zementfabrik Hemmoor 269 f.
Zementwerk Rüdersdorf 261
Zentrum für Kultur und Medien (ZKM), Karlsruhe 270, 274
Zentrum für Marine und Atmosphärische Wissenschaften 277
Ziegelei August Stock 252
Zigarettenfabrik Haus Neuerburg 278
Zinkhütte Billbrook 275
Zirkus 168 f.
Ziviljustizgebäude 31
Zollanschluss 122, 124 f., 204, 269
Zollenspieker Fährhaus 273
Zombeck-Bunker 198-200
Zoologischer Garten 35

Abbildungsnachweis

Fotografen und Bildgeber

Thorsten Ahlf / Auto Wichert GmbH *101 u.*

Ajepba / Wikimedia Commons *192*

Bäderland Hamburg GmbH *220 u., 221*

Sven Bardua *21, 24, 39 o., 46, 49, 51 o., 51 u., 52, 55, 61, 66 o., 76/77, 85 o., 85 u., 95, 96, 98, 102, 127, 130, 135 u., 136 Mitte, 137 Mitte, 138 u., 144/145, 148 r., 149, 154 u., 159 r., 162, 172 o., 173, 174 o., 176, 183, 187, 194 u., 196, 197 o., 200, 201, 202 Mitte, 204, 210 Mitte, 219, 223, 232, 234, 237 o., 237 u., 238, 239, 243, 246, 248 Mitte, 252*

Behnisch Architekten *90*

Michael Berndt *120 o., 121 r.*

Brahms-Kontor, Grundstücksgesellschaft Karl-Muck-Platz GmbH & Co. KG *63, 64, 65 l., 65 r.*

Alexander Calvelli *138 Mitte*

Dth-hamburg / Wikimedia Commons *207*

Dinse Feest Zurl Architekten *174 u.*

Fotografie Dorfmüller Klier *203 o.*

Ergo Lebensversicherung AG (Hamburg-Mannheimer) *79 Mitte*

Hans-Georg Esch *160 u.*

European XFEL *165, 166 o.l., 166 o.r., 166 Mitte*

European XFEL und FHH-Landesbetrieb Geoinformation und Vermessung *167*

Fotograf unbekannt *198*

Klaus Frahm *119*

Thomas Fries / Wikimedia Commons *188*

Christoph Gebler *72*

Hamburger Hochbahn AG *59*

Hamburgische Schiffbau-Versuchsanstalt *164 o., 164 u.*

Heinle, Wischer und Partner Architekten *157* (Foto: Nikolaus Koliusis), *158, 159 Mitte l.*

Oliver Heissner *81, 116 u., 175, 177 u., 179 u., 227, 228, 229 o.*

Helmut-Schmidt-Universität *159 u. l.*

Jörg Hempel *87*

Herzog & de Meuron Architekten AG *177 o.*

Ulrich Hoppe *213 u.*

Ingenieurbüro Dr. Binnewies *86*

Ingenieurbüro Wetzel & von Seht *88*

Kirchengemeinde Nord-Barmbek *197 u.*

Heiner Leiska / Architekten von Gerkan, Marg und Partner *115 Mitte, 115 u., 161*

Lufthansa Technik AG *103* (Foto: Manfred Schulze-Alex), *109* (Foto: Gregor Schläger)

Adam Mørk / Behnisch Architekten *91, 92 o., 92 u.*

MRLV Architekten *120 u.*

Sabine Niemann *58*

Martina Nolte / Wikimedia Commons *184*

PSP Architekten Ingenieure *116 Mitte*

Rathaus-Apotheke *47, 48*

Henning Rogge / Deichtorhallen Hamburg GmbH *210 u.*

Walter Schießwohl *99*

Schnetzer Puskas Ingenieure *179 o.*

Schlaich, Bergermann und Partner *160 o., 229 Mitte, 229 u.*

Hans-Jürgen Schütte *15*

Merlin Senger / Wikimedia Commons *151 o.*

Jochen Stüben *70*

Daniel Sumesgutner *89*

Sven Wacker *57*

Werner Sobek Group *225 u., 226*

WTM Engineers *79 u., 82 Mitte, 82 u., 143*

Michael Zapf *112/113, 122/123, 133*

Sammlungen und Archive

Architekturmuseum der TU Berlin *181*

Bauarchiv St. Michaelis *189*

Denkmalschutzamt Hamburg, Bauakte Villa Arnold-Heise-Straße *233*

Hamburgisches Architekturarchiv
– Bestand AIV, Amt für Strom- und Hafenbau *140*
– Bestand Ferdinand Streb *14*
– Bestand Gerson *50, 56 r.*
– Bestand Werner Kallmorgen *251 o.*
– Bestand Neue Heimat *240, 241 u., 242, 250, 253*
– Bestand Schramm *34*
– Bestand Schramm, Deutsche Schiff- und Maschinenbau Aktiengesellschaft *235*
– Bestand Sprotte und Neve *33* (Foto: Franzke), *50 o.*
– Foto: Ursula Becker-Mosbach *9, 11, 83, 84 u., 104/105, 106 r., 107, 108, 124, 132 Mitte, 155, 156 u., 163, 193 u., 216 l., 216 r., 217 o., 217 u., 244, 245, 247, 248 o., 249, 251 u.*
– Foto: Robert Häusser *74*
– Foto: Hanseatische Luftfoto GmbH *222*
– Foto: Walter Lüden *194 Mitte*
– Foto: Otto Rheinländer *170, 171, 193 o., 195 o., 195 u.*

Museum für Kunst und Gewerbe Hamburg (Public Domain), Foto: Hamann *35, 137 u.*

Sammlung Anke Rees, Hein, Lehmann & Co. *169*

Sammlung Brian Rampp *40*

Sammlung Christian von Bismarck, Bauakte Gießerei Michaelsen *101 Mitte*

Sammlung Fritz Rafeiner
– Foto Robert Häusser *75 o.*
– Foto Hans-Guenther Suderow *69, 73*

Sammlung Jürgen Joost, Foto: Günther Krüger *18*

Sammlung Sven Bardua *29, 218 o.*
– Foto Hans Hartz *66 o.*
– Lithographie Gust. Kanning, Verlag J. F. Richter *30*
– Kunstverlag Ludwig Carstens *218 u.*
– Verlag Wilhelm Wagner (Hamburg) *36*

Staatsarchiv Hamburg *28 Mitte, 39 u., 180, 190 l., 191, 199, 209*
– Bestand Conti-Press *22*
– Bestand Landesbildstelle *215*
– Bestand Landesbildstelle, Foto: Herbert Eisenhauer *211, 212*
– Bestand Landesbildstelle, Foto: Jürgen Fischer *72 l.*
– Foto: Atelier Schaul *256*
– Foto: G. Koppmann & Co. *131*
– Foto: Hamann *205*
– Foto: Koppmann, Strumper & Griese *31 Mitte, 31 u., 32*
– Stadtplan für Hamburg von Dirk Diericksen aus dem Jahr 1644 *93*
– Zeichnung Architekt Georg Thielen *31 o.*

St. Pauli-Archiv, Foto: Benjamin Mennerich *168*

Universität Hamburg
– Loki-Schmidt-Haus *148 l*
– Dienstbücherei der Schulbehörde – Hochschulabteilung *152 o., 152 Mitte, 153*

ABBILDUNGSNACHWEIS

Aus Publikationen

27 u., 27 Mitte
Johann Friedrich Geist: Passagen, ein Bautyp des 19. Jahrhunderts, München 1982, S. 185 und Bildteil Nr. 84

28 u.
Allgemeine Bauzeitung, 12. Jg. (1847), Atlas, Blatt 119

41
Stefan Polónyi und Wolfgang Walochnik: Architektur und Tragwerk, Berlin 2003, S. 207

53
Deutsche Bauzeitung – Mitteilungen über Zement, Beton- und Eisenbetonbau, 15. Jg., No. 3 (9.2.1918), S. 18

56 l.
Deutsche Bauzeitung, 58. Jg., No. 92 (15.11.1924), S. 606

60
Der Stahlbau, 2. Jg. (28.6.1929), Heft 13, S. 145

67
Der Stahlbau, 3. Jg. (27.6.1930), Heft 13, S. 148

71 r.
Otto Jungnickel, Fritz Rafeiner: Unilever-Haus Hamburg, München 1966, S. 30

75 u.
Fritz Rafeiner: Hochhäuser – Planung, Kosten, Ausführung, Wiesbaden 1968, S. 54

77 o.
Der Stahlbau, 42. Jg. (1973), Heft 12, S. 353

78
Hamburg-Mannheimer Versicherungs-Aktien-Gesellschaft (Hrsg.): Neubau der Hauptverwaltung, Hamburg o.J. (1973), S. 23

80, 82 o.
Beton- und Stahlbetonbau, 91. Jg. (1996), Heft 5, S. 102 und S. 103

84 o.
Architekten- und Ingenieurverein zu Hamburg (AIV, Hrsg.): Hamburg und seine Bauten 1929 – 1953, Hamburg 1953, S. 207

94
Nis R. Nissen (Hrsg.): »Glück zu!«, Mühlen in Schleswig-Holstein, Heide 1982 (Zeichnung: Horst von Bassewitz), S. 31

97
Beton u. Eisen, 11. Jg. (28.5.1912), Heft 8, Tafel XI, 006

106 l.
Die Bautechnik, 32. Jg. (1955), Heft 6, S. 180

111
Hermann Pohlmann: Chronik eines Flugzeugwerkes 1932–1945, Blohm & Voss Hamburg – Hamburger Flugzeugbau GmbH, Stuttgart 1982, S. 40

114
Stahlbau, 62. Jg. (1993), Heft 2, S. 35

121
Deutsche Bauzeitung, 18. Jg., No. 93 (19.11.1884), S. 556

125
Architekten- und Ingenieur-Verein zu Hamburg (AIV, Hrsg.): Hamburg und seine Bauten, 1914, Hamburg 1914, Band 2, S. 77

126
J. F. Hoffmann: Die Getreidespeicher, Berlin 1916, S. 382

129 o.l., 129 o.r., 129 u.l., 129 u.r., 132 u.
Architekten- und Ingenieur-Verein zu Hamburg (AIV, Hrsg.): Hamburg und seine Bauten, 1914, Hamburg 1914, Band 2, S. 77, S. 79, S. 81, S. 82 und S. 73

135 o.
Jahrbuch der Hafenbautechnischen Gesellschaft, 37. Bd., 1979/80, Berlin 1980, S. 64

136 o.
Handbuch für Hafenbau und Umschlagstechnik, Band XVIII, Hamburg 1973, S. 92

137 o.
Der Stahlbau, 7. Jg. (22.6.1934), Heft 13, S. 100

138 o.
Die Bautechnik, 6. Jg., Heft 40 (14.9.1928), S. 597

141
Architekten- und Ingenieurverein zu Hamburg (AIV, Hrsg.): Hamburg und seine Bauten 1929 – 1953, Hamburg 1953, S. 206

142
Der Bauingenieur, 14. Jg. (21.7.1933), Heft 29/30, S. 383

150
Deutsche Bauzeitung, 45. Jg., No. 52 (30.6.1911), S. 442

151 u.
Beton u. Eisen, 10. Jg. (20.7.1911), Heft 12, S. 254

154 Mitte
Jürgen Joedicke (Hrsg.): Dokumente der modernen Architektur, Band 2: Schalenbau – Konstruktion und Gestaltung, Stuttgart 1962, S. 133

156 o., 156 Mitte
L'Architecture d'Aijourd'hui Nr. 129, Dezember 1966

172 u.
Beton- und Stahlbetonbau, 50. Jg. (1955), Heft 12, S. 300

185
Zeitschrift für Bauwesen 33. Jg. (1883), Heft 4-6, Atlas, Bl. 37

190 r.
Zentralblatt der Bauverwaltung, 32. Jg., Nr. 88 (30.10.1912), S. 571

202 o.
Henning Angerer: Flakbunker – betonierte Geschichte, Hamburg 2000, S. 32

203 o.
Architekten- und Ingenieurverein Hamburg e.V.: Hamburg und seine Bauten 2000 – 2015, Hamburg 2015, S. 126

206
Zentralblatt der Bauverwaltung, 16. Jg., Nr. 35 (29.8.1896), S. 390

208
Architekten- und Ingenieur-Verein zu Hamburg (AIV, Hrsg.): Hamburg und seine Bauten, 1914, Hamburg 1914, Band 2, S. 221

213 o.
Baurundschau 1951, Nr. 7, S. 265

214
Architekten- und Ingenieurverein zu Hamburg (AIV, Hrsg.): Hamburg und seine Bauten 1954 – 1968, Hamburg 1969, S. 505

220 Mitte
Beton- und Stahlbetonbau, 65. Jg. (1970), Heft 9, S. 208

224
Deutsche Bauzeitung, 129. Jg. (1995), Ausgabe 7, S. 113

225 Mitte
Helmut C. Schulitz, Werner Sobek, Karl J. Habermann: Stahlbau Atlas, München 1999, S. 368

236
Rolf Spörhase: Bau-Verein zu Hamburg Aktiengesellschaft, Entstehung und Geschichte im Werden des Gemeinnützigen Wohnungswesens in Hamburg seit 1842, Berlin 1940, S. 360

241 o.
Der Bauingenieur, 30. Jg. (1955), Heft 2, S. 45